华中科技大学"双一流"建设社会学专业精品教材

Sociology of Law: Theory and Application

法律社会学
理论与应用

主　编　王三秀（华中科技大学）
参　编　高　翔（华中科技大学）
　　　　张　婷（中南财经政法大学）
　　　　卢　晓（华中科技大学）
　　　　刘丹霞（华中科技大学）

华中科技大学出版社
http://www.hustp.com
中国·武汉

内 容 简 介

本书在新时代背景下,探索法律社会学基本理论、发展演变及其新趋势,提出法律社会学新的研究目标、内容与思路方法。在具体内容上,阐述法律与民间习惯法的良性互动、法律转型与文化变迁、法律治理与政策治理关系的基本理论及实践中的新问题,着力探索法律创新与道德进步、贫困治理、社会整合、权益维护的关系机理及实践建议,最后提出和研究我国法律有效运行的社会机制的系统构造思路。作为回应我国社会发展中现实问题的法律社会学,作者综合运用比较分析、跨学科交叉研究、规范与实证分析相结合等方法,对本书进行了理论视野和知识结构创新,进而形成了我国法律社会学理论与实践多方面的创新成果。

本书总体思路独特,将全面依法治国中"法治国家、法治政府、法治社会一体建设"精神充分融入写作内容中,紧密结合中国社会现实需要,确定核心观点,服务于我国法治与社会发展对法律社会学的新需求。本书在充分吸收多学科新研究成果的同时,又自成逻辑体系,适合不同专业学科读者阅读参考。同时每章配有一定数量的思考题与重点推荐文献,以便读者更好地把握各章节内容。

图书在版编目(CIP)数据

法律社会学:理论与应用/王三秀主编.—武汉:华中科技大学出版社,2021.8
ISBN 978-7-5680-7481-0

Ⅰ.①法… Ⅱ.①王… Ⅲ.①法律社会学 Ⅳ.①D902

中国版本图书馆 CIP 数据核字(2021)第 172586 号

法律社会学:理论与应用 王三秀 主编
Falü Shehuixue:Lilun yu Yingyong

策划编辑:钱　坤　张馨芳	
责任编辑:林珍珍	
封面设计:刘　婷	
责任校对:张汇娟	
责任监印:周治超	

出版发行:华中科技大学出版社(中国·武汉)　　电话:(027)81321913
　　　　　武汉市东湖新技术开发区华工科技园　　邮编:430223
录　　排:华中科技大学出版社美编室
印　　刷:武汉科源印刷设计有限公司
开　　本:710mm×1000mm　1/16
印　　张:21.25　　插页:2
字　　数:350 千字
版　　次:2021 年 8 月第 1 版第 1 次印刷
定　　价:58.00 元

本书若有印装质量问题,请向出版社营销中心调换
全国免费服务热线:400-6679-118　竭诚为您服务
版权所有　侵权必究

前言

党的十九大报告提出了新时代中国特色社会主义法治建设的理论创新、实践要求和全面部署,为全面推进依法治国、建设社会主义法治国家指明了方向,明确了全面依法治国的工作布局和加强党的领导的基本要求。即:坚持依法治国、依法执政、依法行政共同推进,坚持法治国家、法治政府、法治社会一体建设,坚持依法治国和以德治国相结合、依法治国和依规治党有机统一。上述政策精神为新时代的法律社会学研究指明了方向,同时,创新法律社会学教学与研究的迫切需要也为这一学科提出新的教学重点和研究议题。

目前国内外已存在多种版本的法律社会学教材,各教材内容侧重点虽有不同,但总体上看,多侧重于基本理论的分析,对现实问题的回应性及应用性的重视尚且不足,尤其是在社会学知识融入与运用方面存在局限性。本书试图进行新的写作与探索,突破既有教材的局限性,通过总体思路、内容结构体系及写作方式上的系列创新,实现法律社会学理论与应用的有机结合。

本书共有九章：第一章为法律社会学基本理论，包括新时代背景与法律社会学创新，法律社会学概念的界定与再识，法律社会学发展演变与新趋势，法律社会学研究的新目标及新思路。第二章分析论述法律与民间习惯法的良性互动关系，包括法律概念及相关疑难问题解析，民间习惯法的现实价值及其局限性，国家法与民间习惯法的良性互动。第三章分析研究法律治理与政策治理的关系，包括政策的含义及相关概念，法律与政策的一般关系理论，法律治理与政策治理的互动融合及其实践路径。第四章探索法律转型与文化变迁的关系，包括文化的含义与我国文化现状，文化与法的一般关系理论，法律转型与文化变迁良性互动的实践路径。第五章探索法律创新与道德进步的关系，包括道德的含义及相关基本问题，法律与道德关系的一般理论，法律与道德的冲突及解决方式，以法律创新促进道德进步的实践路径。第六章分析论述法律创新与贫困治理的关系，包括贫困及其治理的实践演变，我国的贫困问题及其法治需求，我国反贫困立法存在的问题及根源，以法律创新促进贫困治理的路径选择。第七章研究探索法律创新与社会整合的关系，包括社会整合的含义及我国面临的社会整合问题，法律在社会整合作用中的特殊优势与路径选择。第八章分析研究法律创新与弱势群体权益维护的关系，我国弱势群体权益维护的含义与重要意义及面临的现实问题，探求弱势群体权益维护的路径。第九章是对法律运行社会机制系统构造的探索，包括法律运行社会机制的含义与重要意义，现实问题、根源及创新构造等内容。

本书的写作出版具有重要的政治意义、学术价值、文化功能和社会作用：为贯彻和落实党的十九大报告提出的新时代中国特色社会主义法治建设,全面推进依法治国、建设社会主义法治国家,提供积极的理论建议和具体的实践策略路径;丰富和创新法律社会学的基本思路与知识体系,有效拓展该学科的研究视野和问题领域,有效促进法律社会学的学科建设;为法学、社会学、社会工作及其他专业学习法律社会学提供一个创新性的系统理论和知识体系,使读者获得新思维启发,准确把握法律社会学前沿理论问题,灵活运用所学知识独立地分析和解决现实社会问题;为相关政府部门对法律社会学有关的实际问题的解决提供直接参考,提供有效解决应对思路,同时为相关立法制度的创新完善提供有益启示。

总体看,本书的写作既合理吸收了现有教材的创新成果,同时又具有自己的特色。本书紧密结合现实法律社会学的理论与应用需求,对基本概念、知识体系及前沿问题进行创新性系统阐述,以有效回应我国全面推进乡村振兴、全面深化改革、全面依法治国及全面从严治党对法律社会学的创新与应用需求;同时将主编及参编者近年相关研究的最新成果系统融入写作之中,以实现教材内容体系与观点的系统性、前沿性和深入性。本书注重多学科知识与研究方法的交叉运用,特别注重实证分析与新理论视角的结合,不仅便于探索相关新问题并得出新的研究结论,而且使内容逻辑结构更加完整和清晰,有效增强了教材的可读性。

目 录

第一章 法律社会学基本理论 /001

第一节 新时代背景与法律社会学创新 /002

第二节 法律社会学概念界定的评述与再识 /003
  一、法律社会学概念的界定与分析 /003
  二、法律社会学概念界定的创新尝试 /005

第三节 法律社会学的发展演变与趋势分析 /007
  一、国外法律社会学演变分析 /007
  二、国内法律社会学演变分析 /011
  三、我国法律社会学发展的趋势 /013

第四节 法律社会学创新研究目标与方法 /016
  一、研究目标 /016
  二、研究方法 /021

第二章 法律与民间习惯法的良性互动 /025

第一节 法律与民间习惯法的概念及基本关系 /026
  一、法律的概念分析 /026
  二、法律的两种理论模式 /027
  三、民间习惯法的概念及其与国家法的关系 /029

第二节 民间习惯法的现实价值及其局限性 /031
　一、民间习惯法的现实实践价值 /031
　二、民间习惯法的局限性 /036
第三节 国家法与民间习惯法良性互动实现途径 /038
　一、立法中与民间习惯法良性互动 /038
　二、法律运用与民间习惯法良性互动 /045

第三章　法律治理与政策治理 /049

第一节 政策的含义及相关概念 /050
　一、政策的含义 /050
　二、社会政策的含义 /063
　三、社会政策、公共政策与经济政策的共性与差异 /067
　四、政策、制度及法律关系 /073
第二节 法律与政策的一般关系理论 /075
　一、法律与政策的一致性 /076
　二、法律与政策的差别性 /076
　三、法律与政策的关联性 /079
第三节 法律治理与政策治理的互动融合及其实践路径 /081
　一、政策与法律的互动性 /081
　二、法律治理与政策治理互动融合的实践路径 /085

第四章　法律转型与文化变迁 /091

第一节 文化的含义与我国文化现状 /092
　一、文化的含义 /092
　二、文化方面财政资金投入现状 /094
　三、文化与社会治理的融合现状 /095
　四、文化服务的供给侧结构性改革 /097
第二节 文化与法的一般关系理论 /098
　一、文化对法的影响 /098
　二、法对文化的影响 /107
第三节 法律转型与文化变迁良性互动的实践路径 /116
　一、正确理解中国传统文化对现代法的贡献与冲突 /116

二、践行法律转型与文化变迁良性互动的实践策略 /125

第五章 法律创新与道德进步 /129

第一节 道德的含义及相关基本问题 /130
一、道德的含义 /130
二、有关道德的几个基本问题 /131

第二节 法律与道德关系的一般理论 /135
一、法律与道德关系的认识分歧 /135
二、法律与道德的联系 /137
三、法律与道德的区别 /142

第三节 法律与道德的冲突及解决方式 /144
一、法律与道德的冲突情形及其根源 /144
二、法律与道德冲突解决的基本措施 /149

第四节 以法律创新促进道德进步的实践路径 /154
一、在立法层面以法律创新提升道德作用 /154
二、法律实践层面适当考虑道德因素 /157
三、不断探索法律与道德协同发展的新实践路径 /160

第六章 法律创新与贫困治理 /165

第一节 贫困概念及其治理实践的考察分析 /166
一、贫困内涵的演变 /166
二、贫困治理内涵的分析界定 /169
三、贫困治理实践的演变 /170

第二节 我国贫困治理对法治的需求分析 /173
一、探索贫困治理对法治需求的必要性 /173
二、法治在贫困治理中的特殊价值 /175

第三节 我国贫困治理法治化发展的分析审视 /178
一、我国贫困治理法治化发展成效 /178
二、我国贫困治理法治化发展存在的缺失分析 /180

第四节 我国贫困治理法治化路径的现实选择 /187
一、以贫困法治理念创新为先导 /187

二、确立合理的贫困治理法治化目标 /199
三、实现贫困治理法治三重建构的有机统一 /202

第七章 法律创新与社会整合 /209

第一节 社会整合的内涵及我国面临的社会整合问题 /210
一、社会整合的内涵与意义 /210
二、我国当今面临的社会整合问题及应对需求 /214

第二节 社会整合的影响因素及法律的特殊作用 /219
一、社会整合的影响因素 /219
二、法律促进社会整合的优势 /224

第三节 以法律创新促进我国社会整合的路径选择 /237
一、通过完善我国社会组织立法促进社会整合 /237
二、通过信访制度完善促进社会整合 /241
三、通过完善立法化解社会风险促进社会整合 /242
四、通过家庭与自治组织立法发展完善促进社会整合 /246

第八章 法律创新与弱势群体权益维护 /251

第一节 我国弱势群体权益维护的含义及重要意义 /252
一、社会弱势群体的概念及其产生根源 /252
二、社会弱势群体权益保障的含义及意义 /264

第二节 我国弱势群体权益维护面临的现实问题 /271
一、保护弱势群体的法律整体设计缺陷 /271
二、保护弱势群体的专项立法制度存在缺陷 /272
三、弱势群体权益法律保障意识不足 /274

第三节 以法律创新促进我国弱势群体权益维护的路径选择 /277
一、创新完善弱势群体权益保障的法律体系 /277
二、构造社会弱势群体的司法保护制度 /280
三、完善社会弱势群体权益保障的具体执法程序 /283
四、提高社会弱势群体权益保障的法律意识 /285

第九章 法律运行社会机制的系统构造 /289

第一节 法律运行社会机制的含义与意义 /290

一、法律运行社会机制的含义　/290
　　二、建构法律运行社会机制的意义　/292
　第二节　法律运行社会机制的构成要素及现实问题　/295
　　一、法律运行社会机制的构成要素　/295
　　二、我国法律运行社会机制的现实问题　/309
　第三节　我国法律运行社会机制的现实构造　/315
　　一、培育社会主体法治化参与意识　/315
　　二、提升政府法律实践责任能力　/316
　　三、强化对社会主体法治参与的整合协作　/318

参考文献　/324

后记　/330

第一章
法律社会学基本理论

  为了不断满足人民日益增长的物质文化需求,实现民众的福利增长及其法治保障需求,法律社会学需要研究思维的创新,包括概念、内容、目标及方法等多方面的创新研究,也包括分析法律社会学的发展演变与新趋势,创新探索我国法律社会学研究与发展的目标与方法。

第一节　新时代背景与法律社会学创新

不断满足人民日益增长的物质文化需求，实现民众的福利增长及其法治保障需求，是我国深入推进和有效实现全面建成小康社会目标及全面实现依法治国的必然要求。这客观上需要我们加快法律社会学学科的建设步伐，以不断研究和及时回应现实生活中的法律与社会关系的新问题。党的十八届四中全会在《中共中央关于全面推进依法治国若干重大问题的决定》中特别提出，要加快保障和改善教育、就业、社会保障、医疗卫生、扶贫、慈善等民生法律制度的建设。2018年8月24日，习近平总书记在全面依法治国委员会第一次会议上特别指出，要把全面依法治国纳入"四个全面"的战略布局，为全面建成小康社会、全面深化改革、全面从严治党提供长期稳定的法治保障。同时强调要把增进人民福祉落实到依法治国全过程。这其中有不少法律社会学问题需要创新探讨，如法律社会学的发展演变与新趋势，法律社会学研究目标与方法思路的创新，法律与民间习惯法的良性互动，法律转型与文化变迁，法律治理与政策治理互动融合，法律创新与道德进步良性互动，法律创新促进贫困治理有效路径，法律创新促进社会整合的策略路径，法律创新促进弱势群体权益维护的策略路径，以及我国法律运行社会机制系统构造紧迫性及策略路径等。长期以来，法律社会学虽然有自身的独特视角和研究空间，但其研究重心不够明确，研究空间亟待拓展，有不少薄弱环节需要突破，这是传统部门法、社会学及法理学研究理论思维和研究方法所不能完成的任务。有西方学者提出，法律社会学的研究主要来自社会学界，而社会学法学的研究者主要来自法学界，两者之间存在内在的鸿沟，在研究立场和目标上根本分离。[①] 上述说法虽然未必完全正确，但的确能客观反映法律社会学研究中的问题。

法律社会学研究进路不同，研究内容与范式及结论也存在不同。根

---

① Campbell C M, Wiles P. The Study of Law in Society in Britain. *Law and Society Review*，1976（10）.

据美国学者罗斯科·庞德及其他学者的分析，20世纪70年代以来，法律社会学研究存在三种进路：一种是批判中的法律社会学，它始于20世纪70年代末的美国，然后在欧洲拓展；一种是20世纪80年代在经济一体化中形成的全球化视野法律社会学；还有一种是经济法律社会学，它在经济秩序的统合和扩展中，于普遍性与地方性之间维持着一种恰当平衡。① 这种多元化的进路缘自法律社会学研究失去核心主导范式，其他社会科学的展示给法律社会学研究提供了新分析视角与思路，直接导致法律社会学研究呈现整合性或综合性。② 国外研究思路与方法能够为我国的法律社会学研究提供有益借鉴，但我国仍需要形成具有自身问题意识及思维方法的法律社会学，有学者提出，我国的法律社会学研究不能总是停留在对西方理论的介绍与中国应用性的范畴上，而需要有自己的理论提升，以促进法律社会学研究的世界性的增量，这也是中国法律社会学者的学术使命之所在。本书认为，就目前及未来发展来看，中国的法律社会学应主要面对以下四方面问题：一是如何在有效回应现实社会问题时，实现法律制度与社会问题的深度结合、嵌入与合理互动；二是如何有效提升自身的学科特色，并将法律社会学自身学科确定性与适当合理的开放性有机结合，包括研究问题与思维方法的开放性，在发挥自身所长的同时克服自身思维方法的局限性；三是如何通过注重其中规律性问题的研究，实现中国的法律社会学研究的现实价值与长远价值、国内价值与国际价值的有机结合；四是如何实现问题研究的针对性、问题导向的精准性与实践应用价值的普遍性的有机结合。

第二节　法律社会学概念界定的评述与再识

一、法律社会学概念的界定与分析

相对于其他法学学科，我国法律社会学研究起步相对较晚，但从

---

① ［美］罗斯科·庞德：《法理学》（第1卷），邓正来译，中国政法大学出版社2004年版，第470页。
② 季卫东：《从边缘到中心：20世纪美国的"法与社会"研究运动》，《北大法律评论》1999年第2卷第2辑。

20世纪80年代以来，我国已有多位学者对法律社会学进行了系统研究，对法律社会学概念的研究取得了不少创新性研究成果。代表性观点主要有以下几种。

赵震江、季卫东等认为，法律社会学是对法律现象形成和运动的机制及法律体系的功能进行客观分析研究的社会科学。[①] 王子琳和张文显认为，法律社会学是以法和社会的关系为研究对象，横跨法学和社会学两个领域的边缘学科。[②] 田成有认为，法律社会学研究法律在社会生活中具体运行及其功能发挥的实际状态，它关注法律的经验事实而不是逻辑体系。[③] 李瑜青等认为，法律社会学是试图研究解决社会生活中广泛的法律问题和法律涉及的广泛的社会问题，研究法律与社会的互动关系。学者应持有法律多元主义观念。[④] 陈信勇认为，法律社会学系统准确把握法律社会学的基本概念、知识体系及前沿问题；同时能灵活运用所学知识独立地分析和解决现实社会问题。[⑤]

国外学者对法律社会学研究起步相对较早，对法律社会学概念的研究存在独特的认识。代表性观点主要有：① 法律社会学是研究法律和人类社会中非法律要素之间相互依赖和相互作用关系的科学。[⑥] ② 对法律社会学而言，有效的判断标准并不是现行法律，而是事实。人们可以将这种事实解释成"特定社会发展阶段的产物"，其目的是对事实进行科学的认知。这样就会提出许多新的问题，获得许多新的知识。[⑦] ③ 利用社会学方法分析法律有一个重要优点，它既可以不考虑法律条款的效力范围，也可以不考虑法律的实施。相反，它努力将相关的法律概念、法律机构、具体的立法项目、行政程序或者法律诉讼，甚至法律理念和法学

---

① 赵震江，季卫东，齐海滨：《论法律社会学的意义与研究框架》，《社会学研究》1988年第3期。

② 王子琳：《法律社会学》，吉林大学出版社1991年版，第1页。

③ 田成有：《法律社会学的学理与运用》，中国检察出版社2002年版，第27页。

④ 李瑜青等：《法律社会学经典论著评述》，上海大学出版社2004年版，第10-11页。

⑤ 陈信勇：《法律社会学教程》，浙江大学出版社2014年版，第41页。

⑥ Hirsch E. Das Recht im sozialen Ordnungsgefüge Duncker u. Humblot edition. *German Deutsch*, 1966.

⑦ ［德］托马斯·莱塞尔：《法社会学导论》（第六版），高旭军等译，上海人民出版社2014年版，第7页。

理论等放在各自的社会环境中去分析和理解。① 首先，以上观点都有一定道理，均从某一方面大体概括了法律社会学的学科特性；其次，学者侧重点不同，总体上看，反映了研究和应用法律社会学重学科交叉或自身内涵的两种基本理论倾向；最后，有些观点尚待商榷或明确。例如法律社会学中将法理解为社会开放性的、在社会上运作的体制，并不关注法律规范的价值或逻辑体系是否合理。较多关注法律现象中的经验事实或其可能影响法律的社会事实，因为法律作为一种特殊的规范，其存在有自身的逻辑特质与价值体系，这是使其得以有效应用的重要保障，也是法律社会学研究不应忽视的。

二、法律社会学概念界定的创新尝试

本书认为，法律社会学是研究法律的社会化运动、法律实践应用中与社会的互动关系及其内在规律的社会科学。此概念意味着：其一，法律的社会化运动包含法律在社会中的形成方式、范围和变迁、发挥的作用、与其他社会规则的关系和现实问题的法律社会学解释等问题。其二，法律实践应用中与社会的互动关系强调，既要关注法律内在的生成、规范与运行逻辑，又要关注和研究法律及其实施与社会现实需求等之间的相互影响、促进关系。其三，法律社会化运动存在内在的规律性，是对这种运动现象进一步归纳与提升的结果。如法律的内化规律由低到高大体可分为法律认知、法律意识和法律信仰等。

在上述概念中，法律社会学原理研究更多地被纳入现实的应用视野中。此视野中核心关注点可以概括为：围绕法律治理与社会治理的内在关系，形成不同法律权利义务主体之间的各种互动关系，使相关权利得以有效落实，政府与社会资源得到有效的配置传递，满足公民的生存与发展需求，同时有效地激发社会参与主体的能动性。可见，其内在机理蕴含于治理创新逻辑之中。

"治理"概念形成于20世纪70年代，当时的凯恩斯主义提倡国家干预模式，强调政府、市场、社会与公民合作对公共事务进行共同管理

---

① Cotterrell R. Why Must Legal Ideas Be Interpreted Sociologically. *Journal of Law and Society*, 1998 (25).

的过程，注重国家与社会的有效互动与相互制衡。在治理的理论框架之中，它有别于以政府管制为重心的传统思路，理顺政府与市场之间的关系，重新界定政府在治理方面的作用，能取得更好的实施效果。理论与实践表明，基本公共服务作为公共产品具有极大的外部性，政府在财政投入时应更多地考虑社会效益，而不是各个项目之间的相对成本与直接效益。同时，也需要以较少的资源投入获得更多的社会效益。政府与社会的资源都是有限的，政府主导为公民提供基本公共服务的同时，也应该为社会主体发挥作用留下广阔的空间，市场机制的完善可以有效保障个人的选择权、监督权及参与权。政府和市场两种手段既要严格区分又要相互补充，这样才能有效提升政府服务能力，实现社会福祉的最大化。

  法律社会学视野中治理的新探索强调通过立法制度的形成与实践创新，保障和促进社会多元主体之间的协同共治，强调政府、企业、非政府组织、家庭、社区等其他主体之间的关系与互动，以发挥整体性效能。法律社会学力图通过治理促进人们生活水平全面提升，其逻辑出发点是，公共服务特别是福利服务的提供，并非完全是政府的行为，让国家完全承担也不是最高效的，除政府必备责任外，需要发挥各主体之间的协同功能，使它们既能各司其职，又能相互协作。在治理体系中，社会组织是非常重要的一个参与主体，是联系政府、企业、个人不可或缺的桥梁和纽带。当社会组织与企业或政府部门因价值导向和利益诉求发生冲突时，政府部门要扮演好协调者角色，为实现公共利益最大化达成一致行动。同时，通过完善相应的政策制度，创造有利条件调动各参与主体的积极性，建立完善的需求表达机制，保障居民在政策调研、论证、规划、制定、执行、优化、反馈各环节的参与权，使居民个体不再处于被动协作地位，信息不对称和地位不平等等问题得到改善，从而保障个人权益的实现。而上述目标的实现不仅仅是一个管理科学问题，更是一个法律社会学问题，因为只有法律规范的制定与运行，才能够使人们获得可靠保障。而目前关于治理的研究已逐步细化，有学者提出健康治理服务的共同参与、协同行动、责任分担的过程中，各主体之间除了横向协同外，不同主体的不同层级之间也存在各种各样的纵向协同，从而形成多主体协同参与的治理体系。① 政府要从管理者的角色转变成健康治理的重要组织者、推动者、参与者和服务者等。② 而其中立法制度如何发挥积极有效作用,尚存在不少问题值得研究探索。法律社会学观念的更新,不仅涉及从行政主导控制到多元主体合作互动,更需要在我国现实及未来发展的特定情境下,将立法中如何实现民众与社会组织有序的社会参与,社会权利如何具体实现、地方自治自主的有效实践、权利与义务如何具体统一、实体与程序如何有机结合等议题,纳入法律社会学视野中,并进一步探索这些议题内在的逻辑关系。

第三节 法律社会学的发展演变与趋势分析

一、国外法律社会学演变分析

对国外法律社会学的演变,目前国内学者已存在多种概括,有学者提出,20世纪初至20世纪30年代,是法律社会学的正式形成时期。当时涌现了一批对后来法学的发展产生了重要影响的法律社会学家,如德国的耶林、韦伯、坎特诺维奇,奥地利的埃利希,法国的狄骥、杜尔克姆,美国的庞德,等等。20世纪30至20世纪60年代,是法律社会学发展的第二个阶段。这一阶段的学术界一般认为,社会学的调查和经验研究方法被广泛地应用于法学领域,从而促进法律社会学在经验层面的结合。到了20世纪60年代以后,法律社会学的发展纠正了前一个时期的某些偏差,这被看作法律社会学的第三阶段。③ 本书以法律社会学呈现的特点,进行如下大体划分。

---

① 杨立华,黄河:《健康治理:健康社会与健康中国建设的新范式》,《公共行政评论》2018年第6期。
② 郭建,黄志斌:《中国健康治理面临的主要问题及对策》,《中州学刊》2019年第6期。
③ 李瑜青等:《法律社会学导论》,上海大学出版社2004年版,第16-17页。

（一）作为特定思想观念的法律社会学

从法律形成与应用需求看，古希腊思想家基于人性特点，特别是对公共权力运用者的人性弱点进行了分析，亚里士多德强调，让一个人来统治就会在政治中混入兽性的因素，即使贤良的人们也无法进行良好治理。"常人既不能完全消除兽欲，虽最好的人们（贤良）也未免有热忱，这就往往在执政的时候引起偏向。法律恰恰正是免除一切情欲影响的神祇和理智的体现。"① 亚里士多德提出了著名的政体三要素论——议事职能、行政职能、审判职能，并且由不同机关行使，同时他从人性恶的角度分析了权力制约的必要性。"人类倘若由他任性行事，总是难保不施展他内在的恶性。"② 为消除执政者的兽欲，防止政治偏向，他提出了选举、限任、监督和法治等一系列权力制约的方法。

近代启蒙思想家对以上观念做了进一步论述。孟德斯鸠在《论法的精神》中，以法律为中心，遍涉经济、政治、文化、军事、宗教、道德、哲学、历史、地理等社会生活的各个领域。特别是它以独特方式研究和论述了法理学、宪法学、刑法学、民法学、国际法学等一系列课题，成为一部独具风格的资产阶级法学百科全书，他特别提出，"一切有权力的人都容易滥用权力"。③ 并对政府权力运行及其与社会的关系进行专门探索。英国近代思想家哈林顿分析认为，权力"是一个不可缺少的东西，然而又是一个十分骇人的东西。这正如像火药对士兵一样，可以使他们安全，也可以使他们遭受危险。更为可怕的是，当权力与人结合时就会使权力变得更加危险"④。潘恩指出："正式的只不过是文明生活的一小部分；即使建立起人类智慧所能设想的最好的政府，这种政府也还是名义上和概念上的东西，而不是事实上的东西。"⑤ 以上观念均蕴含着权力运行的法律社会学问题。

---

① ［古希腊］亚里士多德：《政治学》，吴寿彭译，商务印书馆1965年版，第169页。
② ［古希腊］亚里士多德：《政治学》，吴寿彭译，商务印书馆1965年版，第319页。
③ ［法］孟德斯鸠：《论法的精神》（上册），张雁深译，商务印书馆1961年版，第154页。
④ ［英］詹姆士·哈林顿：《大洋国》，何新译，商务印书馆1963年版，第103页。
⑤ ［美］潘恩：《潘恩选集》，马清槐等译，商务印书馆1981年版，第230-231页。

(二) 作为学科的法律社会学

19世纪末20世纪初，不少西方思想家除了对法律社会学特定问题进行分析探索，还有了专门研究。如埃里希的《法律社会学的基本原理》，以社会中的"活法"区别于成文法，倡导自由法运动。埃利希提出，无论是在现在或是其他任何时候，法律发展的重心不在立法，不在法学，也不在司法判决，而在社会本身。马克斯·韦伯在《经济与社会》一书中探讨法律与统治的关系，他认为社会统治有三种类型，即传统型统治、个人魅力型统治和法理型统治。庞德在《社会法理学的范围和目的》《通过法律的社会控制》中提出了三种法律概念：法律秩序、权威性文件、司法与行政过程。法是一项社会工程，要研究法的实际社会效果，"法的生命在于运动"。他认为对法律的研究及评价应该是有所侧重的，包括社会效果、社会秩序和对人们利益、主张和要求满足程度、具体实践活动等，其核心是法律要能够满足最大多数人的最大利益，体现了法律作为社会控制的一种特有机制。马克斯·韦伯特别探索了法律形式理性的含义及其重要性，法律形式理性代表着正当的程序化和规范性。形式理性法律，来源于罗马法中的形式主义审判原则的法律体系，它由一整套形式化的、意义明确的法规条文组成；它把每个诉讼当事人都以形式上的法人对待，并使之在法律上具有平等的地位；它只依照法律条文对确凿无疑的法律事实做出解释和判定，而不考虑其他伦理的、政治的、经济的、实质正义的原则，同时还要排除一切宗教礼仪、情感和巫术的因素。①

(三) 作为特定社会问题探究拓展的法律社会学

当代西方部分学者在对法律社会学问题继续关注和研究过程中，对特定问题也进行了更深入的探讨，如对于法治治理中权力运行的社会有效控制问题，美国著名法理学家博登海默认为，"一个被授予权力的人，

---

① 苏国勋：《理性化及其限制韦伯思想引论》，上海人民出版社1988年版，第154页。

总是面临着滥用权力的诱惑，面临着逾越正义与道德界线的诱惑"①。其原因在于，对个人或社会而言，权力都是强大推动力。容易犯错误是人类的本性，无法对其加以控制，而法律程序与制度正是作为对其有效的控制力量而形成的，因为"权力意志根植于统治他人并使他人受其影响和控制的欲望之中，而法律意志则源于人类反对权力冲动的倾向之中"②。

　　以上分析主要基于公共权力运行的过程特点，在绝大部分现代国家，由于治权与主权处于分离状态，人性弱点、权力自身的扩张性及权力运行客观环境等错综复杂的原因，权力行为很有可能发生违规行为，甚至给社会或部分民众造成不利的后果。有人形象地把国家权力比喻为一把双刃剑，它可以为人类造福，也可以带来邪恶与灾难。关键问题不在于权力本身，而在于运用权力的人。在任何社会，权力运行都必须符合主权者的意志，但是，由于复杂的社会关系的影响，公共权力在运行过程中不可避免地会发生偏轨的现象，这不仅危害着民众的根本利益，而且也会对社会秩序和统治阶层造成不利的影响。对权力的控制和约束成为政府治理者关注的焦点。国际货币基金组织（IMF）对腐败的定义是，政府官员为了谋取个人私利而滥用公共权力。德国历史学家弗里德里希·迈内克指出，腐败是附着在权力上的咒语，哪里有权力，哪里就有腐败的存在。这种论述也许有些过于绝对，但却指出了权力的危险性，任何形式的权力腐败，都会增加经济发展中的政治成本，从而成为阻碍经济发展的制约力量。当今美国耶鲁大学政治学、法学教授，国际反腐败问题专家苏珊·罗斯·艾克曼在《腐败与政府》一书对此进行深入解析，她指出，"虽然腐败有时可以和经济增长同时出现，但是腐败必须带来额外的成本，并且会扭曲物品或服务的实际价值，……如果一个国家的腐败程度高，那么国家整体上必须陷于贫困。而且，这种国家还可能陷入一种'腐败陷阱'即腐败又滋生出更多的腐败，从而严重抵制了合法的商业投资。"③从国家权力对人民负责角度看，要防止腐败，仅规定

---

　　① [美] E. 博登海默：《法理学——法哲学及其方法》，邓正来、姬敬武译，华夏出版社1987年版，第347页。

　　② [美] E. 博登海默：《法理学——法哲学及其方法》，邓正来、姬敬武译，华夏出版社1987年版，第348页。

　　③ [美] 苏珊·罗斯·艾克曼：《腐败与政府》，王江、程文浩译，新华出版社2000年版，第4页。

权力限制是不够的，还需要致力于构建和完善各种形式的权力责任制度，如行政问责制、国家赔偿制度、行政补偿制度、错案追究制等，使其成为一种积极化、责任化的权力，同时对权力运行的后果进行全面性的责任评价，其中包括政治责任、道德责任和违法责任等，并使这些责任得以有效落实。

二、国内法律社会学演变分析

国内法律社会学于20世纪30年代出现，如，1931年张知本的《社会法律学》等，20世纪80年代后再次兴起与发展。有学者提出，"法律社会学是法学的一个分支学科。按照国际社会科学中的传统，不仅法学，而且社会学，都有法律社会学这一分支学科"①。有学者认为，"我国法律社会学的发展有两个重要的历史时期。一是民国时期，西学东渐的浪潮把一些法律社会学的经典思想带到中国，并引发了广泛而深入的研究。二是改革开放以来，伴随着我国整体法学研究的深刻变化，法律社会学的研究再度兴起。这一时期又大致分为三个时段：一是20世纪80年代，我国法律社会学界在重新译介并研究西学的过程中，致力于研究视野的转换。二是20世纪80年代末至90年代末，在对西方法律社会学经典理论进一步研究并比较中西方法律文化的基础上，关注国家与社会、功能主义、程序正义等理论，提出了许多重要的理论范式。三是20世纪90年代末以来，我国法律社会学的研究针对社会转型过程中出现的一些问题，如国家与民间社会关系以及法的社会功能的实现等，进行了大量的理论探讨和实证研究"②。当今社会实践中，无论是各阶级、阶层利益表达机制的建立，还是适应社会各阶级、阶层发展的调节性的社会政策的完善，都既是一个法律问题，又是一个社会问题，必须通过法律和社会的互动来加以解决。依法治国的实践，呼唤着法律社会学学科的蓬勃发展。③

综观我国目前的法律社会学研究，总体上有如下特点。

---

① 沈宗灵：《法律社会学的几个基本理论问题》，山西人民出版社1988年版，第1页。
② 李瑜青，李思豫：《当代中国法律社会学的发展——在新中国成立70年之际的思考》，《毛泽东邓小平理论研究》2019年第11期。
③ 李瑜青等：《法律社会学导论》，上海大学出版社2004年版，第11页。

第一,我国学者在借鉴国外理论成果的同时,也形成了自身特色,主要体现为将马克思主义法学理论观念与方法作为重要理论基础,挖掘和运用中西学术资源,包括吸收和应用我国法治理论与实践经验、民间习惯法、民间规范及部门法的形成与发展经验。这其中仍然存在不少需要继续挖掘的基础理论,特别是马克思主义的法律社会学理论,如权力运行与民众的关系,政府权力如何回归社会理论等。有针对性地采取有力措施消除特权现象,如任期制代替终身制,实行罢免制等。马克思强调人民直接参与并制约政权的运行。行政和政治管理曾被认为是神秘的事情,是高不可攀的职务,只能委托给一个受过训练的特殊阶层,现在这种错觉已经消除。彻底清除了国家等级制,以随时可以罢免的勤务员来代替骑在人民头上作威作福的老爷们,以真正的负责制来代替虚伪的负责制,因为这些勤务员经常是在公众监督之下进行工作的。此外,马克思高度评价了新型政权发展国家教育、尊重人的权利等措施,为公共权力研究提供了丰富的观念资源。

第二,学科交叉特点日益突出,并积极回应社会现实问题。管理学、社会学、法学、政治学、历史学、经济学、人类学学科研究都取得了一定的成果。社会转型和法制革新强化了法律社会学的需求,使得那些法学理论领域和社会学领域中的法律社会学爱好者和研究者逐渐分离出来,形成了一个较为庞大的法律社会学研究队伍,并且逐步扩展到部门法学领域。[①] 从回应社会现实问题看,学者从公平和公正的考虑出发提出,政府还应积极建立有效提升社会成员的竞争能力和适应能力的机制,这在社会政策上是带有共性的,比如建立公平配置公共教育资源的制度、普遍提高社会成员的综合素质等,这些既是一个法学问题,又是一个社会学问题,必须通过多学科的互动来加以研究。

第三,我国法律社会学发展仍存在困境。法律社会学要思考学科定位、内容体系及方法思路如何创新,以更有效地回应现实问题等。正如有学者提出的,长期以来法律社会学在学科体制中缺乏"合法身份",也导致了法律社会学教育困难重重。在法律社会学被边缘化的学科体制下,法律社会学教育必须让渡给其他更为专业的学科,使得法律社会学缺乏

---

① 张善根:《当代中国法律社会学研究:知识与社会的视角》,法律出版社2009年版,第125页。

应有的生存空间。① 为有效应对现实问题，进入新时代，推进构建中国特色法律社会学，要围绕解决我国社会主要矛盾、坚持以马克思主义为指导、坚持以人民为中心、坚持问题导向、坚持面向世界面向未来。②

三、我国法律社会学发展的趋势

（一）学科定位的趋势

法律社会学既要区别于传统法学的研究路径，又要区别于西方法律社会学，这是建构中国法律社会学范式的基础。社会转型提供了法律社会学从学术研究到学科教育的发展契机，而且当代法治秩序的建构路径已经发生了重大的转变，即从国家到社会的法治建构路径转换为从社会到国家的法治建构路径。这一发展路径的变化奠定了法律社会学独特的问题意识和社会关怀的转换。③ 为了使这种转换顺利进行，法律社会学应确立自己独立的学科定位，区别于法理学、法哲学及西方法律社会学。人们需要达成法律社会学学科价值共识，而这需要法律社会学以独特的研究问题作为出发点，进而确定自己的独特研究领域、研究方法、问题意识及研究进路。法律社会学能够直面现实和社会问题，为国家的立法和司法的策略选择服务，为政府解决纷至沓来的社会问题出谋划策，把考察法律的社会效果与成功条件作为自己的责任与使命。④ 一方面，法律社会学体系结构应具有基本学科范畴。在法律的社会化运动、法律与社会互动关系及其内在规律的基本问题研究上不断深化，体现学科特色。另一方面，应注重应有学科的开放性，积极回应现实问题，吸收多学科成果。

---

① 张善根：《当代中国法律社会学研究：知识与社会的视角》，法律出版社2009年版，第125页。

② 李瑜青，李思豫：《当代中国法律社会学的发展——在新中国成立70年之际的思考》，《毛泽东邓小平理论研究》2019年第11期。

③ 张善根：《当代中国法律社会学研究：知识与社会的视角》，法律出版社2009年版，第143页。

④ 章人英，潘大松：《法律实施与开展法律社会学的研究》，《上海大学学报》（社会科学版）1988年第6期。

(二) 研究重心的趋势

第一，紧密结合我国社会治理创新研究相关权责及实践。党的十九大报告提出，要打造共建共治共享的社会治理格局，提高社会治理社会化、法治化、智能化和专业化水平。在治理创新实现我国全面发展中，应着力关注其中权责的有效落实。关于责任的内涵，人们有不同的理解，责任类型不同，概念也不一致。关于法律责任的内涵，有学者概括为三个方面：一是"责任"，即分内应做的事情，这种意义上的责任是一种角色义务；二是特定的人对特定事项的发生、发展、变化及其成果负有积极的助长义务；三是因为没有做好分内的事（没有履行角色义务）或没有履行助长义务而应承担的不利后果或强制性义务。[①] 依此界定政府治理责任，也可包括以上三种含义，但这里着重论述第三种责任。这种责任又称为消极责任，这是对政府治理后果的一种否定性评价，把这种评价作为承担不利后果的逻辑前提，其目的在于对受到损害的合法利益进行补救，也就是对被破坏的社会利益关系进行修复。政府治理行为通常须依法做出，后果的承担也须以法律的形式规范，从而使责任的标准易于掌握，责任落实较有保障。在社会治理推进中，这些问题如何得到有效解决应作为法律社会学研究重心之一。

第二，促进民生保障法治化。长期以来，法律社会学的主题是围绕着中国改革开放和社会主义市场经济的法律秩序的建构而展开，法律的社会控制作用显得更重要。[②] 未来法律社会学应更加重视民生问题。使民众的生活和发展需要得到合理满足，这是中国人权及社会发展的必然要求。党的十九大报告强调，坚持在发展中保障和改善民生。增进民生福祉是发展的根本目的。必须多谋民生之利、多解民生之忧，在发展中补齐民生短板、促进社会公平正义，在幼有所育、学有所教、劳有所得、病有所医、老有所养、住有所居、弱有所扶上不断取得新进展，深入开展脱贫攻坚，保证全体人民在共建共享发展中有更多获得感，不断促进

---

① 张文显：《法哲学范畴研究》，中国政法大学出版社2001年版，第118页。
② 徐逸仁：《法律社会学浅论》，《上海大学学报》（社会科学版）1986年第6期。

人的全面发展、全体人民共同富裕。① 福利与自由权不同，要求政府必须进行积极的作为，正如大须贺明分析指出的，"自由权是在国民自由的范围中要求国家的不作为的权利，而社会权则主要是在社会上对经济的弱者进行保护与帮助时要求国家的作为的权利。两者均以对国家的关系为主轴，但其表现出来的法的实质内容是相异的"②。根据联合国防止歧视和保护少数者小组委员会前主席埃德对国家在社会权保障中尊重、保护、促成和提供四层次任务的论述，政府主要扮演的是积极角色。关注个人之间分配社会财富的总量，尽可能照顾到每一个人的利益。如果出现分配结构的不平衡，要借助补偿或再分配等手段来消除分配结果的实际不平等，实行合理的差别对待原则，满足弱势群体的自由、机会、收入、财富以及自尊等方面需求，并形成法律上的保障措施及实践机制。

（三）功能目标趋势

促进全面依法治国，实现法律创新与实践应用的有机结合。党的十九大报告提出，全面依法治国是中国特色社会主义的本质要求和重要保障。必须把党的领导贯彻落实到依法治国全过程和各方面，坚定不移走中国特色社会主义法治道路，完善以宪法为核心的中国特色社会主义法律体系，建设中国特色社会主义法治体系，建设社会主义法治国家，发展中国特色社会主义法治理论，坚持依法治国、依法执政、依法行政共同推进，坚持法治国家、法治政府、法治社会一体建设，坚持依法治国和以德治国相结合，依法治国和依规治党有机统一，深化司法体制改革，提高全民族法治素养和道德素质。全国的经济、政治、文化和社会生活的各个方面应该由法律调整的都要实现法治化，都要依法治理：这一方针应成为执政党、国家机关、社会团体和广大公民的共同行为准则。依法治国是一项从中央到地方，从地区到行业，从立法到执法、司法、护法、守法、学法的系统工程。而法律社会学当前的紧迫任务则是通过实现社会学与法学的相互嵌入式发展，为上述目标的实现，提出创新的具体实践策略，并分析其中的机理，应对新的实践问题。

---

① 习近平：《决胜全面建成小康社会 夺取新时代中国特色社会主义伟大胜利——在中国共产党第十九次全国代表大会上的报告》（2017年10月18日），人民出版社2017年版，第29-30页。

② ［日］大须贺明：《生存权论》，林浩译，法律出版社2001年版，第12页。

第四节　法律社会学创新研究目标与方法

一、研究目标

本书提出新时期法律社会学总体目标是，通过系统学习研究，准确把握法律社会学的基本概念、知识体系及前沿问题；同时能灵活运用所学知识独立地分析和解决现实社会问题。实际上就是实现基础学习研究与应用研究的有机结合。有学者提出，法律社会学的原理研究是法律制度运行过程及其规律的基础理论研究，是进行所有社会法律问题研究的理论基础；法律社会学应用研究是对具体社会法律问题的研究。[①] 还有学者提出，法律的进化过程是一个由实质非理性向形式理性进化的过程。其理论的逻辑在于证成西方制度的优越性，并把这种优越的价值观念强加给被他们定义为"传统"的国家，并试图使西方的价值观念普适化。[②] 而我国当今的法律社会学研究目标应打破这一思维，在我国新时代条件下实现基础学习研究与应用研究需求的有机结合，具体包括以下几个方面。

（一）确立新思维，创新法律功能

前者强调使法律思维拓展，使制度更加合理、内容更加科学等；后者指通过法律制度的具体运行，在发挥传统的教育、指引、规范、强制等功能的同时，能够在权利保障、社会治理、社会发展的公正与进步、价值观念培育等过程中，通过多主体协同参与，发挥更加积极有效的作用。为此，需要对法律制度及其功能进行创新，创新的思维主要包括以下两个方面。

[①] 陈信勇：《法律社会学教程》，浙江大学出版社2014年版，第41页。
[②] 张善根：《当代中国法律社会学研究：知识与社会的视角》，法律出版社2009年版，第172页。

1. 法律价值整体性思维

以参与权为例，Johnson 就人们参政提出了四种取向，同时也呈现一种整体性的参与权思维，如表 1-1 所示。

表 1-1　四种参政取向

模式	特征
科学取向	改善服务结果 确保服务效果
管理取向	增进成本效益 提高效率 增加安全性和质量
市场取向	提高市场占有率 提供满足顾客要求的服务
社会正义取向	促进人权和民主 实现权力转移/赋权 实现平等 提高公民权 维持公信力

（[英] Adams R：《赋权、参与和社会工作》，汪冬冬译，华东理工大学出版社 2013 年版，第 43 页。）

2. 需要法律制度细化思维

有效发挥法律制度的保障功能，一个基本要求是将立法制度规则加以细化，避免相关制度规则的原则性和抽象性。其基本原因有五点。一是通过制度细化，才能明晰主体权利边界和行为空间，提供明确的制度指向。多元主体的需求与利益具有多样性和复杂性，总是依据对方的意图调整自己的方案与行动。制度细化可以避免立法制度运行中由于多元主体行为的复杂性，带来的不确定性和不可预见性。二是通过制度细化，才能促进社会资源公平与合理分配。制度在资源的配置活动过程中具有工具性价值，在资源有限的情况下，细化制度安排才能避免资源运用的随意性，减少不合理资源安排的自由空间和可能性。三是通过制度细化，才能为参与主体提供系统的权利，包括生命、健康、公平、参与、尊严等各种权利,而这些抽象的权利要成为实实在在享有的权利,必须通过细化的制度加以规范。四是通过制度细化,才能实现主体间的信息对称,形成稳定的预期和特定的认知模式,进而有利于指导主体行为。五是制度细化能够有效增加主体的行动力,能够通过激励性制度的具体设计与落实,形成一种有效的激励效应。在法治资源有限,特别是人力资源有限的情况下,通过具体的制度设计激励各参加主体行为方式的选择,促进利益分配及行动效率的合法合理性。

(二) 以问题为导向,以新视角分析和解决法律应用中的社会实践问题

问题导向是理论发展的基本规律。"问题是创新的起点,也是创新的动力源。"[①] 发现和解决社会问题,是社会科学研究的基本任务,理论创新是其中的内在要求。按照韦伯的看法,在不同类型的社会中,法律本身可以在不同意义上"合理化",这将取决于在何种过程中,法律思想对合理化所起的作用。[②] 要紧密结合我国现实与未来的社会经济发展目标进行。保障权力运行公正性、合理性,特别注重权力作用效果的评价,公共权力的主体责任化是治理权力腐败的重要途径。在中国两千多年政权高度集中、等级制度森严的封建社会中,统治者为了自身的利益,制定了严厉的刑罚措施对贪官污吏进行惩处,如北魏孝文帝推选班禄制,规定凡犯赃绢一匹以上的处死刑;明代朱元璋规定官吏贪赃 80 贯钱钞处以绞刑,并剥皮塞草示众。[③] 但仍然无法达到法治治理的目标。其深层因素在于法律不是孤立的,它是社会的一部分,本身也直接受到政治、文化、经济及其他社会因素的影响与制约。这些问题需要我们不断深入考察分析。

(三) 提升政府法治实践能力

提升政府法治实践能力主要体现为通过法律应用提升政府服务水平

---

① 《习近平在哲学社会科学工作座谈会上的讲话》,《人民日报》2016 年 5 月 19 日。
② [德] 马克斯·韦伯:《论经济与社会中的法律》,张乃根译,中国大百科全书出版社 1998 年版,第 60 页。
③ 林喆:《权力腐败与权力制约》,法律出版社 1997 年版,第 195 页。

与效率水平,以较少成本达到行政目标及提升治理合理性化水平等方面。自 20 世纪人类进入"行政国"以来,政府行为日益成为影响国家与社会的一个极其重要的因素。长期以来,人们基于行政权力的主动性、单方性、扩张性以及实际运行中为少部分人所掌握等特点,对行政行为的研究较多注重有效监控方面,而对其在动态上加以优化往往重视不足。政府在公民福利发展的特殊作用迫切要求有效提升政府行为能力、优化政府行为。能否实现这一目标受到很多因素的影响,但公众参与政府行为状况则起着决定性作用。充分认识到公众参与在政府行为优化过程中的重要价值,并在实践中形成一套科学完整的保障机制是当今我国政府能力行为得以不断优化的必然选择。

高效率达到预期目标是政府能力的重要表现。公民参与促使政府行为由低效化向高效化转变。在保证公正的同时,实现政府行为高效化是现代政府普遍追求的目标。所谓政府效率,就是政府以较少的人力、物力、财力、时间、消耗获得最大限度成果。政府效率低下是我国政府,尤其是地方政府的通病。为提高政府效率,我国采取机构改革、以宪法确认行政首长负责制等各种措施,这无疑是必要的。但公众参与的价值不可忽视,那种把公众参与和提高政府效率对立起来的观念是极其错误的。美国管理学家杜拉克在《有效的管理者》一书中提出了管理效率主要因素,其中重要一项就是吸引公众的参与,因为吸引公众参与能够有效调动公众积极性,实现广泛的社会动员,得到公众有力支持,从而不断地为政府注入新鲜活力。同时,公众参与有利于形成公众与政府良性互动关系,培养公众团结一致、奋发向上的团队精神。此外,政府效率在很大程度上取决于政府行为目标是否科学合理。由于公众参与能够使政府广泛吸纳众人的智慧和经验,从而有利于政府科学目标的形成,这无疑是提高政府效率的重要保证。

以较小的成本取得预期的目标是政府治理能力的重要表现,也是法律社会学的重要目标。这需要民众的支持与协助,因为治理目标的实现不需要、至少不是主要依靠强力,特别是暴力,强制力更多的是一种备而不用的状态。如果权力不能代表民众利益,权力的运作就会遭到民众的反对抵制。此时,不依靠强力,国家机关的法令、决议便无法执行,权力影响力也就无法发挥作用。而且越是不正当的权力,就越是依靠强制、压制,甚至武力,以迫使权力对象无条件地服从。这样权力的行使,常常以无情的和不可忍受的约束为标志;在它自由统治的地方,它易于造成紧张、摩擦和突变。但是,过分依靠强力的政府,必然会缺乏民众支持而存在无法克服的脆弱性、不稳定性和能力的有限性。而将治理者意志转换为社会普遍意志的政府,它所拥有的管理社会的能力是强大的、稳固的。过去我们存在着一种误解,认为只要出发点是为人民的利益,其过程和形式等并不重要。正如杰姆斯·威尔逊分析指出,有一种误解,"如果政府的决定是为服务于人民利益的,便是民主的,而不论公众是否参与这种决策"①。事实上,人民对国家权力运行参与的深度与广度,对国家权力运行状况有直接的影响。罗尔斯也强调,"必须采取一些措施来提高社会所有成员的参与政治的平等权利的价值"②。在当今我国,深化公众的治理参与是推动法治发展的重要保障,也是法律社会学研究的重要议题。

(四)促进政府治理的合理性

关于政府行为合理性,人们并没有统一的定义,从字面上看,合理即合乎理性,它是与不正当、不公平、违反客观规律与常理相对的概念,"日本司法界和学术界在评价1953年'蜂巢城案'中对'合理性'所做的解释是:就是非法律规范的条理和道理,即按社会上一般人的理解,所尊重的合乎事情性质的状态"③。本文把政府治理的合理性界定为没有具体的、直接的法律依据但合乎情理的治理行为。为何要探讨政府治理的合理性呢?首先,任何一种法律都不可能把有关权力的所有事项都做出详尽的规定,必然给权力留下自由裁量的空间,国家立法权、司法权或行政权都是如此。在权力自由裁量范围内,治权运行应该有一个基本的要求,这一基本要求表现为在法治实践中所创立的权力合理性原则,这一原则在行政权领域已有较为成熟的理论,如英国自然公正原则,包括"听取对方的意见"和"不能自己做自己的法官"两个基本方面。英

---

① Wilson J Q, Dilulio J J. *American Government*. Wadsworth Publishing,1987:4.
② [美]约翰·罗尔斯:《正义论》,何怀宏、何包钢、廖申白译,中国社会科学出版社1988年版,第222页。
③ 皮纯协,胡建淼:《中外行政诉讼词典》,东方出版社1989年版,第758-760页。

国著名大法官科克在审理英国下水道管理委员会为修正河岸而征收费用所写的判词中指出："尽管委员会授权委员们自由裁量，但他们的活动应受限制并应遵守合理规则和法律规则。因为自由裁量权是一门识别真假、是非、虚实、公平与虚伪的科学，而不应按照他们自己的意愿和私人的感情行事。"① 其次，权力合理性的另一个含义是突破法律规则，从一般意义上讲，政府治理必须体现宪法与法律至上原则，法成为公权活动基础，但依法治理本身不是目的，其根本目的在于通过权力的正义化运作，促进人民利益的实现和社会文明的进步。在社会变革时期，法常常具有滞后性，难以适应社会现实的变化，地方政府在执行有关法律政策时，可能会遇到新问题，如何将合法性、主动性和合理性有效结合，这是法律社会学应用研究应关注的重要议题。在此过程中，应多注重调查研究，多听群众的声音，在决策体系中没有民众有效的代言人，权势群体将决定着资源的使用和管理，新时期的法律社会学应当深入探索社会问题的深层原因，提出应对问题的新思路。

二、研究方法

（一）理论与实证相结合法

将相关理论文献分析研究与目前中国现实问题紧密结合，系统分析研究与本书主题有关的各种文献资料，探讨这些理论内涵、产生与发展的规律、相互之间的内在逻辑联系等基础理论问题，以期较为准确地界定本研究主题的相关概念内涵，获得与本研究主题相关的系统理论。通过实地调查、查阅统计年鉴、个案研究等途径获得实证资料，客观分析目前我国法治发展中的现实状况及面临的法律社会学新问题。以新的理论研究成果与视角反思现实问题，并基于现实问题的分析和基本原理的应用提出系统的理论建议。

尤其要注重典型案例研究及本土资源理论研究。本土资源既包括理论，也包规范及其实践等。法治本土资源的研究是在"国家与社会"框

---

① ［英］Wade H. *Administrative Law.* Oxford University Press, 1982. 转引自胡建淼：《行政法学》（第二版），法律出版社2003年版，第63页。

架下的一种法律社会学理论，于20世纪90年代中后期兴起，并成为在法律社会学领域颇受关注的研究主题和分析路径。它主张中国在探求法治过程中必须回到原有的社会之中，注重本土的社会资源，注重中国法律文化的传统和实际。在本土资源理论逻辑中，国外的法治经验的确可以为我们提供启示和帮助，但中国的法治之路必须依赖中国的社会实践，依赖于从中国本土资源中演化创造出来的法治路径。但这不是要求我们回归到传统的宗法社会中去。本土资源可以超越传统，而不是恢复中国的法律传统，以本土资源为起点，可以建立与中国现代化相适应的法治。[①] 这些理论思路虽然存在一定争议，但也为法律社会学研究带来有益启示。

（二）跨学科交叉研究法

本书至少会涉及管理学、社会学、法学、哲学及社会工作等多学科相关知识，如管理学的公共财政管理理论、治理理论，法学权利与义务理论、法律功能与责任理论，社会学的社会调查与社会政策理论。将上述知识融合到本研究之中的同时，也会吸收传统文化知识，如历史上也有人试图发挥人性善的自律作用以防止权力滥用。我国古代道德教化就是基于"人性本善"的美好设想。孟子认为，通过去除人们的物质欲望可以唤起内心善念。人先天具有四德，"恻隐之心，仁之端也；善恶之心，义之端也；辞让之心，礼之端也；是非之心，智之端也"[②]。通过圣人权威的感召、清廉的示范，以及道德教化、内心自省，从而实现对权力制约，达到清廉为政的目的。历史证明其作用是非常有限的。但其中注重道德伦理的作用具有一定的合理性。

有学者提出，法律社会学的方法论包括理论法律社会学和经验法律社会学两个层次。现代西方理论法律社会学的方法论主要由其社会哲学基础决定，包括人类学（习惯）理论、结构功能主义理论、冲突理论、互动理论等。而经验法律社会学，主要是指一系列社会学研究方法，包括试验、调查、观察和运用统计资料等。[③] 法律社会学作为法学与社会学

---

① 苏力：《法治及其本土资源》，中国政法大学出版社1996年版，第6页。
② 《孟子·告子上》。
③ 朱景文：《现代西方法社会学》，法律出版社1994年版，第24页。

的交叉学科，法也需不断强调交叉性，近年来出现不少与法律社会学相关的新成果。以赋权为例，社会工作者发展积极的自我能力意识与赋予能力，帮助自我实现或增强影响。赋权主体包括个人、家庭、团体和社区等，从而达到改善自己状况的目的。而法律赋权强调权利、法律设定及实现保障。所以，不同的语境中，赋权的含义存在共性，但侧重点不同。我们在使用赋权表达时，需要明确自己的内涵。综合来看，赋权既是一个过程，也是一个结果。从法律社会学研究角度看，最好能把各种表达有机结合、取长补短，使其通过有效实践，发挥一种协同作用。

（三）多维比较法

多维比较法，从维度看，包括中外比较以及历史与现实的比较；从内容看，包括立法制度的比较及思想理论的比较；从状态看，包括静态的规范比较与动态的实践应用比较等。强调发现和总结法律社会学发展应用中的共性问题，探讨理论与法律实践的发展社会规律、基本经验与趋势。特别是研究和借鉴国内外取得的实际经验，使创新研究获得有益的参照。为此，要深度分析相关典型法规及其实践，研读相关的经典著作并加以比较分析，这对特定问题的深入研究具有重要意义。例如，在《黑格尔法哲学批判》《德意志意识形态》及《家庭、私有制和国家的起源》等著作中，马克思和恩格斯论述了法律如何在特定的社会物质条件和阶级意识中形成，其性质与内容具有怎样的特点等。这是研究相关问题的理论基点，也是比较研究应持有的基本观点。

应注重规范分析与思想文化分析相结合的方法。一是把握我国法律规范的基本制度体系、内容设置等特点。对于特定规范，进行中外以及历史与现实比较，从法律社会学理论与应用相结合的角度探讨其中的共性与差异性。二是将法律规范分析置于特定的思想文化背景中，而不是孤立地看待法律规范，如儒家文化中的礼治、德治、人治与现代法治思想等，通过比较，深刻客观地认识到我国的法治道路与模式的内在逻辑、现实必然性和特有优势，进而确立我国法治的发展路径与模式的科学理念，坚持走中国特色社会主义法治道路，全面推进依法治国必须走对路。要从中国国情和实际出发，走适合自己的道路，决不能照搬别国的模式和做法,决不能走西方"宪政""三权鼎立""司法独立"的路子。① 在此基本前提下,通过法律社会学特有视角的研究,为我国法治发展做出特有贡献。

🔺 思考题

1. 新时代背景下如何认识我国法律社会学研究的新使命?
2. 如何认识法律社会学的概念?
3. 谈谈你对我国法律社会学未来趋势的认识。
4. 试论我国新时期法律社会学研究的创新目标。
5. 如何认识法律社会学研究方法的创新路径及意义?

🔺 阅读推荐

1. 田成有:《法律社会学的学理与运用》,中国检察出版社 2002 年版。

2. 陈信勇:《法律社会学教程》,浙江大学出版社 2014 年版。

3. 张善根:《当代中国法律社会学研究:知识与社会的视角》,法律出版社 2009 年版。

4. 苏力:《法治及其本土资源》,中国政法大学出版社 1996 年版。

5. [德]托马斯·莱塞尔:《法社会学导论》(第六版),高旭军等译,上海人民出版社 2014 年版。

6. [美]E. 博登海默:《法理学——法哲学及其方法》,邓正来、姬敬武译,华夏出版社 1987 年版。

---

① 《习近平谈治国理政》(第三卷),外文出版社 2020 年版,第 284-285 页。

第二章
法律与民间习惯法的良性互动

  我们在把握法律基本概念的同时，应在法律社会学视角下进一步把握其价值、形态与机理，并对法律实证主义与多元主义进行客观比较分析。以此为基础，分析探索民间习惯法的概念与国家法关系的变化过程。从社会作用看，应认识到民间习惯法具有积极意义，也存在着客观的局限性。在我国当今全面依法治国的推进过程中，从立法、执法及司法实践层面，科学有效地创新处理法律与民间习惯法的关系，进而实现二者的良性互动。

第一节　法律与民间习惯法的概念及基本关系

一、法律的概念分析

对于法律的概念，较为普遍的认识是，法律是由国家制定、认可并由国家保证实施的行为规范体系，其以权利义务为基本内容，以确认、保护和发展统治阶级所期望的社会关系、社会秩序和社会发展为目的。①

目前对法律概念的分析界定主要是基于法律文本进行的。法律文本中的定义体现着立法者的意志，也是执法者与司法者理解和适用法律的依据。②但从完整意义上看，需要从其性质、内容构成、规范形式、价值体系及其社会功能等角度综合分析。首先，法律作为一种社会规范，有其规范性和概括性。就社会规范而言，法律区别于其他社会规范的基本特征在于具有国家意志性，由国家制定或认可。其次，法律以权利、义务、权力、职责边界为主要内容，并具有国家强制性，由国家强制力保证其实施。最后，法律具有内在的价值属性。第一种使用方式是法律在发挥其社会作用的过程中能够保护和增加的价值，如人身安全、财产安全、公民的自由、社会的公共福利、自由、效率和正义等，这种价值是法律追求的理想和目的，因此又称为法律的"目的价值"；第二种使用方式是法律的"形式价值"，它是法律在形式上应当具备的值得肯定或好的品质，比如任何一种法律都应该具有逻辑严谨、简明扼要、明确性等特征，如果一个法律制度不具备形式上的优良品质和价值，它就不是"良法"。

为进一步把握法律的概念，还需要明确以下两个问题。

第一，法律价值确定的依据是什么？对此，法哲学学者有多种探索。从法律价值的社会性看，我们可结合马斯洛的需要层次理论谈法律价值的形成根源。马斯洛的需要层次理论认为人的需求由低到高依次表现为

---

① 张文显：《法理学》（第二版），高等教育出版社2003年版，第58页。
② 缪四平：《法律定义研究》，《华东政法学院学报》2003年第3期。

生理需要（如对食物、水、空气、住房的需要）、安全需要（如对保护、秩序、稳定的需要）、社会需要（如对爱情、友谊、归属的需要）、爱的需要（给别人的爱和接受别人的爱）、尊重的需要（如对威信、地位、自我尊重的需要）、自我实现的需要（如何发挥潜能、实现理想的需要）。①基于上述理论，法律价值形成的根源在于，有效保障人的需要得到满足。马斯洛需要层次理论表明，人的需要存在层次差异，同时也具有先后顺序。法律设计首先应满足人的基本需要，通过立法满足和保障其生理和安全需要，其他的需要更多的是通过个人自身努力而得到满足，但法律也需要提供必要的保障，尽可能地满足个人自我实现的需求等。

第二，法律规范具有怎样的独特理论逻辑和思维方式？法律规范作为一种特殊的社会规范，存在着符合自身发展规律的逻辑起点、思维方式和运行规律。这一思维存在形式及运行规律的集中体现就是法律逻辑。在法律社会学视野下，法律逻辑的概念是多维度的，法律逻辑的特征是多层次的，法律逻辑对于法学学科体系、法律实践活动以及法治社会的规则意识都具有较强的思维形塑功能。②

二、法律的两种理论模式

关于法律的实践模式，存在法律实证主义与多元主义的理论分野。前者关注的是案件应该依据现实的立法规定进行判决，后者关注多种规则的关系及其具体判决，更加注重对规则与行为的观察与解释。其中，布莱克关于法律的两种理论模式就是比较具有代表性的观点，如表2-1所示。

表2-1 法律的两种理论模式

模式	法学模式	社会学模式
中心	规则	社会结构
过程	逻辑	行为
范围	普遍的	可变的

---

① [美]马斯洛等：《人的潜能和价值》，华夏出版社1987年版，第162-168页。
② 李娟：《法社会学视野下的法律逻辑概念、特征与功能探析》，《岭南学刊》2017年第2期。

续表

模式	法学模式	社会学模式
视角	参与者	观察者
意图	科学的	实践的
目标	决定	解释

(Black D. *Sociological Justice*. Oxford University Press, 1989: 21.)

布莱克认为,在传统观念中,法律从根本上说是规则的事情。对一项法律决定的解释通常取决于一项或多项评估既定事实的规则。相比之下,社会学模式将焦点引向一个案件的社会结构上,即谁参与其中,解释如何处理案件。规则提供了法律语言,但案件的社会结构提供了表达这种语言的语法。布莱克还具体论述了法律的两种理论模式的认识差异。法学模式将法律视为一个逻辑过程。每个案件的事实都是根据适用的规则评估的,逻辑决定结果。如果规则将预谋杀人定义为谋杀,并且手头的证据表明存在这种心理状态,那么这就是谋杀。但是在社会学模式中,法律并不被认为是合乎逻辑的。法学模式也假设法律在不同的案例中是不变的。它是书面的,所有人都可以使用。同样的事实导致同样的决定。换句话说,法律是普适的,以同样的方式适用于所有案件。然而,社会逻辑模式假设法律是可变的,可以随着当事人的社会特征而变化。所有永恒和普遍的是预测和解释结果的原则,这些原则是社会学的。

布莱克特别提出,这两种模式并不是简单的法律现实的不同版本。它们产生于不同的角度,有着不同的目的和目标,对法律如何运作有着不同假设。法学模式是参与者的观点,被执业律师所采用,他们试图展示法律规则如何逻辑地导致特定的决定。法官通常也采用审慎司法模式,因为他们根据规则在逻辑上如何应用于事实来做出他们的判决。社会学模式假设对案件的处理总是反映了涉案人员的社会特征。他们特别关注当事人的种族、社会阶层、性别或其他特征的差异,例如由于双方之间的亲密程度、文化距离以及他们在组织上的相互依赖、融合和受尊重程度而产生的差异。

本书认为,法律的两种理论模式都具有一定的可取之处。但应当认识到,法律规范与其他社会规范的根本区别在于它有明确的行为准则,具有适用条件、行为模式要求及法律后果承担的相对完整的逻辑结构。

英国著名学者哈耶克曾指出："撇开所有技术细节不论，法治的意思是指政府在一切行动中都受到事前规定并宣布的规则的约束——这种规则使得一个人有可能十分肯定地预见到当局在某一情况中会怎样行使它的强制力，和根据对此的了解计划他个人的事务。"① 在法律规范中，权利、义务、权力和责任是核心内容，而法律责任是法律得以有效运行的重要保障。如果一种法律缺乏责任性规定，或者不去依法追究违法者的责任，人们就很可能不去履行法律设定的义务。凯尔森认为："法律责任是与法律义务相关的概念。一个人在法律上要对一定行为负责，或者他为此承担法律责任，意思就是，他做相反行为时，他应受到制裁。"② 法律责任不同于一般的道义责任，它以法律规范的形式明确表达出来，包括性质、程度、构成要件、追究方式、期限等。所以，社会治理责任法律化显然更有利于责任的落实，发挥地方政府行政权主动性、广泛性、优越性、个人负责制等优势，同时对滥用职权的情况进行有力监控，将责任具体化，保证行政权公正、有效地运行，公民权利与义务也必须严格依法享有和履行。因此，与多元主义相比较，法律实证主义模式的优势是客观存在的，但对社会因素的重视也应加以强调。

三、民间习惯法的概念及其与国家法的关系

民间习惯法通常是在国家立法之外，人们根据事实习惯与经验，依靠某种社会权威或组织而建立的具有强制性的行为规范。民间习惯法大多具有自发性、乡土性、地域性、内控性、民族性及调解性等特点。所以，也有学者提出，民间习惯法也多指习惯，既是一种历史性概念，也是一种现实的社会现象。在所有的社会关系中，都存在相应普遍化了的语言习惯、交往方式、衣着制度、饮食习惯、劳动合作的标准形式。行为模式为他的行为赋予一定的、所期望的确定性、稳定性和可预见性。③

---

① ［英］弗里德里希·奥古斯特·哈耶克：《通往奴役之路》，王明毅、冯兴元等译，中国社会科学出版社1997年版，第73页。
② ［奥］凯尔森：《法与国家的一般理论》，沈宗灵译，中国大百科全书出版社1996年版，第73页。
③ ［德］托马斯·莱塞尔：《法社会学导论》（第六版），高旭军等译，上海人民出版社2014年版，第148页。

关于习惯法与民间法的关系，有的学者不加辨别，有的学者则做了辨别。作为行为之习惯可以在得到受众或传统的认同时，而演进为作为规则之习惯。习惯要成为习惯法，还必须得到国家的认可和赋权。① 本书民间习惯法既包括民间成文的制定法，也包括不成文的习惯法，是二者的总称。

关于习惯如何上升为民间习惯法、再到立法或法典的过程问题，历史法学派进行了一定分析。他们认为，一旦一个家庭、一个群体、一个部落或一个民族的成员开始普遍而持续地遵守某些被认为具有法律强制力的惯例或惯习时，民间习惯法便产生了。民间习惯法的形成是一个自下而上的过程。也就是说，在民间习惯法的形成过程中，不需要一个更高的权威对上述惯例或安排做正式认可或强制执行。其代表人物萨维尼的观点是：法（习惯法）产生于一个民族的"民族精神"之中，而不是源于政府当局的政令。② 与之不同，分析法学派则认为，法律是由国家权威机构通过制定而形成的，与原始社会习惯法的关系并不密切，甚至存在排斥。由于规范主义法学家坚持严格的国家法观点，凯尔森等人的法律实证主义也被称为"纯粹法学"。民间习惯法产生于原始社会后期向阶级社会过渡的时代，内容上具有原始性、二重性和过渡性；制定者和执行者是父系氏族时代的社会组织及其领导人。我国权威辞书及有关论著认为，民间习惯法产生于国家形成以后的观点主要是受英国法制史的影响；认为民间习惯法只有利于统治阶级，则是把带有片面性的传统"法律"概念牵强地套在习惯法上，而未能以历史实际作为概括的基础。③ 从历史上看，国家法与原始习惯法经历了蕴含—分离—清晰化三个基本阶段。恩格斯也有相似的看法，"在社会发展的某个很早阶段，产生了这样一种需要：把每天重复着的生产、分配和交换产品的行为用一个共同的规则概括起来，设法使个人服从生产和交换的一般条件。这个规则首先表现为习惯，后来便成了法律"。例如原始社会习惯具有法律的某些特性，蕴含法的精神，但不等同于法律。英国学者马林诺夫斯基在对美拉

---

① 李可：《习惯法：理论与方法论》，法律出版社2017年版，第36-38页。
② 李瑜青等：《法律社会学导论》，上海大学出版社2004年版，第46页。
③ 于和利，张安福：《习惯法产生的时代及其特点的历史考察与分析——兼论我国学术界在这两大问题上主导观点的误区》，《山东大学学报》（哲学社会科学版）2004年第2期。

尼亚人的习惯实地考察后写成的《初民社会的犯罪与习俗》一书中指出，民间习惯法涉及财产保护、有条件的诅咒、契约交易、礼仪性契约的财物分配和争议解决方式等，其中都蕴含国家法律的内容特点。进入奴隶社会后，国家立法正式公布实施，也正式从民间习惯法中分离出来。而法典的公布意味着这种分离更加清晰化，如《汉穆拉比法典》，是世界上现存的古代较为完备的成文法典，内容包括诉讼程序、盗窃处理、婚姻、继承、伤害、债务、奴隶等，它明显地维护奴隶主阶级的利益，保护奴隶制的所有制；保存某些民间习惯法残余，例如"以牙还牙，以眼还眼"的同态复仇原则和神判习惯等。

国家法和民间习惯法的类型划分与近代法社会学产生与发展具有密切关系。国家法因固有模式之限制无法及时全面地处理社会千变万化的新情况，使得民间习惯法研究日益引起学界的重视，国家—社会体系逐渐走向融合。在当前全面推进依法治国背景下，对国家法与民间习惯法关系再审视再思考，能够使法治建设获得新的思路，为两种规范和发展完善提供新的路径，特别是有助于国家社会治理法治化的全面展开。①

第二节　民间习惯法的现实价值及其局限性

一、民间习惯法的现实实践价值

民间习惯法在当今社会具有不可忽视的现实价值。

第一，民间习惯法能够成为国家法的有益补充。在当今社会不断强调行为规则化背景下，任何社会的法律制度都难以用国家法的形式完全呈现出来。任何社会的法律制度都不是一元的而是多元的，除国家法之外，还有各种形式的民间习惯法。……在一个正常有序的社会中，各类规范要素的界限并不是泾渭分明、各自独立地发挥着作用，而常常是相互渗透交叉、共同协同作用，分别从不同角度表明社会向人们提出强制

---

① 王帅：《国家法与民间法的协调及互动——以埃利希和庞德的法社会学思想为视角》，《东华理工大学学报》（社会科学版）2020年第3期。

程度不同的各种要求。① 诺斯指出，正式规则仅仅是制度的一个部分。我们关注两种制度类型及其实施特征，而制度的实施特征受非正式制度的严重影响，比如习惯习俗和传统。② 因为国家法尽管在不断发展完善，法制体系在不断完备，但"国家法在任何社会都不是唯一的和全部的法律，无论其作用多么重要，它们只能是整个法律秩序的一个部分，在国家法之外、之下，还有各种各样其他类型的法律，它们在填补国家法遗留的空隙，甚至构成国家法的基础"③。

在全面推进依法治国的过程中，如何认识法律与民间习惯法的关系是一个不可忽视的重要问题。而重视民间习惯法及其与国家法关系的处理是全面推进依法治国，特别是推进法治社会建设和传承中华优秀传统法律文化的重要途径。习近平强调，推进全面依法治国，根本目的是依法保障人民权益。要积极回应人民群众新要求新期待，系统研究谋划和解决法治领域人民群众反映强烈的突出问题，不断增强人民群众获得感、幸福感、安全感，用法治保障人民安居乐业。要坚持依法治国、依法执政、依法行政共同推进，法治国家、法治政府、法治社会一体建设。全面依法治国是一个系统工程，要整体谋划，更加注重系统性、整体性、协同性。习近平指出，要坚持中国特色社会主义法治道路，要传承中华优秀传统法律文化。④ 民间习惯法与传统文化有着十分密切的关系，也应作为全面推进依法治国的基本遵循。如今的现实生活中，民间习惯法与制定法一道并行不悖地发挥着作用，具有强大的生命力。⑤

目前我国不断创新社会治理方式，即由行政对社会的绝对控制模式转向注重社会治理模式。过去由于受计划经济体制模式的影响，国家或政府对社会实施管理，主要是通过抽象的和具体的行政行为观念来进行

---

① 翁一飞：《应重视国家法与民间法（习惯法）的互动》，《法制与社会》2010年第9期。
② 涂小雨：《当代中国社会整合逻辑研究》，河南人民出版社2016年版，第22页。
③ 梁治平：《清代习惯法：社会与国家》，中国政法大学出版社1996年版，第35页。
④ 《习近平在中央全面依法治国工作会议上发表重要讲话》，新华社2020年11月17日，http://www.gov.cn/xinwen/2020-11/17/content_5562085.htm。
⑤ 陈宜：《论习惯法存在和发展的社会原因》，《西南民族大学学报》（人文社科版）2005年第4期。

的，司法权与行政权往往合二为一。① 非正式制度规则发挥作用的社会空间较小。正式制度规则尽管相对比较有效，但有效的公共制度总是存在着供给不足的问题，这正如美国著名的制度学派代表人诺斯分析的，"有效的制度创新总是稀缺时，制度创新来自统治者，而不是选民，因为选民始终面临着搭便车的问题，而统治者的偏好又大多偏离公共福利"②。要加强制度供给，不断丰富制度创新体系，仅有正式立法还是不够的，还必须具有社会规则作为有益补充，这让民间习惯法显得更为重要。

第二，民间习惯法能够拓展社会福利资源。在福利发展中，相当一部分福利对象属于社会弱势人群。我国关于弱势人群的福利立法本身已包含着一定的道德习惯成分。例如《残疾人保障法》第7条规定，全社会应当发扬人道主义精神，理解、尊重、关心、帮助残疾人，支持残疾人事业。国家鼓励社会组织和个人为残疾人提供捐助和服务。国家机关、社会团体、企业事业单位和城乡基层群众性自治组织，应当做好所属范围内的残疾人工作。从事残疾人工作的国家工作人员和其他人员，应当依法履行职责，努力为残疾人服务。以下简称《老年人权益保障法》第1条规定，为了保障老年人合法权益，发展老龄事业，弘扬中华民族敬老、养老、助老的美德，根据宪法，制定本法。第8条规定，国家进行人口老龄化国情教育，增强全社会积极应对人口老龄化意识。全社会应当广泛开展敬老、养老、助老宣传教育活动，树立尊重、关心、帮助老年人的社会风尚。青少年组织、学校和幼儿园应当对青少年和儿童进行敬老、养老、助老的道德教育和维护老年人合法权益的法制教育。而民间习惯法也开始在弱势人群福利发展中发挥作用。如不少村规民约规定，孝亲老、睦邻里。父母应尽抚养义务，子女应尽赡养义务，夫妻和睦相处，兄弟姐妹团结友爱，家庭生活温馨和谐。邻里之间互帮互助，互尊互爱。移风易俗，不铺张浪费，不陈规旧俗，不搞宗族派性，反对封建迷信及其他不文明行为，树立良好的社会风尚等。有的地方为了配合《老年人权益保障法》的落实制定了村规民约，如贵州省黔南布依族苗族自治州龙里县以发展型服务型党组织建设为契机，建立科学规范的村务运作体系，细化和明确赡养责任，村支"两委"与老年人子女签订《赡养老人

---

① 李瑜青等：《法律社会学导论》，上海大学出版社2004年版，第316-318页。
② 毛寿龙：《政治社会学》，中国社会科学出版社2001年版，第353页。

责任书》，规定赡养义务及奖惩措施。全镇签订责任书3000余份。各村建立"家庭年度孝行卡"，每户家庭基础分100分，对孝道方面有不良行为的村民，村支"两委"核实并扣分。低于70分的家庭，村支"两委"及村寨老年人代表共同向该户发放《劝孝书》。强化利益导向，在家照顾老人的青壮年，村支"两委"帮助就近联系务工或支持发展产业。每年开展"孝星家庭"评比，"孝星家庭"在政策优惠、产业发展项目支持上享有优先权。对违反"新规六条"的家庭，村支"两委"取消该户的优惠、扶持政策，待群众确认达到孝老标准后予以恢复，通过利益导向"倒逼"新规落实。建立老年互助网，健全维权网络，确保老有所"助"。探索"爱心邻居"互助模式，以户为单位，将相邻3户有老人的家庭编成一个互助小组，明确互助小组家庭子女对自己父母的赡养义务、对互助小组中其他老人的关爱义务，以及互助小组中老人彼此的互助义务，在互帮互助中显大爱、助养老。[①]

第三，民间习惯法能够促进社会秩序的有效建构。社会秩序的形成依赖于规则建构、运行与发展，从规制看，没有普适化的标准，站在社会发展的视角审视国家法与民间习惯法之间的关系，无疑加深了我们对此问题复杂性的认识和思考[②]，使我们能够认识民间习惯法的特殊意义。其一，有利于建构社会规则知识的合理秩序。社会规制知识，主要体现在国家政策法律知识以及地方性社会知识两个方面，在较多情形下，这两种知识相互分离，如在城市地区，政策法律知识被普遍运用，而缺乏足够的地方性社会知识意识。这种情形对于中国社会秩序的影响不容低估。有学者提出，目前国家与民间的知识系统处于断裂之中，分别由不同的社会主体所享有。政治精英和知识精英分享了国家知识，并基本掌握了话语权，而作为民间知识载体的社会大众却难以共享国家知识，这表现为地方知识与国家知识的分离，而且这两种断裂的知识系统存在内在的紧张关系。[③] 两种知识的结合有利于社会秩序的有效建构，因为这会

---

① 《贵州龙里"孝道新规"实现农村老有所养》，贵州文明网，http://gz.wenming.cn/jujiaogz/yw/201608/t20160824_3622468.shtml。

② 李保平：《从习惯、习俗到习惯法——兼论习惯法与民间法、国家法的关系》，《宁夏社会科学》2009年第2期。

③ 张善根：《当代中国法律社会学研究：知识与社会的视角》，法律出版社2009年版，第208页。

直接促进两者的交流、沟通。在中国转型的特定条件和社会场景中，对法律社会学而言，这不仅关涉到法律社会学知识和研究者的独立品格，也关涉到中国法律社会学能否为知识与社会的发展做出中国的贡献。① 其二，有利于对人们偏轨行为进行预防与矫正。偏轨行为在社会生活中随时都有可能发生，进而影响社会秩序。若要有效地预防和矫正，就需要对人们行为进行调整。也就是必须要为人们的生活和行为确立一定的标准，设定某种界限与某种模式，而这些标准、界限、模式，就是社会规范和行为规则。民间习惯法是由从事物质生产与交换活动的人所共同创造的，并且必须通过每个人的行动才能够得以实现。马克思主义认为，一定的社会规范最终是由一定的社会生产方式所决定，因此，规范的内容、意义和目的都是为了规范人们的行为，调整某种社会关系。它既受一定制度的制约，同时又服务于一定的制度。在原始社会，受盲目的自然必然性的支配，根本谈不上个人的行为自由，因而，原始社会的社会调整主要是以禁止性规范，即勿为性规范，也就是以禁忌为基础的。"禁忌为原始社会唯一的社会约束力，是人类以后社会中家族、道德、文字、宗教、政治、法律等所有带有规范性质的禁制的总源头。"② 其三，弥补法律制度在社会秩序建构中的缺失。政策制度的执行情况也直接影响着制度功能发挥，影响最大的情形是制度执行偏离、变通行为或选择性执行行为，这时的制度事实上就是失灵的。这种情形在农村政策制度执行中也同样存在，主要包括两方面：一是地方政府与中央政府间利益的分化导致了双方的博弈。其中，地方政府更接近信息源，处于代理人的地位，而中央政府处于委托人的地位。所以，地方政府就可能利用信息优势谋取自身利益，做出损害委托人——中央政府和全国整体利益的行为，偏离了制度的预定目标。③ 单一的制度再完备也难以获得理想的效果，软制度则是很有意义的一种补充。所谓的"软制度"，主要是与人们的价值观有着内在联系的各项制度和规则，如道德信念、传统伦理、习俗习惯

---

① 张善根：《当代中国法律社会学研究：知识与社会的视角》，法律出版社2009年版，第222页。

② 魏春艳：《禁忌：原始社会的"习惯法"》，《四川师范大学学报》（社会科学版）1999年增刊。

③ 杨红燕：《政府间博弈与新型农村合作医疗政策的推行》，《云南社会科学》2007年第1期。

等；所谓的"硬制度"主要是各种成文的法规和条款等，如国家或政府颁布的各种法规和条例；各微观组织乃至社会组织所实行的具有一定的理念和实践边界的规章制度等。① 也有内在与外在划分，内在制度被定义为"群体内随经验而演化的规则"；外在制度即为"外在地设计出来并靠整治行动由上面强加于社会的规则"②。正是这种制度形式有机结合才能充分体现制度的一般社会功能价值，如维持正常状态、增加行为预期、降低风险成本、促进社会分工与合作、抑制人们的消极行为。由于我国当前正处于社会转型阶段，相对于社会发展程度而言，根植于人们长期生活实践过程中的习惯难免带有滞后的特点，同时，中国法治建设的渐进性、艰巨性，加之中国乡土农村发展的不平衡性与复杂性，决定了国家法之外民间习惯法的作用空间是长期存在的，在这种共生共存的关系中也会存在一定的张力，如何克服这种张力、实现两者之间的互动整合是法律社会学研究的重要任务。

第四，民间习惯法有利于化解社会纠纷。民间习惯法的运用能够促进多元化纠纷解决机制的有效形成。民间习惯法能够从社会层面入手纠纷原因，探寻纠纷合理化解的路径。与国家法的调适问题相比，其知识逻辑和路径则是独特的。

二、民间习惯法的局限性

客观来看，由于生成主体、过程、内容形成合理性的论证及执行保障措施等方面因素的限制，民间习惯法的局限性也是客观存在的。奥斯丁认为，习惯经常依赖于某些靠不住的、不确切的机制，如依靠例证学习或劝阻等方式发挥作用。而国家能使习惯规范再度制度化，它使习惯规范更准确，使人们有更少的机会对它们有不同的理解。大多数人采纳的习惯可以被看作法律，但习惯并不是确切意义的法律。③ 以上论述尽管未必完全正确，但的确在一定程度上指出了民间习惯法的局限性。第一，

---

① 杨俊一等：《制度哲学导论——制度变迁与社会发展》，上海大学出版社2005年版，第80页。

② [德] 柯武刚，史漫飞：《制度经济学》，韩朝华译，商务印书馆2000年版，第119页。

③ 张宏生，谷春德：《西方法律思想史》，北京大学出版社1990年版，第334页。

从执行保障看，规制运行如果没有一定的强力约束，即使创出新规则，民间习惯法通常存在明显的强制性不足问题，也存在其解释应用明显不足的问题，如解释程序、权限、形式、效果等，都难以保证实际效果。第二，从调整方式看，民间习惯法是大多依靠道德体系和习惯力量的一种调整形式，它是人们关于善与恶、美与丑、正义与非正义、光荣与耻辱、公正与偏私的感觉、观点、规范的综合。具体分为以下三个层次：一是价值，即善、美、正义、光荣、公正等内容，这是道德中最高层次的内容，也是评价人们意愿和行为的最高标准。二是原则。原则是仅次于价值的评价标准，它体现价值内容，但又更具体化。三是民间习惯法规则。它是评价人们行为和内心活动的最直接标准，又是原则的具体化。道德对人们的思想行为有着十分重要的影响，费孝通先生认为，在中国人运用法律之前，要首先考虑人际关系和血缘亲属关系。但依靠这种关系的调整方式作用是有限的。所以，对政府人员法治建设与习惯法建设尽可能保持一定的协调性。第三，从具体内容看，不少民间习惯法是一种历史延续，保留有与新时代发展不相符的内容。以禁忌习惯法为例，它是关于社会行为、信仰活动的某种约束来限制观念和做法的总称，主要包括两性禁忌、食物禁忌、节日禁忌和其他生活禁忌。在传统的许多宗族戒规中，对违反族规者的惩罚办法与现行立法也存在不一致性。

当然，民间习惯法中的乡规民约，也具有一定正向作用。如土家族习惯法涉及的乡规民约，其内容十分广泛，有封山育林公约、保护秋收公约、收捡桐茶公约、水井公约、维护地方治安公约等，其形式成文法少，以不成文法居多，表现为口头传录和行为继承。如为防兽、防盗匪、防山火袭击村寨，村民们要义务出工、出钱、出材料；打到猎物后，猎物的分配原则是"上山打猎，见人有份"。此外，还涉及青年男女恋爱关系、家产继承等。有些规定对当今社会秩序维护仍能够发挥积极作用，但有的内容及其执行上都存在一定局限性。例如，土家族习惯法的司法大权一般掌握在土司或巫师手中等。①

---

① 冉春桃，蓝寿荣：《土家族习惯法研究》，民族出版社2003年版，第50-62页。

第三节　国家法与民间习惯法良性互动实现途径

法律与民间习惯法总体上存在错综复杂的关系。在两者并存的情况下，必然存在两者的客观关系，以及如何处理两者相互关系的问题。比较理想的状态是实现两者之间的良性互动，对于这种互动的状态，有学者提出，"从国家法律的角度看待互动中的两者关系，可以分为三种类型，即一致、冲突和创新"[①]。从实践看，如何处理两者的关系还需要更多的积极合理的探索，并获得其中的可操作化路径，以便实现两者良性互动。

一、立法中与民间习惯法良性互动

（一）重视民间习惯法的合理吸收

马克思主义虽然认为法是统治阶级意志的体现，但也充分认识到法律是要以社会为基础的。在实践中需注重民间习惯法的作用，不能随心所欲离开民间习惯法而制定法律，在法律实践运用中注重吸收民间习惯法的合理成分，其机理如下。

1. 部分民间习惯法符合现代法的精神

社会法律文化的核心要素似乎存在于人们的法律直觉和法律意识中。经验表明，不论人们是否接触过法律，都会有正义感或非正义感，会本能地知道什么是被允许的、什么是被禁止的，人们可以提出何种要求，应该承担何种义务，以及如何评价他人的行为。人们可能把这种对合适行为的最原始的感受称为法律直觉。这种感觉不应该是有意识的知觉，它更应该是一种存在于（个人或者集体）潜意识和情感中的知觉。[②] 许多

[①] 郭星华，王平：《国家法律与民间规范的冲突和互动——关于社会转型过程中的一项法社会学实证研究》，《江海学刊》2003年第1期。

[②] ［德］托马斯·莱塞尔：《法社会学导论》（第六版），高旭军等译，上海人民出版社2014年版，第302页。

民间习惯法也正是基于潜意识和情感中的知觉而形成的，如契约观念与规则，"现代契约关系同原始契约关系一样，形成了一种认识，就是纠纷可能会出现"①。关于原始社会的契约问题，英国学者马林诺夫斯基对美拉尼亚人习惯实地考察，并写成《初民社会的犯罪与习俗》，其中关于财产保护部分就包括了契约交易等习惯法，也包括礼仪性契约的财务分配。这种民间习惯法在一定程度上也体现了一种国家立法的契约精神，契约精神也被此后不少思想家论述和推崇。

对于社会契约论，人们持有不同的看法。一些西方学者，如功利主义思想家边沁、德国哲学家康德等人对社会契约论给予猛烈的批判，我国理化界在相当长的时期也对其持否定态度，大多数人认为它不过是启蒙思想家的唯心主义政治幻想。对此，我们可以从三方面进行分析。第一，社会契约论具有历史的进步性。社会契约论把人民的意志作为国家权力存在和运行的基本标准，这无论对于否定封建专制治理，还是重构新型的治理形式都具有极其重要的意义，正如马克思主义经典作家在评价卢梭的社会契约论对法国大革命意义时所指出的，以往的一切社会形式和国家形式、一切传统观念，都被当作不合理的东西扔到垃圾堆里了；……从今以后，迷信、偏私、特权和压迫，必将为永恒的真理，为永恒的正义，为基于自然的平等和不可剥夺的人权所排挤。这反映契约精神的立法很大程度上成为确认和表达一种阶级统治合法性的有效形式。第二，在私有制社会条件下，社会契约论理论本身及其实践中均存在局限性。首先是"人民"的内涵，即指社会小部分人还是广大劳动民众。如果是指前者的话，在实质上主要是针对小部分人而言的，对于广大社会成员来说意义是非常有限的。马克思、恩格斯分析认为资产阶级公共权力不过是管理资产阶级共同事业的委员会罢了，为了追求自己特殊的利益，从社会的公仆变成了社会的主人。这种情形不但在例如世袭的君主国内可以看到，而且在民主的共和国内也可以看到，这里的指资产阶级共和国。一位美国学者研究表明，一般来说，美国人对政府系统和他们的生活质量是满意的，然而，这种美好的景象却标志着人们对政府领导人的周期性不满和对政府治理能力的怀疑。再次，即使这里"人民"

---

① ［美］麦克尼尔：《新社会契约论》，雷喜宁、潘勤译，中国政法大学出版社2004年版，第28页。

指的是社会大多数成员,也无法保证授权之后的权力按照授权者的意志去运行。

当今西方国家也在不断创新契约的内容与形式,以社会福利契约为例,英国在布莱尔领导的工党执政后,于1998年4月公布了《我们国家的新动力:新的社会契约》的绿皮书,勾画了2020年英国福利国家制度的发展蓝图和新福利制度的八项原则:围绕"工作观念"重塑福利国家;公私福利合作;提供高质量的教育、保健和住房公共服务;扶助残疾人;减少儿童贫困;帮助极度贫困者;消除社会保险中的欺诈行为;将政府工作重心从发放福利津贴转向提供良好的公共服务,使现代福利制度灵活、高效、便民。① 该契约体现服务、合作、利民的特点,但在实践中仍然会遇到新的问题。

社会主义政权确立了一种新的政权服务理论与制度形式,正如列宁在谈到苏维埃宪法作用时所指出的,苏维埃宪法和苏维埃一样是在革命斗争时期产生的,它首次宣布国家政权属于劳动人民,这就是它和其他国家宪法的重要区别,同时也是战胜资本的保证。社会主义治理实践表明,要使社会主义国家权力真正按照民众意志和利益良好运行,仍需要科学建构人民与国家政权的服务关系的具体形式。在此方面,社会契约论的确能给我国提供不少有借鉴意义的东西。人民赋权的目的是更好地维护个人利益,同时,也是维护和发展实现个人利益必要基础的公共利益。为推动公共利益,需要公共权力具有合理正当的职权、职责,正是从这种意义说,马克思主义认为,权力不再是一种"异化"现象,而是人民公仆。国家机关必须依据人民授权来行使,这也在一定程度上体现出一种特定契约关系。

2. 民间习惯法更具有亲和性

正式立法主要依靠直接的规范命令发挥作用,也会逐步影响人们的价值观,为人们提供行为的标准。有些规则未必是出于自愿地被遵循,一个主要原因可能在于规则的亲和性不足。法社会学注重法的内在和象征功能,强调人们对规范的心理认同,这些规范在日常生活中的主导作

---

① 杨艳绥,闫中兴:《政府与社会保障——关于政府社会保障责任的思考》,中国劳动社会保障出版社2007年版,第27页。

用本身也能发挥一定观念形成和教育作用，并促进人们对这些规范的认可和遵循。在一些村寨，人际关系仍主要是血缘性的，村寨首领和宗族族长的权威客观存在，人们还普遍沿袭、保存、使用着大量的民间习惯法规范，如一些禁忌、村规民约、宗族戒规等，村民大多能自觉遵守，应用民间习惯法规范个人行为。民间习惯法的运用可减少诉讼成本，虽然国家制定法对解决纠纷影响力量更大，但一般是通过强行干预来发挥其影响力，而民间习惯法这种具有亲和性的、非强制性的规范往往更易为人们所接受，也更利于在实践中发挥作用。

在一个开放的、多元法律概念下，对一个规范的自愿承认与强制服从不是两个相互排斥的选项，而是法律效力在现实中彼此纠缠、相互转变、通过不断变动不同的相对强度共同作用的两个互补要素。① 从具体实践看，需要基于具体情况科学处理两种规范的相互关系。

3. 民间习惯法能够实现充分的权利赋予

权利的充分赋予，既需要法律的规定与实现，也需要人们对自身命运的控制与把握，对自身有更多的掌控权，有能力去改变自身命运。这种观念很大程度上受到生存环境、习惯及文化等因素的影响。社会工作者强调，几乎每一个人都可以实现自助自我教导、自我发展和自我教育。② 在此方面，立足于本土化的社会工作者主要应发挥民间习惯法的积极作用。因为民间习惯法作为人们在长期生产和生活中形成的公认准则，也能够对人们起到一定的赋权作用。在早期民间习惯法的实施过程中，大众的观点、惯例和实践同官方解释者的活动，始终是相互影响的。对于早期社会生活中的基本法律模式，甚至连权力极大的统治者都不可能加以干涉。③ 当今，民间习惯法的使用在一定程度上能够发挥更充分的赋权作用，即强调整合化、终身性和自我能动性。如表2-2所示。

---

① ［德］托马斯·莱塞尔：《法社会学导论》（第六版），高旭军等译，上海人民出版社2014年版，第165页。

② ［英］Adams R：《赋权、参与和社会工作》，汪冬冬译，华东理工大学出版社2013年版，第98-99页。

③ ［美］E.博登海默：《法理学：法律哲学与法律方法》，邓正来译，中国政法大学出版社1999年版，第383页。

表 2-2　真实的参与和赋权的向度

反赋权	参与式赋权
个人的/专业的	全人的
碎片化的	整合的
被割裂的	终身学习者
接受训练的	能坚持自我/赋权
默默顺从的/受压迫的	

（[英] Adams R：《赋权、参与和社会工作》，汪冬冬译，华东理工大学出版社2013年版，第88页。）

现代社会条件是劳动分工正高度走向发达，各个职业活动领域都有自己独特的性质和内容，需要用一些各自特殊的职业伦理来加以规范。各种法人团体即职业群体层次上的集体意识和行为规范（职业伦理和职业规范）的建设，对于消除社会的失范状态、重建社会秩序、解决社会面临的各种问题具有更为关键的意义。① 宋德剑以客家地区田野调查资料为依托，对客家地区民间信仰的具体表现形式、运作方式及其所具有的社会意义进行了综合分析，指出民间信仰在客家社会宗族聚居地的形成和社会整合中发挥重要作用，是客家传统社会发展的原动力。②

（二）基于不同情况对民间习惯法可采取差异化处理方式

1. 对落后与消极的部分：废除、重建

机械连带的社会中，使人们结合的因素通常是机械的，如血缘关系、地缘关系、宗亲关系等，并由此形成种种习俗、道德观念作为社会的共同信念和意识。法律起着联系机体各个部分功能的作用，法律的制裁带有补偿性。它的目的不在于报复，而在于恢复原状。③ 由于血缘关系、地缘关系、宗亲关系等民间习惯法影响最深，根植于人们长期生活实践过程中的习惯难免带有滞后的特点，有些旧有的习惯甚至会阻碍社会的发展，造成恶劣的影响，因此，对于这些习惯我们要用制定法去改造它、

---

① 杨善华，谢立中：《西方社会学理论》（上卷），北京大学出版社2005年版，第131-132页。

② 宋德剑：《国家控制与地方社会的整合：闽粤赣客家地区民间信仰研究的视野》，《江西师范大学学报》2004年第3期。

③ 李瑜青等：《法律社会学导论》，上海大学出版社2004年版，第21页。

取缔它。我国部分乡村地区经济社会文化发展相对滞后,使部分民间习惯法的消极成分难以在短时间内完全改变,以至于与国家法不一致甚至违反。如民间习惯法所确认的身份制度。身份指依附于家族与生俱来的获得财富及特权的依据。在这种社会中,群体是社会生活的基本单位,个人没有追求自己权利和义务的可能,没有自主个性和独立决定权。民间习惯法往往注重身份的认同,与契约精神不相符合,对此类民间习惯法应予以废除。

英国著名法律史学家梅因在总结西方由传统社会向近现代法治社会转化的过程指出:"所有进步社会的运动在某一点上是一致的,个人不断地代替家族,个人之间的权利义务关系逐步代替依附于家族而产生的各种权利义务关系,个人之间的关系就是'契约'。可以说,所有进步社会的活动,是一个'从身份到契约'的运动。"① 契约指自由合意基础上双方订立的具有约束力的协议,明确了当事人相互之间的权利和义务。"从身份到契约"让社会成员平等地通过发挥个人主观能动性实现自己的利益,标志着个人不断地从家族团体束缚中解放出来,进入由契约所规范的人格状态中。随着社会的进步,个人可以自由订立契约,在事关自己的事情上有自我决定能力。契约所具有的特征对保障人民的利益具有非常重要的作用。②

2. 与立法不同但未明显消极部分:变通、协调

民间习惯法体现着一种事实,"事实问题"与"法律问题"的区分对司法具有至关重要的意义。由于"事实"与"法律"不能从本体论或认识论上加以界分,诉诸实用主义的进路在某种意义上就在所难免。英美法系与大陆法系国家均积累了丰富的实用性、经验性区分标准,我国法学界和实务界可以参考借鉴。③ 这种借鉴也体现为对民间习惯法的变通和协调。如社会法庭已经成为部分地区非诉讼纠纷解决机制的重要组成部分。该机制动员和利用社会力量、社会资源解决社会纠纷,已取得了良

---

① [英]梅因:《古代法》,沈景一译,商务印书馆1996年版,第96-97页。
② [美]麦克尼尔:《新社会契约论》,雷喜宁、潘勤译,中国政法大学出版社2004年版,第2页。
③ 陈杭平:《论"事实问题"与"法律问题"的区分》,《中外法学》2011年第2期。

好的效果。但是，任何一种机制，总是要经过实践的检验并在实践中不断地得到丰富。我们要清楚地认识到社会法庭还存在着许多法理和制度层面的不足，需要我们在实践中不断地探索、创新，将社会法庭的运行逐渐制度化，以适应当前社会的发展。①

3. 有积极意义或较特殊的部分：尊重、共存

对有积极意义或较特殊的民间习惯法给予尊重，与国家法共存。因为在现代社会中，无论是国家法还是民间习惯法，都不是自足的规范体系，它们各有其存在的价值和局限性。在法制现代化过程中，我们绝不能忽视民间习惯法有效调整社会关系的社会功能，要充分认识其存在的现实合理性，在保证国家法的权威和尊严的同时，逐渐消解国家法和民间习惯法的矛盾与冲突，实现两者在法制现代化这一历史前提下的互动整合。②

对有积极意义或较特殊的民间习惯法给予尊重具有必要性。因为在特定目标的实现过程中，内化的习惯力量要比惩罚的效果更好。例如为了促使拾到失物者将相关的失物归还失主，法律既规定了悬赏，也规定了对私吞失物行为的惩罚措施，但是人们会毫不迟疑地认为悬赏比惩罚恐吓能产生更大的归还动力。③ 在社会发展的复杂情形下，人们难以对所有事项进行程序性法律规划，而且特殊事项由民间习惯法调整更为合适。我国《中华人民共和国民族区域自治法》规定，民族自治地方的人民代表大会有权依照当地民族的政治、经济和文化的特点，制定自治条例和单行条例。自治区的自治条例和单行条例，报全国人民代表大会常务委员会批准后生效。《广西壮族自治区都安瑶族自治县自治条例》规定，自治县的自治机关积极发展医疗卫生事业，研究、发展现代医药和民族医药，积极防治地方病、传染病和流行性疾病。民间习惯法通常会规定如何开发、保持及传承民族医药传统知识，并就其中涉及的权利及义务有详尽的规定，在民族医药传统知识的保护、维护及保存中扮演着十分重

---

① 李琦，王宁：《浅谈社会法庭制度的完善》，《才智》2014年第14期。
② 刘旺洪：《论民间法及其与国家法的关系》，《江海学刊》2007年第4期。
③ ［德］托马斯·莱塞尔：《法社会学导论》（第六版），高旭军等译，上海人民出版社2014年版，第203页。

要的角色。2005年伊犁哈萨克自治州施行《中华人民共和国婚姻法》补充规定：禁止直系血亲和三代以内旁系血亲结婚。保持哈萨克族七代以内不结婚的传统习惯。少数民族公民的结婚年龄，男不得早于二十周岁，女不得早于十八周岁。提倡晚婚晚育。（2001年我国《婚姻法》第6条，结婚年龄男不得早于二十二周岁，女不得早于二十周岁。）还规定了婚姻登记应体现便民的原则，交通不便的偏远农牧区，可由各婚姻登记机关设流动站（点）办理婚姻登记手续。

二、法律运用与民间习惯法良性互动

（一）通过法律的运用对部分民间习惯法进行阻止和转化

通过国家立法制度与原则精神，使个人从民间习惯法的各种禁锢包括家庭、血缘、宗法、地域、阶级、等级、传统、习俗和奴役中解放出来，成为自主自为从而自由的个人。① 例如以契约法治关系确立了个人的独立自主地位，是对以上身份制的有效转化，契约制下，每个人都可以追求自身利益，但是在契约社会中自由合意是有限度的，人性的需要不能无限地向自我利益方面延伸，需要遵守基本的契约伦理原则。国家法基于自由、平等、公正原则确定双方的权利和义务，充分尊重自由意志和自由选择权。法律参与主体在享有权利的同时应承担一定的义务，每个人都有充分表达自己意见和实现个人合法权利与自由的机会。

（二）运用民间习惯法对法律的执行进行适当的变通

法律应用需要充分考虑时间和空间因素，这意味着当事人在特定条件下关系和利益会交换。任何法律行为都是一定环境、条件的产物。社会环境的改变或主体自身情况的变化，都会对法律运行产生影响。为了保障立法的正常履行，在不违反法律基本原则的条件下，应考虑基于特定环境运用民间习惯法对法律的执行进行适当的变通。

以丧葬制度为例，国务院《殡葬管理条例》第4条规定：人口稠密、

---

① 陈刚：《从身份社会到契约社会》，《南京师大学报》（社会科学版）2005年第1期。

耕地较少、交通方便的地区，应当实行火葬；暂不具备条件实行火葬的地区，允许土葬。第6条规定：尊重少数民族的丧葬习俗；自愿改革丧葬习俗的，他人不得干涉。第10条规定，禁止在下列地区建造坟墓：耕地、林地；城市公园、风景名胜区和文物保护区；水库及河流堤坝附近和水源保护区；铁路、公路主干线两侧。以上规定具有对民间习惯法合理变通的作用。

（三）在可裁量范围内考虑运用民间习惯法

行政及司法都存在一定自由裁量权，以应对复杂的社会现象，在运用这一权力的过程中，可以适当地引入民间习惯法，以利于实现具体公平，化解社会矛盾风险。以乡村订婚彩礼习惯为例，发生婚约改变要不要返还彩礼，人们理解并不一致，对于返还彩礼的条件，《最高人民法院关于适用〈中华人民共和国婚姻法〉若干问题的解释（二）》（下称《婚姻法解释（二）》）第10条规定："当事人请求返还按照习俗给付的彩礼的，如果查明属于以下情形，人民法院应当予以支持：（一）双方未办理结婚登记手续的；（二）双方办理结婚登记手续但确未共同生活的；（三）婚前给付并导致给付人生活困难的。适用前款第（二）（三）项的规定，应当以双方离婚为条件。在司法实践中，辽宁省高级人民法院（2014）辽审三民申字第23号判决认为，因婚约而给付彩礼的行为是一种附条件的赠予，因此在婚约解除时，受赠人拒不返还的则构成民法上的不当得利。《婚姻法解释（二）》第10条第1款第1项规定，双方未办理结婚登记手续的，当事人请求返还按照习俗给付的彩礼，人民法院应当支持。关于诉讼主体问题，按照农村婚姻习俗，收取彩礼的主体往往是以家庭为单位，并不仅仅限于婚约的一方，故将家庭作为诉讼主体比较恰当。我国新通过实施的《民法典》第五编婚姻家庭中第1042条特别规定，禁止借婚姻索取财物。那么，合理有效区分基于民间习惯法的彩礼产生及借婚姻索取财物界限，仍是需要我们重视的问题。

（四）在民间习惯法的实施中政府可给予指导和适当支持

所谓指导，即通过政府或司法部门的具体指导，增加村规民约的法治含量，避免与正式立法产生冲突。例如某村村规民约规定，在修建农村公路过程中，对当年交款的村民按照议定的标准收取，次年交款的村民在应收标准的基础上额外加钱，否则，村里就不给办事的村民盖章；对于外嫁的女青年或者祖籍是这个村的人，家乡修公路必须捐资，否则，回娘家时车辆一律不准在该村的公路上行驶。有的村规民约规定达到结婚年龄的女青年必须将户口迁出，有多个女儿的家庭只允许一个女孩招郎上门并可分得村民小组的征地补偿款；本村男方与外地再婚妇女结婚的，其妻子和随同母亲迁来的子女不能够享受土地分配权等。以上规定显然存在与正式立法规定冲突的问题，主要原因在于村规民约形式的任意性，需要政府加以指导。

所谓适当支持，就是对村规民约执行给予适当支持。河南省孟津县横水镇闫庄村推行的孝心基金就是其中的典型实例。这种基金主要是基于村规民约，对收入不稳定的贫困老年人以经济支持。具体操作上较为一致的做法是：对贫困户中 70 岁以上（含 70 岁）的老人建档立卡，由子女根据个人意愿与老人签订赡养协议。县级财政根据子女缴纳赡养费金额，按照 10% 的比例予以补贴（每位老人每月最多可享受补贴 50 元），以进一步弘扬尊老敬老爱老风气，培育文明乡风。自 2020 年 2 月中旬开始，在横水镇政府的指导下，闫庄村积极开展扶贫孝心基金工程。截至 2 月 20 日，闫庄村收取爱心基金达 19200 元。① 同时政府的支持责任也应具有适当性，因为地方政府财政能力有限。

法律的制定与发展完善应及时回应社会需求，尽管立法机构通过及时修改、废止或解释法律来解决这一问题，但在社会变迁中法律发展的滞后性问题仍不容忽视。有学者分析指出，这是由于利益主体多元化，社会秩序渐次由僵化走向活跃，社会关系在频频分化、重组下日趋复杂，社会发展与社会变革的速度与幅度日显变动而难以预测。社会关系的复杂化、社会发展的多动性要求法律规定具有现实性和进步性。法律规范体系具有相对稳定性，一旦形成，法律会内生出一种抗变的惰性。② 为应

---

① 李曼，高芳：《扶贫政策来相帮，这个村 70 岁以上老人都有孝心基金》，2020 年 3 月 26 日，http://baijiahao.baidu.com/s?id=1662200449745678255&wfr=spide&for=pc。

② 李瑜青等：《法律社会学导论》，上海大学出版社 2004 年版，第 113 页。

对这一问题，学者也提出了各种主张，本书提出的在民间习惯法的实施中政府给予指导和适当支持，也是一种重要的途径。

🔺 思考题

1. 如何全面把握法律的概念要素？
2. 什么是民间习惯法？民间习惯法与国家法的关系经历了怎样的变化？
3. 如何认识民间习惯法在当代的积极作用与存在的局限性？
4. 试论我国国家法与民间习惯法良性互动的实现途径。
5. 以某村规民约为例，对其实践价值及其与国家法的关系进行深度分析评价。

🔺 阅读推荐

1. [奥] 凯尔森：《法与国家的一般理论》，沈宗灵译，中国大百科全书出版社1996年版。

2. Donald Black. *Sociological Justice*. Oxford University Press，1989.

3. 陈刚：《从身份社会到契约社会》，《南京师大学报》（社会科学版）2005年第1期。

4. 陈杭平：《论"事实问题"与"法律问题"的区分》，《中外法学》2011年第2期。

5. 刘旺洪：《论民间法及其与国家法的关系》，《江海学刊》2007年第4期。

6. [德] 托马斯·莱塞尔：《法社会学导论》（第六版），高旭军等译，上海人民出版社2014年版。

7. 李可：《习惯法——一个正在发生的制度性事实》，中南大学出版社2005年版。

8. 梁治平：《清代习惯法，社会与国家》，中国政法大学出版社1996年版。

第三章
法律治理与政策治理

　　政策即公共政策，是20世纪50年代西方学者提出的概念。学界从不同角度对公共政策进行定义，有三种不同的定义模式。在中国，公共政策有诸多表现形式，政策是制度体系的重要构成要素。法律与政策是国家治理的两种主要方式，二者具备一致性又各自具备独立的价值空间。法律与政策具有关联性，二者不但内容互构且在实践中出现介于二者之间的政策法，在社会治理中发挥着重要的作用。法律治理与政策治理的良性互动是国家治理的重要主题，政策指导法律的制定，法律影响政策的实施。将政策与法律相衔接，提高政策治理的法治化水平，对提升国家治理能力具有积极意义。

第一节　政策的含义及相关概念

一、政策的含义

政策亦即公共政策，是20世纪50年代由西方学者最先提出的概念，80年代被引入中国。在我国，随着改革开放、社会转型与现代化治理，无论是政府部门、学界还是普通民众，越来越熟悉并有更多的机会深入认识公共政策这一概念，甚至是直接参与到公共政策制定中来。不过，由于公共政策是一种较为复杂的社会现象，所以，从政策科学产生发展至今，大家对于"什么是公共政策"莫衷一是。

（一）"公共政策"界定的三种角度

学者从不同角度对公共政策进行界定。概括起来，关于公共政策的定义主要可以归纳为三种类型。第一种类型是从"管理功能与目的"角度出发，认为公共政策是公共权力机构为解决政治、经济与社会生活中出现的公共问题而实施的管理手段，以此来处理和协调其中所涉及的社会利益关系。这种观点主要来自政策科学产生之初，以哈罗德·拉斯韦尔和戴维·伊斯顿为代表，可以说是对公共政策的一种静态理解。哈罗德·拉斯韦尔认为，公共政策是一种含有目标、价值和策略的大型计划。① 这个定义虽然有些宽泛，但它指明了公共政策是一种具有价值取向和目的性的活动。戴维·伊斯顿认为，公共政策是对社会整体价值进行的权威性分配。② 中国学者陈庆云在此基础上，提出公共政策的本质是政府从社会利益需求出发，对复杂的利益关系进行选择、整合、分配与落

---

① Lasswell H D, Kaplan A. *Power and Society*. Yale University Press, 1970. 转引自王达梅、张文礼：《公共政策分析的理论与方法》，南开大学出版社2009年版，第2页。
② ［美］戴维·伊斯顿：《政治体系——政治学状况研究》，马清槐译，商务印书馆1993年版，第6-11页。

实的结果。①

第二种类型是从"行为过程"视角对公共政策进行界定，认为公共政策是公共权力机构为了解决公共问题而采取各种措施所进行的连续性的行动过程。这种观点产生于政策科学日趋成熟的20世纪六七十年代，主要受行为主义政治学理论的影响，是系统分析方法广泛运用于政策科学研究的结果。此时的政策研究已经不局限于政策制定，而延伸至政策执行、评估以及监控等政策的全过程。②这种类型的界定以托马斯·R.戴伊、理查德·罗斯和詹姆斯·E.安德森为代表，是对公共政策所进行的一种动态的理解。例如，托马斯·R.戴伊认为"公共政策是关于政府所为和所不为的所有内容"③。他认为，公共政策是政府在做或不做之间的一个基本选择，即面对公共问题，政府既可能采取积极政策行为予以应对，也可能采取消极放任、不作为的政策行为。对此，迈克尔·豪利特和拉米什认为，虽然戴伊的解释过于简单，也没有明确描述政策是一个过程，但假设了潜在过程的存在。④理查德·罗斯将公共政策看作各种具有一定联系的活动所组成的一个较长的实践过程。可见，他把公共政策视为一个活动过程，而不仅仅是一个关于做什么事情的决定。詹姆斯·E.安德森认为上述对公共政策界定的观点只是强调了政府提出或计划要做的事情而非实际所做的事情，因此，在评价这些观点的基础上，他对公共政策的界定强调政府实际做的事情，认为公共政策是一个有目的的活动过程，而这些活动是由一个或一批行为者，为处理某一问题或者有关事务而采取的。⑤他还进一步指出，公共政策行为过程包括政策要求、政策决定、政策宣言、政策输出与政策效果等环节，并认为如果能够意识到这些环节，就可以更全面深入地认识公共政策作为一个活动过

---

① 陈庆云：《公共政策政策分析》（第二版），北京大学出版社2011年版，第6-11页。
② 于家琦：《舆情调查与公共政策——评价、过程和议题》，天津社会科学院出版社2012年版，第38页。
③ ［美］托马斯·R.戴伊：《理解公共政策》（第十版），彭勃等译，华夏出版社2004年版，第2页。
④ ［加］迈克尔·豪利特，M.拉米什：《公共政策研究：政策循环与政策子系统》，庞诗等译，生活·读书·新知三联书店2006年版，第7页。
⑤ ［美］詹姆斯·E.安德森：《公共决策》，唐亮译，华夏出版社1990年版，第3页。

程的性质。①

第三种类型是从"功能与作用"的角度，认为公共政策是为了实现某个目标与促进经济社会的发展而引导人们行为的准则与规范。这种界定是中国学者所倾向采取的方式。我国台湾学者伍启元认为，政策是行动或活动的指引、引导或指示，公共政策是一个政府对公私行动所采取的指引。② 林水波、张世贤也认为，公共政策是执行行动的指引，它是一个人、团体或政府在固定的环境中所拟定的一个行动计划。③ 我国政策领域的研究学者也多从这一角度来界定公共政策。张金马认为，公共政策是党和政府用以规范、引导有关机构和个人行动的准则或指南，其表现形式有法律规章、行政命令、政府首脑的书面或口头声明和指示以及行动计划与策略等。④ 陈振明认为，政策是国家机关、政党及其他政治团体在特定时期为实现或服务于一定社会政治、经济、文化目标所采取的政治行为或规定的行为准则，它是一系列谋略、法令、措施、办法、方法、条例等的总称。⑤ 我国学者之所以惯于从这个角度来界定公共政策，其主要原因在于政府在目前中国经济社会发展中处于主导地位且权威性较高，在这种背景下，人们普遍认为应当遵从政府制定的政策，将其视为自己行为的规范与准则。实际上，我国是一个"政策大国"，政策在民族解放、国家发展建设过程中也确实起到了不可替代的、规范人们行为的指引性作用。⑥

在中国较早时期的一些专业词典中，大多也将政策定义为行为准则。例如，《行政学词典》对政策的界定为"国家或政党在一定时期为实现一定的任务而规定的行动准则"⑦；《现代汉语词典》中，对政策的定义为"国家或政党为实现一定历史时期的路线而制定的行为准则"⑧。近年来的

---

① [美]詹姆斯·E.安德森：《公共决策》，唐亮译，华夏出版社1990年版，第5页。
② 伍启元：《公共政策》，台湾商务印书馆股份有限公司1985年版，第1页。
③ 林水波、张世贤：《公共政策》，五南图书出版公司1987年版，第8页。
④ 张金马：《政策科学导论》，中国人民大学出版社1992年版，第19-20页。
⑤ 陈振明：《政策科学——公共政策分析导论》（第二版），中国人民大学出版社2003年版，第50页。
⑥ 王达梅、张文礼：《公共政策分析的理论与方法》，南开大学出版社2009年版，第5页。
⑦ 张光博：《行政学辞典》，吉林人民出版社1988年版，第685页。
⑧ 中国社科院语言研究所词典编辑室：《现代汉语词典》，商务印书馆2002年版，第1608页。

中国辞典中，在秉承对政策"行为准则"这个定位的基础上，增加了对政策"过程"的解释，体现了中西结合的特色。① 例如，《辞海》将政策定义为"国家、政党为实现一定历史时期的路线和任务而规定的行动准则……是一切实际行动的出发点，并且表现于行动的过程和归宿"②；《中国大百科全书》将政策界定为"政府为管理社会公共事务、实现公共利益而制定和实施的公共行为规范、行动准则和活动策略，是调整利益关系的政治过程和技术过程"③。

综上所述，由于公共政策涵盖领域广，本身又具有复杂性与多样性的特点，因此，对于公共政策的界定并未统一。综合不同观点，我们可以这样定义公共政策：公共政策，通常指国家、政党或其他社会组织为了实现某一历史时期的特定目标和执行其路线而制定的活动准则与行为规范，它是一系列路线、方针、规范和措施的统称。

（二）政策的表现形态

公共政策的表现形态包括静态的具体表现形式与动态过程。静态的具体表现形式一般而言主要有两种形式：一种是以其他规范性文件的形式来表达目标性的战线、方针、战略等宏观政策以及计划、方案、规划、措施等较为具体的政策；另一种是以法的形式（包括法律、行政法规、行政规章等）来进行表达。可以说，法律是经过一定实践与时间检验的、相对稳定的公共政策。公共政策不仅表现为静态的文本形式，实际上也是一个动态的过程。如有学者认为法律法规不仅表现为"就某个问题通过一项法律法规的决定，还包括关于这一法律法规的贯彻和实施的决定"④，这一评价带有明显的过程特征。一般认为，公共政策的动态运行过程包括政策问题建构、政策议程设置、政策规划、政策采纳、政策执

---

① 于家琦：《舆情调查与公共政策——评价、过程和议题》，天津社会科学院出版社2012年版，第40页。

② 夏征农、陈至立：《辞海》（第六版彩图本），上海辞书出版社2009年版，第2926页。

③ 《中国大百科全书》总编委会：《中国大百科全书》（第二版），中国大百科全书出版社2009年版，第520页。

④ ［美］詹姆斯·E.安德森：《公共政策制定》（第五版），谢明等译，中国人民大学出版社2009年版，第4页。

行、政策监控、政策评估和调整等环节。① 每个环节都不可忽视，都与政策的最终效果产生直接关联。

（三）政策的构成要素

一般来说，政策的构成要素包括政策主体、政策对象、政策目标、政策手段四个方面。

1. 政策主体

简单来说，政策主体指的是直接或间接参与政策制定、执行、评估和监控过程的个人、团体或组织。尽管各国的社会政治制度、经济发展状况以及文化传统等政策环境有所不同，但政策主体的构成并无大的差别，只是它们对政策制定过程的作用方式和影响程度不同罢了。许多政策学的论著和教科书都有政策主体的相关阐述，比较有代表性的观点是，政策主体主要由立法者、政府首脑、行政人员和司法人员等合法权威制定公共政策的官方决策者以及政党、利益集团、大众传媒、公民个人等非官方决策者构成。②

须明确的是，与西方两党制与多党制条件下只有在大选中获胜、取得政权的政党才能成为政策的直接制定者有所不同，在我国，中国共产党是全国人民的领导核心，它在政策的制定、执行、评估以及监控过程中均发挥着主导性作用。中国共产党制定的一般为综合性、根本性、原则性的战略方针。同时，在我国实行的中国共产党领导的多党合作和政治协商制度下，政协以及各民主党派在政策过程中发挥着重要作用，不仅直接参与国家重大政策的讨论与协商，并且通过经常性的调查研究提出政策建议，以及对政策进行监督与评价，充分发挥参政议政、民主监督的功能。因此，政协及各民主党派也是构成我国政策主体不可或缺的部分。

---

① 于家琦：《舆情调查与公共政策——评价、过程和议题》，天津社会科学院出版社2012年版，第43页。

② ［美］詹姆斯·E. 安德森：《公共决策》，唐亮译，华夏出版社1990年版，第44-48页。

2. 政策对象

政策对象，又称为"目标群体"，是指政策所要调动、依靠或约束的力量。政策能否落实，目标能否实现，都与政策对象的态度存在着直接关联。政策对象理解、接受、认同、遵从政策的程度是衡量政策有效性的关键要素。

政策对象之所以能够认同与服从某一项政策，通常是基于政治社会化的影响、传统文化观念和行为习惯的制约、对公平正义的认识、对成本收益的权衡以及环境条件的变化等方面的原因；而合法性危机、缺乏对政府官员的信任、社会心理负担过大以及政策自身存在缺陷等则往往导致政策认同上的障碍。① 还应该认识到，政策对象对不同的政策手段具有不同的反应与承受力，因此，在进行政策手段选择时，必须考虑到政策对象的可接受度，这显然是衡量政策可行性的一个重要方面。

3. 政策目标

政策目标是指实施政策所要达到的目的与结果，表现为对政策对象行为进行规范或指导，以实现利益的分配或调整。可以说，目标是一切社会组织活动的灵魂。任何一项政策的制定和执行，都是为了实现一定的经济社会目标而进行价值的有效分配与资源配置，以谋求公共利益的实现，满足社会成员的需要。"一项政策的实质在于通过那项政策不让一部分人享有某些东西而允许另一部分人占有它们。换句话说，一项政策包含着一系列分配价值的决定和行动。"②

可见，如果没有目标，政策制定与执行就成了无源之水。如果目标不明确，也同样会使政策出现偏差。所以，政策目标须明晰化。并且，政策目标既要具有稳定性，不能朝令夕改，同时，又要随着社会环境等方面的变化，具有一定的应变能力。

---

① 谢明：《公共政策导论》（第四版·数字教材版），中国人民大学出版社2015年版，第59-60页。
② ［美］戴维·伊顿斯：《政治体系——政治学状况研究》，马清槐译，商务印书馆1993年版，第123页。

4. 政策手段

政策手段是指为了实现一定的政策目标所采取的具体措施和方法。在政策公共学领域，政策手段又称"政策工具"，它是连接政策设定的目标与结果之间的桥梁。没有政策手段，政策就沦为一句空话。"人类自从产生公共决策活动那一天起，就开始思考政策工具也就是与政策目标配套的措施、手段、方法等对于政策执行和政策结果的意义。"① 因此，在执行政策时，选取何种政策工具以及用什么标准来评价该政策工具的效果，对于能否达成既定的政策目标、取得预期的结果具有决定性影响。"政策手段选择的根本诉求是'对症下药'。在这里，'症'是政策问题，'治好病'是政策目标，'药'是政策手段。"②

那么，如何进行政策手段的选择？政策手段的选择，必须针对政策目标与政策结果间的因果关系予以衡量。③ 在进行政策选择时，从一般常识性以及公法学视角来讲，由目标正当、手段与目标关联、手段适当以及目的与手段相称四个层次构成的比例原则可以为政策手段的选择提供有效的分析框架。④ 所谓目标正当，指的是政策所要实现的目标本身是出于公共利益、正当性的考量；手段与目标关联，是指采取的政策手段应当有助于政策目标的达成；手段适当，旨在强调必须在能够达成目标的多种方案、多种手段中选择成本最小、效果最优的方案、手段予以实施；目的与手段相称，意味着收益要大于成本，可能获得的公共效益要大于为此付出的成本。因此，简单来说，对于决策者而言，最好的政策手段须至少具备有效性、适当性与绩效性。值得注意的是，比例原则是在人们日常生活以及公法学领域中运用较为广泛的一种分析思路。在公共政策学的视域中，对于政策手段选择标准的研究则更为丰富、深入。公共政策学者林水波综合部分国外学者的研究成果，提出七项标准：相关性、

---

① 宁骚：《公共政策学》（第三版），高等教育出版社2018年版，第141页。
② 宁骚：《公共政策学》（第三版），高等教育出版社2018年版，第151页。
③ 张世贤：《公共政策分析》，五南图书出版公司2005年版，第302页。
④ 比例原则有广义与狭义之分。广义的比例原则包含三个子原则，即适当性原则、必要性原则（最小损害原则）与均衡性原则；狭义的比例原则即均衡性原则。参见姜明安：《行政法与行政诉讼法》（第六版），北京大学出版社、高等教育出版社2015年版，第73-74页。

负面作用、机构上的整合性、易行性、应变能力、常识化、绩效性。①

由于分类标准的不统一，公共政策学者们对政策手段的分类各持己见。我国对政策手段的研究起步较晚，因此，现有对政策手段类型化研究的成果主要源自国外学者的相关研究。大致来说，对于政策手段的类型，主要有两分法、三分法、四分法、七分法、八分法。其中，加拿大学者郝莱特和腊梅什采取"政策工具光谱法"所进行的三分法类型划分，最受我国学者青睐。他们将政策工具按照强制性的有无以及强弱程序分为非强制性工具（自愿性工具）、混合性工具、强制性工具三类。②

总体而言，在政策的构成要素中，正如西方学者所言，不论公共政策是通过政治辩论还是正式投票来形成，都牵涉到对要实现目标以及实现这些目标的手段两个方面的问题。③ 政策目标设定了手段选择的目的和方向，并为评价政策手段的有效性提供了根本性标准，因此，明确政策目标是政策手段选择的前提与基础。如果目标不明确，政策手段的选择就可能出现偏差，产生政策无法实现目标或者出现实现目标成本过高的问题。如果是多目标决策，那么，在选择政策手段时就必须首先明确目标整体构成以及各目标之间的内在关联，从综合治理的视角进行政策手段的选择。最后，还须注意的是，政策手段与政策目标之间是一种动态关联的结构，即手段选择必须随着执行过程中政策的调整而做相应变动；即使目标不变，政策手段也必须根据它们促成目标实现的有效性而进行适时的调整。

（四）政策的类型

在现代社会，政策可以说无处不在。它是世界各地公共生活领域的重要准则，在政府行政管理和司法部门都发挥着重要的作用。就中国而言，政策在社会发展建设中的重要作用更是不言而喻。由于政策具有灵活性、时效性、前瞻性与开放性等特征，与法律相比，政策适用的范围更为广泛，并且其呈现出更为多样化的形态。

---

① 宁骚：《公共政策学》（第三版），高等教育出版社2018年版，第151页。
② 宁骚：《公共政策学》（第三版），高等教育出版社2018年版，第143-145页。
③ ［美］弗兰克·费希尔：《公共政策评估》，吴爱明、李平等译，中国人民大学出版社2003年版，第3页。

根据不同的标准，政策可以做不同的分类，以下对几种主要的政策分类加以说明。

1. 执政党的政策、立法政策、政府政策和司法政策

从横向形式特征上来看，按照政策制定主体、权限、程序、目标群体、适用范围等方面的不同，可以将政策分为执政党政策、立法政策、政府政策和司法政策。

在我国，执政党政策指的是中国共产党在一定历史时期，为调整特定的社会关系和实现特定的任务而制定的路线、方针、规范、措施等行为准则的统称。① 改革开放40多年来，党的政策通过多种方式与途径深刻地影响着国家法治建设的进程。

立法政策指的是立法机关为实现一定的任务而为立法工作制定的活动准则和行为规范。这是现代国家人民主权原则的一种体现。在我国现行宪法体制之下，立法政策即为人民代表大会所制定的各项政策（以下简称"人大政策"）。人大政策主要包括全国人大制定的基本法律、全国人大常委会制定的基本法律之外的其他法律、省级与设区的市人大及其常委会制定的地方性法规以及各级人大及其常委会制定的、未获得法的形态的人大决定等形式。

政府政策是指国家行政机关在法定职权和职能范围内，为了实现行政管理目标而按照一定程序和方法做出的决定。政府政策是当代中国公共政策的一个基本组成部分，主要包括行政法规、行政规章以及各级政府发布的、未获得法的形态的行政措施、决定、命令（又被称为"其他规范性文件"）等。②

司法政策指的是我国人民法院和人民检察院在审判工作、检察工作

---

① 张文显：《法理学》（第五版），高等教育出版社、北京大学出版社2018年版，第397页。

② 行政法规是国务院为了领导和管理国家各项行政工作，根据宪法、《地方组织法》和《立法法》的相关规定，并按照《行政法规制定程序条例》的规定而制定的规范性文件的总称。行政规章是国务院各部委以及省、自治区、直辖市的人民政府所在地的市以及设区的市的人民政府根据宪法、法律、行政法规以及本省、自治区、直辖市的地方性法规等制定和发布的规范性文件。在行政法学界，行政法规以及行政规章统称为行政立法。其他规范性文件，俗称"红头文件"，是指各级政府制定与发布除行政法规、行政规章以外的具有普遍约束力的行政措施、决定、命令的总称。

中对具体适应法律问题所制定的活动准则和行为规范。一般而言，我国司法政策通常以司法解释的形式出现。所谓司法解释，是指最高人民法院与最高人民检察院在适用法律过程中对具体应用法律问题所做的解释。司法解释有批复、规定、通知等多种表现形式。最高人民法院与最高人民检察院对如何具体适用法律问题，也常常采取联合发布的方式，共同发布司法解释文件。需要说明的是，在执行过程中，人民法院的主要功能在于适用法律（当然，在行政诉讼中，法院有权对行政机关所制定的其他规范性文件进行附带性司法审查。这在某种意义上，可以说是人民法院对行政机关制定的行政措施、命令和决定进行的一种司法约束），人民检察院的主要功能在于法律监督，因此，它们作为政策制定主体，其实际的决策功能较弱。

2. 中央政策、地方政策和区域政策

从纵向形式特征上来看，公共政策的类型差异取决于国家结构，同时也取决于不同层级公共权力机关法定权力的大小及其实际拥有权力的强弱。所谓国家结构，是指国家整体与局部之间、中央政府与地方政府之间的相互关系。因此，根据决策者即公共权力机关的层级或国家纵向结构，公共政策主要分为中央政策、地方政策和区域政策。

中央政策是指中央人民政府在法定职权和职能范围内，为了实现行政管理目标而按照一定程序和方法做出的决定。与地方政府的层级相对应，地方政策可以分为省政策、市政策、县政策、乡镇政策。其中，中央政策发挥统帅作用，在坚持中央政策统一指引的同时，又要充分保障地方政策的积极性。具体而言，有以下几方面。

第一，我国作为单一制国家，中央一般制定的是在全国范围内适用的基础性政策；地方政策是对中央政策的具体化，地方政策的制定实际上就是中央政策与地方实际情况有机结合的过程，是因地制宜贯彻落实中央政策的过程。也就是，地方政策须在中央政策的导引下进行，其目标、方向与行为规范等整体框架性内容已由中央政策所决定，且政策本身具有地域性，仅在行政管辖范围内适用，这是二者的主要区别所在。就地方政策本身而言，各级地方政策都必须以中央政策作为指导，但同时它们之间又存在着与层级相互对应的等级关系，即在中央政策的统领

之下，原则上省级政策决定着市级政策，市级政策又决定着县级政策，县级政策也决定着乡镇政策，从而形成所谓的"政策链"。①

当然，中央政策在制定过程中也须站在全局的角度，综合各地方政策中具有一般性、普遍性的内容，从而制定出反映基本国情的政策。实践经验也证明，凡是涉及重大的问题，总是要经历一个探索的过程。在某项政策全面推行之前，通常会在现行法律所许可的范围内在个别地区试行，目的在于发现政策可能存在的问题、探索可行路径，从而为中央政策的制定提供现实依据。"若所涉事项是新出现的问题，需经时间检验，获得对这一事项相对成熟的管理经验的基础上，才以正式的规章、法规甚至法律的形式作出统一规定。此前，可以容许以行政规定的形式积累立法经验。"②

第二，地方拥有一定的自主政策空间。上述"政策链"只是对地方政策等级关系一般性的描述，其存在两种例外情形：其一，对于中央专属事权，只能由中央以基本政策的方式制定，而地方政策须在结合本地实际情况的基础上对中央决策予以贯彻执行；对于地方性事务，应秉持在中央统一领导下，发挥地方积极性的原则，中央可以对此进行原则性的规定，地方在不与上位法相抵触的情况下，可以通过地方性法规这一政策形式，根据地方治理实际情况进行自主性、创设性的规定，其具有的积极主动性较大。也即，有权制定地方性法规的政策主体可以通过地方性法规这一政策形式获得较大的政策空间，而不完全受制于上一级的地方政策；而地方政府规章和地方其他规范性文件则不能在无上位法依据的前提下，违法增设公民、法人和其他组织义务或者减损公民、法人和其他组织合法权益的规定。其二，基于地方治理的复杂性与各地实际情况存在的差异性，通过较为灵活的其他规范性文件对行政事务加以调整是极其必要的。因此，面对社会转型期纷繁复杂的行政事务，在很多时候，以其他规范性文件为代表的大部分行政规则，都是应对行政管理的现实需要。在没有上位法依据或者上位法规定得比较抽象的情况下，由行政机关根据自身管理经验总结提炼而来，对此不能以一种过于刚性的态度加以对待，而应当允许一定弹性的规则试错空间。不过，如何在

---

① 宁骚：《公共政策学》（第三版），高等教育出版社2018年版，第128页。
② 廖希飞：《论行政规定在行政诉讼中的效力》，《行政法学研究》2011年第2期。

刚性的合法性判断与弹性试错空间之间寻求平衡之道①，这也正是当下我国重大行政决策程序②与行政诉讼附带审查制度③建立的重要意义所在。

此外，我国还有专门适用于特定民族的民族政策以及仅适用于特定区域的区域政策等。

3. 总政策、基本政策和具体政策

从层次上来说，以同一政策体系内各项政策之间是否存在着涵盖、衍生关系为标准，公共政策可以分为总政策、基本政策和具体政策。

总政策，又称为总路线或者总方针，是政策体系中具有统摄性、全局性、根本性的政策，是政策主体制定的用以指导一定历史时期有关总体发展方向的战略性布局，也是其他各项政策的出发点与基本依据。例如，十九大报告可以说是为我国社会总体发展方向所制定的战略性规划，其中提出了加快生态文明体制改革、建设美丽中国的总体要求和实现路径。

基本政策，又称为基本国策、纲领性政策，是在某一社会领域或社会生活某个基本方面所制定的、在该领域或方面发挥主导性指引作用的政策。例如，在经济发展方面制定和实施的"加快实施创新驱动发展战略""推进'放管服'改革"等，就是经济领域的基本政策；在司法领域，宽严相济刑事政策，是党中央在建构社会主义和谐社会新形式下提出的一项重要政策，是我国的基本刑事政策，贯穿刑事立法、刑事司法和刑事执行的全过程。

具体政策则是针对某一领域或社会生活某个方面的具体议题所制定的具体行为准则，抑或说是为落实基本政策而制定的具体规定。它主要是在行政管理过程中，针对具体问题所做出的政府决定、命令等，以其他规范性文件为主要表现形式，其条文清晰明确，例如加强长江新城建

---

① 张婷：《行政诉讼附带审查的宪法命题及其展开》，《法学论坛》2018年第3期。
② 2019年5月8日，国务院公布《重大行政决策程序暂行条例》，对重大行政决策事项范围、重大行政决策的做出和调整程序、重大行政决策责任追究等方面做出了具体规定。其中，规定重大行政决策须经过公众参与、专家论证、风险评估、合法性审查与集体讨论等程序做出。
③ 2014年修正后的《行政诉讼法》，赋予了公民、法人或者社会组织在对行政行为提起诉讼时，可以一并请求对该规范性文件进行审查的权利。

设政策等。

基本政策源于总政策，是总政策在某一领域或方面的延伸与具体化；同时，基本政策又是具体政策的依据和原则，对后者起着指导作用。"基本政策是总政策的具体化，是具体政策的原则化，是联结总政策和具体政策的中间环节。"①

4. 政治政策、经济政策、社会政策以及教育、科技、文化政策

从内容特征上来看，根据每项政策所针对的社会生活领域的不同，公共政策主要划分为以下几种基本类型。

政治政策是指政策主体在政治生活领域里为达到一定的政治目标所制定的行为准则与规范。它是国家、政府、政党等政治系统得以存续与发展的根本举措。政治政策的核心价值是获取、维持并巩固、强化国家权力以及维护统治阶级的利益。政治政策主要包括政党政策、阶级政策、民族政策、外交政策、国家安全政策、国防政策等。

经济政策是在经济领域中为实现一定的经济目标而制定的调整人们的经济关系、规范经济活动以及处理经济问题的准则。经济政策包含宏观调控与微观管理两个基本层次，其涉及国家与社会、政府与市场的关系问题，即国家与政府干预社会经济生活的边界、权限问题，如哪些方面需要干预、干预所需采取的方式与手段以及干预的程序等。经济政策主要包括农业政策、工业政策、产业政策、能源政策、金融政策、贸易政策、货币政策、收入政策、区域发展政策、基础建设政策、房地产政策等。

社会政策是指以解决社会问题、改善社会环境、促进社会安全、增进社会福利、谋求社会各阶层均衡发展为目的所制定的行为准则与规范。社会的公正与正义、社会秩序的稳定与协调是社会政策核心价值所在。社会政策主要包括劳动政策、社会保障政策、社会救济（公共救助）政策、弱势群体优惠政策、医疗卫生政策、环境政策、治安政策等。

教育、科技、文化政策是指政策主体在教育、科技、文化领域里为达成一定的目标而制定的行为规范与准则。教育政策主要包括公民义务教育政策、高等教育政策、职业教育政策、继续教育政策以及社会教育

---

① 王福生：《政策学研究》，四川人民出版社1991年版，第48页。

政策等；科技政策主要包括科技管理政策、知识产权政策、高新技术开发政策等；文化政策主要包括大众传播（新闻、出版、广播、电视）政策、文学艺术政策、体育政策等。

二、社会政策的含义

社会政策这一概念是德国新历史学派于19世纪中期首先提出并加以阐述的，为解决德国的劳动问题而成立了"德国社会政策学会"，从此"社会政策"这一术语流行开来。然而，关于社会政策的界定，学术界尚未达成一致。

早期的社会政策主要聚焦于劳动关系和社会分配问题。最早对社会政策进行界定的是德国社会政策学会的骨干成员瓦格纳，他在1891年将社会政策界定为"所谓社会政策，就是要把分配过程范围内的各种弊害，采取立法及行政手段，以争取公平为目的而加以清除的国家政策"[①]。20世纪初，经济学家瓦帅拉普将社会政策分为广义与狭义两种。他认为广义上的社会政策，涉及国民福利、文化、人口、健康、教育以及国民经济等诸多方面，且与伦理意义、精神意义、宗教意义上的生活相关联。狭义上的社会政策，则以救助劳动阶级与穷苦民众的生活为目的。[②]

在早期社会政策研究领域，著名的学者之一是英国社会学家马歇尔，他在1965年出版的《社会政策》一书中对社会政策的解释是："'社会政策'并非具有确切意义的专有名词，它指政府用以直接影响市民福利的政策，其行动是提供服务或收入于市民。其核心因而包括社会保险、公共（或国民）援助、保健及福利服务、房屋政策等组成。"[③] 也就是说，社会政策是通过政府供给而对公民福利有直接影响的政策。显然，在他看来，社会政策主要关注的对象就是社会服务。

英国社会政策研究领域另一位重要代表人物蒂特马斯认为，所有为了满足部分个人需求或为了服务广泛社会利益的集体干预大体可以分为

---

① 曾繁正等：《西方国家法律制度、社会政策及立法》，红旗出版社1998年版，第166页。
② 曾繁正等：《西方国家法律制度、社会政策及立法》，红旗出版社1998年版，第166页。
③ Marshall T H. *Social Policy*. Hutchinson, 1965. 转引自［英］理查德·蒂特马斯：《蒂特马斯社会政策十讲》，江绍康译，吉林出版集团有限责任公司2011年版，第14页。

三大类：社会福利、财政福利与职业福利。① 这里的社会福利指的就是通过直接公共服务（如教育和健康照料）和直接现金给付（如养老金与退休金）实现的社会服务；财政福利指带有明确社会目标的特别减税和退税等财政措施（蒂特马斯把这种方式视为一种转移支付）；职业福利，又称附带福利，通常是由政府依法强制实施，例如企业补充医疗保险、子女教育、带薪休假等。这三种类型呈现出社会政策在目标与手段上的不同。因此，社会政策基本上是有关矛盾的政治目的和目标的抉择，以及它们的厘定过程。② 蒂特马斯认为，社会福利只是社会政策的"冰山一角"，财政福利与职业福利也是社会政策的重要研究对象。③ 这是他对马歇尔关于社会政策的解释提出质疑的重要理由。此外，他还认为社会政策关切着某种共同的人类需求或问题，但是，不同的人对人类需求和社会问题的界定是不一样的。对制定者来说，具有不同价值取向的政党、政府会制定出不同的社会政策，而民众对提出的社会政策的反应也有所不同。也即，社会政策本身是以一定的价值观念为基础。"社会政策从不讳言自己的价值立场，这个特点在国际上得到了广泛的认同，并得到了联合国的认可与推广。"④

英国的迈克尔·希尔在其《理解社会政策》一书中提出，社会政策可以定义为"影响公共福利的国家行为"⑤。他主要是从国家与其公民的福利有关的作用角度来理解社会政策。此外，他认为政策带有一定的目标，但有可能将政策本身的特性与政策制定者和实施者的动机和目的夹杂在一起。也即，具有社会性的政策可能促进福利的发展，但也有可能会成为达成其他目标的工具，从而有损于人民的幸福。他进一步提出，"所谓的'社会政策'是社会控制动机和人道主义动机相结合的产物"⑥。

---

① Titmuss R M. *The Welfare State*. 2nd ed. Allen & Unwin, 1964. 转引自黄晨熹：《社会政策》，华东理工大学出版社 2008 年版，第 6 页。

② Titmuss R M. *Social Policy*. Allen & Unwin, 1974. 转引自李清伟：《论社会政策与公民权利的实现》，《政治与法律》2008 年第 3 期。

③ Titmuss R M. *Commitment to Welfare*. Allen & Unwin, 1968. 转引自黄晨熹：《社会政策》，华东理工大学出版社 2008 年版，第 6 页。

④ 唐钧：《应重视社会政策学科建设》，《中国经贸导刊》2005 年第 12 期。

⑤ [英]迈克尔·希尔：《理解社会政策》，刘升华译，商务印书馆 2005 年版，第 13 页。

⑥ [英]迈克尔·希尔：《理解社会政策》，刘升华译，商务印书馆 2005 年版，第 14 页。

最后，他认为，社会政策概念包括三层含义：① 具有"社会性"的政策不应该限于人们头脑中的公共福利及实施的概念；② 传统上未被界定为社会政策的其他政策，也可能对福利做出相同的，甚至是更大的贡献；③ 公共政策应被看作一个整体。其中，社会政策和其他政策紧密相关。①

当代美国学者综合西方学者关于社会政策的观点，归纳出界定社会政策的若干原则：社会政策须注重劳动政策；社会政策不能脱离经济政策；社会政策必须是为了解决民生问题或防止社会病态的国家政策；社会政策须是寻求全体民众社会安全与机会平等的国家政策；社会政策的概念本身是会随着时代发展而有所变化的。据此，他们认为，社会政策是以解决社会问题、促进社会安全、改善社会生活环境、增进民众福利为目的，通过运用国家或政府立法与行政手段，来促进社会各阶层均衡发展的一种路径。②

随着时代的变迁、观念的更新以及西方政府主导的高福利社会保障制度危机的显现③，社会政策关注的范围有所扩大，表现为：从供给方面来说，已经不局限于政府的供给，而扩展至包括家庭、社区、市场和非政府服务等多种主体在内的多元化的社会供给；从需求方面来说，已经超越了早期的基本物质生活需求的保障，继之扩展至社会福利体系，现在还关注到不同社会群体的社会关系、社会权利、地位与资源等多方面的基本需求的满足以及避免社会排斥④。也即，"到 20 世纪 90 年代，人们对于社会政策的理解进一步扩展，从仅关注经济型资源的分配发展到

---

① ［英］迈克尔·希尔：《理解社会政策》，刘升华译，商务印书馆 2005 年版，第 15 页。
② 曾繁正等：《西方国家法律制度、社会政策及立法》，红旗出版社 1998 年版，第 167 页。
③ 社会政策进入 20 世纪 70 年代中期开始出现危机。西方工业化国家先后陷入了经济发展速度普遍减缓、失业率居高不下、通货膨胀与人口老龄化等困境，西方社会保障制度的弊端凸显，导致西方各国面临着程度不同的社会保障制度危机，如西欧的"福利国家危机"和美国的"福利困境"等。于是，西方国家开始对社会政策从三个方面进行反思和调整：第一，调整工资与福利的关系，由贫困救济转向促进就业；第二，弱化政府在社会保障体制众的主导作用，提高政府福利机构的效率；第三，扩大社会福利资金的渠道。参见白以娟、刘嘉瑜：《社会学基础》（第二版），中国轻工业出版社 2010 年版，第 219 页。
④ 20 世纪 80 年代，随着对社会政策认识与理解的深化，欧美学术界兴起关于"社会排斥"的研究。社会排斥是指社会边缘群体由于其劣势地位而缺乏正常的社会参与，由此导致在社会中处于被排斥的地位。劣势地位与社会排斥由此形成互为因果的恶性循环，劣势地位导致某些排斥，这些排斥又造成更多的劣势和更大的社会排斥，并最终形成持久的多重劣势。参见李迎生等：《当代中国社会政策》，复旦大学出版社 2012 年版，第 3 页。

同时关注社会关系、权利和地位的分配"①。上述发展趋势，正如特里迪斯所言，"强调社会政策在社会中较广范围的学者数量正在增加。他们的研究反映了一种对社会政策的综合观点。这种宽泛的观点围绕着制度化的组织、政策和方案，又包含着对社区和全体公民的福利和发展的社会关怀"②。

20世纪90年代以来，由于社会问题日趋严重，尤其是民生问题较为突出，我国开始关注社会政策。关信平认为，社会政策是指"政府或其他组织在一定社会价值的指导下，为了达到其社会目标而采取的各种社会性行动的总和"③。李迎生认为，社会政策是"国家和政府为解决社会问题、改善社会环境、促进社会公正和实现社会发展而制定和采取的各种原则、方针"④。童星指出，社会政策有狭义与广义之分。狭义的社会政策仅涉及劳工及贫困民众的生活；广义的社会政策则涵盖各类社会事业和社会管理政策，包括人口政策、劳动就业政策、社会保障政策、公共住房政策、教育政策、医疗卫生政策、社会治安政策等，其核心虽然是社会保障与社会福利，但其涵盖面远不止于此。⑤

综上，由于"社会"一词本身具有广泛性与模糊性，且随着历史的发展也在不断变化，加之社会政策多重目标性（各国可能有所不同），使得不同研究者从某一个方面对社会政策进行界定时产生了不同解释。尽管研究者们对社会政策的概念与理解有所不同，但基本一致的是，社会政策是与公民福利有关的国家或政府的政策。⑥虽然国情与社会发展状况不同，各国政府社会政策领域的具体内容存在一些差异，但从总体上看，当今世界各国政府所采取的社会政策主要包括以下几个方面的内容：社会保障政策、公共医疗卫生政策、公共住房政策、公共教育政策、劳动就业政策、社会福利服务政策、针对特定人群（如老年人、儿童、残疾

---

① 童星，张海波：《农民工社会政策及其建构》，《社会保障研究》（北京）2006年第1期。

② Iatridis D. *Social Policy Institutional Context of Social Development and Human Services*. Brook/Cole, 1994. 转引自李清伟：《论社会政策与公民权利的实现》，《政治与法律》2008年第3期。

③ 关信平：《社会政策概论》，高等教育出版社2004年版，第15页。

④ 李迎生等：《当代中国社会政策》，复旦大学出版社2012年版，第4页。

⑤ 童星：《社会转型与社会保障》，中国劳动社会保障出版社2007年版，第1页。

⑥ 杨伟民：《社会政策与公民权利》，《江苏社会科学》2002年第3期。

人、妇女等）的社会政策体系。① 本书对社会政策的理解为：政府为了更加公平地分配社会资源而满足大多数人（尤其是弱势群体）的各种需求，以解决社会问题、促进社会的稳定、改善社会环境、增进社会福祉而采取的各种行动与措施的总和，其实质在于政府对社会事务的干预行动。当然，政府干预社会事务并不等于政府包揽社会事务。现阶段各国社会政策的理论与实践都更加强调社会政策主体的多元化，即在政府主导下，各类组织与个人广泛参与到社会事务中来。

三、社会政策、公共政策与经济政策的共性与差异

（一）社会政策与公共政策的关系

提到社会政策，人们自然会联想到公共政策。那么，社会政策与公共政策的关系究竟是怎样的呢？这是一个并无定论、见仁见智的论题。这种状况在很大程度上是由社会政策与公共政策本身的概念不确定性决定的。

关于社会政策与公共政策之间的关系，学术界主要存在以下两种观点。

第一种观点，部分学者提出社会政策与公共政策之间只是用词、表达不同，其实质是相同的，发展态势也趋于一致，无论是社会政策还是公共政策，均是政府提供给公众的社会服务，亦是公平分配社会公共资源的手段。② 正如唐钧所言，社会政策与公共政策从目前的发展趋势看，二者之间呈现出趋同与合流的态势。③ 在国内外出版的关于政策分析的著作中，例如，美国学者威廉·邓恩的《公共政策分析导论》以及国内一些命名为《政策科学》《社会政策》的教材中，标题都是省去了"公共""社会"等字样而直接使用"政策"或"政策分析"。④

第二种观点，更多的学者则认为公共政策包含的范围更加广泛，社会政策只是公共政策中的一个组成部分。例如，美国学者 Midgley 认

---

① 杨伟民：《社会政策与公民权利》，《江苏社会科学》2002年第3期。
② 左停，徐秀丽，唐丽霞：《农村公共政策与分析》，中国农业大学出版社2009年版，第16页。
③ 唐钧：《社会政策学导引》，《社会科学》2009年第4期。
④ 徐彬：《社会管理学十讲》，安徽师范大学出版社2015年版，第260页。

为，社会政策是影响市民福利的公共政策①，也即，它属于公共政策中的一部分。英国学者 Alcock 认为，社会政策研究的社会保障、社会服务、教育、住房等都是国家干预的活动或福利供给②，可见，他把社会政策看作由国家制定的旨在干预社会的政策。关信平在讨论社会政策的定义之前明确指出，"社会政策是公共政策中的一个领域。在公共政策的概念框架中理解什么是社会政策，实质就是讨论如何从整个公共政策体系中划分出应该属于'社会政策'的专门领域"③。杨伟民也认为，关于社会政策与公共政策的关系可以从三个方面来把握④：一是社会政策是公共政策的组成部分；二是社会政策具有不同于其他公共政策的特性，使之能够成为一个单独的研究领域；三是社会政策与其他公共政策的关联。

本书赞同第二种观点。对于社会政策与公共政策的关系，我们可以从以下三个方面加以认识。

首先，二者之间存在着共性，主要表现在以下三个方面。第一，无论是社会政策，还是公共政策，都属于"政策"范畴。一方面，一项政策的制定往往是各种力量（政府、市场、社会）相互博弈，最终达成均衡的结果。另一方面，一旦政策被确定下来，其最初的方案设计以及随后的政策执行、评估等都需要相关科学知识和技术的支持，以保证政策的科学性、民主性和法治性。无论是社会政策还是公共政策，在上述两个方面均有所体现。⑤ 第二，二者都具有公共性。这种公共性表现在：一方面，二者指定的主体是以政府为主导的公共权力机构，因此，其公共性源自公共权力机关的公共性；另一方面，二者指定的目的均是谋求公共利益。此外，二者的公共性还体现在政策对象均是面向社会大众，而不仅是与特定的政府组织成员有关。第三，从本质上来看，如果将公共政策定义为国家或政府对社会经济生活的干预，或者解释为政府所选择

---

① Midgley J, Tracy M B, Livermore M. *The Handbook of Social Policy*. Sage Publications Inc, 2000. 转引自黄晨熹：《社会政策》，华东理工大学出版社 2008 年版，第 14 页。

② Alcock P, Erskine A, May M. *The Blackwell Dictionary of Social Policy*. Wiley & Sons Ltd, 2002. 转引自黄晨熹：《社会政策》，华东理工大学出版社 2008 年版，第 15-16 页。

③ 关信平：《社会政策概论》，高等教育出版社 2004 年版，第 14 页。

④ 杨伟民：《社会政策导论》（第二版），中国人民大学出版社 2010 年版，第 408-431 页。

⑤ 宁国良：《社会政策学概论》，湘潭大学出版社 2010 年版，第 65-66 页。

的作为或不作为，那么社会政策与其他公共政策一样，都属于国家或政府对社会经济生活的干预措施。只不过，狭义上的社会政策是指国家或政府在直接维持与提升公民福利水平方面所选择的作为。①

其次，二者之间存在差异，主要表现在以下四个方面。② 第一，社会政策与公共政策提供的物品与服务具有不同性质。公共政策主要涉及的是不具有排他性的物品与服务的公共供给，而社会政策主要涉及的是可以排他性地使用或消费的物品与服务。第二，社会政策与公共政策增进社会福利的路径不同。社会政策主要是通过满足个人的某些需求、增进个人福利进而增进社会福利；而社会政策以外的其他公共政策则是通过增进社会福利来增进个人福利。第三，决定社会政策与公共政策的大前提不同。从理论上说，制定公共政策的根本原因在于公共政策提供的物品与服务在使用或消费上不具有排他性，所以才需要通过公共政策在社会成员之间进行分配与协调。至于哪些物品与服务在使用或消费上不具有排他性，是可以通过实证研究来确定的。与之相较，社会政策的大前提是价值判断，是由社会中居主导地位的思想观念与信仰体系来决定的。③ 第四，社会政策与公共政策所追求的目标不同。如前所述，公共政策的目标是多元化的，例如，经济政策是为了促进经济的发展，文化政

---

① 徐彬：《社会管理学十讲》，安徽师范大学出版社2015年版，第261页。
② 左停，徐秀丽，唐丽霞：《农村公共政策与分析》，中国农业大学出版社2009年版，第16页。
③ 从历史发展过程来看，社会政策这一活动领域与研究领域的形成与西方工业国家对市场经济社会进行干预的发展密切相关。尤其是20世纪30年代以来，凯恩斯主义经济理论以及福利经济主义经济学的产生，极大地推动了国家干预强度的增加与干预范围的扩大，随即也使得公共政策作用的范围不断增大、内容更加复杂，加之系统论、控制论、数理统计、电子信息技术等科学的研究方法与手段的发展，使得科学理性地制定和执行政策成为可能，以至于20世纪中期产生了专门以公共政策为研究对象的学科。也就是说，公共政策专门研究的形成，既与国家和政府干预程度的增强、范围的扩大有关，又与各种科学的研究方法方式的发展相关。在这个发展过程中，社会政策作为公共政策的一个构成，当然也与国家、政府干预的时代背景以及科学的知识与手段更新有关。但是，除此之外，社会政策作为主要关注以社会供给的方式来满足部分特别和个人的生活需求、社会需求的领域，还与价值选择、伦理道德密切相关。这就意味着，社会政策不仅需要运用知识和手段来进行研究，而且还受到伦理道德价值的影响，因此也就成了一个不同于公共政策其他构成部分的研究领域。参见杨伟民：《社会政策导论》，中国人民大学出版社2010年版，第89-91页。

策是为了促进文化事业的发展，而社会政策的目标主要是为了解决社会问题、追求社会公平、促进社会发展与增进社会福祉。

最后，二者之间具有关联性，这种关联性可以通过三种路径来实现。① 第一种路径是公共政策本身对社会福利的作用。也就是说，政府制定的旨在提升社会福利的一些公共政策本身就是社会政策。例如，为了改善社会状况而新建立的社会服务与福利项目。福利国家就是指政府在社会福利提供中占据主导地位的国家。传统的国家福利政策主要包括五个方面：社会保障、公共住房、医疗卫生、公共教育、社会服务。现在越来越多的学者把就业也纳入其中。一些学者之所以倾向于将社会政策视为公共政策的一部分，主要原因在于他们通常把社会政策的界定框定在国家福利的范畴，也就是我们通常所说的狭义的社会政策定义。这种路径最为常见，是直接增进社会福祉的一种方式。第二种路径是通过经济政策、环境政策、移民政策、税收政策等其他公共政策对社会福利产生直接影响，前文提到的蒂特马斯提出的财政福利，就是这种路径下最常见的方式。例如，针对抚养儿童等进行的税收减免和直接补贴。须注意的是，这种影响是直接的，但作用不一定是积极的。因为有可能会达不到预期的效果（如社会救助可能会使贫困家庭陷入恶性循环等），也有部分政策的制定就是意图让一部分人无法获得福利（如种族歧视性政策等）。第三种路径是政府通过其他公共政策来间接影响福利，即这些公共政策并不直接提供或增进福利，而是通过影响或制约其他社会福利政策来达到目的。最常见的方式是运用法律规范来提供或增进社会福利，有学者将这种由制度所规定的福利称为"规制福利"。② 这种规制福利大量存在于各种社会制度中，例如，婚姻家庭法和未成年人保护法可以确保老者、未成年人获得家庭成员的支持；劳动法可以确保企业雇员取得最低工资保障以及各种补贴。在这些福利形式中，最有影响力的就是蒂特马斯所提出的职业福利，包括企业补充医疗与养老保险，住房补贴、带

---

① 黄晨熹：《社会政策》，华东理工大学出版社2008年版，第15-18页。
② Ncil Gilbert, Paul Terrell：《社会福利政策导论》，黄晨熹等译，华东理工大学出版社2003年版，第70-71页。

薪休假等。①

(二) 社会政策与经济政策的关系

从内容上来看，社会政策与经济政策所针对的社会生活领域不同，这是二者差异之所在。前文已有介绍，不再赘述。

任何一个国家的社会政策都是在一定的社会环境中产生与运行的，因此，它必然受到其所在社会环境的影响，同时对整个社会的运行与发展产生作用。可以说，国家的社会政策都与本国的经济发展密切相关。具体而言：首先，良好的经济政策能够为社会政策取得良好的效果提供物质基础和保障，经济政策的最终目的也是为了推动整个社会发展。实际上，社会政策与本国经济基本条件、经济发展水平、经济发展模式等各种经济因素之间存在着千丝万缕的关联，以至于经济分析成为社会政策分析中的重要方面。② 其次，在当代社会中，社会政策不仅受一定的经济条件的影响，它还直接或间接地对经济过程的各个环节产生影响。这种影响既发生在生产过程、分配过程及经济运行效率等微观层面，也发生在一个国家和地区的总体经济发展等宏观层面。③ 当然，这种影响既包括积极作用，也包括消极作用。从积极意义上来说，对经济政策的过度重视，可能会导致社会贫富差距过大、阶层分化等现实问题，社会政策能够弥补经济政策可能产生的弊端，为经济政策的施行提供稳定的环境。例如，教育、医疗卫生等领域的社会政策能够帮助公民实现自己的潜能，属于社会资本和人力资本的投资，是推动经济发展与社会发展的生产力要素之一。可以说，经济政策促成了社会政策的发展和成熟，社会政策缓解了经济政策导致的市场失灵给社会发展造成的不利影响。④ 从消极意

---

① 当然，虽然这些通常是由政府依法强制保障与实施，但真正的决策者与实施者还是企业。如果采取广义上的社会政策界定，也就是说社会政策的主体涵盖这些政府以外的社会实体的话，那么，严格来讲，这部分的社会政策也许就不属于公共政策的范畴。尽管如此，由于绝大部分研究内容是从属于公共政策的，且即便是那些公共政策以外的领域，实际上也与公共政策有着密不可分的联系。就此而言，我们仍可以将社会政策视为公共政策的一部分。
② 关信平：《社会政策概论》，高等教育出版社 2004 年版，第 200-205 页。
③ 关信平：《社会政策概论》，高等教育出版社 2004 年版，第 220 页。
④ 程胜利：《社会政策概论》，山东人民出版社 2012 年版，第 35-38 页。

义上来说，在以往大多数人的论述中，社会政策与经济政策是对立的。社会政策通常被视为不利于经济效益，因此，当经济政策与社会政策发生冲突时，应当优先考虑经济政策。然而，社会政策与经济政策之间的关系远比想象得要复杂且更富弹性。但也有学者提出，"在英国以及其他国家，福利国家成为竞争力的负担已经是一个很普遍的观点。因此看到近年来福利国家的明显缩减都认为是理所当然的，但是很难发现这样的实际证据"①。"高水平的福利开支，并不是简单地无法与一个开放而竞争的经济环境相匹配。"②

对于经济政策和社会政策之间的关系，不能单纯从形式上的区别与联系进行认识，而应当深入到实质层面上探寻其对立统一关系。无论是经济政策还是社会政策，都是公共政策的一部分。政策是国家或政党为实现某一历史时期的任务和执行其路线而制定的活动准则和行为规范，它体现了统治阶级的意志及要求，具有鲜明的阶级性。我国是人民民主专政的社会主义国家，我国的经济政策和社会政策的目的根本上都集中于人民的根本利益。

把握经济政策和社会政策的关系应当从不同层次来理解。首先是宏观层面涉及基本经济关系和社会关系的政策。基本经济政策反映了最基本的经济关系，体现了基本经济制度和基本分配制度的特征，而同一层次的社会政策也反映了最基本的经济社会关系，是从社会角度回应各项基本制度的要求。二者都重视处理公平与效率的关系，共同保证公平与效率的统一，形象地来讲就是"既要把蛋糕做大，又要把蛋糕切好"。其次，微观层次的经济政策和社会政策是宏观政策精神的落实，是具体实施的调整某一方面关系的经济政策和社会政策，与生活较为贴近。许多人认为经济政策和社会政策的对立，多是基于此层面上不同政策外在形式上的不同。但是仅依照其形式上的不同断定二者对立而忽视根本上的联系，未免过于武断。

二者根本上的联系和形式上的对立决定了经济政策和社会政策之间

---

① ［英］Alcock P, May M, Rowlingson K.《解析社会政策（上）：重要概念与主要理论》，彭华民译，华东理工大学出版社2017年版，第252-253页。

② ［英］Alcock P, May M, Rowlingson K.《解析社会政策（上）：重要概念与主要理论》，彭华民译，华东理工大学出版社2017年版，第256页。

互动关系的存在，但是从根本上讲，探寻二者良性互动路径是关键，因为二者的关系不仅是静态意义上的，更重要是动态意义上的。从政策设计的出发点上，经济政策和社会政策必须反映社会性质的要求。以我国为例，政策设计要符合中国国情，符合人民民主专政的社会主义国家性质，落脚到实现人民根本利益上。同时，分清性质和手段，既不能将技术手段打上意识形态的标签，更须牢牢把握正确的政治方向。

四、政策、制度及法律关系

对于制度的含义人们有着不同看法，最常见的观点是，将制度看成人们的行为规则或行为规范。正如马克思所分析指出的，制度规则就是人们在生产、生活实践中所形成的尺度。从马克思的观点可以看出制度形成必须根植于实践的土壤，根植于一定的社会历史环境，从作用上来看，制度会对个人和集体的行为及决策产生一定的影响。因此，依照其在不同层面、不同领域上对人和集体的不同影响，可以将制度分为宏观、中观和微观三种层次，并从这三种层次上整体上把握制度的概念。

彼得·霍尔对制度的界定具有一定的代表性。他认为，制度是政治和经济各领域形塑个人之间关系的正式规则、顺从程序和标准化的惯例。[①] 具体细化为三个层面：宏观上关于社会制度的基本组织结构，比如基本经济制度或者基本政治制度，这是约束政策方向的结构性框架；中观上关于国家治理结构和国家组织结构以及社会治理结构上的框架；微观上公共组织的标准化惯例、规定和日常程序。基本上从这三个层次能对制度有一个较为整体完善的把握。

在政策与制度关系的论述中，存在两种理论倾向。一是用制度涵盖政策，如在杨俊一等学者所著《制度哲学导论——制度变迁与社会发展》一书中，"制度系统论"为专章，以较多篇幅论述了党与国家的公共政策、社会政策问题，主张通过政策来抑制社会贫富分化，从而建立良好的社会秩序。二是政策不是制度。制度具有系统性、稳定性。单一政策尚不能构成制度。政策只是建立或者改变制度的工具和方式。

在政策与法律的关系上，美国当代著名自然法学代表人物德沃金甚

---

① 马得勇：《历史制度主义的渐进性制度变迁理论——兼论其在中国的适用性》，《经济社会体制比较》2018年第5期。

至把政策作为法律制度的一部分来看待，认为政策是法律的内在构成要素之一，是决定具体法律规则的内在依据。德沃金把政策内在于法律，实际上是认可了政策和原则对具体规则的决定作用。即在德沃金看来，规则是政策在具体场域中的具体化。因此，当法律规则无法有效地解决实践问题或因法律规则缺失而无法发挥调整作用时，政策就应出场发挥作用。①

　　实践也表明，政策有重要的补充作用，政策和法律共同构成了制度体系。例如，《劳动就业促进法》第2条规定："国家把扩大就业放在经济社会发展的突出位置，实施积极的就业政策，坚持劳动者自主择业、市场调节就业、政府促进就业的方针，多渠道扩大就业。"我国各种新兴立法尤其是社会立法中相关的政策性条款比比皆是，一定程度上说明了政策和法律之间的关系，即制度体系的建设需要政策的支持。

　　政策和制度的设计都是为了实现一定的社会管理的目标，二者的调整对象都是各种各样的社会关系，且都是服务于人民的根本利益。无论是制度建构还是政策设计都是党和政府实施管理和国家治理的手段。二者都会对社会成员的行为产生影响，社会成员的行为会因此受到规制，并且通过这种规制实现社会关系的整体有序。最后，无论是制度还是政策的形成和实施都要受到一定程序的控制。

　　但也有学者试图对政策和制度的差异性进行明确，并认为这种差异为政策和制度的互动提供了前提。差异总结如下：① 构成要素方面，制度的构成要素相对政策而言更加广泛，制度既可以是规则和法律等正式制约因素，也可以是规范或价值体系等非正式制约因素，还可以是被共同体成员广泛认可并共享的价值体系。同时，一项制度可能会存在多种不同要素的组合，相对于政策的构成要素更加复杂。② 制定主体方面，我国的政策可以划分为执政党的政策与立法政策、司法政策、政府政策和司法政策，具有鲜明的主体和内容特征。而制度设计从主体上来看，其微观层面上涉及经济组织和社会组织内部的制度设计，比如工厂或者企业内部的管理制度等。③ 稳定性方面，从整体上来看，制度的相对政策是一个较为稳定的由多种要素耦合而成的结构框架，稳定性较强，

---

① ［美］德沃金：《认真对待权利》，信春鹰、吴玉章译，中国大百科全书出版社1998年版，第23-24页。

系统冗余度较大。而政策一大特征就是灵活性和时代性，相对于同一层级的制度，稳定性较弱。

杨伟民在《社会政策导论》一书中指出，单一政策尚不能构成制度，它只是建立或者改变制度的工具与方式，往往是涉及某个社会领域的一系列的相关政策才被称为制度，并且，政策要成为制度必须经历一个过程。"这个过程在微观层次是个人把有关规则内化为自己的行为方式的过程；在宏观层次是有关规则逐渐稳定、临界规模的参与者能够对有关他者的反应做出预测并相信自己的预测的过程，这可以称之为制度化过程。"①

总的来说，在我国，一项制度的建立往往包括法律和各种配套政策，在一个制度体系中总是存在作为构成要素的政策，发挥着指导、辅助等各项功能。诚然，某些政策尤其是较为宏观层面的政策会对制度设计产生外部的影响。但是，从系统的层次性角度来看，应当注意到，实际上多是高层级系统的政策对平层级或者低层级系统的制度系统产生影响。当然，还应当看到，某项单独的宏观层面的政策依然是高层级制度体系中的组成部分。而且，实际情况表明，制度和政策的关系往往表现为系统与要素的关系，因此，应当注意二者之间的这种关联。

在我国的实践中，针对上述两种不同的观点，建议采取将政策纳入制度范围的理论思维方式，法律是制度的一种特殊形式。由于党的地位及政府在国家中的特殊作用，政策本身就具有制度的某些特性，如规范性、强制性，并且在转化为具体制度后，更能获得有效运行。

第二节　法律与政策的一般关系理论

法律与政策②是国家治理的两种主要方式，处理好二者之间的关系，是实现国家治理体系与治理能力现代化的重要理论与实践问题。讨论法

---

① 杨伟民：《社会政策导论》（第三版），中国人民大学出版社2019年版，第84页。
② 以往论及法律与政策的关系，一般都囿于讨论执政党的政策与法律的关系。本文所说的政策与法律关系中的"政策"，则并不局限于执政党的政策，而是与法律相应的公共政策的一种形态，即所谓的"规范性文件"。

律与政策之间的关系，主要是讨论二者之间的一致性、差别性以及关联性等问题。

一、法律与政策的一致性

从定义上来看，政策是国家或政党为实现某一历史时期的任务和执行其路线而制定的活动准则和行为规范；法律是体现统治阶级意志的，经国家制定或认可的，并由国家强制力保障实施的行为规则的总和。二者的根本目的，都在于保护、巩固并且发展有利于统治阶级的社会关系和社会秩序，均体现了统治阶级的政治要求和阶级本质。①

在我国，法律和政策具有高度的一致性。这种一致性，首先，体现在最高的价值层面上。从我国国体上来看，我国是人民民主专政的社会主义国家；从政体上看，党在国家中有重要地位，人民代表大会制度的政体实现了党的领导、人民当家作主和依法治国的有机统一；从党的章程来看，中国共产党是中国工人阶级的先锋队，也是中国人民和中华民族的先锋队。从我国长期历史实践中可以发现，无论是党制定的方针政策，还是制定和修改的法律都保持着这种高度统一性，它们共同统一于人民的根本利益。② 其次，从具体层面上看，二者均具有指引与调整社会利益关系、引导与规范公共权力运行等功能，都需要遵循国家价值准则，贯彻社会公平正义原则，虽然它们的表现形式、作用方式和效力范围有所不同，但其总体方向和基本精神是共通的。③

二、法律与政策的差别性

关于二者的区别，学界主流观点认为，它们在制定机关与程序、实施方法与手段、表现形式与基本要求、调整社会关系的范围和效力以及稳定性等方面有所不同。④ 具体分析如下。

---

① 张文显：《法理学》（第三版），高等教育出版社、北京大学出版社2007年版，第373-377页。
② 方世荣，孙才华：《关于政策与法律关系的再思考——从集中和反映人民意志的视角》，《湖北社会科学》2006年第5期。
③ 肖金明：《改革开放30年中国法治建设10大规律》，《法学论坛》2008年第4期。
④ 沈宗灵：《法理学》（第二版），高等教育出版社2004年版，第183-185页。

（一）二者具有独立的价值空间

关于法律与政策的关系，曾有观点认为，政策仅仅是法律的一种渊源或法律是政策的定型化。也即，政策经过一段时间的检验，待成熟之后再通过法律的形式加以确认。实际上，这种笼统地将政策视为法律的初级形态，而法律是政策的定型化、规范化的观点过于简单化，未认识到政策所具有的独立存在的价值和空间。

实践中，虽然成熟的政策可能经由立法转化为法律，但是，并不是所有的政策都需要转化为法律，也即"法律不是万能的"，并不是所有的社会关系都需要法律加以调整。实际上，政策在特定历史时期曾发挥过独特的作用，其在现实领域发挥作用所达到的深度、广度和效力也是法律所不及的。[①] 可以说，即使在法治发达的社会，政策也具有法律所不可替代的地位与功能。因此，对于法律与政策的关系，不能简单笼统地用"法律为主、政策为辅"概括，二者具有各自独立的价值与调整空间。

与此同时，在法律与政策关系的认识上，也不能将依政策办事视为人治现象。原因在于，政策本身不代表长官意志，其与人治化政策制定的机制体制、方式方法有所不同。在我国，政策须体现人民的意志与利益要求，在政策制定过程中亦需要人民的参与。当前已经建立起的"公众参与、专家论证、风险评估、合法性审查与集体讨论决定"的重大行政决策制定程序，各级政府正在建立的法律顾问制度等都可以作为例证。总而言之，"如同法律有善恶之分、恶法之治并非法治一样，政策也有良劣之别，良策之治亦非人治。善法良策是社会良好治理和达成善治的需要，是社会走向公平正义与和谐的保障"[②]。

（二）表现形式及稳定性的区别

法律有特定的表现形式，如法律、行政法规、地方性法规等。政策

---

① 李龙，李慧敏：《政策与法律的互补谐变关系探析》，《理论与改革》2017年第1期。

② 肖金明：《为全面法治重构政策与法律的关系》，《中国行政管理》2013年第5期。

的表现形式通常是决议、决定、通知、纪要等。法律具有较强的稳定性，依据特定的程序才能修改或废止。相对于法律，政策以灵活性著称，因而也在一定程度上牺牲了稳定性，其修改或废止也不需要遵循特别的程序。

除上述主要区别之外，法律是有立法权的国家机关按照法定程序予以制定；相较于法律而言，政策的制定主体较为广泛，程序也并非特别严格。还有学者从法律与政策在集中体现人民意志时的不同特点及可能的结果方面进行了分析。虽然二者统一于人民利益上的一致性是根本上的价值层面上的统一，二者在本质上是一致的，但是在如何体现人民意志上存在差别，即二者体现人民意志时的特点存在一定差异，而正是这种差异决定了法律与政策在国家治理中发挥的作用以及发挥作用的方式等方面有所不同。① 具体来说，从法律与政策的形成来看，法律是由人民意志的代表机关形成的，具备严格的制定和修改程序，需要广泛地征求民意，整个立法周期相对较长；相较之下，政策的形成更加高效、更加及时、更加灵活。毫无疑问，法律的制定和修改体现了更高的民主程度，立法层次越高，民主程度就越高，党领导人民制定的宪法是人民意志最高的体现。政策的制定同样需要充分了解人民群众的呼声，听取人民群众的意见，需要坚持群众路线的工作方式。但是，政策不得不面对复杂变化的社会现实，因此，相对法律而言，它更为及时、高效。正是因为这种体现人民意志特点的差别的存在，法律与政策之间的联系与良性互动成为必然要求。

（三）实施方式与手段的区别

法律作为立法机关所代表的国家意志，通过设置精细化的权利义务模式与行为规范来调整社会关系，以具有可操作性的方式有序地分配社会资源，从而达到维护社会正义与秩序的目标。政策则是政策主体对社会形势的及时把握和反应，以宏观性、原则性的行动纲领引领社会生活。

---

① 方世荣，孙才华：《关于政策与法律关系的再思考——从集中和反映人民意志的视角》，《湖北社会科学》2006年第5期。

三、法律与政策的关联性

如前所述，法律与政策作为治国理政的重要手段，二者从根本上统一于人民根本利益。这种质的统一与体现人民意志特点的差别决定了二者存在着紧密关联。

（一）法律与政策的内容互构

在现代国家治理中，将人民意志转换为法律，是一般性的要求。依法治国也是现代国家的基本方向。然而，徒法不足以自行。一方面，法律因其调整范围的有限性，而不能关照到社会生活的全部事务；另一方面，法律本身也受到调整方式、立法语言和立法技术等方面的原因，无法做到完全自足。从某种意义上讲，法律构造了社会生活的行为框架和规则体系，但是这个框架和体系需要与其他形式的规则形成彼此协调的关系，这样才能完成对社会的整合功能。

政策作为一种重要的规则形式，不仅是在特定领域发挥指引作用的具体规则，也是能够发挥灵活调整作用从而能对法律形成补充的规则。在内容上，政策既可以明确某个特定领域的目标，从而为这个领域的规则建构设定基础性的导引；也可以在既有的法律规则的基础上，围绕法律规则实施中存在的问题进行有针对性的方案设计，从而扫除法律规则实施的障碍。

从法律与政策的内容来看，二者有着比较多的内容互构关系。这种互构性体现在以下几个方面。第一，政策有时会设定该领域法律的基础目标，法律则将其转换为政策性条款，从而明确法律目标。例如，《劳动就业促进法》第2条，"国家把扩大就业放在经济社会发展的突出位置，实施积极的就业政策……多渠道扩大就业"，等等。诸如此类的规定在经济、社会环境等领域的立法中大量存在。[①] 第二，法律有时会将该领域原有政策中被检验为合理的政策规则转换为法律规则。例如，《民法典》关于人格权合理使用的规定，就是对审判机关在人格权领域的一系列有效探索及由此形成的司法政策的立法转换。第三，法律中所涉及的技术标

---

① 宁骚：《科学决策：现代化与政府》，经济科学出版社2000年版，第19页。

准等问题，一般都会交由政策加以进一步明确。法律不可能对所有问题都穷尽解释，尤其是涉及法律实施中的一些技术标准问题时，法律会设定这些问题的基本原则和大体框架，然后交由政策进行具体规定。这是立法的民主性和政策的科学性相互衔接的体现。

（二）介于法律与政策之间的"政策法"

在社会高速变化的转型进程中，尤其在依法治国仍须全面推进时，常常会出现法律滞后于社会转型的情形。这种滞后性就需要具有灵活性的政策来加以调整。所以，在当前普遍存在着虽没有法律之名却具有法律之实的一些政策。

这些政策虽然不具有完整的、规范化的法的外在形式，事实上却具备法律的实质性特征，这类政策被视为"软法"或"准法律"，各学者将其作为一种"政策法"现象予以关注与研究。例如，"十三五"规划纲要明确宣布自身具有法律效力。实际上，规划纲要不属于一般意义上的法律，但它由权力机关通过并对政府产生约束力。关于规划纲要法律性质的研究已为部分学者所关注，并从理论角度进行分析，得出规划纲要属于区别于一般性法律的特殊性法律性质的结论。[①] 此外，还有一种更为普遍的"政策法"，即政府重大行政决策。在《立法法》中，明确将"国务院决定"视为部委规章这一规范性法律文件的上位依据，这就足以表明此类"政策法"的实际地位。此外，在立法权限的纵向划分上，立法权仅及于设区的市，县区一级地方没有立法权，那么，在县域治理中，只能大量地出台各种文件规定来对一些问题进行处理。

此类"政策法"往往具有更为有效的实施效力，但正是因为缺乏立法程序的规约和立法形式的约束，所以在实践中往往会对法治形成一定的挑战，乃至产生了很多通过"红头文件"随意设置义务的乱象。因此，如何充分发挥"政策法"对法律的补充功能，又不至于任其恣意，成了重要的课题。对此，中央十八大文件明确表示，禁止地方在没有上位法的情况下制发增加公民义务、减损公民权利、增加自身职权的立法性文件。这可以说是一种总括性的要求。在具体措施上，国务院颁发了《重

---

① 郭昌盛：《规划纲要的法律性质探析》，《上海政法学院学报》（法治论丛）2018年第3期。

大行政决策程序暂行条例》，一方面规定了做重大行政决策应当遵循依法决策原则，严格遵守法定权限，依法履行法定程序，保证决策内容符合法律、法规和规章等规定；另一方面规定做重大行政决策必须切实履行公众参与、专家论证、风险评估、合法性审查等程序环节。

当然，从最根本的路径而言，则是要将"政策法"导入立法体系中。就此而言，赋予设区的市立法权，不是赋权，反而是控权，即尝试以立法过程来约束和控制地方决策恣意这一治理顽疾，试图将地方决策纳入地方立法权的制度框架，以此控制地方决策形式、限缩地方决策恣意。据此，只有明确界定地方性法规、地方政府规章和地方行政规范性文件的权限，才能厘清地方决策的形式、范围和限度。①

第三节 法律治理与政策治理的互动融合及其实践路径

法律治理与政策治理互动融合的基本逻辑，在于二者都集中体现了人民根本利益。发挥法律治理和政策治理的作用，除了重视二者之间静态上的联系和区别外，更重要的是使其在动态运行中保持平衡，即重视二者之间互动融合。法律与政策的二元结构是客观存在的，二者不可等同，也不可相互取代。无论是政策万能论还是法律万能论都不可取，必须在二者对立中把握统一。本节在认识法律治理和政策治理互动性基础上，进而探索二者互动融合的实践路径。

一、政策与法律的互动性

（一）政策对法律的作用

政策本身是对社会问题的一种反应，它具有灵活性、应变性、开放

---

① 秦小建：《立法赋权、决策控制与地方治理的法治转型》，《法学》2017年第6期。

性等特点，能够随着社会环境或者目标任务的变化而适时调整，因此，政策与社会发展状况之间能够形成内在的契合。正是基于政策的这种优势，尽管二者有其各自的调整领域，在法律调整的领域中，亦有政策存在的空间。

1. 指导法律的制定与修改完善

第一，政策予以先行探索与试验。在高速变化的转型社会，社会管理难度相对较高。而立法由于客观形势的局限以及繁复程序的限制，既无法全面、及时、准确地回应社会现实，又很难对可能出现的新情况快速反应。因此，为了顺应社会管理的现实需要，在可以由法律予以调整的领域，若暂时尚不具备立法条件或者是社会政治经济形势发生明显变更的情况下，可以由政策来先行探索与试验。当然，在这个过程中，政策往往会突破现行法律的原有内容与框架。但是，这种"形式违法"，可以说是一种"良性违法"，这种弹性的试错空间是允许存在的。通过政策积累相当的管理经验后，政策须适时转化为法律。在这个意义上，政策先行对法的制定具有一定的指导意义。

第二，政策可以作为制定、修改法律规则的依据。如前所述，政策与法律在根本目的、基本原则等方面具有一致性，这就要求法律的制定须与政策的精神保持一致，其修改也要以政策作为依据。这种指引作用的主要表现是政策法律化。

政策法律化最为明显的体现就是现行宪法的修改总是和政策的变动密切相关，密切反映了时代的变化。整体上来看，每一次宪法修改都反映了经济体制和政治体制改革的阶段性成果和未来一段时期内的发展方向。例如，1988年宪法修改反映了1987年党的十三大所提出的"社会主义初级阶段"的论断以及经济体制改革的精神。因此，1988年第七届全国人大第一次会议上，宪法第11条增加规定："国家允许私营经济在法律规定的范围内存在和发展。私营经济是社会主义公有制经济的补充。国家保护私营经济的合法的权利和利益，对私营经济实行引导、监督和管理。"该条文肯定了私营经济是社会主义公有制的补充，赋予私营经济合法地位。1993年宪法修正案反映了南方谈话精神以及经济体制改革探索成果，改变了传统的"计划经济"和"人民公社"等说法，取而代之的是"社会主义市场经济"和"家庭联产承包为主的责任制"。1999年，随着经济体制改革深入和社会主义市场经济的发展，经济基础发生了变化，因此在所有制和分配制度上也进行了一定的调整；2004年聚焦于社会主义市场经济的深入发展以及现实法制建设的需求，将合法私有财产的保护与"国家尊重和保障人权"写入宪法，同时还增加了"国家建立健全同经济发展水平相适应的社会保障制度"的规定。2018年修宪则是建立在把握十八大以来经济、政治、社会、文化、生态等方面的新变化的基础上，巩固已有的建设成果并提出了更新和更高的战略目标，确定了新的指导思想，将"健全社会主义法制"修改为"健全社会主义法治"，"推动物质文明、政治文明和精神文明协调发展，把我国建设成为富强、民主、文明的社会主义国家"修改为"推动物质文明、政治文明、精神文明、社会文明、生态文明协调发展，把我国建设成为富强、民主、文明、和谐、美丽的社会主义现代化强国，实现中华民族伟大复兴"等，此外，在国家机构方面也进行了重要改革，增设了国家监察委员会等。纵观五次宪法的修改，都存在着将国家政策法律化的现象，每次修改都反映了现实社会关系的重大变化，都使宪法更加契合实际，都使政策作用的发挥得到了更加充分的保障。

2. 指导和影响法律的运行

如上所述，由于法律自身的特点，常导致"法律一经制定，就已落后于现实"的现象。那么，根据当前的形势变化，为了更好地执行与适用法律，我国出台了各种民事政策、刑事政策、行政法律政策等。在一定意义上，这些政策与相关法律构成了规范共同体，不仅能够为法律适用提供一定程度的法律解释，还可以在法律冲突或处理疑难案件时，发挥独特作用。有学者将此称之为"法律政策"现象。① 例如，2006年10月11日，中共十六届六中全会通过的《中共中央关于构建社会主义和谐社会若干重大问题的决定》中，第一次提出了要实施宽严相济的刑事司法政策。严，就是要毫不动摇地坚持"严打"方针，集中力量依法严厉打击严重刑事犯罪。对危害国家安全犯罪、黑社会性质组织犯罪、严重

---

① 肖金明：《为全面法治重构政策与法律的关系》，《中国行政管理》2013年第5期。

暴力犯罪以及严重影响人民群众安全感的多发性犯罪必须从严打击，决不手软。宽，就是要坚持区别对待，应依法从宽的就要从宽处理；对情节轻微、主观恶性不大的犯罪人员，尽可能给他们改过自新的机会，依法从轻减轻处罚。由此可见，政策在一定程度上有利于更好地实施法律、补充法律。

（二）法律对政策的作用

法律和政策的影响是相互的，法律与政策处于一个共同体当中，法律和政策相互联系、相互制约，并在一定条件下可能会发生相互转化的问题。法律相对政策有普遍的约束力同时也具有较强的执行力，因此法律对政策的实施具有积极的影响。同时，法律本身是人民意志的集中，具有高度的民主性，因此，它能够对政策的制定产生有形的控制。而法治思维则能够对政策产生无形的影响。

1. 法律有利于政策的实施

政策较为抽象、宏观，在国家治理中通常起指导性的作用，政策直接拿来执行会面临种种问题，因此一个重要的手段就是借助法律的力量。无论是政策通过人民代表机关直接转化为法律并且实施，还是通过指导法律运用方式实现政策目标，都是运用了法律本身所具有的普遍约束力和较强执行力的优点，并且法律是人民意志的集中，经过一定的民主程序，有严格的要求，因此在执行过程中更容易被公民接受，同时运行更加明确、有效、有秩序，这样能够弥补政策直接执行的缺点。可以说法律是政策的定型化、成熟化。

2. 法律对政策有一定的制约作用

第一，符合法律尤其是宪法规定。宪法是国家的根本大法，无论从地位还是程序上讲都是人民意志最高的体现。宪法是阶级斗争的成果，是对现存阶级关系的确认，同时对最基本社会关系进行调整。我国宪法集中体现了党领导人民对于国家建设的成果，同时指明了党和人民的历史使命。毫无疑问，宪法是民主程度最高的法律，是最能体现人民意志的法律，宪法规范和宪法精神对法律和公共政策的制定都具有约束作用，任何违背宪法的法律和政策原则上都是无效的。

政策还应当符合法律的规定。法律是全国人民代表大会通过，经过广泛的社会讨论充分发扬民主才得以制定的，从产生来讲具有较高的民主程度，内容也更加严谨，对所调整的社会关系和公民的行为具有较强的约束力。建设法治国家、法治政府，就必须科学决策、依法决策，政策的制定不能违反法律的规定。

第二，政策不得减少或者损害公民权利。保障公民合法权利是现代法治的基本原则，也是我国宪法的要求，因此我国对于任何减损公民权利的行为进行了严格的限制，只有经过全国人民代表大会制定的法律才有权利规定减损公民权利的内容，这说明必须充分经过民主程序才能决定减损公民权利的内容，体现了我国重视保障公民权利。政策的制定主体包括执政党和政府机关等，因此从权限角度来讲无权制定减损公民权利的政策。例如，曾经长期实行的由国务院发布的《关于劳动教养问题的决定》因为其内容减损公民权利，在2013年12月28日通过全国人大常委会表决被正式废除。

二、法律治理与政策治理互动融合的实践路径

（一）发挥政策与法律协同作用，防止以政策代替法律

政策代替法律表现为"否定法律、轻视法制""以言代法、有法不依""政策就是法律"等。在历史上，我国曾有一段时间出现过法律虚无主义，部分人主张政策就是法律，政策可以代替法律，对我国法治建设带来严重破坏，造成了法治建设落后的局面。政策和法律相互区别，都有其各自的调整领域。实现政策治理和法律治理的良性互动过程中，必须重视这个问题，防止以政策代替法律。

政策与法律的关系具有复杂性、多样性等特点。在全面法治观下，政策与法律作为两种主要的治理方式，二者相辅相成、相得益彰。一方面，由于政策与法律二者自身特点的不同，在某些情况下，政策可以弥补法律功能的不足，能够及时回应社会现实的变化。这一实践形态虽能满足复杂治理的需求，但如果不对政策的权限、制定程序和内容进行必要的控制，则会产生相应的问题。因此，对于政策而言，需要关注政策

体制、政策过程、决策程序等方面的正当性问题，进一步强化政策的主体法定、程序法定和责任法定，其中还包括确立公众与专家在政策中的重要地位与程序性权力。也即，逐步将重要的法治精神与原则融入政策的框架中，在政策的制定过程中，应当贯彻法律保留、民主决策、程序正当等原则，让政策多一些法治因素，这有助于提升政策的民主性与科学性。另一方面，还要重视政策向法律的转化，也就是让法律多一些政策考量的因素。① 在法律能够调整的领域里，政策先行只是暂时性、阶段性、试验性举措，当社会关系稳定、立法条件成熟时，须及时转化为法律，从而实现良法之治。

（二）将政策进行必要的法律化

法律具有较强的执行力和约束力，因此，在社会重点问题解决上具有非常高的效率，而这正是政策的短板之一。为了更好地落实政策、实现政策目标，在亟待解决的方面予以立法，由政策治理走向法律治理，更有利于政策实施。

例如，在我国《法治政府建设实施纲要（2015—2020）》中就指出，为完善依法行政制度体系，必须要加强重点领域政府立法。围绕党和国家中心工作，加快推进完善社会主义市场经济体制，发展社会主义民主政治，建设社会主义先进文化，创新社会治理，保障公民权利和改善民生，维护国家安全，保护生态环境和加强政府自身建设等领域的政府立法。这种方式为政策的实施开辟了道路，使政策有法可依，做到重大改革于法有据，并且将重要改革成果及时法律化，巩固政策作用的稳定发挥。

从政策治理到法律治理，将政策转化为法律，是两种不同规范形态之间的转化。这种转化要遵循一定的逻辑和一定的程序进行，同时为了保证这种转化的顺利进行，必须要有一定的审查和评价机制。如果政策向法律转化的过程中出现问题，那么对实现治理的目的必然会产生危害并造成严重的资源浪费。政策治理向法律治理的转化机制的设计是重中之重，从实践来看"立法建议制度"不失为一种较为优良的选择。由中

---

① 肖金明：《为全面法治重构政策与法律的关系》，《中国行政管理》2013年第5期。

国共产党或者政府针对重点问题向人大提出立法建议,并组织专人就这些问题依据政策的内容或者精神进行立法,最后立法经人大审查后通过,整个过程就是通过民主程序对政策向法律转化的控制,对立法的科学性、民主性起到促进作用。

立法建议制度与人大对立法的监督属于事前、事中控制,为了保证政策法律化的科学性还应当有事后控制,即在立法完成后对法律的执行情况和效果发挥进行监督,监督工作则根据立法的效力级别由同级人大常委会进行。我国2007年开始施行的《中华人民共和国各级人民代表大会常务委员会监督法》中,明确规定了各级人民代表大会常务委员会每年选择若干关系改革发展稳定大局和群众切身利益、社会普遍关注的重大问题,有计划地对有关法律、法规实施情况组织执法检查。因此在我国制度设计中是存在相应的审查和监督机制的。制度的生命在于执行,当前工作的重点是如何让人大常委会能够积极行使审查和监督权,做好在政策转化为法律后的事后保障工作,以及发现问题后救济机制的设计。

无论是政策治理还是法律治理,都是为了解决现实问题。政策治理向法律治理的转化是为了结合二者的优点,更好地实现社会治理的目标,政策法律化是这种转化的外在表现,是一种重要手段。因此,针对目前社会上的重点问题可以考虑采用政策法律化的路径。如贫困、经济发展不平衡、社会不公平、弱势人群的权利保障等社会问题,应加紧制定相关立法,如社会救助法、志愿服务法、慈善法、扶贫开发法等。

(三) 尽量避免法律政策化倾向

这里所说的法律政策化,并非之前提到的政策法律化的逆转,而是指在立法过程中就立法体例设计和法律条文编写出现了政策所具有的某种外在特征,通常表现为规定不具体(特别是缺乏具体实施保障措施)、忽视特殊情况等。其实质问题在于虽说是立法,但却采用了政策设计的逻辑。立法设计和政策设计在逻辑上虽然有共通之处,但是,这种共通之处通常是指在最高层面的价值上的统一,而在具体的体例设计、内容编写的层面,仍然有着诸多不同之处。例如,立法体例设计中对行为、组织、法律责任、救济机制等方面有着严格的要求;在法律规范编写过程中对于法言法语的使用,要求用词严谨、明确。这些形式上的要求实际上是法治思维的外在表现。而政策设计中通常表现出较强的政治性，内容具有纲领性、战略性、灵活性的特点，实际上表现出政策本身的特点，是政策治理逻辑的外在表现。因此，必须要严格区分这两种思维，在立法过程中秉承法治思维，立足立法基本原理，采用相应的立法方法，避免法律内容政策化倾向。更为严重的是，虽然政策性条款虽然也可以发挥一定的指引、教育功能，但权利义务的设置始终是立法调整的基本框架与模式，如果一部法律中存在过多的政策性条款，或法律体系中政策性立法较多，则会使立法的权利义务指向不明，其后果不仅消释了立法与其他社会规范的边界，更会带来执行上的困难，有损立法的权威。①

法律政策化这种现象在当前立法实践中并不罕见，例如，我国人口与计划生育工作领域第一部基本法律——《人口与计划生育法》于2002年9月起施行，它标志着我国人口与计划生育工作法制体系的框架基本建立，但有学者认为，该法律政策化倾向十分明显。特别是2015年《立法法》授予地方设区的市立法权之后，这种现象可能会伴随着大量地方立法而出现，是一个必须要重视的问题。地方立法中相当一部分基本上符合政策法律化的路径，因此和由政策治理向法律治理转化关系密切，与法治政府建设目标密切相关。

法律政策化出现有两方面的原因。第一，受历史上相当一段时间政策至上思维的影响。我国在政策制定上有着丰富的经验，并且重视政策治理在国家治理中发挥的作用。同时，我国法治建设起步较晚，依法治国的要求提出也较晚，直到2012年才基本建成社会主义法制体系，并且在十八大后才正式提出法治国家的建设目标，法律治理的经验和政策治理经验相比较少，而且较长时间没有得到应有的重视，导致当前立法中存在大量政策化的倾向。第二，立法技术较为落后。国内对立法基本原理、立法技术的探索起步较晚，进展较慢，且缺乏相应的应用，再加上2015年后地方立法的需求量激增，立法技术欠缺、立法研究难以回应实践需求的问题更加充分地暴露出来。

解决法律政策化的问题是一项长期工作。首先，必须要加强对领导干部的教育，增强其对法治作用的重视，并且推动在社会上形成尊重法律、重视法律、崇尚法治的风气，重视从思想层面上扭转政策至上的错

---

① 张婷：《立法理由说明研究》，《环球法律评论》2019年第4期。

误认识，正确认识法律治理和政策治理之间的关系。其次，还应当重视立法方面的理论研究，重视立法原理和立法技术的研究，寻找政策和法律对接的路径。同时，重视立法理论成果与立法实践的结合、立法人才的培养，提高立法的科学性。特别是要注意对法律规定的细化，避免模糊、过于原则和不易操作问题。

思考题

1. 我国政策划分的标准有什么特色？和学界传统划分标准有什么不同？
2. 在我国，政策与制度之间的关系是什么？
3. 法律与政策之间的关系是什么？当下我国在处理法律与政策之间关系时存在什么样的问题？
4. 如何认识政策治理与法律治理之间的关系？
5. 如何实现政策治理和法律治理之间的良性互动？

阅读推荐

1. 陈振明：《公共政策学——政策分析的理论、方法和技术》，中国人民大学出版社2004年版。
2. ［韩］河连燮：《制度分析：理论与争议》（第二版），李秀峰、柴宝勇译，中国人民大学出版社2014年版。
3. 杨伟民：《社会政策导论》（第三版），中国人民大学出版社2019年版。
4. 方世荣，孙才华：《关于政策与法律关系的再思考——从集中和反映人民意志的视角》，《湖北社会科学》2006年第5期。
5. 肖金明：《为全面法治重构政策与法律关系》，《中国行政管理》2013年第5期。
6. 陈庭忠：《论政策和法律的协调与衔接》，《理论探讨》2001年第1期。

第四章
法律转型与文化变迁

» ―――――――――――――――――

　　本章的主要内容是法律转型与文化变迁，尤其关注法律与文化之间的互动关系，首先回顾了文化的含义及当前我国的文化现状，随后回顾了文化与法律相关的一般理论，梳理了法律与文化之间是如何产生互动关系的，最后分析了中国传统文化对法律转型具有哪些贡献，也为新时代背景下的文化与法律之间的关系提供了新的思考方法。

第一节　文化的含义与我国文化现状

一、文化的含义

"文化"一词有很多解释，归纳起来有以下三种代表性观点。

（一）广义层面的文化观

广义文化观是指人类社会历史实践过程中所创造的物质财富和精神财富的总和。此定义主要是侧重从宏观层面来对文化进行理解，较为全面地反映了文化的总体样貌。学者林剑认为从理论逻辑的推演来看，任何文化存在的形态都有历史性，它既是流动的也是发展的。而从文化发生学的角度来看，文化生成的现实基础是人类的历史实践活动，同时，历史实践活动又进一步推动了人类文化的发展。[①] 从其内涵的理解中不难看出，广义层面的文化内涵具有非常丰富的特点，但仍有两个重点值得关注和深入理解。第一，对文化的广义理解应该把握"人类社会历史实践"的内涵，即文化的产生需要与人类的实践活动息息相关，换而言之，如果对文化的理解脱离了人类的实践活动，就不能构成文化的概念。第二，对"物质财富与精神财富的总和"进行重点理解。即文化不仅包含着人类实践活动中的物质文化，也包括精神文化，更可以是兼而有之，比如甘肃敦煌壁画，从其带给人们的经济价值来看，它具有较高的物质财富价值，但与中国传统历史文化相结合的情况下，它又具有十分丰富的精神财富价值。因此，从广义上理解文化内涵时应该坚持全面与联系的观点，部分实物在某种情况下可能既是物质文化财富也是精神文化财富，在一定情况下，两者也可以相互转化。中华民族上千年的文化资源为我们从广义层面理解中国文化内涵提供了丰富的现实素材。

[①] 林剑：《文化研究的若干争议之辨》，《哲学动态》2013 年第 5 期。

（二）中义层面的文化观

中义的文化观是指人类在长期的历史发展过程中所创造的精神财富的总和。具体来说，是指社会意识形态以及与之相适应的制度和组织机构。相比广义层面的文化观而言，中义层面的文化观更强调精神文化财富，虽然内容的广度略有缩小，但是其深度依旧值得探析。中义层面的文化是与人类历史发展中的社会意识形态紧密相关的。学者刘秀华指出，社会意识形态从内容上来看是对社会存在理论化和系统化反映而成的思想体系，从结构上来说包括哲学和大部分社会科学，比如文学、道德、宗教以及其他社会科学的意识形态，从其性质来说具有鲜明的阶级性。①而对中义层面的文化理解又不能局限于对社会意识形态的理解，因为其毕竟只是人类发展历史中精神财富的一个组成部分，不能忽视与社会意识形态相适应的制度与组织机构。需要明确的是，根据国情的不同，各个国家的社会意识形态会有所不同，随之而来的是对应的制度与组织机构的不同，但不能因为意识形态的差异而相互之间进行否定。

（三）狭义层面的文化观

狭义的文化观是指社会意识形态或社会的观念形态，包括社会意识和思想体系。从对狭义文化观的总结中不难看出，它与广义、中义层面的文化观理解有着一定程度的区别，狭义文化观更侧重于对社会意识与个人思想观念、体系的强调。本书在这里取狭义的文化观，但狭义的文化观与广义、中义层面的文化观是相辅相成、不可完全割裂的。正如学者黄力之指出，狭义文化是以广义文化为基础的，且具有人文意义。②

也有人认为，文化是一种生活方式、带有明显观念倾向的生活习惯，这种观念倾向或个人思想是嵌入到日常生活之中的。春运期间人满为患的机场、车站和排成长龙的购票队伍，是因为春节团圆文化在

---

① 刘秀华：《社会意识形态的本质及其对新时代价值秩序重塑的意义》，《中国社会科学院研究生院学报》2018年第3期。

② 黄力之：《论文化定义狭义化的人文意义》，《哲学研究》1998年第3期。

中国人心中根深蒂固。民间文化是生活文化，它往往从生活的形态而非从纯文化的形态中表现出来。这同时也说明文化的形成与界定不能脱离日常生活这一载体，生活形态之中往往会孕育出形式多样、内容丰富的文化。

通过对文化内涵的梳理，可以总结出文化的具体特性。中华文化具有多样性、包容性、创造性和稳态性的特点。比如在张艺谋导演的电影《十面埋伏》中有一段盲女以绸带为武器的鼓舞，挥舞的绸带梢头指向弹击在鼓面上的众多散落的棋子。本来睁着眼也未必跟得上棋子击鼓的落点，更何况是以绸带一一击打，且在双目失明而且是无数个散棋子同时击打鼓面的情况下。随着情节的进一步发展，大家终于明白这位盲女并非真正的盲女，但审美效果已经发生过了。① 这就说明中华文化不仅具有创造性的特点，而且会在文化呈现时使用具有铺垫性质的技巧，从而使得中华文化更具意蕴。国学大师冯友兰说过，"并世列国，虽新而无古"，"希腊罗马，有古而无今"，"惟我国家，亘古亘今"。② 这充分说明了中国文化绵延不绝。

二、文化方面财政资金投入现状

整体而言，我国在文化方面的财政资金投入取得了长足的进步。以2000—2016年这一区间为例，公共文化财政资金投入从2000年的63.16亿元增长到2016年的770.69亿元，16年时间增长了12.2倍；人均文化事业费也从2000年的5.11元，增长到了2016年的55.74元，16年间增长了10.9倍。③ 这为我国下一步文化事业的发展奠定了坚实的物质基础。但与此同时，也不能忽视在文化方面财政资金投入的区域差异，以公共图书馆建设情况为例，相较于全国平均水平而言，民族地区的公共图书馆投入严重不足，以2013年为例，新疆20343万元，全国排名23；宁夏9556万元，排名28；西藏1718万元，全国排名31。新疆、宁夏、西藏

---

① 王建疆：《中国审美形态与中华文化特性》，《西北师大学报》（社会科学版）2016年第5期。
② 冯友兰：《西南联大纪念碑》碑文。
③ 吴高，韦楠华：《公共文化财政投入现状、问题及对策研究》，《图书与情报》2018年第2期。

均为倒数位。同年,广东99593万元,全国排名第1位,是新疆的4.9倍,是宁夏的10.42倍,是西藏的57.97倍。①

三、文化与社会治理的融合现状

文化与我国的社会治理紧密结合。较为典型的有以下五种。第一,乡贤文化参与农村社会治理的融合。在乡村振兴过程中,乡贤作为重要群体,其对农村社会治理的重要作用不言而喻。2016年的《国家十三五规划纲要》中明确提出要培育"新乡贤文化",2017年党的十九大报告中也进一步指出在实施乡村振兴战略中应该把乡贤文化作为乡村文化建设的重要内容。吕霞、冀满红认为乡贤具备相对雄厚的资金与社会资本,可以通过调动社会关系与社会力量,参与到乡村社会服务之中。②

第二,慈善文化与社会治理的融合。慈善在参与社会救助、社会服务中发挥着独特的作用。而慈善文化作为一种独特的文化形式也与社会治理相融合。学者周忠华、黄芳指出,慈善文化存在着多层性,自下而上分为:伪善、下善、上善和至善。伪善即指慈善作为手段,下善是指慈善作为目的,上善是指慈善作为义务,至善是指慈善作为利他与利己的统一。整体引领上,应该将慈善文化与社会主义核心价值观始终保持一致。③在进行社会治理时,充分发挥上善与至善的积极作用,培养居民的慈善文化观念与意识。

第三,红色文化与社会治理的融合。红色文化是中国共产党在长期艰苦卓绝的革命斗争中形成的宝贵精神财富,新时代背景下更应该充分挖掘并学习这一精神文化,将红色文化与社会治理紧密结合,让红色文化在新时代焕发顽强的生命力。有研究认为,应该将红色文化与教育扶贫事业联系起来,将红色文化融入高校资助育人政策之中,将"扶贫"

---

① 张萍,王岗:《民族地区公共图书馆财政投入保障状况研究》,《图书馆理论与实践》2015年第11期。

② 吕霞,冀满红:《中国乡村治理中的乡贤文化作用分析:历史与现状》,《中国行政管理》2019年第6期。

③ 周忠华,黄芳:《慈善文化的多层性与核心价值观的引领》,《中州学刊》2017年第10期。

与"扶志"和"扶智"紧密结合起来,提升贫困大学生的综合素质,帮助他们树立正确的世界观、人生观与价值观。① 发挥红色文化育人的积极作用对于社会治理具有十分重要的意义,而红色文化的正向作用需要让更多的人接受并内化于自身的行动之中。李慧琳指出,发掘红色文化时代价值的过程中,不能缺少理解、认同与传承三个环节,从文化传播的基本规律来看,客观理解红色文化的科学内涵是重要前提,深刻认同红色文化精神内核是必要支撑,创新发展红色文化传播方式是重要路径。② 只有这样,才有可能在新时代背景下让更多人对红色文化保持着清晰的认识,使其正向作用在更多的地方出现更好的效果。

第四,文化对社会治理既有正面影响,也有负面影响。贫困文化就是影响社会治理的一个例子。奥斯卡·刘易斯认为,当群体在资本主义社会中的社会和经济上的地位被边缘化时,就会形成应对自身较低地位的行为模式,进而形成贫困文化。③ 这种看法对研究贫困治理提供了一种新的文化视角,相比简单地从收入、健康等层面理解贫困而言,文化层面的贫困内涵理解更具有深层意义,它启发人们对于贫困人群的帮扶不能仅仅从单一维度进行,而需要将其放入特定的文化场域中理解。马鑫认为,个人贫困的文化后果在一定程度上与民族、族群的宗教信仰、价值观可能完全无关,而是整个社会的无力感、失落感日渐增长、长期积累会演变成整个社会发展的阻力,并严重影响社会秩序。④ 但对贫困文化的理解也需要避免一些误区。俞茹指出,不应该将传统文化中的部分致贫因子作为社会的信仰、规范,进而判断一个民族或个体的道德行为,这是无偏见、多样化制定反贫困政策的基本前提。再如由于贫困群体对自身传统文化的认可与适应,本身可能并不认为自身贫困,这就会给贫困治理带来巨大的阻力。⑤ 这些误区与阻力需要在当下精准扶贫的实践中

---

① 龙涌澜:《红色文化融入高校教育扶贫工作探究》,《学校党建与思想教育》(高教版)2019年第14期。
② 李慧琳:《理解、认同与传承:发掘红色文化时代价值的三个环节》,《思想教育研究》2019年第2期。
③ 米歇尔·拉芒,马里奥·路易斯·斯莫尔,黄照静:《文化多样性与反贫困政策》,《国际社会科学杂志》(中文版)2011年第2期。
④ 马鑫:《民族文化多样性与民族发展》,云南大学出版社2017年版,第29页。
⑤ 俞茹:《少数民族文化致贫与贫困文化后果研究》,《云南民族大学学报》(哲学社会科学版)2019年第3期。

予以高度关注。

第五，数字化时代的文化对社会治理的影响。数字化为文化传播提供了平台，能够让更多的群体享受到数字化带来的文化福利。随着数字化时代的到来，数字平台为文化传播提供了具体的载体，它不仅改变着文化价值链的形态，更对链接生成的方式产生着深远影响。① 然而，不能忽视数字化时代文化中的负面内容。比如暴力、欺诈等负面文化，会降低网民对社会公平和社会信任的评价，不利于培养此类群体的正向价值观念，尤其对于处于成长时期的青少年而言，网络中的负向文化更不利于其正确地认知世界，甚至会产生严重的暴力犯罪后果。

四、文化服务的供给侧结构性改革

近年来，随着我国居民对文化服务的需求不断上涨，我国文化服务供给出现了令人欣喜的增长状况，在满足我国居民文化需求方面发挥了重要作用。但当前的文化服务面临着供需错配、城乡与区域差异等多方面的问题，有待在新时代背景下进行精准治理，这种治理以效率作为考量基本公共服务供给是否适当的标准并不完整，必须要兼顾公平。② 在此方面，国际组织也强调了文化服务的公平性，1948年联合国大会颁布的《世界人权宣言》中明确指出，人人有权自由参加社会的文化生活，享受艺术，并分享科学进步及其产生的福利；人人对由于他所创作的任何科学、文学或美术作品而产生的精神的和物质的利益，有享受保护的权利。③ 基于此，应该切实保障我国居民享受文化服务的权利，以居民对文化内容的需求为导向，精准供给服务内容，不断提升供给服务的质量。

---

① 意娜：《数字时代大平台的文化政策与伦理关切》，《清华大学学报》（哲学社会科学版）2019 年第 2 期。

② 梁立新：《法治化视角下的基本公共文化服务均等化》，《浙江学刊》2019 年第 4 期。

③ 联合国大会：《世界人权宣言》，https://www.un.org/zh/universal-declaration-human-rights。

第二节　文化与法的一般关系理论

一、文化对法的影响

（一）文化影响法的制定与内容

文化是立法的精神来源，直接影响法的形成。古希腊著名政治思想家亚里士多德在《政治学》一书中指出，"政体（宪法）为城邦一切政治组织的依据"。理想政体应该是城邦凭以实现最大幸福的政体，要是没有善行和善业，就不能存在。依据这些原则，组成最优良政体的城邦诸分子便应是绝对正义的人们而不是仅和某些标准相符。①亚里士多德也是法治的首倡者，这些观念与古希腊民主及希腊民主文化是有直接联系的。

法律体现为一个国家进行治理的强制力，而强制力从本质上讲是一个国家的必备属性，正如哈耶克所述："一个成熟的社会会将强制的垄断权交给国家，并要求国家限制使用强制的场合和情况，即使国家使用强制力也必须按照一定的程序进行。"②张中秋指出，中国传统法律刑事性的社会原因，既不是商品经济的不发达，也不是社会的古老，而是传统中国国家权力和观念的发达。从文化多元和相对主义的立场来看，这并不表明中国传统法律文化是落后的，恰恰相反，从侧面反映出这种文化的公法性和国家政治性。③

刘翀、龚廷泰指出，在美国制定法解释方法的发展变化过程中，民主理论对其部分法律解释方法的形成有着直接且重大的影响。与此同时，对制定法性质的认识以及制定法与普通法之间的关系等还会受到民主观

---

① ［古希腊］亚里士多德：《政治学》，吴寿彭译，商务印书馆1965年版，第132页。
② 弗里德利希·冯·哈耶克：《自由秩序原理》，邓正来译，生活·读书·新知三联书店1997年版，第17页。
③ 张中秋：《中西法律文化比较研究》（第五版），法律出版社2019年版，第105-108页。

念的影响。^① 美国对立法机构权力的滥用有着高度的警惕。正如杰斐逊曾说：“我国政府的行政权，并非我所担心的唯一问题，或许可以说不是我所担心的主要问题。立法机构的暴政才真正是最可怕的危险，而且在今后许多年仍会如此。”② 法律过程学派的代表人物哈特和萨克斯倡导多元主义民主理论，并指出"立法机关在一个宏大、多元的协商民主框架内，通过收集、权衡和筛选信息以及平衡竞争性利益关系，能够基于公共理性做出社会欲求的政策选择和价值判断"，并称此为立法机关的制度能力。③

从具体法律部门看，文化对法的影响也十分明显。《民法典》于2021年1月起施行，这部法律继承了中华优秀传统文化的精华，又借鉴了西方现代法治理念。④ 也在一定程度上体现了文化对法律内容制定的影响，《民法典》的出台也得到了习近平总书记的赞誉，《民法典》系统整合了新中国70多年来长期实践形成的民事法律规范，汲取了中华民族5000多年优秀法律文化，借鉴了人类法治文明建设有益成果，是一部体现我国社会主义性质、符合人民利益和愿望、顺应时代发展要求的《民法典》，是一部体现对生命健康、财产安全、交易便利、生活幸福、人格尊严等各方面权利平等保护的《民法典》，是一部具有鲜明中国特色、实践特色、时代特色的《民法典》。⑤《民法典》的编纂，充分重视保障人的尊严和自由，强调对特殊群体的关爱，在《民法典》总则编将民法的调整对象表述为"民法调整平等主体的自然人、法人和非法人组织之间的人身关系和财产关系"，将"人身关系"置于"财产关系"之前。⑥ 这充分说明了《民法典》的制定对传统文化中个人财产、人格、尊严等思想文化的一定传承和借鉴。

---

① 刘翀，龚廷泰：《民主理论对法律解释方法的影响——基于美国制定法解释方法演变的分析》，《南京师大学报》（社会科学版）2014年第3期。

② ［法］托克维尔：《论美国的民主》（上），董果良译，商务印书馆1988年版，第300页。

③ 刘翀：《论目的主义的制定法解释方法——以美国法律过程学派的目的主义版本为中心的分析》，《法律科学（西北政法大学学报）》2013年第2期。

④ 焦利：《传统文化的现代光辉：中国民法典的法文化基因》，《新视野》2020年第6期。

⑤ 习近平：《充分认识颁布实施民法典重大意义，依法更好保障人民合法权益》，《求是》2020年第12期。

⑥ 王轶：《民法典的中国特色、实践特色、时代特色》，《前线》2020年第10期。

正义作为一种文化观念直接影响法的制定，特别是法的价值追求。实质正义是现代民法中的重要价值追求，主要表现为：其一，不仅保护民法抽象人格，而且重视对具体人格权益的维护；其二，注重保护财产所有权的同时，承认财产所有权的社会性；其三，不仅尊重私法自治或契约自由，而且限制各种不良法律行为的实施；其四，坚持自己责任即过失责任原则的同时，导入无过失责任即严格责任原则。① 这些原则与价值均蕴含了对正义、平等、自由、仁慈等传统美德的赞许和追求，这体现了立法者为确保民法维护公共秩序和社会妥当性所做的不懈努力。②

（二）文化影响法的实施

文化影响法的实施过程、方式及效果等，包括积极和消极两方面。具体而言，从文化对法的实施的积极影响来看，文化能够为法的制定与实施提供价值导向。学者张中秋指出，法的核心价值所在就是正义观，其对法律的影响，精神上是支配，内容上体现为表达，与此同时，中国传统动态的合理正义观与人类的其他文明一样，蕴含着对真、善、美理想的追求。③ 宗教文化对少数民族法律观的影响同样不可忽视，宗教文化中的万物有灵观、三元世界观以及仪式观均对藏族传统法律的观念与意识有着深远的影响。④ 这些多元心理、规则意识与契约理念均与文化息息相关。⑤

而文化也会对法产生消极性影响。学者乔治·凯林、凯瑟琳·科尔斯指出，违规文化会影响人的行为，而一旦轻微违规行为达到一定规模时，整个社会会随着部分地区的失序而变得紊乱，更严重的会出现犯罪

---

① 梁慧星：《从近代民法到现代民法——二十世纪民法回顾》，《中外法学》1997年第2期。

② 马俊驹：《中国民法的现代化与中西法律文化的整合》，《中国法学》2020年第1期。

③ 张中秋：《中国传统法理学的精髓及其当代意义》，《法律科学（西北政法大学学报）》2019年第1期。

④ 韩雪梅：《浅论苯教文化对藏族传统法律观的影响》，《北方民族大学学报》（哲学社会科学版）2014年第4期。

⑤ 牛涵、季金华：《司法执行的观念基础》，《山东社会科学》2019年第7期。

与城市衰败。① 李娜认为以日常性违规为代表的违规文化，虽然看似是小问题，但是如果不加重视，则会给社会发展带来诸多不利后果，这给法律实施的启示在于，对问题的治理方式不仅应聚焦于行为的后果，更应该对行为过程进行监督，防范出现突破社会道德底线事件的发生。② 从中国法律的历史传统来看，传统"礼法体制"是与当时中国经济发展水平及发展方式相适应的，以"德"赋的财产法为例，其具体的特征表现为：其一，缺乏所有权的理念。对任何财产权利的处分，主体上都是不清晰的，财产权不归属于个人；其二，财产权益的取得和处分，来自封赐的命令，即财产权来自政权或者行政决定，也受政权或行政决定权调整；其三，社会成员的利益，被认为是整体一致的利益，宗族发旺，家庭就富裕，个人也就发达，而宗族败落，家庭则贫困，个人也就困顿。③ 这说明古代的法律文化中对个人的影响而言并非全部都是积极的。如果不对消极文化进行抵制，那么即使再小的错误也会对法律的制定与实施产生消极影响，甚至给社会带来诸多恶果。

以法律中的司法执行力为例，文化观念对司法执行力有着重要影响。"法律的生命在于法律的实现，而执行是法律获得生命必不可少的形式与途径。生效法律文书实现的效果如何，是衡量一个国家法治水平的重要标志。"④ 文化观念对人们价值观的重塑具有重要影响，"引导执行主体形成一致的执行价值观念和执行立场，进而形成重视执行、愿意执行、主动执行、高效执行的价值取向、协同心理和行为习惯"⑤。而法律中的司法执行力是司法权威的直接体现，司法执行力直接或间接受到文化观念的影响，其中，在左右执行程序、影响司法执行效果的重要要素中，当事人、社会公众、法官、执行人员对司法过程和结果的文化认识是不可

---

① ［美］乔治·凯林，凯瑟琳·科尔斯：《破窗效应：失序世界的关键影响力》，陈智文译，生活·读书·新知三联书店2014年版，第15—20页。
② 李娜：《"积习难返"：日常性违规的生成机理及其后果》，《思想战线》2018年第3期。
③ 陈晓枫：《中国宪法文化研究》，武汉大学出版社2014年版，第96页。
④ 章武生：《民事执行：树立和维护司法权威的一个重大理论和实践问题》，《政治与法律》2004年第4期。
⑤ 彭向刚，程波辉：《论执行文化是执行力建设的基础》，《学术研究》2014年第5期。

忽视的内容。①

习近平总书记曾明确指出："对传统文化中适合于调理社会关系和鼓励人们向上向善的内容，我们要结合时代条件加以继承和发扬，赋予其新的涵义。"②在诸多中国传统文化中，见义勇为是不可忽视的优秀传统文化，这种文化传统代表着一种社会正义，能让公民感受到来自社会的正义力量，但是由于见义勇为行为也会面临着诸多风险，所以这种行为是否应该受到相应的法律专项保护，研究中也存在部分争议。从既有的法律条文来看，《中华人民共和国民法总则》第184条规定，因自愿实施紧急救助行为而造成受助人损害的，救助人不承担民事责任。该规定已沿用成为《民法典》第184条。赞同者认为此项法律规定为见义勇为者提供了重要的法治保障，不至于让英雄出现"流血又流泪"的悲惨景象。而对此项意见持否定态度的学者本身也存在着矛盾性观点，他们一方面认为见义勇为相关风险的规避应该依靠道德进行调节，出台相关法律规定在一定程度上存在着越俎代庖的嫌疑，尤其是如果按照此项规定，更有可能出现耽误前往医疗机构寻求正规治疗的现象，但另一方面他们又完全赞同立法对它的功能所做的预期。③

在互联网时代背景下，互联网与线下实体相结合，给人们的生活带来了极大的便利，由此产生了相对应的网络文化。但是任何事情都存在着两面性，网络文化空间一方面能够丰富大众精神文化生活、激发人民创造力，发挥社会主义核心价值观引领作用，但另一方面也存在着失范现象，需要采取法治化方式对网络文化空间予以净化。在此过程中，需要公法与私法并举。就公法而言，全国人民代表大会常务委员会出台了《网络安全法》《电子商务法》《著作权法》《民法典》等。国务院颁布的《信息网络传播权保护条例》《互联网信息服务管理办法》《互联网上网服务营业场所管理条例》等。国家互联网信息办公室出台的《网络信息内容生态治理规定》《互联网信息内容管理行政执法程序规定》《网络音视

---

① 季金华：《司法执行力的文化影响机理探析》，《北方法学》2020年第5期。
② 习近平：《从延续民族文化血脉中开拓前进——在纪念孔子诞辰2565周年国际学术研讨会暨国际儒联第五届会员大会开幕式上的讲话》（2014年9月24日），《孔子研究》2014年第5期。
③ 伊涛：《文化与制度的耦合：见义勇为的儒学表达与法律助推》，《江西社会科学》2020年第8期。

频信息服务管理规定》《微博客信息服务管理规定》《互联网新闻信息服务单位内容管理从业人员管理办法》《互联网新闻信息服务新技术新应用安全评估管理规定》《互联网跟帖评论服务管理规定》等。文化和旅游部出台的《网络表演经营活动管理办法》《文化市场综合行政执法管理办法》《互联网文化管理暂行规定》《文化市场黑名单管理办法（试行）》《网络文化经营单位内容自审管理办法》《关于改进和加强网络游戏内容管理工作的通知》等。

与此同时，国家广播电视总局主管的中国网络视听节目服务协会，颁发了《网络综艺节目内容审核标准细则》《网络短视频平台规范和内容审核标准细则》等行业标准，并定期公布《中国网络视听发展研究报告》。文化和旅游部主管的中国互联网上网服务行业协会，编制《互联网上网服务营业场所服务等级评定》。行业自律公约具有私法的性质，涉及网络文化市场经营中的公共事项，为行业内部成员服务。[①]

在农村应大力倡导法律文化，使农民知法、守法、用法，用法律判断与解决问题。近年来，尽管我国的法律逐渐完善健全，多数居民已经会尝试着使用法律武器来保障自身的合法权益。但还应看到，在广大农村地区，尤其是边疆、贫困地区的农村居民，对于法律的知晓程度、如何使用、如何遵守等方面的知识依然有较大的提升空间，甚至在部分地区已经违法被逮捕的罪犯依然不知道自己的行为已经触碰了法律的红线。同时，应该在农村地区坚持打黑除恶，将埋藏在农村中的黑恶势力坚决予以消除，保护农村居民的生命财产安全。发生矛盾纠纷的双方村民，应该善于运用法律手段和法律思维来解决问题，在解决矛盾中应该注意保留证据，维持证据链的完整性。在此方面，农村基层社区应该注重日常的普法教育宣传，让农村居民更多地了解法律的具体内容和运用法律解决问题的程序，要让村民遇到问题时采用合理的程序、提供合适的证据来维护自身的合法权益。

加强农村法律援助、司法救助，降低农民用法成本。法律援助和司法救助是国家保障我国公民法律权益的重要手段，随着近年来我国法律体系的不断完善，从法律援助和司法救助中受益的群体越来越多，制度

---

① 刘少华，宋亚辉：《我国网络文化市场监管的法治化路径研究》，《湖南大学学报》（社会科学版）2020年第4期。

的可信度越来越高。但不能忽视的是，对诸多农村居民而言，采用法律手段来解决自身面临的纠纷，有着较高的经济成本、时间成本与人情成本。各级政府应该进一步加大对农村法律援助和司法救助工作的支持力度，具体而言，不仅需要在政策文件中予以强调，更重要的是要在具体财政资金的拨付上向此项工作适当倾斜，让村民能够有时间、有意愿使用此项服务，进而保障其合法权益不受侵害。

案例分析

本案赤脚医生救命伤人如何定性？[①]

【案情介绍】

李某出身于农民家庭，年轻时曾经当过一段时间的"赤脚医生"，粗通一点医学知识。近几年由于年老体弱，难以从事农村体力活，于是便操起了"赤脚医生"的老本行。对其非法行医行为，区卫生行政部门分别在2006年10月和2008年7月两次给予行政处罚。在第二次对其处罚时有关人员明确警告他，如果再一次发现非法行医，将移送公安机关追究非法行医罪的刑事责任。此后，李某下决心不干了，也曾有几个乡亲找到他要求给打针配药也都被他回绝了。

2008年10月19日晚上6点多钟，同村农民田某突然跑到家来找李某，说他12岁的儿子不知道吃什么东西卡住了气管，人眼看就要不行了，求李某去给想办法救一救。李某说自己也没有什么办法，没有医生资格也不能随便用什么办法。但由于想到救人要紧还是去了。来到现场后，李某见孩子呼吸、心跳已经停止，他知道县医院的救护车赶到至少也要50分钟，孩子肯定性命不保了。在孩子父母等亲人的哀求下，李某果断地为孩子实施了简易的气管切开手术。很快，手术见效了，孩子有了心跳和呼吸。50分钟之后，救护车也赶到了。孩子的性命保住了，但却半身瘫痪。医院的诊断结果认为是最初实施的气管

[①] 付建国，赵春玲：《本案赤脚医生救命伤人如何定性？》，中国法院网2009年3月9日，https://www.chinacourt.org/article/detail/2009/03/id/348433.shtml。

切开手术不当导致的结果。县卫生行政部门知道后，将这一情况报告给公安机关，公安机关以李某的行为涉嫌非法行医罪立案侦查后向检察机关移送起诉。

【审理情况】

检察院以李某的行为涉嫌非法行医罪向法院提起公诉。法院受理后，依法组成合议庭公开开庭进行了审理，检察院指派检察员顾某出庭支持公诉，被告人李某及其辩护人周某到庭参加诉讼。经过合议庭评议及审委会讨论决定后，法院判决被告人李某无罪。

【意见分歧】

在法院审理过程中，经过合议庭评议，形成以下两种截然相反的观点：

一种观点认为被告人李某没有取得医生执业资格非法行医且发生了严重后果，并且是在被两次行政处罚后又非法行医的，是属于非法行医情节严重的行为，已构成非法行医罪。

另一种观点则认为，被告人李某是被害人的生命危急关头，不得已而为其进行简易的气管切开手术，其行为是一种紧急避险行为，而非行医行为，更不是非法行医行为，其行为不构成犯罪。

最后法院采纳了第二种观点。

【评析】

本案中之所以会产生差异化的观点，与不同群体所持有的文化观念紧密相关，持第一种观点的人是从法律规范的角度来剖析此案，强调了对法律规则的遵守；而持第二种观点的人是从人权的角度来思考问题，强调了对生命权的尊重。法院之所以会采用第二种观点，是因为此种观点与实际的法律程序与具体的法律要求一致，并考虑了对应的文化观念。

(三) 文化影响法的发展

文化对法的发展有着潜移默化的影响。比如公众参与文化能增强公民参与的责任感，提升对法律的认知水平，促进立法的制定与完善；立法听证可以让更多的公民参与到法律制定与完善的进程之中，不仅能够让公民知晓更多的法律知识，懂得相应的立法程序，而且能够让制定的法律惠及更多的公民。美国著名政治学家阿尔蒙德把公民政治文化分类为狭隘型、顺从型和参与型。而参与型的公民拥有主体意识和责任意识。法律义务的实现也离不开公民参与，公民参与的法律义务实现模式是对社会主导的法律义务实现模式和国家主义的法律义务实现模式的综合，其好处在于能够使法律义务实现变成国家与全社会共同努力的事情。①

国外的具体实践同样也说明了此种论断。在日本，"健康日本21"是一项致力于打造人人健康的国民运动，此运动的出发点是提升国民健康素养，实现所有居民身心健康。每个人都要了解自身的健康状态，在一定程度上可以看作是健康文化理念，"健康日本21"包括9个构筑健康的领域：一是营养与饮食；二是身体活动、运动；三是休养和心态健康的打造；四是普及关于吸烟对健康危害的知识；五是减少多量饮酒者；六是牙齿的健康；七是减少糖尿病患者；八是预防循环器官疾病；九是预防癌症。② 在此运动理念的指导下，日本有关健康方面的法律逐步出台并不断完善，2002年实施了《健康增进法》，2006年制定了《高龄者医疗确保法》等。

2016年起实施的《中华人民共和国慈善法》也是体现文化影响法的发展的典型法规。《中华人民共和国慈善法》总则第一条中明确指出"为了发展慈善事业，弘扬慈善文化，规范慈善活动，保护慈善组织、捐赠人、志愿者、受益人等慈善活动参与者的合法权益，促进社会进步，共享发展成果，制定本法。"在此法出台之前，慈善捐赠等相关内容责权不清晰带来诸多矛盾，不仅影响慈善文化的传播，而且不利于社会和谐。

---

① 马国强：《法律义务实现中的国家主义和公民参与》，《学术交流》2015年第8期。
② 赵林，[日]多田罗浩三，桂世勋：《日本如何应对超高龄社会——医疗保健·社会保障对策》，知识产权出版社2014年版，第13-15页。

二、法对文化的影响

(一) 确定文化导向，弘扬先进文化

先进文化的弘扬，可以让更多人充分认识到社会和谐的重要性，并将善行付诸于行动。我国宪法第24条规定，国家通过普及理想教育、道德教育、文化教育、纪律和法制教育，通过在城乡不同范围的群众中制定和执行各种守则、公约，加强社会主义精神文明的建设。国家提倡爱祖国、爱人民、爱劳动、爱科学、爱社会主义的公德，在人民中进行爱国主义、集体主义和国际主义、共产主义的教育，进行辩证唯物主义和历史唯物主义的教育，反对资本主义的、封建主义的和其他的腐朽思想。

文化导向的确定可以让我国公民在明确的文化道路上开展活动，继续坚持和弘扬先进文化，将其与新时代背景下中国的发展紧密结合。弘扬先进文化要做到以下三点：第一，认真学习、了解先进文化的具体内容，将其中的要求内化于自身的知识之中，在知识运用时自觉将先进文化融入自身分析问题的逻辑之中，更好地引导自身的行动；第二，通过参与具体的实践活动践行先进文化，让先进文化在现实中焕发出勃勃生机；第三，要学会运用先进文化自觉抵制不良文化的侵蚀。生活中虽然是先进文化占据主流，但对部分没有坚定理想的公民而言，也会受到不良文化的侵袭，所以，更应该将先进文化中的内容与自身的发展紧密结合，利用正确分析问题的方式来看待不良文化的错误，进而防止自身在某些领域出现错误行为或错误倾向。

不仅国家法确定着先进文化导向，民间法也具有这样的功能。"优美妙泉，多彩风光，生态保护，全民同倡；尊老爱幼，睦里和邻，仁义友善，助残济贫；家庭和美，气正风清，戒赌戒懒，致富靠勤；垃圾分拣，归类投放，资源利用，彻底减量……"这是姚村乡妙泉村"村规民约"中的部分内容。通过朗朗上口的"村规民约"，让村民知晓如何做事才能更好地弘扬先进文化。①

---

① 《姚村乡：乡风"倡"文明醉忆是乡愁》，宣城文明网2018年3月21日，http://xc.wenming.cn/nccj/wmcz/201803/t20180321_5098038.shtml。

（二）规定公民文化方面的权利与义务

法律以具体条文的形式将公民文化方面的权利与义务予以规定。我国宪法第46条规定，中华人民共和国公民有受教育的权利和义务。宪法第47条规定，中华人民共和国公民有进行科学研究、文学艺术创作和其他文化活动的自由。国家对于从事教育、科学、技术、文学、艺术和其他文化事业的公民的有益于人民的创造性工作，给以鼓励和帮助。由此可知，国家法律通过具体条文的形式将公民文化方面的权利与义务予以保障。乡村振兴的过程中，更不能忽视农民的文化参与，要将文化旁观者变成参与者，就要对农民文化权利予以专门的立法保护，这也符合国际核心人权公约有关文化权利的规定。[①]

在教育法制体系中，有多部法律直接涉及公民受教育权利与义务的内容，分别是1980年制定的《学位条例》、1986年制定的《义务教育法》、1993年制定的《教师法》、1995年制定的《教育法》、1996年制定的《职业教育法》、1998年制定的《高等教育法》、2000年制定的《通用语言文字法》以及2002年制定的《民办教育促进法》。上述内容是促进我国教育事业发展中的重要法律依据。[②]

在法律对公民文化权利方面具体规定之后，需要政府、社会等多方力量进行落实，确保法律制度中规定的具体落实，在此方面，浙江省的做法值得借鉴。2013年为加快本省农村文化建设，浙江省提出建设农村社区文化礼堂，并根据这一目标制定了《中共浙江省委办公厅浙江省人民政府办公厅关于推进农村文化礼堂建设的意见》。农村社区文化礼堂的建设，其定位在于丰富农村居民的精神文化生活，对于场所的兴建，文件中指出有条件的地方可以新建，也可以由本村的旧祠堂、闲置厂房资源等改建。截至2015年底，具有浙江省农村特色的文化礼堂累计建设4959家。为建设更高水平的文化综合体，浙江省提出新目标，即到2020

[①] 黄爱教：《从文化旁观者到参与者：乡村振兴的文化权利及其实现》，《新疆社会科学》2019年第1期。

[②] 魏文松：《新时代公平优质受教育权：法理意蕴、规范基础与价值取向》，《新疆社会科学》2020年第4期。

年要建成农村文化礼堂10000个，覆盖80%的农村人口。① 这种做法切实保障了农村居民的文化权利，满足其精神文化需求，不仅落实了法律中对公民文化权利的具体规定，更营造了农村社区中的文化氛围，有利于稳定农村基层的社会秩序。

截至2017年2月，山东省内农村社区儒学讲堂达到9200个，举办逾4万场活动，参与人数累计超过500万人。山东省的"图书馆＋书院"模式等一系列传播优秀传统文化的方式正在取得良好的实践效果。山东省农村儒学现象是在新时代背景下重建乡土文明，对于弘扬传统美德、改善乡风民俗、培育新型农民有着重要的作用。② 此种实践是对农村居民文化权利的切实保障，且对我国法律的制定与完善提供了可以借鉴的民间范本。

我国宪法第19条规定，国家发展社会主义的教育事业，提高全国人民的科学文化水平。国家举办各种学校，普及初等义务教育，发展中等教育、职业教育和高等教育，并且发展学前教育。国家发展各种教育设施。

我国还制定了《义务教育法》等法律促进教育文化发展。《义务教育法》第6条规定，国务院和县级以上地方人民政府应当合理配置教育资源，促进义务教育均衡发展，改善薄弱学校的办学条件，并采取措施，保障农村地区、民族地区实施义务教育，保障家庭经济困难的和残疾的适龄儿童、少年接受义务教育。国家组织和鼓励经济发达地区支援经济欠发达地区实施义务教育。鉴于我国的基本国情，我国的义务教育实施存在着明显的区域差异，具体而言是东部发达地区的教育水平要远高于中西部地区。陈岳堂、雷志翔利用2010—2017年人均受教育年限和教育基尼系数数据进行分析研究，指出全国教育的整体相对公平与区域教育发展不平衡两种事实并存，虽然全国人均受教育年限基本达到了九年义务教育的水平，但仍有一半省份未达到这一水平。与此同时，地区间的教育发展呈现出明显的不均衡，具体而言，东部地区全部实现了九年制义务教育，但是西部地区大部分并未实现，且经济欠发达地区的教育基尼系数更高。③ 上述现实情况说明在推进义务教育均衡发展的过程中，应

---

① 赵霞：《文化价值重建与"人的新农村"建设研究》，人民出版社2018年版，第188-189页。
② 赵霞：《文化价值重建与"人的新农村"建设研究》，人民出版社2018年版，第225-227页。
③ 陈岳堂，雷志翔：《中国教育公平发展的差异与趋势——主要基于教育基尼系数的区域比较》，《湖南农业大学学报》（社会科学版）2019年第3期。

该实现地区协同发展，继续提升西部地区的平均受教育年限，保障西部地区尤其是农村居民受教育权利的实现。

2018年农民工监测调查报告显示，在全部农民工中，未上过学的占1.2%，小学文化程度占15.5%，初中文化程度占55.8%，高中文化程度占16.6%，大专及以上占10.9%。① 从数据中不难发现，农民工中仍是以初中文化为主，虽然国家已经在很大程度上保障了农村居民的九年义务教育，但是需要看到的是仍然有部分农民工的受教育权利未能得到有效保障，同时，我国农民工当中高中及其以上的学历在全体农民工之中的占比仍然不高，此类群体的受教育质量依然有待提升，这不仅需要政府在具体的政策中对此类群体的受教育权与教育质量予以保障，更需要在具体的法律当中进行具体的规制。杨智通过对贵州省350个深贫民族村的调查发现，对农民进行职业培训技术核心的专业性不强，数据显示，基于地方产业、实用技术和劳务输出三类专业性较强的职业培训比例均在1/3左右，而政策培训的占比为98.4%。这说明深贫民族村职业技术培训关注更多的是政策宣讲，而缺乏技术介绍。②

2019年7月，《文化产业促进法（草案送审稿）》中第3条指出国家坚持以人民为中心，坚定文化自信，坚持中国特色社会主义文化发展道路，坚持为人民服务、为社会主义服务，坚持百花齐放、百家争鸣，坚持创造性转化、创新性发展，坚持弘扬社会主义核心价值观，坚持社会效益优先、社会效益与经济效益相统一，推动文化产业高质量发展。与此同时，第13条也明确指出，国家重点鼓励和支持创作以下优秀作品：讴歌党、讴歌祖国、讴歌人民、讴歌英雄的；弘扬社会主义核心价值观的；传承中华优秀传统文化、继承革命文化、发展社会主义先进文化的；促进未成年人健康成长的；推动科学教育事业发展和科学技术普及的；促进中华文明与世界其他文明交流互鉴的；其他符合国家支持政策的优秀作品。

在鼓励文化产业发展的同时，又对可能会存在问题的方面进行了严

---

① 国家统计局：《2018年农民工监测调查报告》，2019年4月30日，http://www.stats.gov.cn/tjsj/zxfb/201904/t20190429_1662268.html。

② 杨智：《深贫民族乡村职业培训扶贫的价值审视与问题探究——以贵州省350个深贫民族村为例》，《贵州民族研究》2018年第11期。

格规定，比如在《文化产业促进法（草案征求意见稿）》第 69 条中明确指出，违反本法规定，地方各级人民政府和县级以上有关部门，有下列行为之一的，由其上级机关或者监察机关责令限期改正；情节严重的，对直接负责的主管人员和其他直接责任人员依法给予处分；构成犯罪的，依法追究刑事责任：侵占、挪用、截留、克扣支持文化产业发展相关财政资金、基金的；利用职务便利收受他人财物或者其他好处的；违反相关法律、行政法规进行审批活动的；干扰文化企业正常经营活动的；其他滥用职权、玩忽职守、徇私舞弊的情形。

党的十九大报告强调："文化兴国运兴，文化强民族强。没有高度的文化自信，没有文化的繁荣兴盛，就没有中华民族伟大复兴。"文化立法对提升文化治理能力主要体现在两个方面：一是促进文化资源的治理；二是有效保障公众的文化参与。①

（三）促进特定文化的确认和传承

以家庭赡养、照料、抚养、继承等家庭文化为例，《德国民法典·亲属编》规定家庭成员之间的抚养义务；其中第 1601 条规定，直系血亲有义务互相给予扶养费；第 1602 条规定，只有不能自行维持生计的人才有受扶养权，即使未成年的未婚子女有财产，也可以在其财产的收入和其劳动的收入不足以维持生计的限度内，向其父母请求给予扶养费；第 1603 条规定，在考虑到其他义务的情形下，不妨害其适当生计就不能给予扶养费的人，不负扶养义务，父母处于这一境况的，对其未成年的未婚子女，父母有义务将其所有可利用的资金平均地使用于自身的生计和子女的扶养。只要 21 岁及以下的成年未婚子女在父母或父母一方的家计中生活，且正在接受普通学校教育，就与未成年子女相同。有其他负有扶养义务的血亲的，不发生该项义务；对其扶养费可从其财产的基本部分予以支付的子女，也不发生该项义务。② 美国多部立法也涉及老年人及残疾人照料文化的确认，美国法律中与老年人直接相关的如表 4-1 所示。

---

① 孙雯：《文化立法对提升文化治理能力的影响》，《福建论坛》（人文社会科学版）2020 年第 8 期。

② 陈卫佐译注：《德国民法典》（第四版），法律出版社 2015 年版，第 493-494 页。

表 4-1 美国法律中与老年人直接相关的部分法律

年代	年份	与老年人相关的立法
20世纪30年代	1935年	《社会保障法》
	1937年	《房屋法》
20世纪60年代	1964年	《食品券法》
	1965年	《老年人法》
	1965年	《医疗保险法》
	1965年	《医疗救助法》
	1967年	《年龄歧视就业法》
20世纪70年代	1970年	《城市公共交通扶助法》
	1974年	《雇员退休收入保障法》
	1975年	《禁止歧视老年人法》
	1978年	《房屋和社区发展法案》
20世纪80年代	1984年	《退休平等法》
	1987年	《公共预算调整法》
20世纪90年代	1990年	《残疾人法案》
	1993年	《家庭和医疗休假法案》

(孙颖：《老吾老——老年法律问题研究起点批判》，法律出版社 2012 年版，第 128-129 页。)

《大清民律草案》是我国第一部独立于刑事法律的民法草案。其《亲属编》第 1450 条规定，"凡直系宗亲及兄弟姊妹，互负扶养之养务，妻之父母及婿，亦同"；第 1451 条规定，"负扶养义务者有数人时，须依下列次序而履行义务：一、直系卑属；二、夫或妻……"；第 1453 条规定，"受扶养权利者有数人时，负扶养义务者，须依下列次序而履行义务：一、直系尊属；二、夫或妻……"；第 1455 条规定，"负扶养义务之义务人，以有扶养之资力者为限"，第 1456 条规定，"受扶养之权利人以不能自存者为限"。①

孝文化是中华民族优秀传统文化的重要组成部分，它体现了子代对亲代的赡养文化，将代际的和谐关系以多种方式固定下来。长久以来，孝文化是中国社会文化中十分值得称道的文化。中国古代的孝文化为当

---

① 杨立新：《大清民律草案》，吉林人民出版社 2002 年版，第 185-186 页。转引自李洪卫：《礼仪、文化与法律秩序：传统礼俗转型及其对京津冀的考察》，上海三联书店 2017 年版，第 74-75 页。

代法律中孝道的保障提供了很好的借鉴。我国现有法律中就有诸多弘扬孝道文化的规定，如《老年人权益保障法》中第13条明确指出，家庭成员应该尊重、关心和照料居家老年人；第14条规定赡养人应该履行对居家老年人进行经济上供养、生活上照料和精神上慰藉的义务。我国新通过实施的《民法典》第五编婚姻家庭中第1043条规定，家庭应当树立优良家风，弘扬家庭美德，重视家庭文明建设。夫妻应当互相忠实，互相尊重，互相关爱；家庭成员应当敬老爱幼，互相帮助，维护平等、和睦、文明的婚姻家庭关系。第1074条规定，有负担能力的孙子女、外孙子女，对于子女已经死亡或者子女无力赡养的祖父母、外祖父母，有赡养的义务。

但是，在孝文化的传承中虽然有法律制度的保驾护航，仍然有部分问题值得我们进一步研究与关注，比如随着社会转型过程中家庭功能逐渐弱化，对老年的孝文化呈现逐渐减弱的趋势，甚至在部分地区会出现拥有众多子女的老人却无人赡养的局面，这不仅说明孝文化需要在部分地方进行重构，更说明家庭养老是不能完全保障老年生活质量的方式，需要社区、政府以及诸多社会力量介入。

贵州省黔南布依族苗族自治州龙里县三元镇永安村，制定了"永安村孝道村规新六条"。要求家中有老人的青壮年如果全部外出务工，需报告外出信息，由村支两委安排人定期服务；如果老人长期患病、生活不能自理，必须有一名青壮年留守服侍，村支两委帮助联系就近务工或支持就地发展。村里还发动村民进行监督约束。永安村"孝道村规民约"的问世，正是孝道文化的现实弘扬。①

案例分析

三兄弟以没带孙子为由不赡养老人　被母亲告上法庭②

【案情介绍】

孙老太太家住翔安区内厝镇，她与丈夫育有四子二女。多

---

① 冉鹏：《品读"孝道村规民约"中的导向意义》，贵州文明网2014年3月18日，http://www.wenming.cn/wmpl_pd/yczl/201403/t20140318_1811694.shtml。
② 陈捷：《三兄弟以没带孙子为由不赡养老人　被母亲告上法庭》，2015年1月27日，https://fj.qq.com/a/20150127/021912.htm。

年以前，按照村里的习俗，四个兄弟分了家。丈夫老陈去世后，老太太开始与四儿子一家生活，其间，老太太所有的赡养费用都由老四承担。两年前，老太太先后患上脑梗死、高血压、心脏病、尿结石、肾积水等多种疾病，全身瘫痪，无法动弹。老太太瘫痪后，每个月单请护工的费用就要3000元，加上个人用品、营养品等开支，赡养老太太的固定支出达到5000元/月。

高额的赡养费对于经济条件一般的老四一家来说，成了重大的负担。于是，老太太和四儿子商量，叫其他三个儿子来共同分担赡养费用。但是，其他三个儿子因为老人没带孙子，所以听说要出钱养老，要么避而不见，要么再三推脱。

无奈之下，近日，老太太委托四儿媳到翔安区法律援助中心申请法律援助，要将三个拒不赡养老人的儿子告上法庭。随后，福建兴世通律师事务所王玉梅、洪顺添律师接受翔安区法律援助中心的指派，承办此案。老太太告诉法援律师，自己之前从未向其他三个儿子索要过赡养费，如今老四一家负担太重，实在是没有办法。

【法院判决】

法院作出一审判决，要求三个被告的儿子各支付老太太之前的赡养费13115.71元，并自判决之日起每月各支付老太太赡养费1250元。

【律师说法】

法援律师指出，没带孙子，也要养老人。老人没有义务一定要为子女带孩子。子女成家立业后，老人为子女带孩子并非其义务，更不能成为子女逃避赡养老人的借口。只要父母对自己的子女履行了抚养义务，子女就应该赡养、孝敬老人。这是中华民族的传统美德，更是子女对父母的法定义务。

【评析】

本案例充分体现了通过立法及其实践促进我国传统孝文化的传承，赡养老人是中华民族的传统美德，在目前孝文化受到市场经济一定冲击的情况下，以法律促进和保障赡养、照料、抚养、继承等家庭文化传承具有重要意义。

（四）促进居民身心健康的发展

法律的实施会保障居民的躯体健康与心理健康，这也是国家保障公民健康权的重要体现。这种法律制度在国内外均不鲜见。比如美国国会于 1965 年颁布了医疗补助计划，作为美国《社会保障法》的第 19 条。医疗补助计划迅速成为联邦政府最昂贵的公共救助计划，除亚利桑那州稍微推迟几年实施之外，其他所有的州都实施了医疗补助计划。[①] 2005 年 4 月日本正式施行《发展障碍者支援法》，该法明确指出，为了促进智能障碍者的心理功能适当成长，在发现智能障碍症状之后，要尽可能早地对其给予支援。[②] 这说明日本在法律制定中并未忽视对弱势群体健康权利的保障，即使在身体功能受到损伤时，也尽可能保障其心理健康的良好状态。《中华人民共和国残疾人保障法》中第 3 条〔权利保护〕指出，残疾人在政治、经济、文化、社会和家庭生活等方面享有同其他公民平等的权利。残疾人的公民权利和人格尊严受法律保护。禁止基于残疾的歧视。禁止歧视、侮辱、侵害残疾人。禁止通过大众传播媒介或者其他方式贬低损害残疾人人格。该法第 4 条〔特别扶助〕规定，国家采取辅助方法和扶持措施时，对残疾人给予特别扶助，减轻或者消除残疾影响和外界障碍，保障残疾人权利的实现。第 7 条〔社会责任〕规定，全社会应当发扬社会主义的人道主义精神，理解、尊重、关心、帮助残疾人，支持残疾人事业。国家鼓励社会组织和个人为残疾人提供捐助和服务。国家机关、社会团体、企业事业单位和城乡基层群众性自治组织，应当做好所属范围内的残疾人工作。从事残疾人工作的国家工作人员和其他人员，应当履行职责，努力为残疾人服务。上述法律条文均为中国残疾人融入正常的社会生活中提供了重要的法律保障。

（五）对不良文化有遏制作用

不良文化不仅会对社会秩序产生恶劣的影响，而且极容易使人滑向

---

① ［美］戴安娜·M. 迪尼托：《社会福利：政治与公共政策》（第七版），杨伟民译，中国人民大学出版社 2016 年版，第 338 页。

② 赵林，［日］多田罗浩三，桂世勋：《日本如何应对超高龄社会：医疗保健·社会保障对策》，知识产权出版社 2014 年版，第 57-59 页。

犯罪的深渊。在此方面，法律对不良文化有着很好的遏制作用。法律通过对犯罪后果的处罚，对社会中的不良行为具有警示性作用。如《中华人民共和国治安管理处罚法》第 42 条明确规定有下列行为之一的，处五日以下拘留或者五百元以下罚款；情节较重的，处五日以上十日以下拘留，可以并处五百元以下罚款：写恐吓信或者以其他方法威胁他人人身安全的；公然侮辱他人或者捏造事实诽谤他人的；捏造事实诬告陷害他人，企图使他人受到刑事追究或者受到治安管理处罚的；对证人及其近亲属进行威胁、侮辱、殴打或者打击报复的；多次发送淫秽、侮辱、恐吓或者其他信息，干扰他人正常生活的；偷窥、偷拍、窃听、散布他人隐私的。

除了国家法之外，民间法对不良文化也能发挥一定的遏制作用。例如，根据四川民政厅印发的《关于建立健全村规民约（居民公约）"红黑榜"的通知》，"红榜"正向激励，利用文艺演出、道德讲堂、社交平台等途径广泛宣传"红榜"先进，依托道德银行、文明积分、利益挂钩等方式，激励争创先进、争做模范、争当典型。"黑榜"反向约束，采取组织学习、批评教育、及时提醒、结对帮助等方式规劝"黑榜"后进，借助不良档案记录、取消荣誉评选、降低村组福利等，督促其提高认识、转变思想、限期改正。①

第三节　法律转型与文化变迁良性互动的实践路径

一、正确理解中国传统文化对现代法的贡献与冲突

（一）中国传统文化对现代法的贡献

中国传统文化对现代法的思想观念的贡献主要包括以下几个方面。

---

① 李丹：《我省推行村规民约（居民公约）"红黑榜"制度》，《四川日报》2021 年 4 月 11 日。

1. 追求理想社会的"和谐"思维与当今法律秩序价值具有吻合性

独特的地理环境、文化传统和政治模式孕育了中国独特的法律文化。儒家认为"己所不欲，勿施于人"，主张以和为贵，而"无讼"也是司法的目的。中国传统的这种和谐文化不仅影响着政治、经济等方面的发展，也直接对现代法产生着深远的影响。"和谐是儒家天人宇宙观的基调。因为这个基调，儒家不把人与世界完全视为一种对立和冲突关系，也不把外界仅仅视为一个征服和宰治的对象，它强调的是一种融通亲和的关系。这种思想在今天工业成长过度、生态环境失调的社会，尤足发人梦醒，令人深思。"① "大自然中的无理性者，它们不依靠人的意志而独立存在，所以它们至多具有作为工具或手段用的价值，因此，我们称之为'物'。反之，有理性者，被称为'人'，这是因为人在本性上就是作为目的自身而存在，不能把他只当作'物'来看待。"② 钱穆先生曾明确指出："中国古人认为'人生'与'天命'最高贵最伟大处，便在于能把他们两者和合为一。……我以为'天人合一'观，是中国古代文化最古老最有贡献的一种主张。"③ 明代名臣海瑞曾指出："淳安县词讼繁多，大抵皆因风俗日薄，人心不古，惟己是私，见利则竞。"④ 上述内容说明中国传统文化中的和谐思想对人与自然和谐相处具有重要的启发意义。

2. 关注百姓疾苦的民本思想对现代法重视人的价值具有一定的贡献

中国古代思想家中很多都具有"重民"思想，孔子"仁学"体系的确立，标志着中国法律文化中民本理论的定型。荀子对于君民关系的论述对后世的影响较为深远，"传曰：'君者，舟也；庶人者，水也；水则载舟，水则覆舟'"⑤ 由此不难看出，荀子认为在进行国家治理的过程

---

① 张灏：《幽暗意识与民主传统》，四川教育出版社2013年版，第111-112页。
② 参见［德］康德：《道德的形而上学基础》，载于周辅成编《西方伦理学名著选集》，商务印书馆1987年版，第371页。
③ 钱穆：《中国文化对人类未来可有的贡献》，《中国文化》1991年第4期。转引自季羡林：《三十年河东，三十年河西》，当代中国出版社2006年版，第50页。
④ 海瑞：《海瑞集》（上册），中华书局1962年版，第114页。
⑤ 《法家著作选读》编辑部：《〈荀子〉选注》，人民出版社1976年版，第33-34页。

中不能忽视庶民的力量，这种舟水论也常为后世之人使用。东汉时期，"立官稷及学官。郡国曰学，县、道、邑、侯国曰校。校、学置经师一人。乡曰庠，聚曰序。序、庠置孝经师一人"①。

上述观念显示了传统文化重视民众的作用。吕怡维指出，自先秦至汉，直至董仲舒的"天人感应"思想为统治者接受，并逐渐成为后世历代王朝实施统治的指导理论，其中的民本思想脉络十分清晰，这种思想是以民本主义为主要表现形式，并以保障民众的生存权与发展权为核心内容，所以不能说中国传统文化当中没有人权概念。② 但也应当认识到，以上传统文化观念与当前以人民为中心的思想是有实质区别的。习近平总书记指出，"坚持人民主体地位，必须坚持法治为了人民、依靠人民、造福人民、保护人民"③。根据习近平人民主体思想，现阶段坚持人民主体地位具有新的内涵和意义，主要体现在三方面：首先，为中国社会发展提供正确的方向指引；其次，为人民群众日常行为提供价值遵循；最后，毫不动摇地坚持中国特色社会主义制度。④

在传统的民本思想之中，民本与君本始终紧密相连，民本意在尊君；"以人民为中心"不仅是身份与话语的变化，更是指民与官不再是对立的关系，而是共同进行国家管理、社会治理的统一体。⑤ 习近平总书记明确指出，"坚持群众路线，就是要坚持人民是决定我们前途命运的根本力量。坚持人民主体地位，充分调动人民积极性，始终是我们党立于不败之地的强大根基"⑥。

3. 倡导诚信的道德原则对民法原则的实践具有一定价值

诚实守信是当今我国民法的基本原则。诚信，自古以来就是普遍倡导的一个道德原则，"诚者，开心见诚，无所隐伏也；信者，诚实不欺，

---

① 班固：《汉书》，中华书局2007年版，第91页。
② 吕怡维：《"以民为本"思想的人权属性》，《西南民族大学学报》（人文社科版）2019年第9期。
③ 《习近平谈治国理政》（第二卷），外文出版社2017年版，第115页。
④ 参见陶日贵，田启波：《习近平人民主体思想研究：主体地位、主体作用、主体利益》，《贵州社会科学》2017年第7期。
⑤ 吴海江，徐伟轩：《"以人民为中心"思想对传统民本思想的传承与超越》，《毛泽东邓小平理论研究》2018年第7期。
⑥ 《习近平谈治国理政》（第一卷），外文出版社2014年版，第27页。

信而有征也"。孟子曰："思诚者，人之道也。"诚实既是为人之道，也是一切行为的基础。

4. 中庸思想对法律协商机制具有一定的贡献

中国传统文化中的中庸思想对现代法治建设有着重要的启示性意义，"理想的官员，尤其是郡县一级常常更多地被视为调停者，而非法官，因为他在这些情况下的任务是消除或减少两个或更多争端家庭的冲突，而非费尽心思确定手头的争端孰对孰错"①。"像调解这样的解决纠纷的传统方法，尽管并不完美，但仍然具有很多优点。冲突双方都保存了面子，充分参与了整个过程，并达成了终局性的解决方案。这个过程通常比正式的方法更快捷和更方便，它允许更适合特定情境的正义，并恢复了社会和谐，冲突的双方也都感到他们各自得到了想得到的东西。"② 以上内容说明中庸思想对于现实中法律的协商调解机制建设具有重要的意义。

5. 亲伦传统为法律的人文关怀做出了重要贡献

传统的儒家文化将每个人塑造为血缘链条上的环节，婚姻、生育与血缘都得到了应有的重视，在国家体制下，整个社会均具有泛家主义的特征，从一定角度来看，社会中人与人之间都具有亲属关系。③ 王岐山同志曾说："中华传统文化是伦理文化、责任文化，为国尽忠、在家尽孝，天经地义。中华传统文化的核心就是'八德'：孝悌忠信礼义廉耻。这些就是中华文化的 DNA，渗透到中华民族每一个子孙的骨髓里。""要发挥礼序家规、乡规民约的教化作用，为全面推进依法治国提供历史智慧和文化营养。"④ 孔子云："父为子隐，子为父隐，直在其中矣。"（《论语·子路》）经汉律明文规定"亲亲得相首匿"，唐律确定为"同居相为隐"。这一原则至今仍有影响，比如我国新颁行的《民法典》第1043条规定，

---

① ［美］罗思文，安乐哲：《生民之本——〈孝经的哲学诠释及英译〉》，何金俐译，北京大学出版社2010年版，第35页。

② Peerenboom R P. What's Wrong with Chinese Rights?: Toward a Theory of Rights with Chinese Characteristics. *Harv. Hum. Rts. J.*，1993（6）.

③ 李拥军：《中国法治主体性的文化向度》，《中国法学》2018年第5期。

④ 王岐山：《坚持党的领导依规管党治党为全面推进依法治国提供根本保证》，《人民日报》2014年11月3日。

家庭应当树立优良家风,弘扬家庭美德,重视家庭文明建设。夫妻应当互相忠实,互相尊重,互相关爱;家庭成员应当敬老爱幼,互相帮助,维护平等、和睦、文明的婚姻家庭关系。这显然是对亲伦传统的法律确认,要体现这一传统伦理文化的现实价值。

6. 传统文化有利于优化社会治理方式

中国传统文化为优化社会治理方式提供了更多的可能性。习近平总书记明确指出:"推进国家治理体系和治理能力现代化,要大力培育和弘扬社会主义核心价值体系和核心价值观,加快构建充分反映中国特色、民族特性、时代特征的价值体系。"[1] 以苗族"古老话"的法律文化价值为例,苗族"古老话"在《离骚》《老子》《淮南子》等古代典籍中早有记载,是武陵山区流传数千年的苗族长篇神话史诗。每当苗族民间举行祭祀仪式、婚丧嫁娶、建房造桥等重大典礼,长者理老都要诵讲"古老话"。"古老话"传承了优秀的民族文化精神,一定程度上降低了民族地区宪法和法律实施的成本,有利于社会和谐与进步。正如学者所说,"无须国家强制力推行而要得到社会广泛遵守的软法,必须是社会成员有广泛精神认同、利益认同、方式认同以及与社会守法意识相适应的软法,这需要充分创造、挖掘和运用软法实施的各种引导性资源"[2]。

(二)中国传统文化与现代法的冲突

1. 整体至上观念与独立法律人格的冲突

无论是整体至上的观念,还是独立法律人格,均应放置在法律文化的框架内予以审视。整体至上观念与独立法律人格的冲突,具体表现为在传统的儒家或者是法家思想中,个人权利被放置在很低的地位上,过于强调公权至上,而对于私人之间的权益纠纷,在统治者眼中不过是细

---

[1] 习近平:《坚定制度自信不是要固步自封》,新华网 2014 年 2 月 17 日,http://www.xinhuanet.com/politics/2014-02/17/c_119373758.htm。
[2] 方世荣:《论公法领域中"软法"实施的资源保障》,《法商研究》2013 年第 3 期。

枝末节，不足以引起较高的重视。① 中国传统法律一直以集团为本位，表现在西周以前是氏族（部族），西周时期是宗族，秦汉至清末是家族和建立在家族之上的国家。② 现代法律的另一个根本精神是人人平等。在法律上，人们不分民族、种族、身份、血缘、财产、家庭、教育、信仰、职业的差别，一律平等地享有权利、承担义务，做到法律面前人人平等。这些都是传统中国的伦理和伦理化的法律所根本排斥的。③ 在现代的法律规定中，整体至上观念与独立法律人格的冲突依然存在，以《著作权法》（修改草案）为例，其中的第46条规定，录音制品首次出版3个月后，其他录音制作者可以依照本法第48条规定的条件，不经著作权人许可，使用其音乐作品制作录音制品。这一规定被认为是在鼓励盗版，引起了较大的争议，相似的情况也在之前的修法中出现，实际上体现的是集体主义与个人主义文化的冲突。④

2. 等级有序观念与法平等观念的冲突

先秦儒家较为注重家族人伦，通常将宗法伦常作为处理人际关系的重要标尺，并认为君权是父权的延伸。但这种思想主张过于强调宗法与等级，与现代法治中所追求的平等精神相冲突。⑤ 荀子同样有"重义轻利"的观念，并认为"保利弃义谓之至贼"⑥。不可否认的是，这种义利观念之中具有明显的义务本位，在强调人民需要履行的具体义务时，忽视了他们可以享有的权利，这种义务与权利的不对等也是传统文化与现代法治建设相冲突的一面。

社会学家费孝通先生在研究中国乡村结构时提出了差序格局的概念，即"每一家以自己的地位作为中心，周围划出一个圈子，这个圈子的大小要依着中心势力的厚薄而定"，"好像把一块石头丢在水面上所发生的

---

① 张晋藩，焦利：《传统法律文化与现代法治理念的冲突与互动》，《新视野》2003年第5期。
② 张中秋：《中西法律文化比较研究》，南京大学出版社1991年版，第136页。
③ 张中秋：《中西法律文化比较研究》，南京大学出版社1991年版，第145页。
④ 夏扬：《著作权法修改中的文化冲突》，《中国出版》2012年第18期。
⑤ 范高社，高阳：《先秦儒家文化与现代法治精神的契合与冲突》，《西安交通大学学报》（社会科学版）2013年第4期。
⑥ 《荀子》，熊公哲注译，重庆出版社2009年版，第22页。

一圈圈推出去的波纹。每个人都是他社会影响所推出去的圈子的中心。被圈子的波纹所推及的就发生联系。每个人在某一时间某一地点所动用的圈子是不一定相同的"①。这样一来，每个人都有一个以自己为中心的圈子，同时又从属于以优于自己的人为中心的圈子。

  以上差序格局的形成因素有：血缘、地缘、经济水平、政治地位和知识文化水平。圈子的大小和上述因素的大小强弱是成正比的。差序格局的特点包括自我主义。在这种关系格局中，自己总是这种关系的中心，一切价值是以"己"作为中心的。费孝通先生曾经指出，"孔子最注重的就是水纹波浪向外扩张的'推'字。他先承认一个己，推己及人的己，对于这己，得加以克服于礼，克己就是修身。顺着这同心圆的伦常，就可向外推了。'本立而道生'，'其为人也孝悌，而好犯上者鲜矣，不好犯上而好作乱者，未之有也。'从己到家，由家到国，由国到天下，是一条通路。《中庸》里把五伦作为'天下之达道'。因为在这种社会结构里，从己到天下是一圈一圈推出去的，所以孟子说他'善推而已矣'"②。

  公私群己有相对性。在这种格局中，站在任何一圈中，向内看可以说是公，是群；向外看就可以说是私，是己。两者无清楚的界限。杜正胜曾指出，"社会学家费孝通在《乡土中国》一书中提出'差序格局'来说明传统社会结构的特色，这是近人讨论此一问题最深刻、最贴切的概念，然而只是五服服纪的现代版而已。传统社会的族群每个人都是一个圆心，从此圆心出发，画成多层的同心圆，别人和自己的亲属关系便依相互的亲疏散布在不同的圆圈上，愈亲者愈靠近圆心，愈疏者愈远，终至于落在最外圈的同心圆之外，便是路人。这些同心圆用传统术语说即是'五服'"③。

  特殊主义伦理与现代道德观念并不相符。中国的道德和法律都得看所施加的对象与自己的关系而加以程度上的伸缩，一切普遍的标准并不发生作用。在差序格局中的"爱有差等"，其实不只是一种行动取向，更属于道德准则，而费孝通先生将其称之为"维系着私人的道德"，同时这

---

  ① 费孝通：《乡土中国》，上海人民出版社2006年版，第21页。
  ② 费孝通：《费孝通全集》（第六卷），内蒙古人民出版社2009年版，第128-129页。
  ③ 杜正胜：《从五服论传统的族群结构及其伦理》，《中华文化的过去现在和未来——中华书局成立八十周年纪念论文集》，中华书局1992年版，第256-275页。

也是差序格局的本质特征。① 维持秩序时所使用的力量，不是法律，而是人际关系的历史传统。这是一种包含着非民主的同意权力及教化权力等复杂内容的权力结构，与当今法治倡导的平等自由及权利观念是存在冲突的。

3. 人治观念与法治观念的冲突

人治与法治的区别包括多方面，主要是法律地位不同。人治是建立在专政基础上的，特点是君主专政，体现的原则是权力对法律的控制；法治是建立在民主基础上的，具有民主的特点，是指在某一社会中，法律具有高于权力的地位。包括制订者和执行者本身在内的任何人都必须遵守。政府（特别是行政机关）的行为必须是法律许可的，而这些法律本身是经过某一特定程序产生的。即法律是社会最高的规则，没有任何人或机构可以凌驾于法律之上。如果在社会冲突之中坚持人治主义，则法律常常会被束之高阁或陷入形同虚设的地位，经常会出现诸如有法可依却有法不依、执法不严、违法不究等现象，如果这些异化特性被广泛运用于治国理政的实践中，则会损害公民以及国家的根本利益。而法治的回归，才能构建起治理社会冲突的最佳路径。② 亚里士多德指出，"凡是不凭感情因素治事的统治者总比感情用事的人们较为优良。法律恰正是全没有感情的"③，"常人既不能完全消除兽欲，虽最好的人们（贤良）也未免有热忱，这就往往在执政的时候引起偏向。法律恰恰正是免除一切情欲影响的神祇和理智的体现"④。邓小平也明确强调："为了保障人民民主，必须加强法制。必须使民主制度化、法律化，使这种制度和法律不因领导人的改变而改变，不因领导人的看法和注意力的改变而改变。"⑤

4. 身份文化与契约文化的冲突

身份文化，即注重出身、种族等身份来源的文化观念，并进而形成

---

① 周飞舟：《慈孝一体：论差序格局的"核心层"》，《学海》2019年第2期。
② 胡锐军，杨卡：《人治祛魅与法治返魅：社会冲突治理的二维路径》，《行政论坛》2016年第1期。
③ ［古希腊］亚里士多德：《政治学》，吴寿彭译，商务印书馆1965年版，第163页。
④ ［古希腊］亚里士多德：《政治学》，吴寿彭译，商务印书馆1965年版，第169页。
⑤ 《邓小平文选》（第2卷），人民出版社1994年版，第146页。

社会偏见或者刻板、固化的印象和评价。正如查尔斯·蒂利所说：身份是一组有力的社会安排，在这种安排里，人们建构有关他们是谁、他们如何联系和对他们发生了什么的共享故事。这些故事范围涉及从小规模的原谅、解释和道歉的生产——做错事的时候——到大规模的和平建设与全国性历史的生产。"①阿马蒂亚·森也曾明确指出："我可以同时是亚洲人、印度公民、有着孟加拉历史的孟加拉人、居住在美国或英国的人、经济学家、业余哲学家、作家、梵语学者、坚信现世主义和民主的人、男人、女权主义者、身为异性恋者但同时维护同性恋权利的人、有着印度教背景但过着世俗生活的人、非婆罗门、不相信来生的人（如果有人想知道的话，也不相信前世）。而这些只是我可以同时属于的许多群体的一小部分——当然，根据具体情形，我还可以加入许多其他我感兴趣的群体。"②公民身份从理论上来说应该是平等的，但现实中却面临着诸多的不平等甚至是严重的不平等，而这种不平等恰恰也是政府在法律制定过程中努力克服与消除的。③托马斯·雅诺斯基、布雷恩·格兰对公民身份的界定是："个人在一民族-国家中所拥有的、在特定的平等水平上具有一定普遍性权利和义务的被动和主动的成员身份。"④

　　契约文化则注重意识自治、社会平等和自由竞争文化。中国古代的契约文化源远流长，正如记载中所言，"上古结绳而治，后世圣人易之以书契，百官以治，万民以察"⑤。这反映的是不同时期人们对社会生活采取的差异化的记录方式，随之也开启了契约的发展史。中国古代契约对主体资格有所限制，其中主要体现在两方面：一方面是对官员及其家人，另一方面是对同居卑幼。这与中国古代的吏治文化、家族一体观念等文

---

① [美]查尔斯·蒂利：《身份、边界与社会联系》，谢岳译，上海世纪出版集团2008年版，第221页。

② [印]阿马蒂亚·森：《身份与暴力——命运的幻象》，李风华译，中国人民大学出版社2009年版，第17页。

③ 商红日：《社会冲突的深层根源及其政治哲学思考》，《上海师范大学学报》（哲学社会科学版）2011年第6期。

④ 恩靳·伊辛，布雷恩·特纳：《公民权研究手册》，王小章译，浙江人民出版社2007年版，第17页。

⑤ 高亨：《周易大传今注》，齐鲁书社1979年版，第567页。

化观念密不可分。① 而与西方所指的契约精神不同，古代中国对契约的理解不仅在物品交换过程中需要被认同和遵守，更是指在社会之治中，也需要被广泛地认同与遵守，古代中国对契约含义的理解远远超过西方的契约概念。② 正如记载中所言，"朝廷有法律，乡党有条禁，法律维持天下，禁条严束一方"③。而西方对契约观念的理解更侧重于对交换所有物双方权利的约定与保护。正如英国历史学家梅因所言："人类所有的社会进步运动，到目前为止，是一个'从身份到契约'的运动。"④"正是通过契约，个人才能获得最充分的机会发扬他个人才干和使用他的财产，契约是扩大个人资源利用方面自行处理权的范围的主要法律手段。"⑤

5. 人情意识与公正意识的冲突

我国特有的人情文化造就了人们之间的关系靠人情联系。我国传统的人情有其特定的含义，人情指"仁义之情"："仁"是普遍尊重他人、爱护他人之情；"义"是维护正道公理之情。先进的人情理念，应该是首先保全国家和公共利益，并在此基础上实现个人权利的理念。这也是人情文化的真正内涵。但很多时候传统的人情文化演变成了按照亲疏远近排列私利和小集团利益，人情文化原来的内涵已变异，就会与公平存在冲突，如农村人情礼俗文化对选举公正的影响，形成非正当的参与。

二、践行法律转型与文化变迁良性互动的实践策略

（一）完善我国法律转型的经济基础

市场经济与法治、独立人格、平等等具有密切联系，完善我国的社

---

① 张姗姗：《中国古代契约主体资格的限制及其文化分析》，《河北法学》2011年第10期。
② 康兆庆，苏守波：《中国传统文化中的契约精神——基于关系契约论的视角》，《管子学刊》2016年第3期。
③ ［日］寺田浩明：《权利与冤抑：寺田浩明中国法史论集》，王亚新等译，清华大学出版社2012年版，第156页。
④ ［英］梅因：《古代法》，沈景一译，商务印书馆1959年版，第97页。
⑤ ［美］伯纳德·施瓦茨：《美国法律史》，王军、洪德、杨静辉译，中国政法大学出版社1989年版，第23页。

会主义市场经济能够对传统落后的法律文化形成有力的冲击。中国传统法文化之中的理念、制度与现代法治是密不可分的，只有在理解中国法传统文化的前提下，才能进一步理解中国现代法治的现状与未来的发展走向。这种走向必须以我国的现实经济制度为基础。① 习近平指出，"中国特色社会主义是社会主义而不是其他什么主义，科学社会主义基本原则不能丢，丢了就不是社会主义"②。而发展完善中国特色社会主义市场经济是中国特色社会主义的重要体现。中国特色社会主义市场经济在长时间的发展过程中已经寻找到了适合自身发展的规律与方向，但是不能就此止步，需要不断发展创新，继续将马克思主义经济理论延续下去。③发展完善中国特色社会主义市场经济就是要坚持以公有制为主体、多种所有制并存，这是我国法律文化发展的基本经济基础。

（二）培育现代法文化，实现法文化的转变

法律文化具有丰富的内容，基于某些传统法律文化的落后性特点，应加快培育现代法文化，例如契约文化的培育与应用。在现代政府管理中，应将契约文化融入其中，改变科层制的行政命令文化，尤其是在吸纳社会资源促进法治发展中，真正体现政府与社会主体之间的平等、协商与自治的契约文化。因此，《中共中央关于全面推进依法治国若干重大问题的决定》将"弘扬中华优秀传统文化，增强法治的道德底蕴，强化规则意识，倡导契约精神，弘扬公序良俗"作为全社会树立法治意识的重要内容。④ 与此同时，应该充分发挥中国优秀传统文化在依法治国中的重要价值，具体表现为以德治涵养法治，以法治保障德治，推动中国传统优秀文化中的有益经验更多地融入现代法治建设当中。⑤

---

① 齐延平，孟雯：《中国法文化传统与现代法治》，《法学杂志》2012年第8期。
② 习近平：《毫不动摇坚持和发展中国特色社会主义》，《人民日报》2013年1月6日。
③ 张玉明，纪虹宇，刘芃：《科学社会主义原则下中国特色社会主义市场经济对马克思理论的创新与发展》，《现代财经（天津财经大学学报）》2018年第12期。
④ 《中共中央关于全面推进依法治国若干重大问题的决定》辅导读本编写组：《中共中央关于全面推进依法治国若干重大问题的决定》（辅导读本），人民出版社2014年版，第28页。
⑤ 于语和，雷园园：《论中国传统法律文化在依法治国中的价值》，《北京理工大学学报》（社会科学版）2021年第4期。

（三）增强法的实效使优秀传统文化切实得到弘扬

目前我国已经在多方面形成了具有中国特色的法律制度与法律体系，对我国的社会经济发展起到了保驾护航的作用。但在对法律制度的实效上依然有提升的空间，在这一空间中，应使传统的优秀法律文化得到弘扬。

在我国历来就有尊老敬老的传统。但是在现实生活中，虐待老人的现象时有发生。如果在生活中遭到虐待，切莫忘记寻求法律的保护。我国《老年人权益保障法》中明确规定："禁止歧视、侮辱、虐待或者遗弃老年人。"虐待老年人是犯罪的行为。虐待罪是指对共同生活在一起的家庭成员，经常在肉体上和精神上进行摧残迫害，情节恶劣的犯罪行为。虐待罪具有以下特点：必须是共同生活的家庭成员，包括父母、祖父母、子女（亲生子女、继子女、养子女）、公婆、儿媳、兄弟姐妹等；必须是加害人故意的虐待行为。虐待方式主要有：肉体折磨，如捆绑、殴打、冻饿；精神摧残，如侮辱、谩骂、讥讽以及限制人身自由、禁闭等；虐待行为是恶劣的、长期的、一贯的。如果只是偶尔打架、吵骂，或者态度粗暴等不能视为虐待行为，不构成虐待罪，但也应予以批评教育，向老人赔礼道歉。这并不是说，不构成犯罪，就不能对其进行任何处罚。如果其虐待行为违反了《治安管理处罚条例》的规定，则可以对行为人进行相应的治安管理处罚，如拘留、罚款、警告等。

《刑法》第260条规定："虐待家庭成员，情节恶劣的，处二年以下有期徒刑、拘役或者管制。犯前款罪，致使被害人重伤、死亡的，处二年以上七年以下有期徒刑。第一款罪，告诉的才处理。"这里提醒老年朋友们注意，追究行为人虐待家庭成员的刑事责任的案件，属于刑事自诉案件，犯虐待罪引起被害人重伤、死亡的，由人民检察院向法院提起诉讼；没有引起重伤、死亡的，需被害人提起自诉，法院才受理。也就是说被害人只有向司法机关告发、起诉，司法机关才会对此类案件进行处理。如果被害人因受强制、威吓无法告诉的，人民检察院和被害人的近亲属也可以告诉。

法律的实施要加强行政与司法部门的作用，同时也要强调体现优秀传统文化的政策及非正式法律制度的协同作用。在此方面，我国有的地方已进行了初步的探索和实践，并取得了一定的成效，如，在沂蒙山区一些村委会大院里，可看到乡规民约性质"孝心家庭养老基金"公示榜，这是当地为防止村中老人因无法从子女手中获得每月基本生活费而采取的新举措。公示榜上写着，村里70岁以上的老人及其子女的姓名，在子女姓名后一栏标注着每人60元到150元不等的孝心基金认缴明细。子女每缴纳100元，政府补贴20元，一并存入基金账户。每个月村委会都会亲自将子女的孝心费送到每户老人手中。

对以上做法，一些人觉得这种制度纯属多余，难以合理合法，但也有认为值得称赞，可加以推广。虽然存在争议，这种做法的合理性、合法性也有待进一步探索，但可以肯定的是，在当今乡村社会，这种尝试的积极意义是不能否定的。

▲ 思考题

1. 如何看待文化的含义及我国近年来文化的发展？
2. 文化与法存在怎样的相互影响关系？
3. 试论法律转型与文化变迁良性互动的实践路径。
4. 如何看待契约文化积极意义与实践中的不足？
5. 如何正确理解中国传统文化对现代法发展的贡献与其冲突？

▲ 阅读推荐

1. 马鑫：《民族文化多样性与民族发展》，云南大学出版社2017年版。
2. 梁漱溟：《东西文化及其哲学》，商务印书馆2011年版。
3. ［美］查尔斯·蒂利：《身份、边界与社会联系》，谢岳译，上海世纪出版集团2008年版。
4. ［印］阿马蒂亚·森：《身份与暴力——命运的幻象》，李风华译，中国人民大学出版社2009年版。
5. 刘作翔：《法律文化理论》，商务印书馆1999年版。
6. ［美］戴安娜·M.迪尼托：《社会福利：政治与公共政策》（第七版），杨伟民译，中国人民大学出版社2016年版。

第五章
法律创新与道德进步

  法律和道德都具有规范社会行为、调节社会关系、维护社会秩序的作用,在国家治理中都有其地位和功能。法律与道德相互联系,法治和德治不可分离、不可偏废,国家治理需要法律和道德协同发力。法律与道德又相互区别,实践中二者不可相互取代,法律不可道德化。法律比道德更加成熟化和定型化,法律应尽可能建立在道德基础上,使道德法律化。我国应在特定文化与制度环境下理解人的道德,坚持马克思主义的道德观念,注重法律创新,避免法律的滞后性,以德化律和依法彰德两翼有机统一,不断促进道德进步。

第一节　道德的含义及相关基本问题

一、道德的含义

道德是人们共同生活及其行为的准则和规范。道德通过社会的或一定阶级的舆论对社会生活起约束作用，是调整社会关系的主要方式同时也是一种社会规范。具体分为以下三个层次。

（一）道德价值

据汉语词典解释，道德价值是指个人和集体的行为、品质对于他人和社会所具有的道德上的意义。无产阶级的道德价值观集中体现在符合社会主义、共产主义道德原则的行为之中，尤其体现在为维护社会利益而做出的牺牲精神上。一般认为，道德价值通常用"善""正义""光荣""美"等概念做出评价。即善、美、正义、光荣、公正等内容，这是道德中最高层次的内容，这也是评价人们意愿和行为的最高标准。[1] 根据马克思主义关于道德本质的观点，人们的行为、品质必然对社会生活产生一定的影响，因此社会才要借助于评定道德的价值来调整人们的道德关系，向人们提出一定的道德要求和应当履行的道德义务。人们的行为对一定社会、一定阶级提出的道德要求，大体表现为符合、部分符合和不符合三种情况。一般来说，符合的即善的，不符合的即恶的。由此显示出人们的行为所具有的道德价值。不同的社会和阶级具有不同的道德价值观，无产阶级的道德价值观集中体现为主体者的行为符合社会主义、共产主义道德原则，尤其体现在为维护社会利益而做出的牺牲精神。[2]

---

[1]　朱贻庭：《伦理学大辞典》，上海辞书出版社2002年版，第21页。
[2]　徐少锦，温克勤：《伦理百科辞典》，中国广播电视出版社1999年版，第1066页。

（二）道德原则

这是仅次于价值的评价标准，它体现价值内容，但又更具体化。它是一定社会或阶级用以调整个人与他人、个人与集体和个人与社会整体之间利益关系的根本指导原则，是一定社会或一定阶级的人们在社会关系的一切领域中应该普遍遵循的准则①，亦用作评价人们行为的是非、荣辱、正邪、善恶的根本标准。它是各种道德体系相互区别的基本标志。一定社会或阶级的道德原则，是对一定社会或阶级的道德关系的本质概括，最直接、最集中地反映社会经济关系和阶级利益的根本要求，表现了道德的社会本质和人们行为整体的基本方向，规定着各种道德关系的基本类型；是对一定社会或阶级的道德关系的本质概括，最集中地反映了社会经济关系和阶级利益的根本要求，表现了道德的社会本质和人们行为的基本方向。在中国，通常认为社会主义、共产主义道德体系中的道德原则是集体主义。②

（三）道德规则

这是评价人们行为和内心活动的最直接标准，它又是原则的具体化。道德规则通常明确具体，是解决具体问题的直接依据，例如《高等学校师德规范》《中小学生行为守则》等。根据黑格尔的观点，道德规则主要体现以具体伦理规则，这种规则又以具体权利与义务体现出来。③

二、有关道德的几个基本问题

（一）道德与伦理的关系问题

古希腊时期，"伦理"与"道德"就已有区别，黑格尔更将两者"严格分开"；而早在黑格尔前两千多年，中国古代思想家就有"伦理"（"人

---

① 金炳华：《马克思主义哲学大辞典》，上海辞书出版社2003年版，第654-655页。
② 金炳华：《马克思主义哲学大辞典》，上海辞书出版社2003年版，第654-655页。
③ ［德］黑格尔：《法哲学原理》，杨东柱、尹建军、王哲编译，北京出版社2007年版，第79页。

伦")与"道德"这两个用词。"伦理"是既亲亲又尊尊的客观人际"关系","道德"是由"伦理"关系所规定的角色个体的义务,并通过修养内化为德性。"伦理"正则道德兴,"伦理"乱则道德衰,所谓"道德失范",原因正在于"伦理失序"。① 古希腊之后,在西方伦理思想史上将"道德"与"伦理"做了区别,最具代表性的就是黑格尔。黑格尔提出以下三点区别。

1. 伦理在形态上是具体的

黑格尔在《法哲学原理》中,将"自由"的"客观精神"发展过程归为"抽象法—道德—伦理"三个环节。在"抽象法"阶段,人的"自由"只是外在的、抽象的;在"道德"阶段,人才取得了自身的内在精神,确立了人的"主体性",即具有了对自由的自我意识,但这时人的主体性"自由"还不是现实的,因而必须进入"伦理"阶段。黑格尔认为,法和道德单就本身来说是没有现实性的,它们"必须以伦理的东西为其承担者和基础",才具有现实性。就是说,作为主观的内心自由意志的道德,既须以伦理为自身客观内容,又在客观伦理关系中成为现实的②,即道德通过伦理而具化实现。

2. 伦理影响更大

黑格尔认为,抽象的、形式的法是客观的,道德是主观的,只有"伦理"是主观与客观的统一,是现实的"实体"。"伦理"作为"实体",体现为三种形态,即家庭、市民社会和国家。"道德"正是在"伦理"实体中才获得了现实性的存在。③ 伦理是个人权利、道德自由的归宿,伦理是由理念发展的各个环节所构成,它表现为一种实体性与普遍性、客观

---

① 朱贻庭:《"伦理"与"道德"之辨——关于"再写中国伦理学"的一点思考》,《华东师范大学》(哲学社会科学版)2018年第1期。
② 朱贻庭:《"伦理"与"道德"之辨——关于"再写中国伦理学"的一点思考》,《华东师范大学》(哲学社会科学版)2018年第1期。
③ 朱贻庭:《"伦理"与"道德"之辨——关于"再写中国伦理学"的一点思考》,《华东师范大学》(哲学社会科学版)2018年第1期。

性的东西，而组成伦理的各个环节是人们生活中的伦理力量①，所以伦理影响更大。

3. 伦理以具体权利义务为内容

在黑格尔看来，道德主要与"应该"相联系，并展开于良心等形式中。伦理则涉及家庭、市民社会、国家等社会结构。道德本质上是人存在的方式，作为义务的具体承担者，人的存在有其多方面的维度，人伦或伦理关系也具有多重性。就日常的存在而言，人伦或伦理关系首先涉及家庭，黑格尔亦曾把家庭视为伦理的最基本的形式。②以家庭关系为例，一旦个体成为家庭人伦中的一员，必然应当承担这种伦理关系所规定的责任与义务，享有家庭成员权利。而在市民社会中，参与者既是从事私人活动的个体，又是按社会要求而行动的社会成员，必然受成员所在团体的规范约束而成为义务的主体，例如最基本的工匠协会。在与国家的关系上，黑格尔直接认为伦理的政治属性就是为国家服务。

以上区别大体合适，但二者常常难以具体分开，道德可涵盖伦理，伦理是道德中较为具体的部分。杨国荣认为，黑格尔将伦理放在更高的位置，伦理是法和道德的统一，这一论域中的伦理侧重与现实的关系，如家庭、市民社会、国家。不难看到，这两位哲学家分别突出了道德的现实性与理想性。在李泽厚老师看来，伦理与道德的区分是非常重要的。从世界范围看，在对康德研究中，忽视了康德所犯的一个很严重的错误，即康德把道德与伦理混在一起，因此他就没有区分它们一个是心理形式，一个是社会内容。③一般认为，康德的道德哲学更多是"道德"，是一种个体的行为、态度和心理状态，而黑格尔的"道德"实际上是更侧重于"伦理"，它是一种外在的规范，它讲的是人与家庭、社会、国家之间的规范、法制和秩序。

---

① ［德］黑格尔：《法哲学原理》，杨东柱、尹建军、王哲编译，北京出版社2007年版，第76页。
② 杨国荣：《伦理与义务》，《学术月刊》1999年第6期。
③ 李泽厚、杨国荣：《关于伦理学问题的对话：伦理道德与哲学》，《中华读书报》2014年6月18日。

(二) 道德相对主义

道德相对主义又称"道德流变主义",是20世纪以来在西方世界普遍流行的文化思潮。道德相对主义所秉持的主要观点是:所有的道德都是相对的,价值是主观化和个体化的,道德是个人的私事,每个人自主的价值选择都具有正当性等。在道德相对主义看来,人们可以各自信奉不同的道德理想,选择不同的道德价值,遵循不同的道德规范,社会生活中的道德价值和道德规范只具有主观性和相对性,不存在客观的、普遍的和统一的道德价值和道德规范,在道德价值的不同层次之间,没有高低、优劣或好坏之分;当人们面对道德选择时,究竟遵循何种道德价值和道德规范,往往取决于人们对所处境遇的直观判断,个人特殊的、主观的喜好,甚至个人的情感起着重要的作用。从伦理学和道德哲学的角度看,道德相对主义是对抽象性的和教条式的道德普遍主义思想传统的反叛。道德相对主义认识到了社会道德生活的复杂性和变动性,主张从实际生活境遇出发做出道德判断,尊重个体自主的道德选择和道德权利。[①] 道德相对主义对于创新制度具有一定的积极作用,但如果走向极端,一味地以自我自由为中心则会陷入虚无主义,对传统习惯和文化的消解力以及现行社会规则的破坏力显然易见,如为法西斯辩护的新康德主义。

(三) 道德绝对主义

道德绝对主义是一种理论或信仰,相信存在着判断道德伦理问题的绝对标准,而且并不受社会或者场合的影响。依据道德绝对主义,道德内存于普世规律、人类天性和其他基础来源之内。道德绝对主义经常被简单地类型化为类似的语句:对的就是对的,错的就是错的。

现代人权理论通常建立在人性的自然本原和人的天然本质之上。约翰·罗尔斯在他的《正义论》一书中就建构了这样一个理论。很多宗教持有道德绝对主义立场,相信道德体系是由神或者众神所设定的。他们相信这样的一个道德系统是绝对的,通常是完美的和不可更改的。客观

---

① 孙春晨:《犬儒主义病态道德文化剖析》,《伦理学研究》2017年第1期。

主义哲学也站在道德绝对主义的立场上，认为道德律令与自然规律一样是内在于宇宙之中的。绝对主义试图建构一个道德的普遍价值或者个体的道德标准，就像基督教、佛教等宗教都是有自身的一个道德评价价值体系的存在，这种道德体系便是基督教、佛教等宗教道德的绝对主义之"指导思想"。①

我国应在特定文化与制度环境下理解人的道德。道德相对主义和道德普遍主义都有其合理性的一面，我们承认道德具有相对性与绝对性，但是过分夸大其中任何一个方面，都会走向极端，给人们的道德生活带来混乱。道德具有历史性和阶级性，永恒的道德、超阶级的道德是没有的。道德是建立在一定经济基础上的，对社会发展具有能动作用，或起促进作用，或起阻碍作用。我们应坚持马克思主义的道德观念，并不断促进道德进步。

第二节　法律与道德关系的一般理论

一、法律与道德关系的认识分歧

（一）规范法学派的观点

规范法学派是现代资产阶级法学流派中的主要派别之一，产生于19世纪末20世纪初，以英国奥斯丁的分析法学和实证主义、新康德主义哲学为基础，发展成为种种不同的规范法学流派，其中以纯粹法学派为主要代表。纯粹法学派的创始人为美籍奥地利人汉斯·凯尔森。凯尔森在维也纳大学法学院执教时，开始提出和传播这种学说，因此该学说又被称为"维也纳法学派"，流行于欧洲。1940年凯尔森移居美国，任哈佛大学、加利福尼亚大学教授，这一学说又在美国乃至世界各地流传。② 在纯

---

① 杨胜良：《恩格斯对道德绝对主义的批判——兼论"普世价值"》，《道德与文明》2011年第6期。

② 王威：《规范法学派理论浅析》，《现代法学》1981年第1期。

粹的规范法学派看来,作为规范分析对象的制度事实被严格限定在国家实在法范围之内。凯尔森认为,实在法是一种关于主观世界而非客观世界的制度要求,其要素是法律规则或规范,纯粹法学的首要任务就是分析这种要素的结构。[①] 在法律研究方法上,只从逻辑形式上去分析法律,无须做任何政治、道德或正义的评判。他认为道德不是法学的任务,法律规范是一个有等级的结构体系,低一级的法律要服从高一级的法律,最终都要服从设定的基本规范。

(二)经济法学家的观点

经济法学家主张运用经济学的理论和方法分析、评论法律制度和法律活动、朝着实现最大经济效益的目标改革法律制度。其最响亮的口号是效益极大化,经济分析法学家们把微观经济学的一些概念、原理引入法学领域,试图以"成本""市场""交换""价格"等解释法律行为,并进而期望以效益极大化的思路改革传统的法律制度。科斯所阐明的科斯定理是所有经济分析法学家进行经济分析的理论基础,而波斯纳经济法学是科斯定理运用的最典型表现。20世纪70年代,波斯纳出版了他的著作《法律的经济分析》之后,人们开始用"法律的经济分析"来表示这种新的法学流派。波斯纳是公认的经济分析法学的代表人物。经济分析法学主张"实质正义",而排除对具体案件的道德考虑。它把权利义务的分配作为扩大社会财富的一种手段。在法律权利的分配中,如果没有一个人的情况变坏且有更多人的境况变好,就在更高层次上实现了社会正义。法律经济学家宣称"理性人"的假定同样是法律制度创设的那个权利市场上决策者的主要特征。一种行为可能是反社会的、不合理的,但却可能是经过理性计算的。[②] 这对犯罪预防和刑罚的执行均有决策层面的积极意义。

(三)自然法学派的观点

自然法学派是西方古老的法律学派之一。该学派从形而上学的哲学

---

① 谈萧:《规范法学的方法构成及适用范围》,《法律科学(西北政法大学学报)》2012年第4期。

② 谢丹:《经济分析法学派述评》,《江西社会科学》2003年第5期。

思维出发，假定自然界存在一种先于人类经验的、至上的、永恒的法则，成为人类法律的起源和基础。人类法律只能与自然法则的要求相一致并受到它的检验。自然法学派的学术思想经历了自古至今的西方全部历史阶段，它起源于古希腊，发展于古罗马时期、中世纪，极盛于欧美资产阶级革命初期，至今已成为西方人的立法运动的理论基础，并渗透到几乎每一项实体司法活动中。该学派还把自然正义、理性、和谐作为法制的最高原则。① 自然法学派一般认为，法律及其观念应当与人们的价值观念、道德观念相一致，自然法是人类寻求正义之绝对标准的结果。自然法学家主张法律及其观念应当与人们的价值观念、道德观念相一致，自然法是人类寻求正义之绝对标准的结果。

二、法律与道德的联系

法律是最底线的道德。法律与道德有相同的阶级本质，同属于上层建筑范畴，都是为一定的经济基础服务。道德为法律提供思想指引和价值基础，法律为道德提供制度保障。它们是两种重要的社会调控手段。"法律是成文的道德，道德是内心的法律。法律和道德都具有规范社会行为、调节社会关系、维护社会秩序的作用，在国家治理中都有其地位和功能。法安天下，德润人心。法律有效实施有赖于道德支持，道德践行也离不开法律约束。法治和德治不可分离、不可偏废，国家治理需要法律和道德协同发力。以法治承载道德理念，道德才有可靠制度支撑。法律是底线的道德，也是道德的保障。"② 两者相辅相成、相互促进、相得益彰。

（一）互相渗透

道德是法律的基础和灵魂，法谚说道德是最基本的法律，并无不妥。而且道德往往成为法律的理论基础，为解决法律问题提供着丰富的素材。所以，法律贯穿道德的精神，道德从价值上指引法律。法律的很多规范

---

① 黄明安：《自然法学派述评》，《湖北中医学院学报》2002年第4期。
② 张帆：《法德结合开启国家治理新境界》，《中国社会科学报》2016年12月16日。

都是根据道德原则或规范制定的。而道德的许多内容又是从法律中汲取的。"引礼入律"①或"从律到德"体现的就是相互渗透的途径，道德规范作为社会自律的内容，可以转化为法律规范的社会他律的内容，而随着法治的加强和人们法律意识的提高，法律规范中的他律机制，也会逐步内化为人们道德自律的机制。

（二）互相体现

在法律规章制度中，会存在一些道德条款，同样地，在道德规范中，也会有一些具有法律性质的条款。道德中的一些原则会被吸收为法律原则，俗称道德法律化，民事、家事法律规范中比较常见。例如，我国新通过实施的《民法典》第一编总则第7条规定，民事主体从事民事活动，应当遵循诚信原则，秉持诚实，恪守承诺。第8条规定，民事主体从事民事活动，不得违反法律，不得违背公序良俗。第10条规定，处理民事纠纷，应当依照法律；法律没有规定的，可以适用习惯，但是不得违背公序良俗。又如，我国合同法规定，当事人订立、履行合同，应当遵循法律、行政法规，尊重社会公德，不得干扰社会经济秩序，损害社会公共利益，则直接宣示了民事法律行为遵守社会公德。美国著名自然法学派代表人物富勒在《法律的道德性》一书中从哲学和法学角度提出一个重要命题"道德使法律成为可能"，即法律道德化。②人们渴望良法，良法被信仰，"遵纪守法"内化为道德共识成为法律文化。

（三）互相保障

法律是道德的政治基础，道德是法律的精神支柱。《孟子·离娄上》有文"徒法不足以自行"，意谓治理国家必须把行善政与行法令结合起来，体现了法的局限性。这也就是说法律除了规范以外，要真正发挥法

---

① 房姗姗：《近20年来魏晋南北朝时期礼文化研究综述》，《鲁东大学学报》（哲学社会科学版）2006年第4期。

② 孟祥虎：《道德使法律成为可能——富勒〈法律的道德性〉研读札记》，《政法论坛》2020年第4期。

律作用，离不开主体的素质、法律体制、人们的法律意识等。[①] 那么"遵纪守法"这种道德义务就显得十分重要，道德保障法律的伦理方向的同时决定着法律的实施实效。所以依法治国与以德治国两个途径互为补充、互为保障，需要同步推进。道德对法的实施起促进作用，同时法必须以道德为价值基础。法律在实施的过程中有效地传播了道德，道德永远是法律的有益补充，同时道德在评价法律的同时也推动了法律的发展。[②]

（四）法律与道德联系的意义

法与道德的共性使它们之间互动频繁，联系紧密。法和道德历来是两种重要的社会调控手段，在人类社会的历史长河中此消彼长，只不过在不同的社会有不同的侧重，如，中国古代社会曾主张"德主刑辅"，而现代社会主张"德法并举"。法律与道德在共生性的基础上，相辅相成、相互促进、相互发展。

第一，以道德促进法律良善化，实施人性化。"恶法非法"观念一直为现代社会所认可，说明大多数人对"恶法之法"进行了扬弃。代表道德的"善"与"正义"成为普世遵循的价值，那么在立法、执法、司法等环节中都必须恪守正义、崇尚善治。道德观念是法律规范的重要来源。今天以人民为中心的民本、民生立法理念逐步形成，以人民为中心的治理理念转化为法律在执法活动、司法程序上已经有所体现。例如，今天我国现行《中华人民共和国刑事诉讼法》（以下简称《刑事诉讼法》）秉持的"审判中心主义"，公安机关贯彻的"以人民为中心的治安观""以人民为中心的国家总体安全观"等体现的人性化、良善化、以人为本的治理执法理念。

第二，以法律促进道德建设，使基本道德规范化，并倡导高尚道德，恢复正义道德。法律是最低限度的道德，道德虚无主义盛行、不良道德文化沉渣泛起、冲击人伦底线的事件层出不穷时，法律可以出场维护最基本的社会道德。自古以来，各个国家一般都把社会中基本的道德规范、

---

① 黄云明：《论孟子的立法伦理思想》，《河北大学学报》（哲学社会科学版）2008年第1期。

② 刘云林：《法律伦理的时代使命：为法治建设提供道德保障》，《道德与文明》2007年第4期。

重要的公序良俗，通过立法程序上升为法律。我国2013年新修订的《老年人权益保障法》，将子女"常回家看看"正式入法，体现了中华民族孝老爱亲的传统美德。① 再如，温岭幼儿园虐童事件发生后，《刑法修正案（十一）》对虐待罪的主体进行了扩充；为了加强对英雄烈士的保护，维护社会公共利益，传承和弘扬英雄烈士精神、爱国主义精神，培育和践行社会主义核心价值观②，扼制一些历史虚无主义者践踏社会主义文明如侮辱英烈、破坏革命遗址等行为，激发实现中华民族伟大复兴中国梦的强大精神力量，2018年4月27日，中华人民共和国第十三届全国人民代表大会常务委员会第二次会议通过《中华人民共和国英雄烈士保护法》，同时我国刑法修正案（十一）（草案），将侮辱、诽谤英雄烈士的行为明确规定为犯罪。草案规定，侮辱、诽谤英雄烈士，损害社会公共利益，情节严重的，处三年以下有期徒刑、拘役、管制或者剥夺政治权利。所以，法律对维护社会主义道德沿着文明方向前进起着基本保障和促进作用。

第三，法律与道德刚柔相济、协同作用，取得最佳社会效果。法律面前人人平等，法律有刚正不阿、铁面无私的一面，道德有出神入化、润物细无声、德化教化人心的一面，二者在社会关系、社会矛盾纠纷调解中有着互补作用。例如，我国汲取深厚东方文化基因的大调解工作格局被西方现代国家公认为"东方的智慧"，以"新时代枫桥经验"为蓝本的基层矛盾调处化解及社会稳定治理工作创新，以《人民调解法》《治安调解工作办法》等法律法规建构的中国特色纠纷解决法治体系融汇了中国传统道德原则、规则和群众工作方法，融德治与法治、情与法、自治与他律、党建引领与村规民约等多维协同治理③，以低成本、高效率的方式取得了良好的法律效果和社会治理效果。

我国现行《老年人权益保障法》第1条规定，为了保障老年人合法权益，发展老龄事业，弘扬中华民族敬老、养老、助老的美德，根据宪法，制定本法。第18条规定，家庭成员应当关心老年人的精神需求，不

---

① 《法安天下　德润人心》，《光明日报》2015年2月12日。
② 罗晓林，梁楹：《尊崇英烈：大学生思想政治教育的必修课内容》，《沈阳农业大学学报》（社会科学版）2018年第6期。
③ 徐良平：《坚持和发展新时代"枫桥经验"　打造基层社会治理的样本》，《学习时报》2020年3月9日。

得忽视、冷落老年人。与老年人分开居住的家庭成员，应当经常看望或者问候老年人。第 25 条规定，禁止对老年人实施家庭暴力。第 37 条规定，地方各级人民政府和有关部门应当采取措施，发展城乡社区养老服务，鼓励、扶持专业服务机构及其他组织和个人，为居家的老年人提供生活照料、紧急救援、医疗护理、精神慰藉、心理咨询等多种形式的服务。江苏省无锡市北塘区法院对一起老年人赡养案件开庭审理，法官当庭宣判，要求子女"常回家看看"，平时至少要保证两个月看望一次，重大传统节日至少看望两次，除夕至元宵节之间必须至少看望一次。

针对以上新修改，学者存在不同看法，其中，观点一是立法及判决有利于保护老年人权益，弘扬优秀民族文化传统；观点二是把道德误做法律，造出这种"多余"的法律，司法更不宜以此判决，该规定至多更多体现了法律的指引和教育作用，而且判决也难以执行。

我们认为对以上问题应从两方面分析。第一，从立法角度看，按照法律与道德的相互关系，法律尽可能建立在道德基础上，即道德可以法律化。中国在古代即有"礼法合一"的传统，对于道德不能有效调整，但如果进一步恶化可能产生不良的社会后果的有上升为法律的必要。百善孝为先，孝道被中国传统文化誉为社会美德，一直是稳定社会和谐的重要文化元素，然而正处于转型期的中国受到各种因素的碰撞于道德转型中出现了突破人伦底线的虐待、遗弃老人等"不孝现象"，严重冲击了社会主义传统美德，破坏了家庭这种最基本的社会细胞的和谐。如果再不立法矫正社会道德转型失范行为，势必会产生无数人伦悲剧，影响基层社会稳定和谐。所以，在国家加强养老康老体系建设的同时，必须发挥社会、家庭的共同作用，尊重传统文化基础上的亲情关怀、临终照顾等人伦底线。扼守社会公德底线，促进其向好向善发展。

第二，从司法角度看，司法坚守的是社会最后的道德，社会正义的底线在于司法。在立法弘扬社会美德扼守最低限度的道德基础上，司法应该发挥能动作用。司法永远不会脱离社会环境，不会脱离人民的需求，当人们呼唤法律和法院有所为的时候，司法应积极回应人民呼声，挽救人伦底线和处世真理。在亲情家事司法活动中可以发挥人性温情的一面，专设家事法庭，注重运用调解和道德教化，辅以督促以及少量惩罚性裁判，督促教育当事人履行融道德义务为一体的法律责任，回归社会正义。

所以，通过该裁判活动形成的司法调解、决定、裁定有导向作用，可以发挥法的教育指引、评价、教育功能。

三、法律与道德的区别

法与道德毕竟是两种不同的手段，是两种相异的上层建筑。在实施的过程中，不能将法律等同于道德，也不能将道德等同于法律。既不能直接将道德观念纳入法律规定中，也不能直接将法律变为完全的道德法典。所以，法与道德有着本质的区别。①

（一）表现形式不同

法律以国家意志形式出现，主要表现在规范性文件中；而道德以社会意志形式出现，其主要表现形式是社会舆论。法律是由国家立法机关强制制定、实施并执行的，具有严格的程序性，从而就使得法律具有强烈的稳定性和权威性。而道德则是社会在潜移默化的发展过程中悄然形成的，道德并没有具体的表现，它是通过一个人的内心来影响一个人的行为规范的。② 如果说成文法系的国家将法律规定在法典中，判例法系的国家在判例中寻找法律，那么道德则多数是不诉诸文字，而存在于人们的思想意识之中。原则、抽象、模糊成为道德的众多表现形式。但随着社会发展，部分行业的道德规范也有成文化现象，例如师德、医德规范，学生行为规范，等等。法律规范的假定、行为模式和后果三部分通常是明示的，而道德规范的假定部分和后果部分通常是暗示的、潜在的。

（二）违反的后果不同

（1）道德制裁具有不确定性和不统一性，而法律制裁则是十分确定的。法无明文不为法，法律是确定性规范，成文或判例有规可循、有章可依，具有引导、预测、评价功能，其后果模式是明确的。而道德对于

---

① 李丕祺，杜睿荣：《法与道德的异同及功能互补——兼论实践中法与道德的矛盾》，《西北第二民族学院学报》（哲学社会科学版）2002年第4期。
② 杨一凝：《论法律与道德的关系》，《学周刊》2018年第8期。

违反者的处理虽然也体现出惩罚性的特点，但这种惩罚的实现有一个重要的前提，即行为者本人必须对道德有强大的内心确信，自己是相信且自愿遵从此道德的。否则这种靠舆论的谴责式惩罚对其则产生不了应有的作用。

（2）道德制裁无须经特定程序，而法律制裁必须有特定机关按一定程序进行。法律是程序性的，程序是法的核心，程序是保证法律公平正义的很重要的方面，程序正义与实体正义一样重要，二者不可偏废。且法律有专门的程序性法律规范，可供执法、司法者遵循，法律制裁是一项严密的、有规可依的程序性活动。

（三）调节人们行为的方式不同

法律是通过国家强制实施的，若人违法犯罪，就会依法受到处罚。而道德则是依靠社会舆论的力量来谴责的。一个人的道德品质怎么样和法律并不直接相关。[①] 即法通过权利义务的双向规定来调节人们之间的关系，是围绕利益模式调节人的行为；道德则主要通过为人们指出社会生活中的义务来调整人们之间的关系。道德规范很少规定人们的权利，义务与权利处于不对称状态，以单向灌输为主，以德教化人的内心。

（四）调整的对象不同

法主要调整人们的外部行为关系和行为方式，道德则要求人们的内在行为动机符合道德标准。法律是对人的行为规范进行调整、规定，并不涉及人的思想限制。而道德则更加全面，对人的行为规范、思想等方面均进行了科学、合理的调整，在这其中，更加注重对人的思想方面进行调整，进而调整人的行为。它要求人们的外部行为和内在动机都符合道德准则。它给人们提出并要求解决的不仅是举止行动，还包括动机和世界观问题，而且更注重后者。即法律是调整人的行为规范，道德是调整思想修养的规范。

---

① 杨一凝：《论法律与道德的关系》，《学周刊》2018年第8期。

(五) 规范体系的结构不同

法律以权利和义务为主要内容，两者是平等的，没有无权利的义务，更没有无义务的权利。其调整行为的依据是具体的法律规范体系。而道德则不同，道德更注重对义务的强调，对于权利的涉及较少。道德规范体系只是由个别的道德制度直接组成的。

第三节　法律与道德的冲突及解决方式

虽然法律与道德在交叉的过程中发生融合的同时，不可避免地产生了价值冲突，但我们可以把这种冲突降低至最低限度，使道德与法律同步。

一、法律与道德的冲突情形及其根源

一般认为法律与道德具有一致性、共同性、共生性，法律是最低限度的道德，违反了法律一般也就违反了道德，这只是法律与道德关系的一个方面。道德与法律之间也有区别和差异，受民族文化、国家形态、社会文化历史等发展进程的制约与影响，道德与法律分别有自己的价值导向与价值追求，从而各自形成了对人们行为的不同价值导向，在对某一具体行为进行评价时因为评价的标准不同而形成道德与法律的不一致时，法律与道德的冲突则显而易见。古今中外，道德与法冲突的典型案例比比皆是，体现在从理论到实践全过程各个层面。例如，从春秋战国到清末立法过程中的"礼法之争"[1]，涵盖立法到制度实施全过程；再如，古希腊悲剧《安提戈涅》体现的多维冲突。[2] 《安提戈涅》是古希腊悲剧家索福克里斯的著名悲剧，讲述克瑞翁在俄狄浦斯王死后成为底比斯城之主，俄狄浦斯之子波吕涅科斯为争夺王位勾结外邦进攻底比斯城，最

---

[1] 李平：《先秦礼法之争新诠——以情景中的儒家学说演化为线索》，《清华法学》2016年第4期。

[2] 孙磊：《城邦中的自然与礼法——〈安提戈涅〉政治哲学视角的解读》，《同济大学学报》（社会科学版）2011年第2期。

终战死。为惩治波吕涅科斯叛国之罪,克瑞翁下令将其曝尸荒野,违令者一律处以死刑。波吕涅科斯之妹安提戈涅认为埋葬兄长是"神法"的要求,不顾克瑞翁的命令将其埋葬,因而被处死。安提戈涅之死引发其情人——克瑞翁的儿子,以及克瑞翁妻子相继自杀的"蝴蝶效应",最终酿成悲剧的故事。① 该剧是描述城邦中自然与礼法冲突的典范,对当今我国社会实践中法律与道德的冲突也应客观分析看待。

(一) 冲突情形

1. 法律与特定社会功利道德的冲突

一般公理道德体现为人们认同的道理,现代司法讲究析理说法,法与理一般情况下是统一的,但也有具体到个案的层面出现不一致的情况。"合理不合法"常见情形,在侵权法领域主要有"自己救济失当""防卫过当""紧急避险失误"等。例如,瓜农发现有人偷瓜,来不及报警而当场阻拦,用力过猛导致摘瓜者倒地伤亡;又如追上小偷后痛击而快之。而"合法不合理"在债权法领域主要有债的消灭受诉讼时效规制,"欠债还钱"本为天经地义的道德义务,但超过诉讼时效法律不再保护,债务人超过诉讼时效不还钱的行为不受法律追究,这就出现了"合法不合理"的冲突。

2. 法律与特定道德情感的冲突

道德情感指特定的人情,人情有时指人性或其外化,有时又指民风习俗,主要包括:人伦亲情,也就是血缘亲情;人之常情,指除人伦亲情之外的正常的个人情感,这极为庞杂,非以身份关系而存在的对个人的道德要求,大致都在此范围;民间风情,主要指长期以来形成的民间风俗;国情,指国家特定的社会经济环境和条件等②。中国传统文化和部分地区宗教文化对中国社会的影响最大,也最容易与法律相冲突。例如在四川某些地区发生打架斗殴或纠纷后仍然存在寻找喇嘛裁决处理的现

---

① 苏力:《自然法、家庭伦理和女权主义?——〈安提戈涅〉重新解读及其方法论意义》,《法制与社会发展》2005年第6期。

② 董志中:《论法律与道德的冲突及其解决》,《法制与社会》2009年第18期。

象,甚至部分刑事案件也不愿意主动报警。中国传统的大义灭亲私自处理刑事案件,包括部分激情犯罪也属于这个范畴;又如私设公堂处理宗亲内矛盾纠纷,或家族势力暴力干涉婚姻自由,不允许与仇家或同姓通婚等。

不道义、不仁义的合法行为属于这种范畴,例如师生恋行为,感情骗子,与多人滥交行为,违反性道德的行为,等等。又如,小王与小赵二人属于大学好友、拜把子兄弟,小王委托小赵照顾自己女友小刘,小赵发现小刘犹如人间尤物遂见色起意乘人之危进行追求,小刘则亦有相见恨晚之意,刘、赵二人闪婚。即使真心相爱,小赵也有悖"朋友妻不可欺"之传统道德,小刘则也会受到见异思迁之谴责。二人行为按传统道德评价属于合法但不合情,极易引发婚恋矛盾。目前此类案件见诸媒体的越来越多,表面的合法其实给社会稳定埋下了极大的风险,在经济社会发展相对落后的地区引发极端复仇行为造成恶性事件的也不乏其例。现实生活中还有极端的例子,如受性侵害后而不得不产子(女)生育,产子合法养育则有悖人伦,送养则需要强奸犯(生父)签字同意,未成年人被强奸后生子一直是社会敏感话题和痛点[①],给执法、司法带来极大的困扰。司法实践中也有一些极端的例子,例如河南郑州某法院对未成年人中的幼童发出限制令,限制其高消费,受到社会舆论谴责。

3. 法律与特定道德原则的冲突

公平是一种基本的道德原则,合法性与公平性的冲突主要体现在合法性的法在立法时的价值冲突。[②] 马克思主义法学理论认为,法是阶级的产物,法与道德具有相同的经济基础,均为政治服务的属性鲜明,即使是技术规范性法律制度和社会保障制度也体现一个国家的管理和治理意志。社会法侧重于调节国家与社会的关系,宪法性法律侧重于公民和国家的关系,无论从哪个视野考察,社会公平是普世真理毋庸置疑,在立法、司法、执法中如何兼顾社会公平是不容忽视的问题。统治阶级或社

---

① 谢宏魁:《法律与情理冲突下的司法路径选择——以强奸致未成年人生子案为切入点》,《预防青少年犯罪研究》2019 年第 6 期。

② 欧阳梦春,杨启敬:《"良法"与"恶法"之思辨》,《湖湘论坛》2004 年第 1 期。

会精英控制立法资源，难免有悖社会公平。又如，社会发展不均衡，社会成员之间不平等，社会阶层固化，会导致合法性陷阱。以《治安管理处罚法》为例，两个人互殴，认罚的情况下各打五十大板，均罚500元，有的人可能交不起，西部地区甚至罚200元都难以执行，当事人宁愿选择被拘留（俗称"坐牢"）也不愿意交罚款，对于贫困家庭和广大中西部地区农户，一亩地一年的普通粮食的纯收入也就2000元以内，这种经济收入与东部沿海地区相比差距较大，同一部法律在我国不同地区或者进城务工的流动人口执行中会遇到执行不能的难题。由于个体发展和家庭问题，导致贫穷落后等成员掉队现象，税收和教育政策不变的情况会让这部分人雪上加霜，合法性与社会公平的矛盾就会凸显，极端性冲击人伦的事件就会层出不穷。再如，我国历史上曾经长期存在的城乡二元政策，具有一定的合法性，但却以牺牲"三农"利益为代价，长期存在的剪刀差有悖社会公平。①

（二）冲突原因

1. 立法及其实践滞后于道德的发展

历史经验表明道德观念始终影响着法的生成，二者发展一致时则共生，二者发展差异较大时就会产生冲突，每一场大的思潮和改革都会影响政策和法的生成。随着经济社会发展，社会转型期道德或观念发展迅猛，一些不合时宜的封建糟粕已经被人们社会生活所扬弃，而法律却发展滞后。例如，社会流行婚姻自由、性自主权对妇女的解放观念，而法律没有依法保障跟进时就会发生冲突。而新事物、新问题出现后，伴随着新观念的形成，一些旧的制度必然试图被突破，而制度完善滞后、不及时，必然导致各种矛盾交织的现象开始显现。例如虚拟社会治安管理②，微信、抖音、微博等新型交流工具衍生的危害社会的现象层出不穷，特别是抖音给政府管控自媒体带来较大挑战，制度建设需要一个过

---

① 李振国：《缩小城乡教育差距构建城乡和谐社会探析》，《教育与职业》2006年第29期。

② 赵佳璐，王斌君：《虚拟社会治安管控研究》，《中国人民公安大学学报》（自然科学版）2013年第4期。

程，政府治理相对滞后于技术进步，导致在虚拟社会管理中立法往往是跟进式"打补丁"，而非前瞻性制约，社会中自然会有个体冲击基本社会规则，创新生活方式，矛盾也就自然形成。

2. 法律与道德对人行为评价的标准与方式存在差异

法对人的评价是确定性指引，道德是模糊的、不确定的。法律因其确定性、规范性、程序性、可预期性和强制性等特征，具有确定性较强的指引功能。① 而道德功能稳定性差，相对不确定，靠不靠谱需要成员自律和他律评价相结合。首先是二者的评价标准不同，法的评价依据相对单一，而道德的评价标准是多元化的。道德是自觉的法律，法律是强制的道德。道德评价是人们在社会生活中按照一定的社会或阶级标准对自己或别人的行为进行善恶判断和评价。这种评价常以善恶、正邪、荣辱等道德概念来体现，通过社会舆论、传统习惯、内心信念等方式来进行，贯穿于道德实践中。法律不考虑潜在的动机如何，而要求对现行规则与法规进行外部服从，而道德则求助于人的良知。道德规则要求人们根据高尚的意图——首先是根据伦理责任感——而行为，它还要求人们为了善而去追求善。② 这种标准和方法过程的差异必然导致法与道德冲突存在。

另外，二者在评价主体、功能、方法、途径上有很多差异性的地方，或导致冲突。从评价主体上看，法的评价是单一主体，即代表国家的执法或司法机关；道德的评价主体是多元的，社会各主体均可评价，大家莫衷一是、众说纷纭。法的评价是通过司法、执法活动依严格程序而进行，通过法律制度对人进行制裁，有国家强制力做后盾；道德的评价则具有不确定性和随意性，虽然也有惩罚性，但实现社会舆论谴责效果的前提是违反道德者内心自我反省。

3. 法律本身存在不完善之处

在特定条件下形成的立法有可能不符合公认道德原则或规则，这使

---

① 陈雅凌：《半熟人社会的纠纷解决与规则适用》，《原生态民族文化学刊》2020年第5期。

② [美] E. 博登海默：《法理学——法哲学及其方法》，邓正来、姬敬武译，华夏出版社1987年版，358页。

不同社会规范之间必然存在不一致的现象,在法律滞后的情况下,会产生社会矛盾。当今现代化国家无论实体法还是程序法必须是良善之法才有可能被遵从。法律只有体现社会最基本的伦理和德性要求,才可能受到更广泛的遵守与维护。徒法不能自行,唯善法才能善治,法律应当尊重道德,这样的法律才能使人们更愿意自觉遵守。然而立法本身受政治制度、经济条件、立法技术等方面制约,不同的利益集团有不同的诉求,现代国家必须寻求最大公约数才能弥合分歧,但立法成果并不一定符合大多数人的利益,也不一定符合最大限度的社会公平,立法自身的缺陷叠加程序瑕疵或司法、执法环节的程序不公极易导致司法权威和法制公信力下降,其与人们追求的公平正义的法治愿景落差较大,必然导致矛盾冲突产生。当前社会矛盾冲突较为激烈的土地纠纷冲突就属于在土地管理制度上走的城乡二元模式,征地拆迁矛盾纠纷非常普遍,农民土地未能获得同权同价入市的权益,在立法模式中设置了二元结构,违背了公平正义,造成了人为的不公平待遇,目前中央正在试点制度改革完善《中华人民共和国土地管理法》及其配套制度逐步实现同权同价,从根源上缓解较为激烈的土地纠纷。①

二、法律与道德冲突解决的基本措施

法律与道德的冲突其外在显性的表现载体是社会矛盾纠纷现象,其根植于立法、执法、司法全过程,是动态的活生生的实践,而对公民个体而言是守法的内心纠结和行为外化的表现。所以,要想真正解决法与道德的冲突,需要国家和社会在立法、执法、司法全流程和守法主体公民互动实践的基础上,实现良性互动和制度创新。

(一)法治建设与经济社会发展以及道德进步尽可能保持协调,法律完善和促进道德

生产力的发展必然促进经济社会不断发展,引领社会变革,制度建设如果能跟上经济社会发展水平,生产关系与生产力处于友好型,必然带来社会安宁、繁荣、健康、文明、有序。

---

① 崔向前:《乡村振兴视阈下涉众型土地纠纷解决》,《山东社会科学》2018 年第 11 期。

(1) 通过完善制度改善生产关系，盘活生产资料，激发生产要素释放高质量生产价值，可以缓解和协调法与道德的紧张关系。例如，2004年修宪全面保护个人私有财产，私有财产与公共财产同权保护，个人正当不同性质财产的拥有既合理又合法。再如，党的十九大以来，放活经济管理，力促建立更加完备的产权交易市场体系，进行了一系列产权制度改革，农村土地确权登记，农村集体建设用地同权入市试点改革。① 赋予市场主体平等的资源交易权利，完善了相关制度，弥补了长期存在的制度欠账造成的社会不平等缺陷，减少了资源利用领域激烈的纠纷冲突，使社会更加和谐。

(2) 完善与道德评价联系紧密的特殊领域相关立法，调和情与法、理与法的冲突。目前见义勇为立法的完善彻底解决了"见义不为"现象。见义勇为是我国社会所倡导的高尚行为，符合社会主义精神文明和法治文明的内在要求，同时也是我国的传统美德，一直以来受到社会大众的普遍赞赏。但是，长期以来，由于相关机制的缺乏而引发了许多社会问题。如见义勇为者以自己慷慨赴险的壮举，使受益人转危为安，自己的人身、财产往往受到很大损失。广东省在充分听取社会各界意见的基础上。于2012年将沿用13年的《广东省见义勇为人员奖励和保障规定》上升为地方性法规。据悉，在制定新法规的过程中重点研究和规定以下几个方面：首先是将见义勇为的概念扩大为保护国家、集体和他人合法财产安全，参与抢险、救灾和救人等行为，增加表彰和奖励的范围。其次是加大对见义勇为人员的保护力度，除存在重大的主观过失，见义勇为者对其见义勇为的后果一般不承担法律责任。② 这样彻底解决了"见义不为""见义不敢为"的理与法、情与法冲突。我国《民法典》在修订过程中充分听取了各界意见，也规定了见义勇为免责制度，《民法典》第184条规定，因自愿实施紧急救助行为造成受助人损害的，救助人不承担民事责任。这解决了"救不救"和"扶不扶"的问题，给见义勇为者，

---

① 黄延廷，张珂：《城乡统一建设用地市场法律制度的构建》，《江苏农业科学》2015年第3期。

② 任朝亮：《广东将为见义勇为立法：诬陷者需公开道歉》，《广州日报》2011年12月20日，参见网址 http：//www.Chinalawinfo.com/News/NewsFullText.aspx？NewsId=31403&NewsType=0。

给每一个心存善良、胸怀正义的人,吃了一颗"定心丸"。① 充分体现了《民法典》这一经国序民的良法重器,回应人民呼吁鼓励见义勇为的合理需求和以人为本的立法理念,让情与法更加趋于一致和谐。

(3) 借他山之石,保持公共权力道德性,努力做到法律与社会公平正义的统一。道德性是人区别于其他动物所特有的和高出其他动物的属性,道德性是法律人的人性之维。人们对"美好生活的需要"首先应该是也必须是一种"讲道德、尊道德、守道德的生活"需要。② 公共权力应该保持应有的道德品性,其包括公共权力组织不被异化,权力的运行人员受到良好的道德制约等。权力异化现象的发生会给公众、社会和国家造成巨大的危害。如何制约权力,消除权力异化现象已经是世界各国面临并亟待解决的问题。因此,研究公共权力异化现象,建构公共权力道德制约机制,保障公共权力合法地运行是极为重要和必要的。政府和官员在运用公共权力时,内心应有戒律、自律,应有内心的道德法,自我约束、规范,自觉接受道德要求运行权力,合理处理私欲与公共利益的冲突,抵御外部利益诱惑。在保持公共权力道德性方面,西方国家的做法可以借鉴。1978 年,美国第九十五届国会通过了《公务员道德法》;意大利早在 20 世纪 90 年代就出台了一部包括 88 项条款的国家公务员《道德法典》,对公务员几乎所有行为都做了限制,包括索赔、受礼、债务、股票、捐款、言论、保密等各方面都有规定,其中包括:国家机关公务人员不准参加任何秘密组织;不准从事其他职业活动;除亲朋所赠价值微薄的礼品外,不准接受任何赠品和赠款,不得已而接受的礼品一律上缴等。③ 较好地从伦理文化建设的实践层面解决了公务人员利益冲突问题,尽可能地通过立法保障了权力的道德性。

---

① 张宝山:《"典"亮我们的生活 | 给见义勇为者"撑腰"》,《中国人大》2020 年 9 月 16 日,http://www.Chinalawinfo.com/News/NewsFullText.aspx? NewsId = 31403 & News Type=0。
② 唐凯麟:《人的需要的伦理审视》,《光明日报》2019 年 8 月 5 日。
③ 徐伯黎:《意大利:反腐败没有等待时间》,《检察日报》2015 年 9 月 22 日。

（二）冲突难以协调时，主要应依据法律制度的评判标准，同时尽可能考虑道德性因素

（1）执法与司法的人性化。法律与道德的冲突往往会遇到依情还是依法的问题，法治社会原则上一切行为均应有法律依据，依法行事，制度也许是冰冷的，但执法、司法应避免机械和僵化，法律是有温度的，理性平和的执法本是应有之义，当遇到法与理、情与法的冲突时应考虑情势变更，因势利导，尽可能地考虑道德性因素，力求法律效果和社会效果相统一，体现司法为民、柔性执法、人性司法和执法。例如，在一则老人占用人行道摆摊修车却未被清理的新闻中，青岛城管执法部门不但没有被指责"不作为"，还赢得了诸多网友点赞。柔性执法也由此再度受到关注。法律的刚性和人性化执法并不矛盾，公民的人权越受到重视越说明社会的文明和进步。依法行使执法权是执法机关的工作职责而不是特权，野蛮执法并不能确保法律的正确实施，人性化执法也丝毫不会影响或削弱法律的尊严。人性化执法彰显了法治文明和社会进步。[①] 这样就能通过执法司法中的德性选择，以实质正义灵活适用法律弥补制度僵硬和制度瑕疵造成的制度缺憾，让情理与法制相统一，达到较好的社会效果，消除冲突纠纷。

（2）法律具体规定与法律原则不一致时，使用更能体现道德性的法律原则，特别是公序良俗原则。有人认为"它们之间抵触的实质是：法的安定性与正义之间的冲突，法的形式理性与实质理性之间的冲突，法的刚性与法的弹性之间的冲突。法律规则与法律原则之抵触的解决方案有三种：不同层面的解决，即直接在法律规则与法律原则之间进行解决。相同层面的解决，要么将法律原则具体化为法律规则，然后按照解决法律规则的冲突的方法解决，这种方案被简称为法律规则方案；要么将法律规则还原为法律原则，然后在法律原则之间进行衡量和平衡，这种方案被简称为法律原则方案。法律原则方案是一种比较合理的方案，它符合法律规则与法律原则的抵触的性质，而且将法律规则还原为法律原则

---

① 吴学安：《柔性执法彰显法律温度》，中国法院网 2019 年 10 月 21 日，https://www.chinacourt.org/article/detail/2019/10/id/4566521.shtml。

是可能的，也不会违背权力分立原理"①。在法律规则与原则相冲突时要使用法律原则，这是基于法律原则的效力较高，法律原则具有指导作用，在适用法律规则的时候，必须以法律的原则为指导，不得与法律的原则相抵触。坚持法律原则优先，既忠实地体现了法治的理念，又能够使法律规则的行使不偏离法治的原则，保障法律的完整和统一实施。道德是法律的基础，很多法律原则来自道德原则，例如，公序良俗在我国属于民法的基本原则。法律原则具有总则性、纲领性、概括性等特点，所以当法律具体规定与法律原则不一致时，法律规则的适用不利于社会公序良俗，或与公序良俗相违背时，也要使用法律原则。

"公序"是指国家社会的一般利益，"良俗"是指社会、国家的存在和发展必要的一般道德，是特定社会所遵守的起码的伦理要求。两者在本质上有所区别，却又相互关联，都是以国家社会健康发展为目标，以"社会的正当性"或"社会的妥当性"为衡量标准。虽然意思自治应成为私法自治的核心，私人间的法律关系应取决于个人的自由意思，但公序良俗原则作为民法的基本原则，是民法及其经济基础的本质和特征的集中体现，是高度抽象的、最一般的民事行为规范和价值判断准则。当其他原则与该原则冲突时，应该优先适用公序良俗原则。

（三）完善利益平衡法制，促进社会公正

建构利益平衡法制体系，旨在缩小阶层差距，打破阶层壁垒和固化，创造社会阶层流动机会，促进社会资源流动，从而维护社会公正。② 这需要一系列的社会法来实现，例如通过立法缩小城乡差距与中西部地区社会福利差距，以实现全体国民平等地享受社会福利的权利制度。完善公平就业制度。当前比较典型的做法是城乡一体化社会发展改革、户籍改革等。例如，通过户籍制度改革，实现全体国民平等地享受社会福利的权利制度。同时完善公平就业制度。广东省已出台新政，引导和鼓励农民工及其随迁人员通过积分制入户城镇、融入城镇之举，引起舆论广泛关注。各地陆续出台破冰新政，中国户籍改革已经进入全面改革阶段，

---

① 王夏昊：《法律规则与法律原则的抵触之解决》，中国政法大学博士学位论文2007年。

② 李培林：《以更大决心突破利益固化的藩篱》，《求是》2014年7月2日。

有利于促进社会公正,但还需要立法保障。2014 年 7 月 24 日《国务院关于进一步推进户籍制度改革的意见》提出,适应推进新型城镇化需要,进一步推进户籍制度改革,落实放宽户口迁移政策。建立城乡统一的户口登记制度。建立与此相适应的教育、卫生计生、就业、社保、住房、土地及人口统计制度。完善农村产权制度,扩大基本公共服务覆盖面。同时规定了不同类型城市落户条件。2014 年以来,逐步实现机关事业单位人员养老保险与企业人员并轨,实现同酬养老退休制度;逐步提高优抚对象补助标准,褒扬国家英雄促进社会尊重英雄,实施国家荣誉制度[1],给予人民教师、军人特殊的国家荣誉。教师国家荣誉制度具有象征性和价值导向,具有政治意义、社会意义和重大激励价值[2],引导社会舆论,增强广大劳动者的光荣感、幸福感和获得感,扭转了长期以来教师地位低下的窘迫状态,保障了教师地位,有利于促进尊师重教的养成,促进社会公正。

第四节　以法律创新促进道德进步的实践路径

作为上层建筑的道德,其内容和实现形态一定程度上反映着国家治理的能力和水平,也影响着基本的生产关系。社会主义精神文明的首要内容就是"法治",法治是社会主义道德的追求目标,社会向前发展的过程中道德进步必然需要依法保障和支撑。以德化律和依法彰德两翼有机统一,需要满足时代呼声在立法和法的实践层面不断创新。

一、在立法层面以法律创新提升道德作用

根据法律与道德的相互联系理论,法律应尽可能建立在道德基础上,使道德法律化。以德入法要对社会文明程度和道德水平进行科学研判,做到与当下的社会文明程度相匹配,与大多数人的道德水平相适应,这使立法创新成为必然。

有人认为,"富勒在雷克斯造法失败的寓言中提出了法律所必须具备

---

[1] 江国华:《中国国家荣誉制度立法研究》,《中州学刊》2014 第 1 期。
[2] 李源田,崔延强:《论教师国家荣誉制度》,《教师教育研究》2013 年第 6 期。

的内在道德，并且进一步提出了道德使法律成为可能的命题，这是这一经典法哲学名著中为人耳熟能详的桥段。但是，道德如何才能使法律成为可能，法律又应该如何面对道德命题则是书中语焉不详的问题。看似富勒以方法论的自然法路径将法律的合道德性命题转化为合法性命题，从而提出程序自然法的观念。其实，如果探究富勒将法律视为目的性事业的过程性法律观，道德使法律成为可能的命题实际暗示了实现良好社会秩序的法律目的"①。富勒认为其在这一命题中所使用的道德，是内在于法律这种特殊的人类行为之中，并对法律构成判准的内在道德即合法性诸原则。他把道德分为"义务的道德"和"愿望的道德"。所谓"义务的道德"即我们所说的基本道德，是维系社会运转和发展的最底线、最基本要求，如不杀人、不抢劫、不强奸、不侵犯他人隐私、不侵占公私财产等，它不仅是法律的基础，而且绝大部分都已直接转化为具体的法律规范；而"愿望的道德"则是一种实现社会生活幸福的高标准的道德要求，是道德的理想价值层面，如见义勇为、舍己救人、捐助等。对于"义务的道德"（亦即低层次的道德），要求法律介入，并将各种道德义务转化为法律义务，是维护人类社会秩序的内在需求，这在法理上并不存在异议。但对于理想价值层面的道德（即"愿望的道德"、高层次的道德），法律的介入则满足需要特定的要求。②

当道德与一个国家上层建筑所倡导的社会文明相一致时，道德转化为法律也就具有了正当性和时机。在道德滑坡情况下，为促进国家精神文明建设乃至社会健康发展，立法应当通过创新有限度地介入到道德领域，充分发挥其在维系社会道德水平方面的作用。其决定因素也许是人们所关注的冲击社会底线的各种敏感社会道德事件，由此触发社会公众敏感神经呼唤道德立法。即在必然性条件充分发育的环境下，一个偶发事件就可能引发制度变革。国家和社会面临严重道德危机或极端事件刺激后极有可能陷入价值观混乱，引发社会冲突事件从而影响社会稳定。这也是群体性事件发育的机理之一。例如，"郭美美事件"引发的舆情和

---

① 孟祥虎：《道德使法律成为可能——富勒〈法律的道德性〉研读札记》，《政法论坛》2020年第4期。

② 刘长秋：《法律介入道德：一个本不该争议的争议》，东方评论-东方网2011年10月21日，http：//n.eastday.com/pnews/1591179031017045。

网络群体性事件，导致国家慈善事业蒙受重大损失，引发了对红十字会的质疑和修法完善。当前道德法律化推进主要考虑的因素应包括其立法主要包括适用对象、涉及事项、针对敏感事件予以回应等。如见义勇为、慈善、对老人的定期看望等，其中涉及一些道德倡导问题。

一是提升道德的作用。道德法律化，法律介入道德，可以提供及时、有效的救济和帮助，使"善行"有"善果"；并对那些有损于或可能有损于高尚道德行为的卑劣行为给予打击，对伤风败俗、违背公序良俗的卑劣行径予以惩罚和规制，使"善有善报、恶有恶报"的朴素道德观念得以实现，满足群众维护良好风尚的普遍要求，形成对高尚道德风尚的鼓励和支持，使人们敢于做好事、乐于做好事。使人们的善心善行得到法制保障，弘扬正气，褒扬真善美得到法律制度的权威认可，进而激励人们乐善好施、奉献社会，进而提升道德的作用。二是实现立法的正当性。道德是法律的基础，权利即来源于道德原则已成为不少学者的共识。法律之基础即以确保公民受到平等关怀与平等尊重的权利为旨趣的政治道德。法律必须反映政治共同体的而不是某一特定法官的政治道德的要求，才能得到其规制的公民的自愿认可和遵守。① 良好的风尚道德和公德要求立法必须提升法的品格，满足法的道德性需求，回应人们对社会公平正义、和谐有序、幸福安乐等高层次愿景的期望，使立法获得更高的正当性。三是促进法律的实效性。法的实效一般是指具有法律效力的指定法在实际社会生活中被执行、适用、遵守的情况，即法的实际有效性。法的实效决定于法的实施，法得以良好实施的前提是法律被信仰，"法的实施需要解决好在全社会树立法律信仰的问题。法律要发挥作用，需要全社会信仰法律。这正是法治的真谛所在，也是保证法律实施的重要精神力量。法律信仰，就是公众从内心深处对法治的认同和自觉自愿的依归。法律之所以需要被信仰，是因为法律不仅仅是一种工具，而且蕴含着人类追求的崇高的价值目标"。② 只有蕴含着公平正义的良善之法才是获得公民法律信仰的基础，获得道德认可的善法也必将被内心所信仰、所遵守，所以有利于法的实施，当然会促进法的实效性。

---

① 肖小芳：《法律的道德权威——德沃金对法律正当性的论证》，《求索》2010年第9期。

② 郑青：《法律的生命在于实施》，《中国司法》2018年第7期。

目前我国在道德法律化方向已取得了不少成效。《残疾人保障法》规定："全社会应当发扬人道主义精神,理解、尊重、关心、帮助残疾人,支持残疾人事业。国家鼓励社会组织和个人为残疾人提供捐助和服务。"我国是社会主义国家,发展残疾人事业,给残疾人以帮助,使他们充分参与社会生活,共享社会物质文化成果,实现事实上的平等,是各级政府和全社会义不容辞的责任。贯彻《残疾人保障法》,保障残疾人平等、充分地参与社会生活,对于发挥残疾人的主观能动性,促进经济建设和文化繁荣;对于发扬中华民族的传统美德,提高全民族的道德水准和全社会的文明程度,促进社会进步;对于弘扬社会主义的人道主义,体现我国社会主义制度的优越性和在人权问题上的真实性、公平性、广泛性,都具有重要意义和深远影响。照顾残疾人就业等规定体现了政府的道德性、法的道德性。促进社会公平,消除就业歧视,促进社会和谐,增进社会福祉,弘扬社会主义人道精神是社会主义国家基本的道德性愿景,是较高层次的道德。上述政策并未很好地执行,是因为考虑到较高层次的道德需求脱离国家经济社会发展水平时,其立法仅仅是一种精神倡导,部分法条本来就是宣示性的鼓励性的,其立法模式并未设定法律后果,是以倡导性条款为主,法的刚性不足,需要在操作化方面进一步完善。

二、法律实践层面适当考虑道德因素

根据法律与道德相互联系的观念,法律运用可以适当考虑道德因素。先秦思想家墨子提出的"尚贤使能"更是直指"人本管理"的实质"能本管理"。"以人为本,本治则国固,本乱则国危。"以人为本,首先要爱民,《管子·牧民》曰:"政之所兴,在顺民心;政之所废,在逆民心"。[①]顺民心,才能发挥人民的积极性。这包括就是告诫君王人民对国家的重要性。当今我国法律实践中,就是以实现人的全面发展为目标,从人民群众的根本利益出发谋发展、促发展,不断满足人民群众日益增长的物质文化需要,切实保障人民群众的经济、政治和文化权益,让发展的成果惠及全体人民。新发展观明确把以人为本作为发展的最高价值取向,就是要尊重人、理解人、关心人,就是要把不断满足人的全面需求、促

---

① 前线评论员:《论以人为本》,《前线》2020年第9期。

进人的全面发展，作为发展的根本出发点。人类生活的世界是由自然、人、社会三个部分构成的，以人为本的新发展观，从根本上说就是要寻求人与自然、人与社会、人与人之间关系的总体性和谐发展。① 法律运用时必须考虑情势变更和道德性因素，执法司法不能脱离人与自然、人与社会、人与人之间的关系，和谐地处理三者之间的关系成为必须考虑的道德性问题。2019年6月29日，国家主席习近平签署发布特赦令，根据十三届全国人大常委会第十一次会议通过的全国人大常委会关于在中华人民共和国成立七十周年之际对部分服刑罪犯予以特赦的决定，对九类服刑罪犯实行特赦。其中包括：中华人民共和国成立以后，为国家重大工程建设做过较大贡献并获得省部级以上"劳动模范""先进工作者""五一劳动奖章"等荣誉称号的；曾系现役军人并获得个人一等功以上奖励的；等等。残疾人企业、慈善企业由于其本身就在履行着救助残疾人或促进社会福利事业人道主义道德义务，其违法行为应当给予适当赦免，执法必然考虑企业在人道主义事业方面的贡献。

　　法律与道德相互区别，二者虽然可以转化但不能互相取代，道德不可以完全法律化，法律也不能泛化为道德。道德融入法律，既要引导人、激励人、约束人，又不能超出高限、强人所难。如果简单地将道德要求视为法律规范，会使社会生活泛道德化，甚至混淆法律与道德的界限。张文显教授认为，"如果简单地将法律视为提升道德的工具，会使社会生活泛道德化，甚至混淆法律与道德的界限、法律与党纪的区别。核心价值观是一个具有弹性标准的价值导向和价值原则，在融入法律的时候，要对社会文明程度和平均道德水平进行深入调研、科学研判，做到与当下的社会文明程度相匹配，与大多数人的道德水平相适应"②。中国人民大学法学院尤陈俊同样认为，社会主义核心价值融入法治建设过程中，需要在某种程度上做好道德法律化的分寸把握和力度平衡。如果将"任何社会成员均应履行的最基本道德要求"法律化，自然没有问题，但如果要将"那些作为理想的卓越的道德要求"法律化，则要特别谨慎，否

---

① 于璐：《唯物史观视野下"以人为本"中人的主体性》，《学理论》2014年第3期。

② 蒲晓磊，李晓军：《核心价值观入法应合理设置行为尺度》，《法制日报》2019年10月16日。

则会出现法律上的道德空中楼阁现象。① 一些小事、家庭琐事完全可以由道德调整，如果过度的转化为法律会导致私人自治空间的压缩和私权的压抑，社会生活失去活力。道德问题更多地需要依靠自律、公约、社会舆论来解决，如果所有道德问题都通过法律强制约束力来解决，不仅效果适得其反，而且会因为执法成本过高而无法执行，从而损害法律的严肃性。

◆ 案例分析

从"范跑跑事件"看法律与道德的冲突②

【案情介绍】

在汶川地震中，都江堰的范美忠老师在地震时不顾学生安危最先跑出教室，人称"范跑跑"和"先跑老师"。全国人民一致对他予以谴责，范美忠在被原学校解雇后又受聘于北京某教育学校。校方鉴于社会压力，最后还是解聘了他，从而引发了法律与道德关系的探讨。

【案例问题】

(1) 其行为是违法、违反道德或者二者均不是？
(2) 是否应取消其作为教师资格的就业权？

我国教师法规定的教师义务包括：关心、爱护全体学生，尊重学生人格，促进学生在品德、智力、体质等方面全面发展。"范跑跑"事件存在"权利论"和"道德论"两种观点。但是，从权利的根本属性来看，范美忠的行为既是权利的，但又不完全是权利的；既是道德的，但又不完全是道德的。权利需要承担相应的责任，这是实现社会合作的基本要求。权利的享有并不是绝对的，还应当承担适度的责任——来自道德的、

---

① 蒲晓磊：《核心价值观入法应合理设置行为尺度》，《法制日报》2019年10月15日。

② 王英烁：《从"范跑跑事件"看法律与道德的冲突》，《法治与社会》2019年第10期。

社会的责任要求①，故其行为是违法、违反道德的。在师德规范因素构成教师职业资格要件的前提下，"范跑跑"们不仅受职业资格伦理的约束，还受上升为执业准入标准制度的规制，其作为教师的就业权利理应被教育主管部门予以剥夺，即吊销教师资格证书。

三、不断探索法律与道德协同发展的新实践路径

法律对道德既要起到最基本的保障与支撑作用，又要加强自己的超前预测，直接或间接地引领社会主义道德。根据法律与道德各自的优缺点，实践中应实现二者协调发展，法律和道德在国家的治理中一刚一柔，刚柔相济，相互促进和融合。鉴于法律比道德更加成熟化和定型化，以及对非法律社会空间的保留，有些领域先由道德调整，必要时再由法律调整；如果确需立法调整应避免立法的滞后性。

中共中央、国务院2019年印发的《新时代公民道德建设实施纲要》（以下简称《纲要》），彰显了新时代的鲜明特征，为在守正创新中推进新时代公民道德建设提供了科学指导。《纲要》指出："应坚持道德教育与制度保障相统一。法安天下，德润人心。公民道德建设是一个复杂的社会系统工程，既要靠教育倡导，也要靠法治惩恶扬善的力量，还要靠政策价值导向和各种行政规章的保障。坚持道德教育与制度保障相统一，是我国公民道德建设在长期实践中积累的基本经验，也是道德建设必须遵循的基本规律。"② 这从强化法律法规保障、彰显公共政策价值导向、发挥社会规范的引导约束作用、深化道德领域突出问题治理等四个方面，深刻论述了法治对道德建设的保障和促进作用，丰富了新时代公民道德建设制度保障的科学内涵，明确了新时代公民道德建设发挥制度保障作用、增强道德教育实效性的基本要求和具体举措。③《纲要》强调要把社会主义道德要求体现到立法、执法、司法、守法的各个环节，用法治承

---

① 郭映芬：《从"范跑跑事件"看权利的限度》，《甘肃政法学院学报》2011年第3期。

② 吴潜涛：《〈新时代公民道德建设实施纲要〉的鲜明特征》，《伦理学研究》2020年第1期。

③ 吴潜涛：《在守正创新中推进新时代公民道德建设（人民要论）》，人民网2019年12月19日，http://opinion.people.com.cn/n1/2019/1219/c1003-31512629.html。

载道德理念，以法治的力量引导人们向上向善。特别是在如何把公民道德建设落实到基层实践的问题上，从多个视角做了详细说明，包括把立德树人贯穿于学校、家庭、社会各个方面，通过广泛开展弘扬时代新风、深化群众性创建活动、持续推进诚信建设、深入推进学雷锋志愿活动等形式，将新时代公民道德建设落到基层、落到实处，不断推动新时代公民道德建设上质量、上水平。①

具体到贯彻落实层面，从法律创新路径、技术线路的选择优化角度考量，有些领域法律与道德共同调整，有些领域先由道德调整，必要时再由法律调整。如，某些药店采用"钓鱼营销"，这是违背商业道德，有悖于诚信原则的。如同"钓鱼执法"受到全社会指责一样，"钓鱼营销"也被顾客所声讨。由于信息不对称，或者是缺乏经验，一些顾客开始会上当受骗，却又对药店无可奈何。"钓鱼营销"虽然还没有成为社会的焦点，也只有极少数药店在使用，但其严重影响药店形象，负面效应累积到一定程度时，对药店品牌将会是致命的打击。包括社会公众监督在内的社会监督与谴责就属于道德层面的否定性评价，在此基础上仍然无法遏制某种丑恶和失范现象时就可以通过立法由法律制度来强制性矫正调整。

有些领域仅有道德调整，不宜法律调整。中新广东网报道，华南师范大学就学生与已婚人士发生性关系和破坏他人婚姻发出严厉警告：与已婚人士保持"特殊关系"的学生会被开除学籍。华南师范大学把同居和破坏别人婚姻都归入违反校规，违反者将受到警告、处罚甚至被开除。但在任何惩罚前会举行听证，学生有权申诉。

此规定一出，立即引发高校学生和社会的热议。大家针对道德要求制度化是否合理和学校可否剥夺公民受教育权展开讨论。我们认为，把道德要求转为校规校纪当然具有一定合理性，作为社会倡导型精神追求并不过分，有利于传统美德养成教育，但不能因此剥夺违纪学生的受教育权。在受教育权和性自主权的双重苏醒下，学校把性道德问题上升为惩罚性制度规制就会引发大量矛盾冲突。因为，从国际视野看大部分现代国家不再鼓励或利用法律调整不正当性关系问题，仅仅把其作为性道

---

① 靳凤林：《新时代公民道德建设的守正创新》，光明网，https://theory.gmw.cn/2019-11/04/content_33291567.htm。

德问题予以解决。例如韩国的通奸行为非罪化改革，2015年2月前韩国在刑法法典中保留有通奸罪则，并且是对这种罪采取严厉惩罚措施的国家之一，在有明确证据的前提下，通奸罪会被判处两年以下监禁。① 现在已经与我国基本一致，通奸不再受韩国刑事法律调整，已经实现"去罪化"，交给社会道德调整。大学生不正当性关系可做道德规范调整，受教育权属于法律调整的对象，不能以道德规范代替法律规范。诸如此类的领域，我们就不能开历史倒车，所以其不宜由法律调整。

在法律与道德的选择问题上，国外经验制度能否直接移植牵涉到本土化问题，以及社会文明发展程度和国民素养层次等基本的国情。一定要注意国情差异和本土化过程，注意吸收和优化现有制度文明成果在中国本土化运用，进行道德与法律的融合发展，协同进步。现就两个热点问题分析讨论如下：

第一，关于见义勇为立法问题。我国特设有中华见义勇为基金，以鼓励和表彰见义勇为的行为。那么，是否应当惩罚遇到危险而不为者？《法国刑法典》规定：任何人对处于危险中的他人，能够采取个人行动，或者能唤起救助行动，且对其本人或第三人均无危险，而故意放弃给予救护的，需要承担法律责任。中国目前是否应学习法国的做法？

我们认为，道德入法需要审慎评估，见义勇为属于较高层次的道德愿景，道德入法时要对社会文明程度和道德水平进行科学研判，做到与当下的社会文明程度相匹配，与大多数人的道德水平相适应。否则，较高的道德要求入法等于是虚幻的无法实施的法律，其效果适得其反。因此，中国目前无法直接学习法国这一做法，适当时机可以审慎列入社会秩序法律予以倡导见义勇为而非直接增设惩罚性义务。

第二，关于慈善立法必要性及完善问题。慈善福利的人道主义行为需要依法规范和保障。该领域立法非常有必要。因为许多与慈善相关的问题需要法律确认，如立法慈善组织的法律地位、慈善募捐的主体、慈善募捐的监督机制、慈善事业的主管部门、慈善捐赠活动的程序，捐赠人、受赠人和受益人权利义务的明确，慈善事业准入、评估、资金运用监管的规范等，否则容易导致道德光环下的慈善福利行为失范。例如，

---

① 《实行62年，韩国废除"通奸罪"》，新华网，http：//www.xinhuanet.com/world/2015-02/27/c_127522902.htm。

长期捐资助学却性侵捐助对象。在规范社会组织、培育社会组织做好社会公益、福利事业及促进慈善等方面加以立法规范已成为全球共识。在红十字会、河南宋庆龄基金会频频爆出负面新闻之后，我国于2016年借鉴国外成熟经验并结合本土实际制定了《中华人民共和国慈善法》，其中规定，开展慈善活动，应当遵循合法、自愿、诚信、非营利的原则，不得违背社会公德，不得危害国家安全、损害社会公共利益和他人合法权益。终于把基金会、红十字会等慈善机构滥用善款的权力关进了笼子里。这说明，慈善在中国迫切需要相关法律制度保障，在市场经济的大潮中，"德性"在慈善机构过度的追求经济利益面前往往是靠不住的，慈善立法在中国已经非常必要。唯有法制才能保障善款不被滥用，善心与爱才能得以永恒传承。2020年新冠疫情防控期间的慈善捐款相关问题再一次暴露了红十字会工作的纰漏之处，事实证明唯有依法规范方可有序高效。这表明我国的慈善法仍需要进一步完善。

思考题

1. 谈谈法与道德的联系及其意义。
2. 法与道德为什么会发生冲突，如何解决这些冲突？
3. 伦理道德为何要转化为法律，可能的决定因素是什么？
4. 以法律创新促进道德进步的实现路径有哪些？
5. 我国《残疾人保障法》《残疾人就业条例》提出了专门保障残疾人权益以及照顾残疾人就业等规定，这体现了怎样的道德性？据实践调查，以上规定并未得到有效执行，如何理解其中的原因？

阅读推荐

1. 张善根：《当代中国法律社会学研究：知识与社会的视角》，法律出版社2009年版。
2. ［美］唐·布莱克：《社会学视野中的司法》，郭星华等译，法律出版社2002年版。

3. 林闽钢：《社会保障理论与政策："中国经验"视角》，中国社会科学出版社 2012 年版。

4. 朱景文：《论法治评估的类型化》，《中国社会科学》2015 年第 7 期。

5. 吴潜涛：《新时代公民道德建设实施纲要的鲜明特征》，《伦理学研究》2020 年第 1 期。

6. 肖小芳：《法律的道德权威——德沃金对法律正当性的论证》，《求索》2010 年第 9 期。

第六章
法律创新与贫困治理

  贫困不仅仅是收入不足，它有着十分复杂的内涵，可从贫困程度及内容等方面进行多角度界定。贫困治理具有特定内涵，其实践也经历了一个演变过程。我国贫困治理对法治存在客观需求，法治对贫困治理也具有特殊优势。我国在贫困治理法治化方面已取得一定成就，但也存在不少现实缺失，应从相关法治价值、规范及实践能力等方面，加快我国贫困治理法律创新。

第一节　贫困概念及其治理实践的考察分析

一、贫困内涵的演变

对于贫困的概念，人们存在不同的认识。学者较早的认识大多是从经济收入不足的角度进行认识界定的，如英国学者郎特里、美国学者萨缪尔森等。对贫困概念的拓展认识主要是 20 世纪 80 年代以来，特别是 90 年代以后。贫困的界定不断被引入新的要素，包括脆弱性、权利不足、社会排斥等。如汤森德认为，贫困即穷人们因为缺乏资源而被剥夺了享有常规社会生活水平和参与正常社会生活的权利。[①] 目前学者对贫困者的认识大体有以下维度，具体定义也存在差异。

第一，从贫困程度角度的界定。包括基本生活资料匮乏的生存型贫困、生活水平较低的温饱型贫困和发展受到限制的发展型贫困等。但运用较多的理论则是绝对贫困与相对贫困的划分。绝对贫困指提出一条绝对的最低贫困线，以低于这条贫困线作为认定。20 世纪早期英国学者西博姆·郎特里在英国城市约克进行贫困研究时主要采用了此方法，美国、印度、南非等地也受到此方法的影响。1990 年世界银行的《世界发展报告》也主要采纳此方法来评估全球贫困发生率；在这份报告中，两条贫困标准线分别是每人每年 275 美元和 375 美元。前者使用"极度贫困"的概念，后者则被用来确定一般的"穷人"。1995 年社会发展世界首脑会议上，每天 1 美元的贫困线（或每年 365 美元）被包括世界银行、联合国、经济合作与发展组织（经合组织）在内的国际机构接受。中国的农村贫困线是每人每年纯收入 2300 元（2010 年不变价）。相对贫困是一种比较贫困，学者对此存在不同认识。目前尚未有关于相对贫困概念统一的学理性认识。如有学者建议，分城乡设置相对贫困标准，并将相对贫

---

① 徐贵恒：《人文贫困的提出及其内涵》，《内蒙古民族大学学报》（社会科学版）2008 年第 4 期。

困标准设定为城乡居民中位收入的40%。① 或者采用收入中位数的40%作为中国2020年后的相对贫困线。② 在英国调查中，公众通常会认同"中等收入60%的人"与相对贫困线联系起来。这一购买力的英国人有足够的钱去买他们真正需要的东西，但却没有足够的钱去买大多数人认为理所当然的东西。③ 有研究提出相对贫困线应该以居民平均收入或者收入中位数为基础，按照特定系数来计量。④ 英国学者彼得·汤森将主观感知及相对剥夺感纳入其中。如有学者提出2020年后中国应采用多维相对贫困标准，没有必要与经合组织国家相对贫困标准接轨。多维标准既要包括反映"贫"的经济维度，也要包括反映"困"的社会发展维度。⑤

关于深度贫困统一学理性的认识，相关研究在于深度贫困指数的界定与应用，认为该"指数测算了贫困人口平均收入偏离贫困的程度，能够反映贫困人口的平均短缺与不足"⑥。本书提出，以贫困多维、层级及相互影响关系的空间思维为视角，更能观察深度贫困的复杂形态、构成特点和治理需求。对于这种注重贫困结构性理解的重要意义，日本学者藤田孝典有所论及："在日本，社会对贫困的理解可谓已经与现实脱节，因为对贫困缺乏结构性的理解，许多人完全不懂为何会有陷入贫困的人。"⑦ 对这种贫困结构认识并非单纯传统意义的宏观社会结构，从多维贫困的角度看，主要指贫困自身的内部性结构。⑧ 尤其是对非收入性的知

---

① 沈扬扬，李实：《如何确定相对贫困标准？——兼论"城乡统筹"相对贫困的可行方案》，《华南师范大学学报》（社会科学版）2020年第2期。

② 邢成举，李小云：《相对贫困与新时代贫困治理机制的构建》，《改革》2019年第12期。

③ Dunn A. Relative Poverty, British Social Policy Writing and Public Experience. *Social Policy & Society*, 2016 (3).

④ 陈宗胜，沈扬扬，周云波：《中国农村贫困状况的绝对与相对变动——兼论相对贫困线的设定》，《管理世界》2013年第1期。

⑤ 王小林，冯贺霞：《2020年后中国多维相对贫困标准：国际经验与政策取向》，《中国农村经济》2020年第3期。

⑥ 程杰：《社会保障对城乡老年人的贫困削减效应》，《社会保障研究》2012年第3期。

⑦ ［日］藤田孝典：《下游老人》，褚以炜译，中信出版社2017年版，第139页。

⑧ 杨菊华：《人口转变与老年贫困》，中国人民大学出版社2011年版，第61-72页；陈桥、李思怡：《我国残疾人多维贫困状态测度》，《经济师》2017年第11期。

识、权利、能力、健康及环境等贫困现象的具体研究等①,以及这些贫困形成的结构性原因,例如,"穷人表面上看似缺乏稀缺性和竞争性的资产用来改变生活的处境和窘迫,而实质上是缺少对这些资产的控制权和谈判能力"②。上述研究有效拓展了对贫困的认识深度,具有新的启示意义,但如何结合特定人群的贫困特点和现实状况,进行合理的贫困维度选择、层次划分及分析其中交互影响关系,尚待新的探索。

第二,从贫困的内容角度界定。一是主要集中在收入以及与此相似的因素,如消费不足。把这条贫困线应用于社会调查之中,就可以确定有多少人生活在贫困线以下。二是主要关注收入的水平,但又不局限于收入,而是多种维度和多种因素的综合指标,这些指标比单纯的收入指标更丰富和复杂。英国学者梅志里认为,多指标数据"既是对诸如健康、居住、教育等特定状况的度量,同时也能间接地反映出更宽泛的社会状况"。钱伯斯的"贫困劣势网"分析框架包括教育、信息、社会关系、政治诉求、安全、法律地位以及物质、身体状况等。根据诺贝尔经济学奖获得者阿马蒂亚·森的能力贫困理论,除了收入和物质以外,贫困最主要体现为能力的贫困。阿马蒂亚·森指出:"贫困不仅仅是相对地比别人穷,而且还基于得不到某些基本物质福利的机会,即不拥有某些最低限制的能力……贫困最终并不是收入问题,而是一个无法获得某些最低限度需要的能力问题。"③ 关于人文贫困论,联合国在1997年出版的《人类发展报告》中提出了人文贫困或者人类贫困的概念,提出了贫困的三个指标,即寿命的剥夺、知识的剥夺和体面生活的剥夺。剥夺意味着应享有权利、机会、途径的丧失,从而导致发展能力的不足。

从国内学者研究看,20世纪90年代就有学者已不局限于从经济收入的角度界定贫困,认为"贫困是经济文化落后的总称,是由低收入造成

---

① 相关研究参见胡鞍钢、李春波:《新世纪的新贫困:知识贫困》,《中国社会科学》2001年第3期;文建龙:《权利贫困论》,安徽人民出版社2010年版;[印]阿马蒂亚·森:《以自由看待发展》,任赜、于真译,中国人民大学出版社2002年版;祁毓:《"环境贫困陷阱"发生机理与中国环境拐点》,《中国人口·资源与环境》2015年第10期;陈化:《健康贫困与卫生公平》,《学术论坛》2010年第7期。

② 迪帕·纳拉扬等:《谁倾听我们的声音》,付岩梅等译,中国人民大学出版社2001年版,第75页。

③ 转引自张明龙、池泽新:《贫困研究概况与述评》,《经济研究导刊》2015年第8期。

的基本物质、基本服务相对缺乏以及缺少发展机会和手段的一种状况"[①]。也有学者从贫困要素及典型指数的角度对贫困进行了更为全面的界定。如表 6-1 所示。

表 6-1 贫困要素和典型指数

要素	典型指数
健康状况及对医疗卫生的享有	行为的能力；各种病症；与医护人员的联系
就业和工作条件	失业经历；工作的体力要求；在上班期间离开工作场所的可能性
经济资源	收入和财富、财产；应付一周内出现千元以内意外支出的能力
教育与技术	受教育年数；教育水平
家庭和社会融合	婚姻状况；与朋友及亲属的联系
住房	平均每间房居住人数；居住环境
生活及财产安全	受暴力及盗窃影响的程度
娱乐及文化	闲暇时间；假期旅行
政治资源	选举权；加入工会及政党的权利；提意见的能力

（陈晓云：《经济福利的心理保障》，复旦大学出版社 2009 年版，第 160-161 页。）

二、贫困治理内涵的分析界定

关于贫困治理的内涵，较早是由瑞典学者冈纳·缪尔达尔详细论述的。其观点集中体现在他的《亚洲的戏剧》以及《世界贫困的挑战——反贫困大纲》等著作中。缪尔达尔主要讨论了东南亚国家的贫困及其治理问题，强调基于贫困形成的多种因素，在教育、平等、人口、就业等方面进行综合贫困治理行动。此后，西方学者又有贫困治理目标、过程和手段等方面的创新研究。

对贫困治理概念的界定应与治理及政府服务理念紧密结合，使治理过程体现政府法治、透明、有限、责任、需求、回应等要义。20 世纪 90 年代以来，以上观念得到国内外学术界的广泛重视与研究。进入 21 世纪

[①] 林闽钢：《中国农村贫困标准的调适研究》，《中国农村经济》1994 年第 2 期。

后，对其研究与实践获得了进一步的发展。贫困治理是政府社会服务的基本内容和重要任务之一，也是基本的公共社会服务，是服务型政府理论与实践在应对贫困中的具体应用。其基本要素有以下几点。其一，保障和促进贫困者的生存与发展，或以生活救济、增强贫困地区和贫困人群自身脱贫能力为主要方式，保障贫困人群各项权利的有效实现。早在1938年，德国行政法学家厄斯特·斯福多夫在《作为服务主体的行政》中就提出，要将对贫困者的生存照顾作为政府服务的重要内容。此后解决贫困问题一直是政府的一项服务内容，并在内容与形式上不断创新。其二，贫困治理的主体是政府，体现了政府服务权力来源与运作目的的人民性和公共利益的目的性等。在中国，政府服务主体应以民政机构与扶贫开发机构为主导，各种机构协同进行。其三，从制度依据看，贫困治理有特殊的制度体系，包括实现贫困人群生存与发展的各项制度，公正客观的贫困监测系统和组织机构，严格规范的反贫困项目检查、监督和评估制度等。其四，在治理资源保障上，需要有广泛的资源基础，而不仅仅是收入支持。

三、贫困治理实践的演变

（一）观念基础的演变：从人道救济到人权及公平进步

与贫困概念演变相适应，贫困治理的内涵也存在一定的变化过程，大体可以进行以下的归纳梳理。

在早期，人们对贫困的治理行为更多地体现为人道救济。制度化、规范化反贫困在中国有着悠久的历史，如荒政即古代灾害救济法令制度，《周礼》较为完整地记载了相关的政策措施。近代以来，法律制度在反贫困中的作用日益突出。19世纪60年代，著名思想家冯桂芬在学习荷兰、瑞典等西方国家社会救助制度经验的基础上，撰写了《收贫民议》一文，提出反贫困内容与形式的创新主张。1895年"公车上书"时，康有为就提出了恤穷、务农、劝工、惠商为救国养民的四大政策，救国须从"扶贫济弱"开始。① 在中国设立的各种"善堂"中，教育和收养并重，帮助贫困者提高生存技能，发挥他们的劳动潜能。以上的贫困治理对应的观念基础主要出于人道救济。

进入现代社会后，贫困治理与人权及社会公平进步具有了密切的联系。中国共产党在根据地就采取了新的反贫困法制形式，专门颁布了一些相关人权立法，如1940年颁布的《山东省人权保障条例》、1941年颁布的《冀鲁豫边区保障人民权利暂行条例》、1942年颁布的《陕甘宁边区保障人权财权条例》、1943年颁布的《渤海区保障人权条例执行细则》等。这些法律文件规定了十分广泛的人权内容，包括保障人民的生命权、自由权和财产权，将劳动与教育相结合以提高劳动者的素质，通过公办、私办多种形式发展劳动者的教育事业等。1954年宪法第93条明确规定："中华人民共和国劳动者在年老、疾病或者丧失劳动能力的时候，有获得物质帮助的权利。国家举办社会保险、社会救济和群众卫生事业，并且逐步扩大这些设施，以保证劳动者享受这种权利。"1982年宪法对此进行再次强调。2014年《社会救助暂行办法》特别规定："为了加强社会救助，保障公民的基本生活，促进社会公平，维护社会和谐稳定，根据宪法，制定本办法。""社会救助制度坚持托底线、救急难、可持续，与其他社会保障制度相衔接，社会救助水平与经济社会发展水平相适应。社会救助工作应当遵循公开、公平、公正、及时的原则。"

（二）参与主体演变：从单一主体到多主体合作共治

由于贫困治理目标的复杂性和贫困任务的艰巨性，政府单一主体治理局限性日益凸显。多主体扶贫共治、激发贫困者内生动力，有效化解可能产生的矛盾冲突，形成协同共治局面，并制定相应扶贫规则，已成为必然要求。对此，发展型社会政策学者进行了系统归纳，如表6-2所示。

---

① 中国史学会：中国近代史资料丛刊《戊戌变法》（2），上海人民出版社1961年重印版，第143页。

表 6-2 发展型社会政策功能目标及相关政策保障

行为人	目标群体/目标	政策
国家（中央、地方） 公民社会（非政府组织、社区、社会行动） 民营商业部门（国内的、跨国的、超国家的） 国际发展机构（多边机构、双边机构、联合国机构、区域性组织）	目标群体：个体、家庭、社区 目标：增进全民福利、提升人力资本、增进劳动力的国际竞争力、增强社会凝聚力、抗击社会排斥（无论是阶层、性别还是种族划分）	基本的社会服务（卫生、教育、住房、社会保障） 安全网/社会基金 可持续性生计支持 跨部门的处理问题方式 法定权利、社会权利、能力参与/包容 责任性的落实（建立问责机制）

（［英］安东尼·哈尔，［美］詹姆斯·梅志里：《发展型社会政策》，罗敏、范酉庆等译，社会科学文献出版社 2006 年版，第 53 页。）

随着我国扶贫实践的深入及后脱贫时代的到来，贫困治理急需实现脱贫稳定性机制的建构，即在相关政府部门、贫困者及非政府组织之间形成贫困治理的法治化结构。贫困治理结构优化在很大程度上是使各种主体关系合理化，这直接取决于政府行为状况，而政府行为的法治化程度是多主体合作共治的关键。

（三）效果评价转变：从资金支持到多种福利需求满足

我国农村扶贫历经政策演变并取得了重要成效，以 2013 年习近平总书记赴湘西扶贫攻坚调研时提出精准扶贫理念为标志，我国进入扶贫治理精准化的新时期。此后我国扶贫的理念与策略发生了一系列变革，涵盖扶贫绩效要求、对象目标、动力来源及资源运用等多个方面，以最终有效完成 2020 年"稳定实现扶贫对象不愁吃、不愁穿，保障其义务教育、基本医疗和住房"的精准脱贫预期目标。以上扶贫目标的完成意味着我国将迈入后脱贫时代，并将面临新的挑战。《乡村振兴战略规划（2018—2022 年）》第十章坚决打好精准脱贫攻坚战中，在强调巩固脱贫攻坚成果，研究建立促进群众稳定脱贫和防范返贫的长效机制的同时，提出了新时期的扶贫创新要求，即加快建立健全缓解相对贫困的政策体系和工作机制。实施深度贫困地区脱贫攻坚行动方案。这对我国扶贫政策与立法也提出新的目标,对如何处理立法与政策关系的处理也提出了新的议题。①

以上表明,我国贫困治理已不仅是满足贫困者的物质需要,而且应满足其多样性和层次性的需要,心理、健康、能力发展、健康、自我实现、提升幸福感等都应成为贫困治理的重要内容,以适应贫困者需求的广泛性特点;不仅应满足贫困者的静态物质需要,而且要满足其动态和发展的需要。人的满足需要具有发展性,已满足的需要又会引起新的需要。不仅要注重贫困者普遍化的需要,也要满足个性化的需要。同时,不同人的需要存在差异性,应注重反贫困服务的个性化特点。劳动者自身也需发挥重要作用,政府应通过有效的激励措施,促进贫困者通过自身的劳动实现脱贫。

第二节 我国贫困治理对法治的需求分析

一、探索贫困治理对法治需求的必要性

随着我国扶贫攻坚工作持续推进,我国贫困治理取得了巨大成效,截至2019年末,全国农村贫困人口从2012年末的9899万人减少至551万人,累计减少9348万人;贫困发生率下降至0.6%。② 这并不意味着我国扶贫任务结束,而是将进入新的时期。2020年10月党的十九届五中全会审议通过了《中共中央关于制定国民经济和社会发展第十四个五年规划和二〇三五年远景目标的建议》,对民生问题未来发展提出系统要求,对农村扶贫与发展问题高度关注,特别要求脱贫攻坚成果巩固拓展和乡村振兴战略全面推进。实际上也提出2020年扶贫攻坚完成后的新扶贫目标。一是防止脱贫返贫,真正形成长效治理机制。为此就要注重提升广大农村居民自我脱贫致富能力,增加非农业收入,因此发挥相关立法作

---

① 徐曼:《打好后扶贫时代脱贫攻坚战》,《人民论坛》2019年第9期。
② 方晓丹:《2019年全国农村贫困人口减少1109万人》,国家统计局2020年1月23日,http://www.stats.gov.cn/tjsj/sjjd/202001/t20200123_1724700.html。

用十分必要，使其也能够享有我国《就业促进法》规定的就业扶持政策，《就业促进法》第54条规定，地方各级人民政府加强基层就业援助服务工作，对就业困难人员实施重点帮助，提供有针对性的就业服务和公益性岗位援助。鼓励和支持社会各方面为就业困难人员提供技能培训、岗位信息等服务。目前，这类规定在不少农村地区落实得还非常不够。二是要应对相对贫困，并作为与乡村振兴战略紧密衔接的任务。2020年《中共中央 国务院关于抓好"三农"领域重点工作确保如期实现全面小康的意见》也特别提出了加紧研究建立解决应对相对贫困的长效机制问题。

关于我国扶贫理论及实践问题的研究成果，长期以来主要集中于经济学、管理学及社会学等领域，而在法学领域较为少见。在全面推进依法治国的时代背景下，探索如何从法治视角理解扶贫中的规制需求及实践路径等问题，具有十分重要的意义。如果说加快弥补民生领域法治建设短板是我国实现全面推进依法治国的迫切要求，那么，扶贫领域的法治化建设则是其中的基础性任务。

目前国内学者已经存在扶贫法治化等相关研究，但集中于操作性制度及其建设完善方面，政府反贫困的法治化理论准备明显不足。如政府反贫困服务中如何全面看待贫困者的需要、他们的权利义务关系如何，作为主要反贫困的政府之间权责关系如何有效地加以规范，政府反贫困中公平与效率关系怎样处理等，这些问题还缺乏深入的理论研究。目前政府在反贫困中发挥了积极作用，但也存在一些现实问题，如反贫困目标设定不清晰或不科学，主体责任关系不明确，难以落实和追究责任，缺乏平等性保障、必要的约束性和激励性规范，具体性制度缺位或者不健全等。这些问题在一定程度上会影响整个反贫困系统整体功能的有效发挥，难以适应我国政府反贫困快速推进的需求。能否有效实现2020年后新扶贫脱贫目标，很大程度上取决于贫困者扶贫内生动力能否充分得到激活。这实际上也意味着新扶贫目标下脱贫动力重构，并且具有必要性和迫切性，因为在长期农村贫困治理中，我国的扶贫整体上呈现出的是"国家角度"的帮扶和救济，借由国家的力量在短期内可以改变贫困农民的生活状况，但也衍生出许多负向的功能，即此种扶贫模式加大了国家的责任而弱化了贫困农民的主体性责任能力，使得贫困农民的改变动力逐渐丧失，从而陷入"福利陷阱"。对此，我国政府已高度重视，强调要尊重扶贫对象的主体地位,立足贫困者自身实现脱贫致富。但目前无论在理念上还是实践策略上,都缺乏具体的研究探索。要应对这一问题,客观上需要突破以上理论观念,确立新的贫困农民主体能力思维。

从一般社会治理的规制角度来看,政策与法律作为两种规制手段各具优势与缺陷,需要互相补充以发挥协同作用。而特定治理领域下政策与法律在发挥规制作用时应如何处理二者关系,在实践中应如何操作,还需要更加深入具体的系统性分析。在我国后脱贫时代的扶贫治理新需求的情境下,政策导引式的规制模式虽在特定问题上可以发挥特有优势,但总体看仍会造成客观上的多重矛盾与冲突,因而使政策导引转向法治化的规制模式成为必然。这需要使扶贫规制对现实及未来扶贫治理的需求能够进行有效回应。同时对扶贫法治在价值、规范及运行三方面的特质及其逻辑机理进行深入具体的认识,在充分运用我国既有法治资源的基础上,创新拓展扶贫法治的价值理念,全面完善扶贫法治的规范体系,精细建构扶贫法治的运作保障,由此真正实现我国扶贫治理转向。

扶贫法治的探索对我国法治研究提出了具有挑战意义的新课题。与经济福利相比,健康、机会、权力等多维度的贫困内涵更难进行精准把握与有效治理。法治"嵌入性"特质为这一问题的研究提供了新分析视角,应积极吸收法哲学、法理学、法政治学及法社会学多学科研究的新知识成果,积极总结和吸收国内外有益的实践经验,充分注重实证支持,对贫困人群个体贫困情形及致因的差异性和复杂性进行具体把握,并在扶贫法治化的规制体系中及时回应,使扶贫工作法治运行与我国扶贫持续深化相得益彰,使我国长效化的扶贫工作获得切实保障。

二、法治在贫困治理中的特殊价值

法治在贫困治理中有着特殊价值,具体分析如下。

(一)促进贫困治理功能目标的不断优化

从国外经验看,以往的贫困治理目标主要是促进贫困者收入增长。第二次世界大战后,英国福利将贫困人群置于一种消极被动的状态,就业潜能未能得到有效发挥,因此,为更好地促进他们的持续就业,政府积极帮助贫困人群增强就业的能力,其基本措施是实行强制性再就业的培训。通过定期的辅导员见面制度为失业者提供就业建议，树立就业信心，进行工作技能帮助等。同时还调整了福利支出方式，加大了就业能力培育和就业咨询服务方面的福利支出量。在此方面，国外已存在相关立法，如美国1962年的《人力训练与发展法》《经济机会均等法》和1996年的《个人责任与就业机会协调法》。日本政府1950年通过、2005年修改的《生活保护法》，在对民众进行基本生活保障的同时，也强调加强就业援助，促进个人自立，促进个人资源的最大化运用。在通过扶贫追求可持续性生计的过程中，重视健康与教育的特殊作用。健康是贫困人群真正脱贫的重要保障之一。在教育方面首先要重视正规基础教育，因为基础教育能够开发人获得知识和技能的机会，改变将贫困者和一些贫困边缘人群排斥在政治和经济生活以外的现象。同时也要发展非正规教育，加强成人促进生计的教育活动，把促进贫困者就业教育作为反贫困的一项重要内容。立法方面的相对滞后，无疑制约了实践的效果。

目前，我国相关立法也对贫困治理价值有所体现，如我国《就业促进法》体现了发展、稳定、平等等价值目标。

（二）促进扶贫公平与效率的有机结合

这主要体现为对贫困者权利义务的合理设定，针对特定群体扶贫行动策略进行了具体规定，例如，对青年人、残疾人、老年人、成年人的贫困救助与脱贫发展问题进行了细致化规定。再如英国1995年《求职者法》促进贫困者就业规定更加具体化。它规定了重返工作的贫困者可获得最高金额达到1000英镑的免税奖金，即规定工资收入一部分数额不纳税，以此作为对其工作收入的补充。进入21世纪后，英国政府实行了更为灵活的补贴制度，以适应劳动力市场的新变化，如允许在领取补贴的同时从事工作。有学者将这种现象称为"工作与福利的混合体"。[①] 如果贫困者没有合理的理由自愿离职或者不接受强制培训或不接受就业方案，政府可以不承担救济责任。如果贫困就业者因错误行为被开除，政府也视同以上情况选择停止履行贫困救济责任，从而给他们施加持续工作的压力。美国前总统克林顿于1996年签署的联邦政府福利改革法案《个人

---

① ［英］内维尔·哈里斯等：《社会保障法》，李西霞、李凌译，北京大学出版社2006年版，第346页。

责任与就业机会协调法》也属于类似规定。

实际上，我国相关政策对此也有一定涉及，如强调引导贫困群众克服"等靠要"思想，就是要求贫困者也承担一定义务责任，但还需以立法作为保障。

（三）促进实行贫困治理的资源有机整合

立法对加强贫困治理行动的有机合作能够发挥特殊作用。非政府组织通常被认为在促进扫盲，特别是对妇女和女童的扫盲及非正规教育方面能够发挥特殊作用。相关研究表明，政府应该与非政府组织和公民社会形成更强有力的合作伙伴关系，从而更好地依赖这种传统来解决贫困、失业、公民权准备以及治理问题。[①] 以购买服务为例，政府购买服务已经成为一种国际趋势。美国是较早实施政府购买服务的国家，20世纪60年代，"'在大社会'思想指导下，联邦政府致力于减少贫困和灾难，政府动用了大量公共资助金来支持非营利组织提供各种社会服务。1979年，大约有55％的服务是州政府和非营利组织通过契约的形式购买其服务的"[②]。美国大多数州在心理健康方面实行了政府购买服务的制度，这样避免了政府的官僚制，可以让心理健康服务更适应当地社区居民的需要。[③] 欧盟于1992年颁布了《公共服务采购指南》，将电子政务及相关服务、健康与社会服务、文化及体育等27类公共服务全部纳入向市场购买的范围，凡是价值超过20万欧元的公共服务，一律公开招标购买。[④] 中国政府购买服务在一些地方已经开始起步，但在内容和形式上都有待于进一步拓展，以更适合现实反贫困服务的需要。

贫困治理不单纯是一个经济问题，而且包括社会因素的改变，如机会、权利义务分配情况的变化，涉及资源的分配，具有强制性的方式和

[①] ［英］安东尼·哈尔，［美］詹姆斯·梅志里：《发展型社会政策》，罗敏、范酉庆等译，社会科学文献出版社2006年版，第230页。

[②] 朱眉华：《政府购买服务——一项社会福利制度的创新》，《社会工作》2004年第8期。

[③] Schlesinger M, Dorwart R A, Pulice R T. Competitive Bidding and States' Purchase of Services: The Case of Mental Health Care in Massachusetts. *Journal of Policy Analysis and Management*, 1986, 5 (2).

[④] 卡佳：《"购买服务"政府的钱不好花》，《社区》2005年第9期。

手段的立法制度能够发挥特殊作用,并实现行动与效果的连续性和稳定性,防范脱贫后返贫风险。所以,在中国加快全面依法治国进程中,民生领域法治建设的有效推进已成为相当急迫的任务。习近平总书记对新时期加强我国重点领域立法予以特别强调,"加快保障和改善民生、推进社会治理体制创新法律制度建设。依法加强和规范公共服务,完善教育、就业、收入分配、社会保障、医疗卫生、食品安全、扶贫、慈善、社会救助和妇女儿童、老年人、残疾人合法权益保护等方面的法律法规"①。而以上内容与贫困治理有着直接或间接联系。注重扶贫治理的法治研究与建设实践,内在要求提升相关法治的回应性供给能力,从而实现新时期扶贫这一特定领域"法治建设和法治发展的方位更精准、重点更明确"②。

第三节 我国贫困治理法治化发展的分析审视

一、我国贫困治理法治化发展成效

在改革开放以来由我国政府主导的扶贫历程中,扶贫法治建设备受重视,《中国农村扶贫开发纲要(2011—2020年)》特别提出,要加快扶贫开发法治建设,使扶贫工作尽快走上法治化轨道以便为各种类型的扶贫行动提供方向性、原则性指导或制度化依据。进入21世纪以来,随着我国贫困治理步伐的逐步加快,一系列加快扶贫立法的政策精神与制度规范业已形成,大体包括以下五种类型:第一类是基本政策,主要指中共中央和国务院联合发布的政策文件,如《中国农村扶贫开发纲要(2011—2020)年》《中共中央 国务院关于打赢脱贫攻坚战的决定》《中共中央 国务院关于打赢脱贫攻坚战三年行动的指导意见》等;第二类是国务院行政法规,如《中国农村扶贫开发纲要(2001—2010年)》《国务院关于在全国建立农村最低生活保障制度的通知》《残疾人就业条例》《社

---

① 《中共中央关于全面推进依法治国若干重大问题的决定》(2014年12月23日)。
② 张文显:《中国特色社会主义法治理论的新飞跃》,《法制与社会发展》2017年第6期。

会救助暂行办法》等；第三类是国务院部委或办公厅发布的规范文件，如财政部、国务院扶贫办发布的《财政扶贫资金绩效考评试行办法》及《财政专项扶贫资金绩效评价办法》，国家卫健委、发改委、财政部、医保局、国务院扶贫办发布的《健康扶贫三年攻坚行动实施方案》；第四类是中共中央办公厅与国务院办公厅联合发布的政策文件，如《脱贫攻坚责任制实施办法》等；第五类是全国人大常务委员会所制定的涉及扶贫内容的相关立法，如《就业促进法》《义务教育法》《社会保险法》《老年人权益保障法》《残疾人保障法》等。《劳动法》第 2 章也规定了促进就业中的政府职责：国家通过促进经济和社会发展，创造就业条件，扩大就业机会。劳动者就业，不因民族、种族、性别、宗教信仰不同而受歧视。《就业促进法》第 6 章就业援助中专门规定了各级人民政府建立健全就业援助制度，采取税费减免、贷款贴息、社会保险补贴、岗位补贴等办法，通过公益性岗位安置等途径，对就业困难人员实行优先扶持和重点帮助。就业困难人员是指因身体状况、技能水平、家庭因素、失去土地等原因难以实现就业，以及连续失业一定时间仍未能实现就业的人员。就业困难人员的具体范围，由省、自治区、直辖市人民政府根据本行政区域的实际情况规定。政府投资开发的公益性岗位，应当优先安排符合岗位要求的就业困难人员。被安排在公益性岗位工作的，按照国家规定给予岗位补贴。地方各级人民政府加强基层就业援助服务工作，对就业困难人员实施重点帮助，提供有针对性的就业服务和公益性岗位援助。地方各级人民政府鼓励和支持社会各方面为就业困难人员提供技能培训、岗位信息等服务。

除上述制度规范外，我国还另有大量地方性扶贫政策制度。徒法不足以自行，为确保以上规制措施的落实，我国还设计了相应的执行保障路径，如脱贫攻坚考核监督评估机制、常态化约谈及扶贫领域腐败和作风问题专项治理等。此外还存在大量的地方性制度。湖北省民政厅 2009 年 3 月发出的《湖北省最低生活保障工作规程》，第五章分类施保中规定：按照低保对象自救能力、生活状况等不同情况，相应实施分类救助；对长期在城乡福利机构从事公益服务劳动的低保对象，可适当增发一定数额的临时补助金；对积极再就业的低保家庭实施低保渐退。积极就业后家庭人均收入超过当地低保标准的，可继续享受 1～3 个月低保补助，也可对家庭中老年人、残疾人、未成年人和重病患者再保障一定的期限。对自主创业后家庭人均收入未超过当地低保标准150%的，可延长保障一年。以上规定的目的是鼓励贫困者积极参加劳动就业，防范"福利依赖"。

二、我国贫困治理法治化发展存在的缺失分析

目前我国扶贫治理总体应属于政策导引式的规制模式，我国贫困治理法治化发展存在以下几方面的缺失。

（一）制度构成上总体立法薄弱

主要表现为专门立法尚未制定，相关立法较为薄弱，可操作化的规制内容亦十分有限。政策导引式的规制模式具有一定合理成分，尤其能够发挥政策这一规制工具在贫困治理中的灵活性、及时性和适应性等特点，有利于提升扶贫效率。伴随后脱贫时代的到来，贫困治理的任务目标发生转型，这使得过往政策导引式的规制模式愈发难以适应新的扶贫规制需要，存在城乡立法不平衡、立法位低、基本立法缺位、部分立法内容欠科学合理、责任要求等制度碎片化而缺乏应有整合等问题。具体又体现为制度结构形式不健全，正式立法较少，政策性、临时性规范文件较多。这必将影响制度的实践效力。

（二）实体法与程序法不协调匹配

通常来看，实体法是以规定权力、责任、权利、义务为基本内容，程序法是规定权力行使、责任承担、权利享有和义务履行行为的时间、空间、顺序等方面的法制。通常我们对实体法比较重视，而忽视程序法的重要性。实际上，实体法与程序法有着不可分割的关系，因为没有相应的程序，公众就难以有效地行使他们的权利和承担相应的义务，便无法对政府权力运行状况知情、参与和制约，如果政府权力出现偏轨现象，就难以对违法责任进行及时的追究和矫正。因此，程序性法制对政府反贫困服务相当重要。程序性法制的缺乏会直接影响反贫困中公平正义的实现和效力的提升。

一般认为，程序最核心的价值是正义。自然正义、正当程序是最具

普遍性的一种价值追求。关于正义的观念不仅因时因地而变，甚至也因人而异。例如，格老秀斯认为正义即平等；庞德认为正义即自由与平等；凯尔森认为正义即合法性；阿奎那认为正义即幸福；博登海默则认为正义所关注的是如何使社会满足个人的合理需要和要求，并与此同时促进生产进步和社会内聚性的程度——这是维持文明社会生活方式所必要的——就是正义的目标。①可见，正义是一个内涵丰富、隐寓着各种变异的概念。就法律程序而言，最低限度的程序正义至少应当包含民主与效率两方面的要求，它们是立法程序赖以生存的道德根据。只有具备与此相适应的民主与效率的法律程序，才能较好地照顾到各方面的利益和权利的制度，才能对人类的利益与愿望予以合理的、公平的满足，才能保证权利与义务分配（分配过程、分配方式和分配结构）的合理性，形成一种理想的社会秩序状态。在我国反贫困制度中，规定了不少的公民权利、政府责任、监督保障措施等内容，但往往缺乏配套的程序，从而难以具体地落实。

（三）政府财政权在贫困治理中的规定运行不清晰

中国地域辽阔，不仅城乡差距较大，而且区域差距也非常大，这突出地反映在经济社会发展水平的差异上。经济发展水平差异较大，直接造成地区财力相去甚远，这往往会带来反贫困能力的参差不齐。实践中，一些财力有限的地方只得根据地方财力而不是民众的实际需求来确定反贫困开支水平、反贫困标准和具体支出的实际水平，因而难以充分满足贫困者现实发展的需要。特别是边缘贫困农民难以获得就业培训、小额贷款、小型创业资金支持等。这种问题在贫困地区显然更为突出，需要统筹安排。中央财政及发达地区应对于财政存在困难而反贫困任务又较重的地方以更多的支持。党的十九大报告在新时代中国特色社会主义思想和基本方略中明确指出，坚持在发展中保障和改善民生。增进民生福祉是发展的根本目的。必须多谋民生之利、多解民生之忧，在发展中补齐民生短板、促进社会公平正义。为此，就需要制定完善相关立法制度，促进民生保障更加公平。我们目前已存在相关制度政策，主要是财政转

---

① ［美］E. 博登海默：《法理学——法哲学及其方法》，邓正来、姬敬武译，华夏出版社1987年版，第238页。

移支付政策，如2015年财政部《中央对地方专项转移支付管理办法》规定，专项转移支付预算资金来源包括一般公共预算、政府性基金预算和国有资本经营预算。要按照事权和支出责任划分，专项转移支付分为委托类、共担类、引导类、救济类、应急类五类。为保障专项转移支付资金的有效运用，2020年财政部印发《中央财政实行特殊转移支付机制资金监督管理办法》的通知，其中要求加强中央财政实行特殊转移支付机制资金监管，确保有关资金直达市、县基层，直接惠企利民。以上政策规定及其实践取得了一定的积极效果，但目前也存在一些突出问题，主要体现在以下几个方面。第一，此方面立法缺乏，地方政府获得支持权水平不清晰。影响了以上规定权威性和实践执行的操作性，影响了实践效果。一些地方存在财政开支不够规范，地方权力机关对地方政府财政开支缺乏实时依法监督。第二，财政支出公平规定不明确，造成政府财政权限不明确。何为各个地区的居民具有享受相同生活条件的权利？何为享受同样的社会保障公共服务水平？这些不够明确，地方应有多大财政权也就不够明确。因此，中央财政对地方的支持水平力度等还存在一定的随意性。第三，如何将地方政府自主权赋予及有效监督有机统一，尚缺乏清晰的规定，从而难以保障政府财政权在清晰规制下有效运行。为充分发挥各级政府、尤其是地方政府在反贫困服务中的积极性与主动性，应当明确和尊重地方自主权。最近实地调查中也有反映现行政策有对地方政府资金使用要求过于严格，不利于资金调配问题，例如，某些民生资金有结余，但有些方面又资金不足，但地方政府不能随意调配。在特定范围内，也许赋予地方一定的财政自主权是必要的，但目前未规定有正当性与合理的评判标准或合理界限，不利于评判监督。第四，地方事权与财权不匹配，造成地方政府财政权能的实践困境。承担繁重事物的地方政府常常缺乏足够财政支持。而政府反贫困创新发展总体趋势是增加政府反贫困投入，这就会进一步造成财力的不足。中央、省和市级政府层层向上集中财权，县级政府只拥有有限的有效税权和财权，占70%以上全国人口的县乡财政组织的财政收入仅占全国财政收入的20%左右。①

---

① 周波：《"省直管县"改革应重点解决政府间财力与事权匹配问题》，《财政研究》2010年第3期。

(四) 贫困者权利保障不充分

我国政府自在全国范围内开展有组织、有计划、大规模的扶贫开发以来，政府的反贫困策略大体经历了由以减少贫困人口为目标、解决贫困人口的温饱问题到提高贫困人群的生活质量，再到开展参与式扶贫的历史演变，权利尊重观念逐步受到重视。但总体来看，保障贫困人群的各项权利的观念尚未真正确立起来，相当一部分人未能认识到政府对贫困的救助与帮扶对保障公民权利的意义，更缺乏对如何有效地加以保障的清晰认识，具体体现在以下几方面。

1. 对贫困者参与权利重视不足

贫困者的参与权利对政府反贫困具有重要作用，如果政府在反贫困过程中不能处理好与贫困者的参与关系，很可能会造成三种不良后果：一是对政府救济的依赖，不能激发贫困者的潜能；二是政府资金运用的低效，甚至被挪用，资金没有与贫困者的需求与发展有机衔接，而贫困者又缺乏监督发言权；三是由于前两种原因，不利于加大政府反贫困力度，政府财政负担逐年加重，最后可能不堪重负。早在20世纪末，曾有学者提出，要反思我国扶贫工作种种问题，用砍伐森林、乱建工厂等杀鸡取卵的办法来求得GNP数据升值，是不科学的；硬投资、强输入、扶你没商量，是不民主的。显然，唯一的办法，就是彻底铲除"官本位"思想，而代之以科学和民主。[①] 民主参与是公民的基本权利，如何将科学和民主权利有效地运用于政府反贫困仍是当今政府反贫困工作中未能有效解决的基本问题。例如，目前不少的反贫困制度，在相当程度上是政府闭门造车的结果，对公民参与权重视不足，不仅影响了政策制度的正当性、民意性，也制约了政府反贫困行为目标的实现。如从行政规章的制定程序看，我国目前尚未统一体现公众参与的立法规范。一些地方虽然制定一些规则，在实践中形成了起草、报送和初审、审定与颁发等程序，但也明显不够。

---

① 易中天：《他们为什么"扶不起来"——和潘年英讨论扶贫》，《新华文摘》1998年第11期。

2. 对特殊贫困群体的权利尊重存在缺失或者不完整

反贫困政策对老年人精神生活改善作用十分有限。例如老人精神健康权通常不被贫困救助所重视。以老人生病后的照料情况为例，有调查显示，"在719名被调查者中，有10%的农村老年人回答主要依靠自己，在日常的生活照料中有47.3%的人回答主要依靠老伴，有39.2%的人回答主要依靠子女；回答主要依靠亲友照料的占1.9%，回答主要依靠邻居照料的占1.3%，回答主要雇佣他人照料的占0.3%"①。精神与心理健康是健康权的重要内容，这一权利的保障有助于摆脱郁闷心情、延缓衰老和保持身体健康，但调查表明，"认为睡眠质量差或较差的占24.5%；在孤独感方面，有27.9%的农村老年人孤独感较强；在回答有关生活规律方面的询问时，25.1%的农村老年人认为自己的生活没有规律性。农村老年人的心理状况不容乐观"②。农村外出劳动力使农村老年人的生活照料和精神安慰受到较大影响。有学者调查显示："56%的人被调查者认为留守老人精神上孤独失落、生活上缺少照料、劳动负担较重，但经济上较为宽裕。82%的务工人员在外出时考虑了父母的养老问题，且77%外出子女为老人的养老做出了相应安排，改善了留守老人的生活条件，但加重了留守老人的劳动负担，其生活照料受到很大影响，会思念子女并感到孤独。留守老人从外出子女处获得的经济支持有所增加，但经济上依然拮据。"③ 在老人社区照料方面，社区养老设施明显不足，农村社区老年活动室、老年大学、老年人运动场地的拥有率还有待提高。此外，目前我国扶贫工作的具体措施，在某些方面有可能侵犯贫困者的隐私权、个人尊严等权利。

3. 对发展权重视不够

发展权是每个公民的基本权利，这一权利又通过受教育、劳动、就业等具体权利来实现。但总体来看，问题仍比较突出，如相关政府存在

---

① 苏保忠：《中国农村养老问题研究》，清华大学出版社2009年版，第70页。
② 苏保忠：《中国农村养老问题研究》，清华大学出版社2009年版，第85页。
③ 杜鹏，杨慧：《走近农村留守老人，为寂寞群体代言——评〈静寞夕阳——中国农村留守老人〉》，《中国农业大学学报》（社会科学版）2009年第2期。

着针对性不强、稳定性不够、操作性复杂等问题，未能结合民政部门在最低生活保障方面针对性强、灵活简便、易于参与、易于操作、目标明确等优势。尽管我国新扶贫政策规定了要满足贫困农民的多种福利需求，强调农民对自我生计改善的直接参与，但绝大部分扶贫资金是以整体发展为目标而设计的，缺乏反贫困行动及其目标的个性化和针对性，如不少小额贷款未能给予真正最需要的贫困农民，相当一大部分资金花在中等户，甚至富裕户身上。而扶贫资金只有一部分用于贫困户，大部分则用于富裕户和中等户人群。"更多的是重视经济开发而忽视了对贫困地区人力资源开发和社会文化资源的开发，贫困人口的自我发展能力未能得到根本提升，难以获得自我战胜贫困的能力。"[①] 整村推进的扶贫战略虽然增加了一些针对性，采取依托项目的方式，但对个体贫困农民的反贫困作用仍十分有限，造成了扶贫资源在困难群体目标瞄准上的偏离。近年来，对贫困者发展问题重视程度有所增强，但制度规范尚不健全，特别是未通过具体立法加以保障，也缺乏科学的具体制度设计。2009 年我国出台《关于做好农村最低生活保障制度和扶贫开发政策有效衔接试点工作的指导意见》，2010 年又出台《关于做好农村最低生活保障制度和扶贫开发政策有效衔接扩大试点工作的意见》，2016 年国务院办公厅转发民政部等部门《关于做好农村最低生活保障制度与扶贫开发政策有效衔接指导意见的通知》，在实践中取得了一定的成效，但这种衔接仍然存在一些问题，特别是公平与效率问题仍较突出。

（五）立法政策衔接整合不足，难以发挥整体效能

我国目前城乡不同地区、不同类型的反贫困政策制度大多是分割的，缺乏整体性制度安排。这种分割状态表现在多个方面，有学者归纳为以下四点。一是政出多头，协调化的社会救助管理体制尚未完全建立。由于缺乏强有力的决策监管体制，政府各部门从其自身职能和部门利益出发，分别设立救助机构，分别配备人员，各自颁布政策，各自筹集和使用资金。二是城乡政策分裂，一体化的社会救助运行机制缺失。三是制度分割，整体化的社会救助效能难以实现。四是轻视服务，功能配套的

---

① 赵曦，熊理然：《农村反贫困目标如何制定——与高新才、王科商榷》，《改革》2008 年第 10 期。

社会救助体系还没有建立。① 除此此外，还存在不容忽视的以下三方面问题：第一，反贫困救助性政策与相关立法缺乏应有整合，仍处于分割状态，如反贫困制度与特殊人群保护立法政策。第二，反贫困政策制定执行的行政机构与相关的监督保障机构也缺乏整合衔接，经常出现监督缺位问题。第三，有些方面已注意了整合衔接问题，但因缺乏有效力的立法而难以保障效果。如农村低保与扶贫开发的衔接只有意见性的政策文件，缺乏立法保障，具体的制度设计也有待改进。从西方国家来看，20世纪90年代中期以来，反贫困制度的一个重大转变就是积极倡导和推行有利于经济发展、个人发展的社会福利政策制度。为此，有些国家努力实现社会福利政策与经济发展政策的有效整合衔接，同时实现社会福利政策自身的整合衔接，如贫困救助与就业的有机整合，并成为各国反贫困制度发展的基本趋势，我国在此方面还有待加强。

（六）制度设计中责任法治化程度不高

根据公民权实现的基本原理，在反贫困中政府与贫困者都应承担一定的责任。但就中国目前政策制度看，这两方面都存在一定的缺乏。从政府责任看，反贫困服务应尽量降低成本，为此，就要重视政府服务责任法治化，对政府行为进行有效的约束。孟德斯鸠最著名的论述言道："一切有权力的人都容易滥用权力，这是万古不易的一条经验。有权力的人们使用权力一直到遇有界限的地方才休止。……要防止滥用权力，就必须以权力约束权力。"② 那么，如果假定一个人具有高尚的道德，情况又如何呢？西方思想家认为，情况也不会有根本的改变，当代美国著名法理学家博登海默认为，"一个被授予权力的人，总是面临着滥用权力的诱惑、面临着逾越正义与道德界线的诱惑"③。他得出结论："不受限制的权力乃是世界上最为有力、最肆无忌惮的力量之一。责任与权力功能相

---

① 林闽钢：《社会保障理论与政策："中国经验"视角》，中国社会科学出版社2012年版，第144-145页。

② [法] 孟德斯鸠：《论法的精神》（上册），张雁深译，商务印书馆1961年版，第154页。

③ [美] E.博登海默：《法理学——法哲学及其方法》，邓正来、姬敬武译，华夏出版社1987年版，第347页。

反性是责任能够使权力理性运作的功能基础。"① 责任的收缩性、被动性、给付性,恰好对权力的扩张性、主动性、利得性形成一种制约与抗衡。②

目前政府贫困治理工作总体上随意性较大,缺乏应有的立法责任约束。在实际工作中没有形成一个规范化责任承担要求与认定标准,贫困救助对象确定人数、标准、获得程序、帮助性资金使用要求等都比较模糊和随意。对于其中的原因有学者分析认为,在我国城市贫困问题发展的初期,"由于社会结构和经济结构调整而导致的较大规模的贫困问题来得比较突然,政府并没有来得及考虑创建一种制度性的社会政策作为长久的应对措施,而是习惯地采用了临时补救措施——如搞'社会帮困'活动、搞'送温暖'工程等"③。责任化不足、存在形式化现象和不少社会问题,同时一些违规现象不能得到及时纠正,使得许多地方出现了根据政府投入资金的多少来决定反贫困标准与人数的情况。

总体看,中国目前的政府责任建设中,法律责任仍然未能真正地健全起来。例如,作为责任承担形式,目前不少地方建立了引咎辞职制度,将干部个人能力不够、自身行为不当或因工作失误造成较大损失或影响等作为辞去所担任职务的直接原因。这显然是一种领导责任,而不是法律责任,存在一定的标准不明确、操作任意性等问题。行政决定失误而承担的警告、记过、记大过、降职、降级等也不属于违法责任,尚未引入立法责任,行政问责制也存在类似问题。

第四节　我国贫困治理法治化路径的现实选择

一、以贫困法治理念创新为先导

已有的法治理论成果对我国后脱贫时代的扶贫规制研究无疑具有重要理论价值,但仍较难为其提供直接而具体的理论支持。自古希腊思想

---

① 谢晖:《法学范畴的矛盾辨思》,山东人民出版社1999年版,第266页。
② 谢晖:《法学范畴的矛盾辨思》,山东人民出版社1999年版,第266-268页。
③ 沈振新:《编织反贫困的最后一道安全网——上海市社会救助工作的实践与思考》,上海人民出版社2009年版,第87页。

家亚里士多德提出并论述法治理念以来，人们普遍注重对法治要素原则性的阐释。"在法学的一般理论层面，很少在细节或者法治实现方法等方面进行与法治相勾连的研究。"①虽然近年来类型化和评估指标设计等在法学领域的兴起使法治研究趋于具体，但总体上仍偏向抽象化的分析。以权利评价为例，既有指标体系的开发在表面上全面整体，但每一种权利的细分结果仍体现了较强的原则性思维方式。②再如，有学者提出，需要从人权的质量和数量两个层面对其实践模式进行升级换代，即形成优化总量供给模式和个体配置模式③，或围绕实在法体系，从具体法理、一般法理、普遍法理三个维度诠释人权法的法理结构。④以上从扶贫治理角度来看，仍属于难以实操的抽象理论演绎。这是因为精准扶贫深化实践所诉求的权利保障，在实践上需要更加精细化的权利价值诠释并使其有可操作性。因此，在扶贫规制这一领域应呈现怎样的法治权利结构及具体形态，如何把握其逻辑机理，都有待进一步探索。

随着我国扶贫的深入推进，近年来理论界也开始出现将扶贫治理与法治化相联结的研究。包括从某一特定视角的研究⑤、整体性的研究⑥，以及对扶贫法治地方经验与存在问题的分析研究⑦等。总体来看，对扶贫

---

① 陈金钊：《魅力法治的苦恋——法治理论及其思维方式研究》，上海三联书店2015年版，第15页。

② 朱景文：《中国人民大学中国法律发展报告2015：中国法治评估指标》，中国人民大学出版社2016年版，第216-232页；周尚君等：《法治定量：法治指数及其中国应用》，中国法制出版社2018年版，第106页。

③ 汪习根：《马克思主义人权理论中国化及其发展》，《法制与社会发展》2019年第2期。

④ 刘志强：《论人权法的三种法理》，《法制与社会发展》2019年第6期。

⑤ 原新利，王佳愉：《精准扶贫法治化转向——以社会权保障为分析进路》，《广东行政学院学报》2019年第5期；赵兵让：《扶贫开发的法治化建设推进路径探析》，《法学杂志》2019年第6期。

⑥ 周强，胡光志：《精准扶贫的法治化及其实现机制探析》，《福建论坛》（人文社会科学版）2017年第1期；厉潇逸：《精准脱贫的法治保障》，《法学杂志》2018年第6期；王怀勇，邓若翰：《精准扶贫长效机制的法治路径研究》，《重庆大学学报》（社会科学版）2019年第3期。

⑦ 雷苗苗，肖睿颖，朱庆：《法治护航精准扶贫：理论、实践及路径选择——以安徽省13地市为调研对象》，《兰州大学学报》（社会科学版）2019年第4期；王善平，张新：《法治化治理视野中精准扶贫地方规范性文件的效用、问题及对策——兼评湘政办发〔2017〕65号文》，《河北法学》2019年第2期。

治理这一特定领域在相对完整的法治建构及其理论逻辑的特殊性论证上仍缺乏系统深入的分析。"既有研究对法律如何治理贫困、背后的机理是什么等核心和基础问题，缺乏理论上的回应。多数成果泛泛而谈，学理性探讨不多。"① 也有学者以权利为基点深入探讨扶贫治理问题②，但仍缺乏对我国扶贫治理的回应性法治形态及其逻辑机理展开的系统性论述，关于我国后脱贫时代扶贫治理规制的专门研究更是鲜有涉及。

从国际视野上看，从20世纪90年代开始，国际组织对扶贫治理中的法治规范措施予以高度重视。究其根源，主要在于人类贫困治理策略的重心在实践中发生了关键性的转移，即突破了以往单纯增加贫困者收入的扶贫模式，策略从单纯的收入改善调整为一种对教育、能力、健康、机会及服务等多维度、多层次贫困的综合治理，尤其是强调治理自由、平等、免于饥饿、受教育、卫生保健等多种权利缺失，并以政府和社会相应责任的履行作为基本的运作机制。这种对政府扶贫责任边界的再理解，势必涉及法治因素的引入，对政府扶贫责任履行结果的保障亦要求建构一种与多维贫困治理目标相匹配的扶贫规制。然而，上述扶贫规制理念无论在后续的理论发展还是政策实践上都未臻理想。从理论看，与贫困治理关联密切的福利法制"并非如其他领域的法律那样，是基于一定的法理而形成，具有目的性和体系性，而是受一定时期的社会需要、福利运动等因素的强烈影响"③。从实践看，一些国家的低水平法治直接制约了反贫困效果。"当政府拿出1/3的预算用于健康和教育时，其实很少一点钱用在穷人身上——亦即用于穷人改善其健康和教育所需要的服务。"④ 由此可见，如何系统把握扶贫规制的法治逻辑架构，有效推进扶贫规制的实践规范建设，同样是世界范围内扶贫治理迫切需要解决的理

---

① 胡仕林：《贫困的法律治理的国内研究述评与展望》，《社会科学动态》2019年第7期。

② 有学者具体论述了贫困权利，但对贫困内涵理解存在缺失，尤其对贫困在我国的实践特殊性和复杂性尚认识不足。参见汪习根：《免于贫困的权利及其法律保障机制》，《法学研究》2012年第1期；郑智航：《全球正义视角下免于贫困权利的实现》，《法商研究》2015年第1期。

③ [日]桑原洋子：《日本社会福利法制概论》，韩君玲等译，商务印书馆2010年版，第4页。

④ 世界银行：《2004年世界发展报告：让服务惠及穷人》，本报告翻译组译，中国财政经济出版社2004年版，第3页。

论与实践问题。

从我国扶贫深化以及后脱贫时代扶贫规制转向的需求出发，本书尝试引进嵌入性扶贫法治这一新理念，作为我国扶贫规制研究的新框架、新议题。"嵌入性"概念是在20世纪50年代由经济学家卡尔·波兰尼所最早提出，认为社会嵌入性是市场本质和必然逻辑，因为"人类的经济行动往往都是隐藏在社会关系之中的，经济体系也深深地嵌入社会关系当中"①。1985年后，学界对"嵌入性"这一概念的使用有了新拓展，目前已广泛运用于政治、经济、文化、社会组织、地方自治、社会工作及国家与社会关系等领域，其理论应用价值获得巨大提升。总体来看，嵌入性的含义主要包括以下几个方面。第一，制度规范、权责设计及其运行方式是嵌入性关系生成的关键因素。嵌入性关系是由信任、规范、责任以及认同所支持组成②，经济行动及其后果亦会受到行动者双方关系及制度情景等因素影响③。从制度经济学视角来看，政治权力的嵌入性运行是"由统治共同体的政治权力机构自上而下地设计、强加于社会并付诸实施的制度规范形成的"④。第二，关系嵌入和结构嵌入是嵌入的两种基本形式。前者强调关联主体间密集交互的互惠关系，包括在嵌入性认知的基础上，社会成员在共同的愿景和规则之下的有机合作，以减少成员之间的冲突，其中包含着共同协作和对各种资源分享机会的提供⑤；后者强调围绕参与者间联系而形成的结构特征及参与网络⑥。第三，嵌入程度存在实体嵌入与形式嵌入之分。前者指一个事物对另一事物的实质影响，

---

① Polanyi K, MacIverr R M. *The Great Transformation*. Beacon Press, 1944: 272.

② Nahapiet J, Ghoshal S. Social Capital, Intellectual Capital and the Organizational Advantage. *Academy of Management Review*, 1998, 23 (2).

③ Granovetter M. Economic Action and Social Structure: The Problem of Embeddedness. *American Journal of Sociology*, 1985, 91 (3).

④ [德] 柯武刚, 史漫飞:《制度经济学——社会秩序与公共政策》, 韩朝华译, 商务印书馆2000年版, 第32-37页。

⑤ Inkpen A C, Tsang E W. Social Capital, Networks, and Knowledge Transfer. *Academy of Management Review*, 2005, 30 (1).

⑥ Gulati R, Gargiulo M. Where Do Interorganizational Networks Come From. *American Journal of Sociology*, 1999, 104 (5); Grewal R, Lilien G L, Mallapragada G. Location, Location, Location: How Network Embeddedness Affects Project Success in Open Source Systems. *Management Science*, 2006, 52 (7).

包括在结构、层次和内容上两种事物的机体相互叠合；后者指两种事物较为表层的影响，包括规则体系运行形式的互有交叉。① 以上嵌入性概念的理论含义具有重要价值。虽然这一概念最初主要用于分析市场与经济行为，但对社会制度规则的优化设计、良性主体关系的形成与优化，以及对人类行为如何造成深刻社会影响并达到预期效果等问题的研究都具有重要的启发意义。目前国内已有学者将嵌入性理论视角引入到扶贫研究②，但尚缺乏更具实质意义的法治思维分析。为应对我国贫困治理中的现实困境与矛盾冲突，尤其是回应扶贫法治内容何以有效建构，以及扶贫法治运行何以有效保障等关键问题，嵌入性理论观点的引入不失为一个有益的分析进路。基于此，本书试开展嵌入性贫困法治新议题的研究，主要内涵包括以下几点。

第一，嵌入性贫困治理法治在要素上包括法治价值、法治规范和法治运行三个维度。其一，在法治价值嵌入性上，法律制度的价值选择具有基础意义并直接影响法治的实践效果。因为"法律只有在涉及价值的立场框架中才可能被理解"③。日本扶贫立法实践中就存在忽视公平价值的教训。④ 此外还应探索如何将法治价值与贫困者脱贫需求相互嵌入，以促进贫困者多维脱贫目标的实现，使贫困者认同并自觉践行扶贫主体的法治价值体系。其二，在法治内容嵌入性上，应探索如何建构和完善相关规制的具体内容，并与新时期扶贫规制的立法需求精准契合，最终发挥法治作为一套系统的相互协同作用。其三，在法治运行嵌入性上，应促进扶贫各主体之间及其与贫困者之间在扶贫规制运行中的行动联结，

---

① 许中波：《"环保嵌入扶贫"：政策目标组合下的基层治理》，《华南农业大学学报》（社会科学版）2019年第6期。

② 穆军全等认为，嵌入性机制设计是提升国家自主性和防止扶贫政策瞄准性偏离的必要手段。我国在精准扶贫中体现出三种嵌入机制：组织动员、干部驻村和项目下乡。但这些嵌入机制的实施效果并不理想，其根源在于与乡村社会运行机制之间的冲突。参见穆军全、方建斌：《精准扶贫的政府嵌入机制反思——国家自主性的视角》，《西北农林科技大学学报》（社会科学版）2018年第3期。）也有学者通过实地调研分析目前扶贫政策的脱嵌问题，参见方菲、吴志华：《双重脱嵌：精准扶贫政策的基层实践困境解析——基于湖北省X镇的调查》，《学习与实践》2019年第1期。

③ [德] 古斯塔夫·拉德布洛赫：《法哲学》，王朴译，法律出版社2013年版，第5页。

④ 如日本《北海道开发法》即存在忽视的教训。参见张前、余镜怀：《日本北海道开发及其对中国西部大开发的启示》，《现代日本经济》2001年第1期。

研究如何形成扶贫行动参与者间相互联系的结构网络，从而体现扶贫主体间的深度合作并提供分享知识和资源的机会。

第二，在价值目标上，旨在有效避免扶贫规制实践中可能存在的公平与效率缺陷，以实现公平与效率的有机结合。从国外扶贫法治化经验来看，即便存在相关法律制度，公平和效率目标之间仍然存在巨大的冲突。西方国家以立法手段规制政府扶贫行动已有悠久历史，大致包括五种类型。一是贫困救助的立法。1536年，英国就制定了《亨利济贫法》，这对英国扶贫法制的发展具有奠基作用。① 1948年，英国又制定了新的社会救助法。此后不少西方国家纷纷有类似立法制度出台。二是针对贫困人群、特殊人群的福利津贴立法。主要是针对老年、儿童及残疾人福利津贴等方面的立法制度。三是扶贫开发的立法。20世纪六七十年代美国制定了《地区再开发法》等多部立法，日本也有不少类似立法。四是贫困者救济与就业相联动的立法。如1995年英国的《求职者法》和1996年美国的《个人责任与就业机会协调法》。五是整合社会与家庭资源参与贫困治理的立法。如1996年美国福利改革颁布了"慈善方向"条款，以规范政府同宗教团体签订合约的共同反贫困服务行动。此外还有英国1990年的《全民健康服务与社区照顾法令》、1995年的《照料者（认定与服务）法案》及西班牙2006年的《推动失能者照护与自立法案》等。以上扶贫法治化实践不乏启示借鉴价值，但悬而未决的突出问题是，贫困者的脱贫需要始终未能有效嵌入相关立法之中，使得扶贫法治相对于部分贫困者而言有悖公平价值。这是因为西方国家扶贫规制的关注中心是福利供给效率②，但在新自由主义福利观下，他们尽量压减政府责任以节约政府支出，这就导致了就业能力较弱的贫困者必然被置于不利生存状态。所以，西方福利思想下的扶贫规制，"个人福利是否得到改进、不平等是否减少，……这些都是充满价值争论的复杂过程"③。根据美国相关立法，"贫困家庭临时救助项目"的要求十分严格。而在英国就业福利

---

① Slack P. *Poverty and Policy in Tudor and Stuart England*. Adisson-Wesley Press, 1988: 119.

② [英] Alcock P, May M, Rowlingson K：《解析社会政策（下）：福利提供与福利治理》，彭华民等译，华东理工大学出版社2017年版，第126页。

③ [英] Alcock P, May M, Rowlingson K：《解析社会政策（上）：重要概念与主要理论》，彭华民等译，华东理工大学出版社2017年版，第316页。

制度中，2006年制定了"达到相当于80%的劳动年龄人口的就业率"的目标，为达到此目标，政府需减少100万残疾人救助的领取者，增加100万老年工作者和30万单亲工作者。① 最终迫使不少难以就业者承担了过重的反贫困参与义务而难以获得政府救助。为解决扶贫法治存在的公平性问题，西方社会民主主义者转而主张普惠性福利理念下的制度设计，但这又会造成政府严重的福利负担，带来不可持续性和治贫效率低下等新的困境，亦不利于发挥贫困者自身潜能。上述问题均需要我国的嵌入性扶贫法治予以有效避免。

第三，在法理依据上，意味着我国扶贫治理由政策导引转向法律规制。那么我国扶贫法治化的现实基础，即存在的法治资源和加以运用的方式，需要深入探索。就我国扶贫治理的已有实践而言，强调贫困者对扶贫政策的主动参与，避免贫困户被动接受，建立贫困户申诉反馈路径，加强对扶贫权力运行过程的监督等做法实质上已经涉及法治嵌入问题。结合扶贫法治要素的具体界定，深入探讨我国嵌入性扶贫法治的现实资源及有效运用方式是这一研究的关键性内容。同时，对国外扶贫法治的理论主张和实践措施也需要加以分析，例如：强调对贫困者福利提供的契约性；通过引导贫困者"卷入"性参与，强调其对治贫过程的实质影响；实质性的福利改革强调"构建权利清晰的福利救助体系来取代社会基金，加强权利拥有人的权利，同时又不失裁量模式在满足特殊需求方面的优势"②。这些经验在我国是否适用，需要结合当今及未来扶贫的现实场景进行系统性研究。

嵌入性扶贫法治理念的引入，实质上就是以全民共享社会发展成果为理念基础，通过法治价值、规范及运行的嵌入进行规制设计，以激发贫困者内生动力并与外部帮扶有机结合，最终实现贫困者稳定脱贫。总体而言，嵌入性扶贫法治的结构特质和逻辑机理包括以下三个方面的内容。

第一，法治价值嵌入性特质及其逻辑机理。传统法理学中的法治价

---

① ［英］Alcock P, May M, Rowlingson K：《解析社会政策（下）：福利提供与福利治理》，彭华民等译，华东理工大学出版社2017年版，第212页。

② ［英］Alcock P, May M, Rowlingson K：《解析社会政策（下）：福利提供与福利治理》，彭华民等译，华东理工大学出版社2017年版，第92-93页。

值通常是法律实践目的的抽象表达，而当前与后脱贫时代的扶贫规制需要更为精细具体的法治价值，以有效嵌入到贫困者多维贫困治理的价值诉求中。这种法治价值的特质包括三个方面。一是价值的类型细分。除传统公平、正义、人权、秩序、效率等基本价值分类外，每类价值还应进一步细分。如健康权还可以从健康维护、医疗保障、基本医疗服务的可及性及医疗保险等方面形成子类权利。[1] 这种做法能够有效回应健康扶贫精细化的需求。联合国《经济、社会及文化权利国际公约》规定，人人有权享有能达到最高的体质和心理健康的标准。这意味着从扶贫需求角度而言，理应在心理、生理及医疗卫生服务可获得性等方面进行更为精细的权利分类。二是价值的可操作性。通过明确价值量化标准或计量方法，使法治价值具有更为精确的操作化手段。英国学者蒂特马斯以年金权利为例指出："'权利'的真谛不单是知道你有获得年金的'权利'，而且要知道你有权索取一份计算准确的款项。"[2] 由此可见，"以量化为特点的法治研究实质要求传统法学研究方法的变革"[3]。三是价值的互嵌关系。多种法治价值不应犹如碎片化的分割，而是存在相互间的嵌入与联结。这既是不同价值间的互嵌关系，也强调单一价值的整体性作用。以权利价值为例，现代生存权利本身就蕴含着健康及劳动参与等权利，"劳动权之根底下，蕴存着生存权"[4]。阿马蒂亚·森曾用"所有权集合"的概念分析贫困原因及其治理策略[5]，这种集合过程其实也是各类价值相互嵌入并融入法治化扶贫规制的过程。

以上扶贫法治价值特质的逻辑机理在于以下三点。其一，法治价值只有通过精细分类和相互嵌入，才能真正适应贫困者的差异化需求。贫困者不仅在脱贫需求上呈现多维性，且各维度贫困互构共变、关系密切，因此，任何单一价值都难以保障扶贫治理的整体效果。其二，法治价值

---

[1] Littell A. Can a Constitutional Right to Health Guarantee Universal Health Care Coverage or Improved Health Outcome? A Survey of Selected States. *Connecticut Law Review*, 2002, 35 (1).

[2] [英] 理查德·蒂特马斯：《蒂特马斯社会政策十讲》，江绍康译，吉林出版集团有限责任公司2011年版，第86页。

[3] 钱弘道：《法治评估及其中国应用》，人民出版社2017年版，第133页。

[4] [日] 大须贺明：《生存权论》，林浩译，法律出版社2001年版，第217页。

[5] [印] 阿马蒂亚·森：《贫困与饥荒》，王宇、王文玉译，商务印书馆2001年版，第6页。

的精细分类意味着扶贫主体及贫困者相关权利义务关系的精细化,这直接决定了贫困治理的深度和效度。仍以健康权为例,有学者指出,选择"'法权化'模式以照护健康,本身便意味着对公民自由、权利、平等(衍伸为'非歧视'要素)和生活品质的承认和尊重,这也构成了健康权的规范内涵,而从其功能考察,又能认识到健康防御权、健康受益权与获得健康照护权等具体的权利类型。二者结合,便形成了对'健康权'概念的完整认知"①。以上对健康权利的认识不无价值,但主要缺陷是局限于生物意义上的健康,缺乏从"生物—心理—社会"的视野对健康权进行精细化的理解,而这种理解已逐步成为健康问题研究的国际共识,也能够与健康扶贫的深度目标相匹配。法治价值的精细化同时伴随着权利义务关系认识的精细化。即不仅强调政府义务,还强调社会、家庭及个体义务。贫困治理的深度和效度同样体现为确立贫困者主体性,有效激发贫困者内生动力,而"权利细化作为保障,教育、参与、财产拥有及家庭决策发言权有机结合才能真正确立治理主体地位"②。换而言之,这种贫困者主体性的捍卫需要以精细化且具有整体性的法律权利赋予为基础。其三,可操作性的法治价值有益于资源更加精准的配置,避免贫困治理中因资源配置随意化而形成不公平的状态,如"悬崖效应"或"福利陷阱"等现象,也为扶贫监督问责及司法实践提供了清晰明确的行动标准。这在日本1963年通过、2005年修订的《生活保护法之保护基准》对地域及家庭成员标准差异及加算方法的量化规范中得到充分体现,值得研究借鉴。

第二,法治规范嵌入性特质及其逻辑机理。从规范形式上看,与传统法治理念单纯强调正式立法不同,回应我国新时期扶贫规制需求的规范形式应是多种类型规范的有机结合,这既包括正式制度也包括了非正式制度。一方面,在开发式扶贫、救助式扶贫、弱势人群的权益保障、就业促进帮扶、社会保险等方面,需要形成正式制度的立法规范,使贫困者扶贫需求得到有效体现。另一方面,政府也可引导和支持非正式制度的规范建设。如目前不少自治组织或乡规民约等已经体现其在扶贫规

---

① 李广德:《健康作为权利的法理展开》,《法制与社会发展》2019年第3期。
② [印]阿马蒂亚·森:《以自由看待发展》,任赜、于真译,中国人民大学出版社2002年版,第190页。

制中的作用,发挥了非正式制度规范在乡村场域下的独特价值。

从规范内容上看,如果说"模糊性以及模糊性而产生的不确定性是法律的基本特征"①,那么嵌入性扶贫法制的规范内容设计应对此极力加以避免,达到既有"规则的方式"加以硬性表述,又有"原则的方式"加以柔性要求。除扶贫法治的核心价值需要立法明订外,在扶贫行动中包括贫困者在内的各类主体行为均需制定具体且具有可操作性的规范内容。如在政府主体层面对相关扶贫行为的责任、维度、目标、事项、标准、手段、程序等方面形成明确规范。尤其需要指出的是,贫困者虽主要作为权利的享有者,但仍需依法细化其所承担的义务。如日本《生活保护法》在规定贫困者享有救助各种权利的同时,还系统规定了其自身能力活用、节约开支、报告及服从指示等义务。这种规范内容实质要求贫困者也应在扶贫中扮演主体角色。

以上扶贫法治规范特质的逻辑机理在于以下两点。其一,规范形式的多样性源自正式立法的单一规范形式难以适应扶贫多元共治的需求。在扶贫多元共治的实践中,各类主体都需要有规范可以遵从,以避免行动的任意性,防范出现反贫困中的低效、分配不当乃至违规违法等问题。有调查显示,村庄民主评议导致的识别错误率接近50%,这对精准帮扶构成了巨大挑战。② 因此,立法规范与其他规范的有机结合能够形成扶贫中"刚性和灵活性完美结合在一起的法律制度"③,这使得特定人群的福利供给能够纳入不同形式的规范,扶贫规制因而更具针对性和适应性。"除了立法之外,不仅有多种不同的方式可以保障并推进人权,而且这些不同的方式在很大程度上可以互补。"④ 如乡土规则及民间契约等非正式制度不仅可规范社会主体扶贫行为,还能够在民间资源整合和运用中发挥特殊优势。以互助扶贫为例,费孝通指出在乡村熟人社会,"来来往

---

① [英]蒂莫西·A.O.恩迪科特:《法律中的模糊性》,程朝阳译,北京大学出版社2010年版,第1页。

② 汪三贵、郭子豪:《论中国的精准扶贫》,《贵州社会科学》2015年第5期。

③ [美]E.博登海默:《法理学:法律哲学与法律方法》,邓正来译,中国政法大学出版社1999年版,第405页。

④ [印]阿马蒂亚·森:《正义的理念》,王磊等译,中国人民大学出版社2013年版,第340页。

往，维持着人和人之间的互助合作"[1]。其深层机理正如吉登斯对正式制度与非正式制度所进行的区分，"前者是浅层的、话语的、形式化的和制约力强的；后者是深层的、默契的"[2]。由此可见，多种规范形式的结合是实现扶贫多元共治下扶贫规制的最佳途径。其二，规制内容的精细化表达为扶贫政策执行提供了可操作性的制度依据，是破解当前扶贫政策执行困境的关键。如当前政策执行中的"悬浮现象""数字脱贫"，或为减少资源投入尽可能减少对扶贫对象的识别，地方政府对中央政策选择性执行等。[3] 避免以上现象发生的有效路径是制定完善的规范内容。在我国"中央统筹、省负总责、市县抓落实"的扶贫治理体制下，赋予基层政府在扶贫政策执行方面的自由裁量权成为必然，这能使资源"分配过程变得更为精准和有效率，它意味着个体复杂的和特殊的需要可以得到满足"[4]。但同时，也更需要突破传统依靠合理性或合法性原则的扶贫政策执行监督思维，以细化量化的制度规范内容作为考量标准。从贫困者自身主体性的角度来看，"对主体地位的理解，对于承认人作为负责任的人具有中心意义"[5]。法治规范内容的完善制定使贫困者成为权利义务的统一体，避免陷入"福利依赖"并激发其内生动力，也能减少扶贫政策执行中不合理的资源运用。

第三，法治运行嵌入性特质及逻辑机理。常态的法治运行通常强调行政执法、司法及公民守法。而在嵌入性扶贫法治运行中，需要特别强调扶贫主体的法治实践能力，这种能力与扶贫法治资源的运用密切相连。阿马蒂亚·森曾从"能力"的视角对贫困者权利的实现进行论述，以自由权为例，"一个人能否获得他有理由选择的事物，这一问题对这里所讨

---

[1] 费孝通：《乡土中国》，北京大学出版社 2012 年版，第 12 页。
[2] [英] 安东尼·吉登斯：《社会的构成——结构化理论纲要》，李康等译，中国人民大学出版社 2016 年版，第 20 页。
[3] Li L, O'Brien K J. Selective Policy Implementation in Rural China. *Comparative Politics*, 1999, 31 (2).
[4] [英] 哈特利·迪安：《社会政策学十讲》，岳经纶、温卓毅、庄文嘉译，格致出版社 2009 年版，第 78 页。
[5] [印] 阿马蒂亚·森：《以自由看待发展》，任赜、于真译，中国人民大学出版社 2002 年版，第 189 页。

论的自由概念至关重要"①。扶贫主体的法治实践能力对于不同参与主体有着不同的含义,如政府的法治实践能力体现为在法治框架下对相关资金、人力等各种资源的充足保障与精准运用能力,对社会资源的动员整合能力,最终体现为国家治理体系和治理能力,这是"一个国家制度和制度执行能力的集中体现"②;社会参与主体的法治实践能力体现为依法提供扶贫资源与有效运用的能力;贫困者的法治实践能力表现为依法运用自身资源实现自我脱贫的能力;司法部门的法治实践能力体现为精准解释和运用相关立法,维护贫困者权利以及纠正政府违法行为的能力。

  以上扶贫法治运行特质的逻辑机理在于以下三点。其一,与注重自由、秩序及效率等价值目标的传统法治运行形态有所不同,嵌入性扶贫法治的运行更注重发挥法治实践能力,以实现贫困者的福利权。因为"权利依赖于政府,这必然带来一种逻辑上的后果:权利需要钱,没有公共资助和公共支持,权利就不能得到保护和实施——福利权和私有财产权都有公共成本"③。当扶贫关系到弱者群体的基本生存与发展时,更需要运用法治实践能力达成"事前保障"。在此法治运行目标下,法治运行实践主体获得各类资源及其运用的能力成为获得法治运行效果的前置因素。其二,贫困者的弱势地位使得权利保障制度运行实施的能力成为核心。只有扶贫多元主体有能力诉诸整体性的行动,才能真正"把体现人民利益、反映人民愿望、维护人民权益、增进人民福祉落实到依法治国全过程,使法律及其实施充分体现人民意志"④。以健康权保障的运行实施为例,有学者提出"高效医疗制度是核心的健康权保障的社会机制,绝不亚于司法制度或者政治制度"⑤。这一制度运行的关键在于具有充分调动并有效运用掌握医疗资源的能力,否则对健康权的保障就会形同虚设,权利救济也会失去意义。其三,扶贫主体法治实践能力的运用要与

---

  ① [印]阿马蒂亚·森:《正义的理念》,王磊等译,中国人民大学出版社2013年版,第281页。

  ② 《习近平:切实把思想统一到党的十八届三中全会精神上来》,《人民日报》2014年1月1日。

  ③ [美]史蒂芬·霍尔姆斯,凯斯·R.桑斯坦:《权利的成本——为什么自由依赖于税》,毕竞悦译,北京大学出版社2004年版,第3页。

  ④ 《习近平在中央全面依法治国工作会议上发表重要讲话》,2020年11月。

  ⑤ 林志强:《健康权研究》,中国法制出版社2010年版,第221页。

贫困者相对接，激发贫困者的内生动力。在贫困者潜能的发挥中，社会道德及舆论的作用固然影响重大，但从根本上看需要依靠运用法治实践能力以体现贫困者合理的权利赋予和义务设定，发挥"法律促进潜存于社会体中的极具创造力和生命力的力量流入建设性的渠道"① 的功能。政府、社会和贫困者通过自身资源的整合与对接，最终将促进贫困者的心智、自主性及公平感知的提升等。

二、确立合理的贫困治理法治化目标

由于错综复杂的原因，我国扶贫工作在取得巨大成就的同时，也存在着亟待化解的矛盾和冲突。在后脱贫时代的贫困治理展开进程中，若缺乏有效应对，一些矛盾冲突将愈发凸显，并成为贫困治理目标达成的桎梏。有学者将这种矛盾冲突归结为制度结构的非稳定性、利益结构的非均衡性、治理结构的非对称性和资源结构的非对等性等表现形式。② 实际上，这些矛盾冲突的实质形态和深层原因需要从扶贫规制的选择及运作逻辑中去探寻。

第一，脱贫长效机制建设需求与现行扶贫规制的政策化存在矛盾冲突。在保证如期完成2020年脱贫目标后，如何有效防范和避免脱贫后重新返贫或陷入新的贫困，是当前乃至未来我国扶贫治理的中心任务。"如何巩固脱贫成效，实现脱贫效果的可持续性，是打好脱贫攻坚战必须正视和解决好的重要问题"③，为此，内在需要建立稳定脱贫和防范返贫的长效机制。而这种机制建成与否，无法仅仅依赖政策层面的灵活导引，而是与相关法治的建构完善息息相关。其原因在于以下两点。其一，权利规定的不足或缺失意味着深层贫困问题仍未解决，返贫现象易于发生。一个人避免饥饿的能力依赖于他的所有权，以及他所面

---

① ［美］E. 博登海默：《法理学：法律哲学与法律方法》，邓正来译，中国政法大学出版社1999年版，第394页。

② 方帅：《贫困治理困境的结构与冲突》，《华南农业大学学报》（社会科学版）2019年第4期。

③ 中共中央党史和文献研究院：《习近平扶贫论述摘编》，中央文献出版社2018年版，第83页。

对的交互权利的映射。① 权利不仅决定着资源的获得状况，而且决定着个体脱贫能力提升机会的空间状况。只有对贫困者权利贫困的有效消除，才能从根源上长效解决贫困问题，这意味着贫困者权利的法治支撑成为必然需求。其二，一些贫困者之所以脱贫后重新返贫或陷入新的贫困，除属于丧失劳动能力者或承担了较大疾病医疗支出等原因外，与贫困者自身能动性与潜能发挥不足密切相关。换言之，贫困者未能承担自我脱贫的义务。因为对贫困者义务规定的缺失，易形成对贫困者自身主体性缺失，"福利陷阱"或"福利依赖"均是较为典型的情况。因此，为应对以上两方面问题，在客观上需要以贫困者权利贫困的精准识别及治理为基础，建构以相关义务实践为核心的新型法治。而目前政策化的规制做法，势必与脱贫长效机制建设的法治化之间存在矛盾冲突。

第二，扶贫规范化的管理需求与现行扶贫规制的行政化存在矛盾冲突。在我国扶贫攻坚的多元共治格局下，政府部门掌握着主要的扶贫资源并具有较大实际支配权，这必然需要强调一种规范化的管理过程。当前政策导引式的政府扶贫规制高度依赖行政手段而并非法制规范，政府扶贫管理行为的越轨现象由此频发，如形式主义、弄虚作假乃至侵占与滥用扶贫资金的腐败等。国家审计署《2018年第三季度国家重大政策措施落实情况跟踪审计结果》数据表明，7个地区存在扶贫资金闲置、套取扶贫资金、将扶贫资金用于非扶贫领域等问题，涉及金额1.38亿元；9个地区的26个扶贫项目存在建成后无法使用、管理不规范等问题，涉及金额6834.79万元。② 造成这些问题的根源即法治化不足，可以认为"目前通过行政手段开展的两项制度衔接和资源整合的实践显示了农村扶贫工作在制度供给上的乏力"③。因此，尽管政策导引及行政动员在扶贫规制的特定时期成效斐然，但法治力量的匮乏易使贫困者难以进行司法维

---

① ［印］阿马蒂亚·森：《贫困与饥荒》，王宇、王文云译，商务印书馆2001年版，第9页。

② 中华人民共和国审计署：《2018年第三季度国家重大政策措施落实情况跟踪审计结果》，2018年12月10日，http://www.gov.cn/xinwen/2018-12/11/content_5347573.html。

③ 李小云，许汉泽：《2020年后扶贫工作的若干思考》，《国家行政学院学报》2018年第1期。

权,更难以对政府扶贫权力的运行形成制约。在国外,日本自1962年开始实施的《行政不服审查法》就明确制定了贫困者维权程序的法律规范。而我国《社会救助暂行办法》等行政法规虽有类似规定,但仍归属原则范畴而难以诉诸管理实践,无力满足扶贫规范化的管理需求。因此,目前行政化的规制做法与扶贫规范化管理的法治需求形成了矛盾冲突。

第三,贫困者主体作用的保障需求与现行扶贫规制的粗放化存在矛盾冲突。在当前与后脱贫时代的贫困治理中,贫困者主体作用的发挥具有关键意义,这意味着贫困者在扶贫过程中能够实现积极、主动、创造性和实质性的参与,主要体现为两个方面的内容。一方面,贫困者自身潜能需要得到充分激发,即除完全或部分丧失劳动的贫困者外,应充分挖掘、发现并运用贫困者自身潜能,使扶贫治理从强调外部帮扶为主到依靠内生动力为主。为此,需要在制度上赋予贫困者权利的同时,要求其承担适当义务,避免其"等、靠、要"现象。例如,为实现对贫困人群能力贫困的有效治理,对贫困者的就业权利义务及贫困治理主体责任加以清晰规范。另一方面,贫困者对政府主体的扶贫权力运行需要进行积极能动的参与和制约,以保障扶贫资源最大限度地公平有效分配。然而,当前政策导引式规制的粗放逻辑难以保障贫困者主体性的发挥。这是因为若缺乏法律保障,贫困者对扶贫权力失范就难以进行有效参与和制约①,同时扶贫中"失实的举报""隐晦的说情""宗族的影响",以及小微腐败、信任和道德风险等问题也很难避免。② 这些问题的解决只能依靠更为精密的法治化手段,如清晰的权利义务界定、明确的标准、准确的定位等,最终建构稳定有效的规则体系。而目前粗放化的规制做法,必然难以适应贫困者主体性的保障需求,与之形成矛盾冲突。

第四,规制实施方式的落实需求与现行扶贫规制的形式化存在矛盾冲突。在我国当前的贫困治理实践中,已形成了行政问责、常态约谈等多种实施方式,但一些扶贫政策仍不能落实理想,造成上述现象的根本问题在于政策导引式的扶贫规制实施方式往往流于形式、难以落实,这

---

① 周强,胡光志:《精准扶贫的法治化及其实现机制探析》,《福建论坛》(人文社会科学版)2017年第1期。

② 谢熠:《农村扶贫法治化困境与路径探索——基于对G县GH村的案例分析》,《贵阳市委党校学报》2018年第3期。

与规制本身缺乏法治的规范性及权威性有很大关联。2018年《中共中央国务院关于打赢脱贫攻坚三年行动的指导意见》提出了对规制实施过程的优化要求,如改进省市两级对县及县以下扶贫工作考核,注重发挥考核的正向激励作用,改进约谈省级领导的方式,开展常态化约谈。然而,以上优化路径是否达到预期效果仍难保证。正如有学者研究提出的,科层约谈与小组政治、运动式治理存在着千丝万缕的联系,并且反映出社会主义体制的制度遗产与动员传统。约谈工具在社会性规制内部的不同领域所发挥的效力与功能无法被一概而论。[①] 在扶贫领域,脱离法治基础的规制实施大大增加了程序的任意性和结果的不确定性,这与扶贫规制实施方式的落实需求形成了矛盾冲突。

为应对和解决以上四重矛盾冲突,需要基于当前及后脱贫时代扶贫治理的规制需求,研究和借鉴国外相关理论成果与实践经验,探索一种具有回应性的扶贫规制的新形式和新路径。而嵌入性扶贫法治能够为此提供一种有效的理论分析框架,带来研究议题的新方向。

三、实现贫困治理法治三重建构的有机统一

作为一种扶贫规制转向的嵌入性扶贫法治建设在我国已有相当程度的实现基础,主要体现在习近平总书记关于人民主体性、主体地位、参与能力发展、改善人民福祉、民生法治建设等扶贫治理讲话精神,以及21世纪以来国家出台的一系列扶贫政策制度中。应充分挖掘运用已有的法治资源,从当前及后脱贫时代的贫困治理实际需求出发,进行嵌入性法治在价值、规范和运行上的三重建构。

(一) 法治价值的建构

消除贫困,自古以来就是人们梦寐以求的理想,是各国人民追求幸福生活的基本权利。习近平总书记明确指出,"我们坚持开发式扶贫方针,把发展作为解决贫困的根本途径,既扶贫又扶志,调动扶贫对象的

---

① 卢超:《社会性规制中约谈工具的双重角色》,《法制与社会发展》2019年第1期。

积极性，提高其发展能力，发挥其主体作用"①。其他相关政策制度也强调，要聚焦深度贫困地区和特殊贫困群体，突出问题导向，着力激发贫困人口的内生动力。以上政策法规的价值取向在于通过贫困治理促进共享发展，保障贫困者权益以捍卫贫困者主体性，最终实现社会公平正义。这些制度已蕴含了嵌入性法治建构所需要的价值资源。

当前的扶贫实践中存在着扶贫规制价值模糊和难以操作等问题。如在公平价值上，如何既注重形式公平的机会均等，又凸显对贫困者倾斜性扶持的实质公平，尚缺少明晰的价值指引。这导致一些地方出现了"爆破式"脱贫方式，使资源过于集中于贫困村贫困户，边缘贫困户难以得到项目资金扶持。② 再从权利价值来看，尚未能形成基于贫困者基本生活、健康、教育等全面脱贫的整体性权利规范体系，由此影响了贫困者权利的实现。在更注重可操作性的地方性扶贫立法制度上，以上法治价值层面的问题更加突出。

为应对以上问题，嵌入性扶贫法治价值的建构要求在整合已有法治价值资源的基础上，建构层次丰富和类型完整的法治价值体系，其中尤其强调法治价值的精细分类和相互嵌入，充分凸显扶贫治理之于贫困者的共性和差异性需求。以权利价值为例，对丧失劳动能力的贫困者，应通过法治体现生存、健康、康复及照护等方面的权利价值；对具有劳动能力的贫困者，应形成体现生存、教育、劳动就业等权利价值；同时注重必要的新权利的引入与整合，如借鉴国外福利服务使用者"卷入"的概念③，细化贫困者的参与权利。在具体的法治价值设计策略上，将贫困者信息获得与运用的要求作为价值确定依据；应用信息管理技术、实地调查及民主评议等具体手段，洞悉贫困者扶贫需求并及时纳入法治价值体系；将法治价值目标的选择及实现状况作为扶贫绩效的重要评判标准。

---

① 习近平：《携手消除贫困 促进共同发展——在 2015 减贫与发展高层论坛的主旨演讲》（2015 年 10 月 16 日），载于中共中央文献研究室编《十八大以来重要文献选编》（中），中央文献出版社 2016 年版，第 717-718 页。

② 国家统计局住户调查办公室：《2017 中国农村贫困监测报告》，中国统计出版社 2017 年版，第 203 页。

③ ［英］Alcock P，May M，Rowlingson K：《解析社会政策（下）：福利提供与福利治理》，彭华民等译，华东理工大学出版社 2017 年版，第 129-132 页。

（二）法治规范的建构

前述可知，我国目前已有多种扶贫规制的法治规范，涉及扶贫主体权责及贫困者权利规范，对深度贫困者、贫困老年人、残疾人及儿童权利等保护性规范，降低贫困风险的社会保险规范等内容。此外，还存在注重社区、家庭及个人资源整合的相关制度规范，扶贫制度与司法制度的衔接性规范，贫困者的司法维权规范等。以上涵盖十分宽广的扶贫规范内容，无疑是嵌入性法治规范建构可以直接运用的重要资源。

经验表明，一个国家很难以一部专门立法对贫困治理进行全面规制。我国相关扶贫法治规范的制定和完善也应围绕嵌入性法治规范特性的要求分类推进，主要包括以下几方面。

第一，现有立法规范的充实完善。一是充实完善弱者权益保障法制中的福利权规范。目前对儿童、老人及残疾人等弱势人群的规范更注重权益保护而较少具有福利供给内容，应充实针对这类人群的福利权规范，同时使福利供给紧密嵌合多维贫困治理需求，并明确政府与社会的相应责任。二是充实完善就业帮扶制度中的贫困者权利规范。应基于新型城镇化政策精神，在立法规范中更多反映能够拓展贫困者就业服务权利与机会空间的相关内容，将城乡居民服务资源共享和对特定贫困者的专项扶持制度规范有机结合。三是充实完善《社会保险法》中对深度贫困人群的参保、参合及给付水平倾斜性支持的规范。在这类规范中尤其需要加强的是体现弱者贫困风险预防功能的内容。

第二，相关立法缺位弥补与细化。其一，扶贫开发立法缺位的弥补与细化。应基于精细化原则建构以下三方面规范内容：一是政府与社会参与扶贫治理职责的规范内容，包括资金投入、专门资金倾斜支持、使用管理、扶贫信息共享等，着重实现扶贫资金给付水平及测算方法规范的精细建构；二是贫困者参与扶贫治理权利与义务的规范内容，主要是将享有扶持性的参与赋权、机会扩展、能力建设与合理的义务设定相匹配；三是扶贫效果评价的规范内容，实现政府、社会及贫困者自身参与所共建互嵌的扶贫绩效评价制度。其二，专项立法缺位的弥补与细化。主要针对特定人群的扶贫立法制度加以补充。如可借鉴国外经验，基于特定人群制定专门健康服务法以应对健康贫困；面向老人、残疾人、儿童、贫困家庭及长期慢性疾病患者等贫困人群，形成全国基本标准相对统一的津贴制度，标准的制定可结合普惠性与贫困者实际贫困状况衡量的选择性，避免标准过于单一或者过于地方化等问题。完善公共财政权宪法制度，充分发挥权力机关在福利权公平实现中的作用，实行财政转移支付专项立法，避免或缩小地区间福利权保障的不公平。

第三，提升已有立法制度的位阶层次。这一做法有助于提升现有法治规范的效力，主要包括两个方面：一是尽快将《社会救助暂行办法》提升为全国人大常委会立法层面的正式立法，通过公平、生存、教育、健康及发展等法治价值细分体现法治价值的嵌入性特质，推进其对贫困者多维贫困精准救助的引领作用；二是提升地方政府相关规范的位阶层次，将市、县政府已有的大量临时性扶贫制度提升为地方性法规，必要时上升为全国立法，以有效应对目前地方性扶贫规范存在的临时性、分散性及不适当的地区标准差距等问题。

第四，强化立法制度间的整合与衔接。法治规范的整体性是体现其"嵌入"特质与机理的关键所在，主要包括以下四种做法：一是扶贫开发与社会救助制度规范的整合衔接，突破目前法治规范中仅注重扶贫对象信息共享的整合衔接模式，走向扶贫目标和人力、物力、技术等内容多样的复合型整合衔接模式。二是国家与地方制度规范的整合衔接。当前存在国家扶贫政策要求与基层实际扶贫治理脱节的问题，在国家层面扶贫规范中应明确地方规范事项的边界，适当保留自上而下监督制约的弹性空间。三是地方正式扶贫制度规范与非正式制度规范的整合衔接，包括明确政府对村规民约等乡土制度的价值引领、内容指导与资金支持等方面责任的规范做法，完善正式制度与非正式制度的合理互嵌关系和优化促进作用。四是扶贫制度规范与司法制度规范的整合衔接，重点在于将贫困者维权、司法追责启动条件，以及责任认定标准等法治规范加以完善。

第五，注重对相对贫困人群救助立法。形式上形成专门立法，至少在地方层面加强管理，明确责任，重点解决资金运用、目标瞄准及贫困者的参与问题；在内容上应注重相关参与主体权利责任的细化规定。例如，武汉市武昌区民政局区制定困难群众救助新细则《武昌区低保边缘户纳入常态化救助》，首次将低保边缘户、"因病支出型贫困"家庭、"贫困代际转移阻断计划"等纳入救助范围,成为全市首个社会救助破冰区。新细则于 2014 年 12 月 1 日正式实施。低保边缘户有重症病人可申请救助。该区规定,家庭月人均收入高于当年城市最低生活保障标准但低于低保标准 150% 的为低保边缘家庭。符合《武汉市困难群众医疗救助实施办法》中规定的低保边缘家庭中的重症病人,低保边缘家庭中的一、二级重度残疾人,三级精神、智力残疾人,每户每月按当年最低生活保障标准的 50% 比例予以救助。对低保边缘家庭中子女就读中专及以上院校,给予最高每年 2000 元的学费救助。发挥贫困者反贫困作用,使贫困者成为反贫困中权利义务的统一体。动员贫困者对政府反贫困的积极参与。日本新《生活保护法》第 5 条规定,国家对生活穷困的全体国民根据其贫困的程度,实行必要的保护,保护其最低限度的生活,并帮助其自立。日本学者对这条规定精神实质的理解上出现分歧,木村忠二朗的观点是为防止出现惰民,防止对保障的依赖。而小山进次朗则更多的是从积极方面去理解,认为这一规定主要为了开发、挖掘受助人的潜能,最终达到使其自立的目的。随着制度实践的深入,后一种理解逐步为人们所接受。

(三) 法治运行能力的建构

嵌入性法治的有效运行意味着扶贫主体需要具备相应的法治实践能力,这种能力的基础在于必要的资源保障。目前我国已存在的嵌入性法治运行保障资源包括:一类是注重扶贫资金保障的相关规制,主要体现为各级政府财政扶贫资金的持续投入与统筹安排,"法律的执行取决于投入的资源"[①],而对扶贫项目的资金支持是我国目前扶贫投入的主要形式。另一类是以协同治理促进治理能力提升的相关制度安排。如 2015 年《中共中央 国务院关于打赢脱贫攻坚战的决定》要求市(地)党委和政府做好上下衔接、域内协调。2015 年国务院发布的《促进大数据发展行动纲要》提出要大力推动政府信息系统和公共数据的互联开放共享,强调有效提升政府运用大数据治理贫困的能力制度化建设。社会力量对扶贫治理的参与亦被格外重视,如《社会救助暂行办法》《关于进一步动员社会

---

① [美] 劳伦斯·M. 弗里德曼:《法律制度——从社会科学角度观察》,李琼英、林欣译,中国政法大学出版社 1994 年版,第 112 页。

各方面力量参与扶贫开发的意见》等都有明确的制度规定。

然而,从现状来看,基层相关政府部门在扶贫法治上的实践能力还十分不足,主要存在两方面制约因素。一是法治运行缺少必要资源的保障。世界银行调查发现,家计调查及动态管理需要花费的行政成本占总给付金额的3%~8%属于正常情况。[①] 瞄准精度要求越高,行政成本就越高。从笔者近年在中部省份实地调研看,基层政府在面对繁重扶贫任务的情况下,财政及人力资源的缺乏直接限制了相关扶贫制度的落实。至于基层政府委托至村级组织的变通性执行做法,则深受乡村特定社会结构和文化因素的影响,其效果往往难达预期。二是扶贫主体的合作缺少权威且可操作化的制度依据,协同一致的扶贫行动难以实现。典型问题包括政府未能有效整合社会力量推进扶贫法治实践。已有政社联动扶贫制度的内容设计、法律效力及保障机制等都存在不少缺失。

针对以上现实问题,本书为扶贫法治的运行保障提出以下三点建议。其一,加强基层政府扶贫法治实践的资源保障,包括在制度中明确规范对扶贫财政投入的合理量度和工作人员的合理配置,着重强调对扶贫工作者专业化知识水平的要求,如要求他们除需掌握一定的信息技术知识及政策法律知识外,还应对贫困者需求发展规律知识有所认识,以便精准把握和满足贫困者的多维脱贫需求。其二,推进扶贫主体合作关系的规范建设。扶贫主体合作的实践落地需要以法治化的合作治理关系为基础,其核心在于各主体自身及相互间权责关系明确的立法规范。其三,强化政府扶贫法治实践中对社会扶贫资源的整合运用能力,制度能力首先体现为治理主体对各种现实社会资源的整合力[②],还应包括对潜在的社会资源的激发和应用能力,从而能够在外在条件缺失的情况下,仍然有能力实现预期治理目标。[③] 就扶贫法治的运行实践而言,政府应充分发挥自身资源优势,激活社区、家庭以及非政府组织等社会力量资源参与扶贫行动。政府和社会在扶贫领域的合作内容应全面纳入法治化建设范畴,

---

① Subbarao K, Bonnerjee A, Braithwaite J, et al. Safety Net Programs and Poverty Reduction: Lessons from Cross-Country Experience. *Directions in Development*, 1997.

② Jurie J D. Building Capacity-Organizational Competence and Critical Theory. *Journal Organizational Change Management*, 2000, 13 (3).

③ Tadele F, Manyena S B. Building Disaster Resilience Through Capacity Building in Ethiopia. *Disaster Prevention and Management*, 2009, 18 (3).

在此方面，国外已有的家庭与社区资源动员整合立法的相关经验值得借鉴参考。

🔺 思考题

1. 如何界定贫困概念？
2. 贫困治理经历了怎样的演变过程？对其分析有何实践意义？
3. 法治在贫困治理中具有怎样的特殊优势？贫困治理法治有何特殊性？
4. 试论述我国贫困治理法治化的推进路径。

🔺 阅读推荐

1. 中共中央党史和文献研究院：《习近平扶贫论述摘编》，中央文献出版社 2018 年版。

2. 邢成举，李小云：《相对贫困与新时代贫困治理机制的构建》，《改革》2019 年第 12 期。

3. Dunn A. Relative Poverty, British Social Policy Writing and Public Experience. *Social Policy & Society*, 2016（3）.

4. ［印］阿马蒂亚·森：《贫困与饥荒》，王宇、王文玉译，商务印书馆 2004 年版。

5. 李晓红，刘东，吴昭洋：《改革开放以来扶贫研究动态梳理与回顾》，《治理研究》2019 年第 2 期。

6. 方帅：《贫困治理困境的结构与冲突》，《华南农业大学学报》（社会科学版）2019 年第 4 期。

第七章
法律创新与社会整合

  法律能够在社会整合中发挥特殊作用,主要原因在于其能够创造社会机制功能,通过这种社会机制,社会组织和个人的相互社会行为得以调整,避免偏轨行为;创造个人与社会组织发挥作用的机会空间,实现个人与组织目标;或确认已实现的和已取得的事实,有效化解社会变革中的矛盾与冲突等。随着社会的发展变化,法律也需要不断地调整创新,使以上功能属性得以保持和强化。

第一节　社会整合的内涵及我国面临的社会整合问题

一、社会整合的内涵与意义

(一) 社会整合的内涵

对于"整合",人们的认识并不一致,社会学学者多从社会整合及文化整合等角度展开论述。作为与社会解体相对应的社会学概念,社会整合较早由法国著名社会学家杜尔克姆提出。美国社会学家帕森斯做了进一步阐述,并将社会整合的概念纳入结构功能主义理论框架之中,其社会整合的概念有两层含义:一是指社会体系内部各部分的和谐关系,体系达到均衡状态,避免社会解体;二是指社会体系已有成分的维持,以对抗外来的压力。① 此后,社会学家对社会整合概念的解释及运用逐渐分化,形成了两种不同的倾向:一种沿袭帕森斯的观点,继续将其置于宏观的社会理论体系中,从抽象的意义上予以解释和运用;一种则朝着经验方向,将这一概念用来研究各种民族之间的关系,特别是用来研究多民族国家各民族在文化上的接近、融合等。②

总体看,在西方学者的认识中,社会整合一般被认为是指社会的体系化或一体化。如美国普林斯顿现代化学派认为,社会整合就是一个社会内部各单位的相互依存。③ 国内学者在对社会整合进行定义时,侧重利益协调、社会矛盾的化解和冲突的解决,注重社会秩序的建构,也就是

---

① 《中国大百科全书·社会学卷》,中国大百科全书出版社1991年版,第351页。
② 李辽宁,闻燕华:《近年来我国对社会整合问题的研究综述》,《贵州社会科学》2007年第2期。
③ [美] 吉尔伯特·罗兹曼等:《中国的现代化》,比较现代化课题组译,江苏人民出版社2003年版,第126页。

说，一般与利益调整、协调个体和社会群体关系紧密结合，结合成为社会生活共同体的过程。① 如郑杭生认为，社会整合就是指一个社会的不同因素、部分结合为一个协调统一的社会整体的过程，亦称社会一体化。② 仲红卫认为，社会整合是指组成社会系统的各个部分之间的"交换"能够顺畅有序，而不是充满障碍和冲突。③ 程美东把社会整合理解为调整和协调社会中不同因素的矛盾、冲突和纠葛，使之成为统一的体系的过程或结果。其目的是保持社会的秩序化、规范化，防止社会结构的各个部分因缺乏亲和力而失控，引起整个社会的混乱、无序。④ 在刘鹏看来，社会整合是指社会通过各种方式将社会结构不同的构成要素、互动关系及其功能结合成一个有机整体，从而提高社会一体化程度的过程。⑤ 何绍辉则把社会整合与社会整合危机联系起来考察，认为社会整合是指社会通过各种方式或媒介将社会系统中的各种要素、各个部分和各个环节结合成为一个相互协调、有机配合的统一整体，增强社会凝聚力和社会整合力的一个过程。如果社会整合的载体或中介出现失调或缺失而使社会整合力下降，使社会系统出现不协调、配合不和谐的状态，整个社会陷入"规范真空"，就会导致社会整合危机。⑥

　　社会整合是一个综合的概念，在内容上是多层次的，应该包括物质层面、制度层面和精神层面等。因此对其研究时需要注意以下几点：第一，既要有静态的思考，又要有动态的考察，其中涉及的影响因素和规律需要进一步研究；第二，社会整合问题已经受到了各学科的重视，但是如何从跨学科的视角展开综合研究，需要进一步探讨；第三，关于社会整合的研究领域已经展开，但是在系统性和深度上还需进一步努力。有些领域，比如社会整合的载体、途径、方法论原则等基础理论的研究，以及对国外在社会整合方面的有益经验、相关理论的比较研究等，还需要进一步挖掘。其中包括：斯宾塞的"社会有机论"整合观，强调社会

---

① 杨信礼，尤元文：《论社会整合》，《理论学习》2000年第12期。
② 郑杭生：《社会学概论新修》，中国人民大学出版社2003年版，第362页。
③ 仲红卫：《试论文学的社会整合作用》，《人民日报》2001年2月4日。
④ 程美东：《改革开放以来中国社会整合体系的演变》，《学习与探索》2004年第1期。
⑤ 刘鹏：《改革开放与强化党的社会整合功能》，《理论与改革》2005年第1期。
⑥ 何绍辉：《社会整合危机初探》，《黑河学刊》2006年第4期。

结构的各个部分之间的相互依赖性及社会结构各个部分的协调和控制；索罗金的"文化周期循环论"，注重感性文化、概念文化和混合文化整合观，强调各种社会文化系统之间具有协调性；以及帕森斯的"社会功能论"整合观；等等。它们都是颇值得深究的代表性理论。

（二）社会整合的意义

1. 社会整合是社会正常运行的保障

社会整合具有重要的社会意义，社会缺乏整合就无法正常运行，其他整合也就无法实现。社会整合涵盖了社会的基本方面，指社会不同的因素、部分结合成为一个协调统一的社会整体的过程。社会整合有三个层次：一是社会制度的整合；二是社会组织的整合；三是社会舆论的整合。①

社会整合是指促进社会个体或者群体结合为社会共同体的过程。法国社会学家杜尔克姆认为社会整合是一种以社会分工和异质为基础的有机团结。缺乏社会整合，社会就存在陷入社会解体解组的风险。目前社会整合内涵已有新的扩展，如资源整合、服务整合等成为颇受关注的话题。党的十八大报告中提出：加强和创新社会管理、发挥基层各类组织协同作用，增强城乡社区服务功能，强化企事业单位、人民团体在社会管理和服务中的职责，引导社会组织健康、有序发展的目标。党的十九大报告中强调："充分发挥社会组织的作用，实现政府治理和社会调节、居民自治的良性互动"②。

2. 有利于我国社会转型的顺利实现

在我国社会转型时期，新的矛盾和问题的凸显给社会整合带来了新的困难和挑战③，这种困难和挑战主要由结构性变迁和社会分化所引起。

---

① 陈信勇：《法律社会学》，浙江大学出版社2014年版，第231页。

② 习近平：《决胜全面建成小康社会 夺取新时代中国特色社会主义伟大胜利——在中国共产党第十九次全国代表大会上的报告》（2017年10月18日），人民出版社2017年版，第63页。

③ 李辽宁，闻燕华：《近年来我国对社会整合问题的研究综述》，《贵州社会科学》2007年第2期。

伴随着中国社会的转型，社会的整合形态亦将发生变化。社会结构制度体系的变化，特别是市场经济的推进，促发了各种新的社会关系的形成，瓦解了原有社会的整合基础，也削弱了原有社会的整合力量，从而引起了社会整合方式及其性质的变化。① 以上转型内在要求，社会整合绝不是简单地将各种新的异质性因素相互吸纳，而是在积极回应现实社会问题中的各种社会矛盾。

社会整合需符合一定的逻辑，以实现最终整合的目标。一是要符合政治的逻辑及社会整合，要考虑到社会政治集团的强弱对比与力量悬殊状况，要在一定程度上符合社会政治运转的现实需要与历史基础。二是要符合效率的逻辑，如要符合整体经济社会发展与大众生活水平的提升、社会整体评价标准等。在很多情况下，社会整合的政治逻辑与效率逻辑可能是相辅相成、相得益彰的，但也有可能相互背离、冲突不断。最终的结果或者是政治的逻辑服从效率的逻辑，或者是效率的逻辑服从政治的逻辑，或者两者相互适应。②

3. 社会整合有利于预防和避免社会失范

帕森斯在《社会体系和行动理论的演进》一书中提出了社会整合应具备两个条件：有足够的社会成员作为社会行动者受到适当的鼓励并按其角色体系而行动；使社会行动控制在基本秩序的维持之内，避免对社会成员做过分的要求，以免形成离异或冲突。两个条件的实现能够有效避免各种社会失范行为。社会失范行为可能发生在各个领域，故各领域都可能存在社会整合问题。美国社会学者兰德克认为，社会整合有四个基本维度：文化整合、规范整合、意识与信息整合、功能整合。当今社会整合的内容十分丰富，利益、感情、组织、规范等都可以成为社会整合的基本内容。这些社会整合对于预防和避免社会失范都具有重要的实践意义。杜尔克姆致力于社会整合，主要是为了解决西方国家从前现代社会到现代社会的转型期中遭遇的各种社会失范问题。对解决当前中国

---

① 李金：《中国社会转型过程中的整合问题》，《探索》1999年第2期。
② 涂小雨：《当代中国社会整合逻辑研究》，河南人民出版社2016年版，第1-2页。

的社会失范问题，尤其是构建和谐社会具有重要的现代价值。①

二、我国当今面临的社会整合问题及应对需求

（一）我国当今面临的社会整合问题的理论探索

当前我国社会整合面临着新挑战，原因是多方面的，有学者归纳为：一是社会分化、经济利益的多元化，导致原有整合模式存在的经济条件不断丧失；二是社会组织的分化和社会化导致原有的政治权威的流失；三是社会主义文化的主流地位受到非社会主义文化的冲击，给社会稳定和社会整合造成威胁。应对这些挑战，必须加强市场机制整合、中间组织整合、法律制度整合、文化价值整合，建立起与社会主义市场经济体制相适应的现代整合模式，实现由传统的单一政府行政性社会整合模式向现代多元契约性社会整合模式的变革。② 改革开放以来，我党面临着社会整合的压力：阶层分化和贫富分化需要党进行恰当的利益整合；执政资源的流失和党内腐败现象的存在削弱了党的社会整合功能；政治参与扩大要求提高政治体系的制度化水平；文化价值观念多样化对社会主流文化形成冲击，使党的文化整合功能弱化。为此，党必须对自己的社会整合方式进行调控，从单一整合转向多元整合，以利益整合为核心，以政治整合为保障，以法律整合为主要手段，以文化价值整合为重要途径。③ 为有效应对以上问题，社会整合应作为我党在 21 世纪的政治使命，其政治意义为满足社会主义现代化政治经济一体化的需求。社会整合是政治体系获取政治资源的重要手段，能够有效地控制冲突的程度和范围。然而，经济全球化进程使得中国社会整合面临着三大挑战：社会分层影响政治稳定；某些组织的社会化导致政治权威的流失；社会主义政治文化的主流地位受到非社会主义政治文化的冲击。为此，需要从组织网络、组织制度、政治角色、理想与现实相结合的意识形态等四方面发展社会

---

① 谢丽丽：《涂尔干社会整合思想及其对构建和谐社会的现代价值》，《青岛农业大学学报》（社会科学版）2011 年第 1 期。

② 戴桂斌：《社会转型与社会整合》，《求实》2003 年第 3 期。

③ 刘鹏：《改革开放与强化党的社会整合功能》，《理论与改革》2005 年第 1 期。

整合机制。①

针对我国社会整合背景的变化，学者对我国社会整合方式进行了创新性探索。一方面是原有整合、控制基础的削弱；另一方面是社会整合基础尚不稳定，多元状态并不会直接导致社会整合度的提高。社会整合基础的转移，从政治领域扩展到广泛的社会经济领域，社会整合方式的变化从等级控制到相互依赖，刚性整合到弹性整合。刚性整合是以对社会成员的身份地位及其行为的规范和控制为特征的，现代复杂社会的整合只能是一种弹性的整合，一种社会过程的整合，整合并不排斥社会的异质性和多元性。②改革开放以来，中国的社会整合体系状况发生了巨大的变化，行政整合功能不断趋于弱化，经济、法律整合功能日益增强；单位的整合功能不断减弱，社区的整合功能逐渐加强；国家的整合力量渐渐削弱，民间整合力量正在兴起。③也有学者提出，在当今的社会变迁与整合过程中需要强化司法机关的作用。

（二）我国当今面临的主要社会整合问题

改革开放多年来，我国的社会经济发展在取得巨大成就的同时，社会利益不断分化，社会不平等问题已非常严重，形成了影响社会整合的多种因素。

1. 累积性不平等

关于公平的含义，古今中外学者众说纷纭，在古罗马人的理念中，公平就意味着给每个人他应得的部分，"这并非标新立异，而是因为这样才公平"。④思想家哈耶克认为，公平就是在市场活动中给每个人以公平竞争的机会。马克思主义的公平观强调了以下三个方面。其一，公平不是抽象的概念，而是与经济关系密切联系，公平始终只是现存经济关系

---

① 王邦佐，谢岳：《社会整合：21世纪中国共产党的政治使命》，《学术月刊》2001年第1期。

② 李金：《中国社会转型过程中国的整合问题》，《探索》1999年第2期。

③ 程美东：《改革开放以来中国社会整合体系的演变》，《学习与探索》2004年第1期。

④ ［古罗马］查士丁尼：《法学总论》，张企泰译，商务印书馆1989年版，第85页。

在其保守方面或者在其革命方面的观念化、神圣化的表现。其二，同等情况同等对待是公平的常态表现。具体体现在，根据一个人对社会的劳动贡献获取相应的报酬，这实际上是一种形式公平。其三，给弱势、贫困人群以特殊帮助是社会公平的应有之义。根据公平观，社会主义条件下的福利公平指每个劳动者的物质生活、健康、受教育等方面都能得到大体同等机会和水平的发展与保障，同时弱势、贫困人群得到政府与社会的特殊福利，以防止不良的福利发展水平的分化。福利公平保障直接取决于两个因素：一是福利支出在整个财政支出中的比例；二是福利支出在各个人群中的分配。在以上方面，我国都存在明显的福利公平问题，并成为制约农民福利发展的重要因素。

在探讨福利保障的问题时，需要着力观察和分析公共物质资源再分配的公平性情况。离开公平视角的关注来讨论福利问题，不仅理论研究会存在缺失或不足，而且具体的相关政策立法也会存在缺陷。因为福利需要资源公共资助和公共支持，"特别是统一而公平法实施，到了法律权利还没有被实施的程序，而它就是空有其名"①。对于需要政府帮助的弱势人群就更为如此。具体指，其一，福利公平是福利持续的重要保证；其二，福利持续发展有利于促进福利公平，特别是促进处于更弱势人群的福利持续发展，这对于实现福利公平有着更为直接的意义；其三，实现福利公平与福利持续的协调应成为目前我国福利发展的重要目标。

精准扶贫的扎实推进，使我国农村财政投资大幅度增加，但与城市相比，对农村福利发展投入总体不足。总体上看，我国福利权保障仍延续了"城市公共事业国家办，农村公共事业农民办"的城乡二元结构公共产品供给结构。我国传统社会结构在领域、区域、阶层、组织、利益和观念上都发生了迅速的分化，而传统和旧有的社会整合方式又无法适应这种快速的分化，以致在分化与整合的交接过程中出现了某些空白环节，出现"断裂与失衡"的现象，对我国的社会稳定构成了重大影响，并未培育出足以支持发展方式转变的人力资本、社会资本、创新成果和消费市场，只是有增长、无发展的一种模式。

---

① ［美］史蒂芬·霍尔姆斯，凯斯·R.桑斯坦：《权利的成本——为什么自由依赖于税》，毕竞悦译，北京大学出版社2004年版，第26页。

2. 存在影响社会整合的社会矛盾

例如收入分配问题中的矛盾，我国收入分配差距拉大从 1985 年开始，持续至今。表示收入分配差距的基尼系数警戒线为 0.4，而世界银行专家认为，我国 2001 年就已达到 0.47。中国社会科学院城市发展与环境研究所 2011 发布的《中国城市发展报告 No.4——聚焦民生》显示，目前我国城乡收入差距比为 3.23∶1，成为世界上城乡收入差距较大的国家之一。从社会博弈角度看，存在不同阶层、群体、社团及政府部门之间的冲突与博弈。在社会转型中社会矛盾的递增及公民法律意识的提升，使得社会把纠纷解决的希望寄予法律的救济。然而当法治的实践难以满足社会需求时，其产生的后果可能是社会对法治的集体规避与逃离。[①]

1958 年国家公布的《中华人民共和国户口登记条例》明确城乡有别的户口登记，从此严格控制农村人迁往城镇定居。直至 1984 年，国务院公布了《关于农民进入集镇落户问题的通知》，准许农民自筹资金、自理口粮进入城市务工定居。这一通知的公布，松动了实行 20 多年的限制城乡人口流动的就业管理制度。城乡分治的二元户籍制度形成于计划经济时代。在计划经济时代，二元的经济模式为我国的工业化带来了初步的成效，但是却给中国带来了更为高昂的代价——阻碍了农民工自由流动到城市务工经商。虽然限制城乡人口流动的就业管理制度已出现了松动，但时至今日，这种不合理的就业管理制度并未真正被打破，农民工不能获得与城市职工平等的就业机会。我国宪法明确了我国公民享有平等的基本权利。一个人只要具备了类似的能力或才干，就应该有按照自己意愿获得相应的生活的权利。正如罗尔斯所言："假如有一种自然禀赋的分配，那些处在才干和能力的同一水平上、有着使用它们的两样愿望的人，应当有同样的成功前景，不管他们在社会体系中的最初地位是什么，亦即不管他们生来是属于什么样的收入阶层。在社会的所有部分，对每个具有相似动机和禀赋的人来说，都应当有大致平等的教育和成就前景。

[①] 张善根：《当代中国法律社会学研究：知识与社会的视角》，法律出版社 2009 年版，第 209 页。

那些具有同样能力和志向的人的期望，不应当受到他们的社会出身的影响。"① 然而由于计划经济时期形成的限制城乡人口流动的就业管理制度的体制惯性，造成城乡劳动力市场分割状态，无法实现农民工与城镇职工同工同酬。《中华人民共和国就业促进法》第 31 条明确规定，农村劳动者进城就业享有与城镇劳动者平等的劳动权利，不得对农村劳动者就业设置歧视性限制。虽然有法律依据来保障农民工的平等就业，但在现实中，农民工在就业过程中，仍然会受到歧视，也由此产生了一定的社会矛盾。

（三）存在影响社会整合的社会风险因素

社会风险，本质上也意味着某种不利情况发生的较高概率或可能性。以往风险研究的共性思路是基于风险承担外部环境的分析，而忽视了对风险对象及其生存状况的内在逻辑的把握。而英国学者彼得·顾柏对"新风险"的研究则提供了新的分析思路，其除强调外在因素外，更注重风险承担者自身的生存特点，包括年老体弱、疾病与残疾，除收入外的照护、技能、机会及权利等多种贫困。② 目前已存在风险评估的多种方法，包括侧重于概率解释的精算方法，注重社会性分析的制度主义、文化主义等方法，健康安全风险中医学方法等，这些方法具有一定适用性，但过于强调某种单一方法具有一定的片面性。而将经济、社会、医学、心理学与文化结合的方法则具有相对的全面性，但如果过于宏观性，又会存在具体的应用困境。所以，应注重多种方法的整合，例如依据相关数据材料计算风险率仍有必要，但需要注重基于实地考察和调研等实证研究，以避免对风险的具体社会情境和风险感知的忽视。国外"在现实主义语境下探索了实证主义的经验主义以及比较相对的架构主义"③ 的分析方法值得借鉴。同时还需要吸收国外对系统编码知识的应用等新的评

---

① ［美］约翰·罗尔斯：《正义论》，何怀宏、何包钢、廖申译，中国社会科学出版社 1988 年版，第 68-69 页。

② ［英］彼得·泰勒-顾柏：《新风险 新福利：欧洲福利国家的转变》，马继森译，中国劳动社会保障出版社 2010 年版，第 6-9 页。

③ ［英］彼得·泰勒-顾柏，［德］詹斯·O. 金：《社会科学研究中的风险》，黄觉译，中国劳动社会保障出版社 2010 年版，第 121-122 页。

估方法。

由上来看，目前影响社会整合的风险因素是多方面的，如"政策文本出现了时间、空间和不同社会群体之间的不一致现象，政策即成为风险源"[①]。所以，政策设计及实施对风险具有重要影响，目前我国政策设计及执行的各个环节都存在一些具体问题，特别是对机会、权利、义务等规定缺乏精细化落实，包括因社会排斥形成的形式不公平，也包括对特定贫困人群关照不足引起的实质机会不公平等，如特定人群的年龄、残疾、自身能力及贫困特质引起风险，这与以往风险研究中"风险评估的一个重要特征是它无差别对待大众倾向"[②] 具有明显区别，需要分析其产生根源并研究具体的化解措施。

第二节 社会整合的影响因素及法律的特殊作用

一、社会整合的影响因素

（一）社会制度化水平

社会制度化水平存在一个综合性衡量因素，包括制度价值导向的合理性、机制内容的完整性、制度规范的可操作性及制度执行资源的保障性等。制度的价值导向就是指在既定制度的框架内，没有可以超越制度的设计和运行逻辑，没有人可以有例外和特权。[③] 法律制度合理设置能够在权责、激励惩罚、分工合作、利益分配、财政收支、民生、利益平衡、劳动保护及化解利益冲突等方面发挥整体作用。一旦制度相对稳定，体

---

① 朱德米：《政策缝隙、风险源与社会稳定风险评估》，《经济社会体制比较》2012年第2期。
② ［英］大卫·丹尼：《风险与社会》，马缨等译，北京出版社2009年版，第143页。
③ 涂小雨：《当代中国社会整合逻辑研究》，河南人民出版社2016年版，第16页。

系相对完备，制度就会表现出强大的整合力量。既会继续吸收和补充适应制度的新的规则和框架，同时也会排斥与制度导向相冲突的规则和框架，在这个时候，制度已经表现出了一定的保守性。制度的保守封闭与制度的适应性是一个矛盾体。①

（二）社会公平与效率结合情况

公平和效率是人类经济生活中的一对基本矛盾，这对矛盾处理对社会整合与秩序也有着十分重要的影响。社会保障公平问题也是目前学者研究的重点理论问题，对于社会保障如何实现公平，有的学者提出了维护公平的三种方式：一是强调社会成员参与的机会公平，即任何社会成员只要符合法律统一规定的条件，不论其地位、职业、贫富等均被强制性地纳入社会保障范围；二是通过提供社会保障和解除后顾之忧来维护社会成员参与社会的公平竞争，并消除发展过程中因意外灾祸、竞争失败及病症等因素导致的社会不公平；三是通过对国民收入的再分配，在一定程度上缩小社会成员发展结果的不公平。② 这是较为全面和客观的概括。效率对社会保障也同样重要，因为我国整体社会保障能力还不够高，农村现实福利发展水平较低，需要更有效率的发展，惠及更多的农村居民。国内外经验也充分表明，只有兼顾效率，社会保障才能获得长久发展，公平才能有效实现经济基础。

公平内在地要求避免社会排斥。社会排斥理论的出现和发展经历了一个较长的过程。早在 20 世纪 60 年代，排斥问题就引起西方学者的重视。1974 年，法国学者维莱·勒内开始明确使用"社会排斥"的概念，主要以是否存在就业岗位及收入保障的制度的保护作为划分标准，他估计当时法国受排斥者达到了其全国人口的十分之一。这些人包括精神病患者、身体残疾者、有自杀倾向者、老年病人、受虐待的儿童、吸食毒品者、有越轨行为者、单亲父母、多问题家庭、边缘人、反社会者和社会不适应者。③ 有国内学者也提出，社会排斥，也称为社会排挤，是指一

---

① 涂小雨：《当代中国社会整合逻辑研究》，河南人民出版社 2016 年版，第 20 页。
② 郑功成：《社会保障学》，商务印书馆 2000 年版，第 20 页。
③ 李景治，熊光清：《中国城市中农民工群体的社会排斥问题》，《江苏行政学院学报》2006 年第 6 期。

定的社会成员或者社会群体在一定程度上被排斥在社会主流关系网络之外，不能获取正当的经济、政治、公共服务等资源的过程或者状态。社会排斥可能是基于社会歧视而发生的，也可能是基于利益冲突而发生的。它与社会歧视既有联系也有区别。社会排斥不仅仅表现为一种心态，更表现为一种行动。社会排斥包括政治排斥、经济排斥、文化排斥等方面。①

公平与效率失当，不仅削弱经济发展的持久活力，而且会影响社会整合。在私有制条件下，市场经济尽管有促进竞争、提高效率的作用，但它还存在一系列阻碍福利公平的不利因素。如个人利益过分追求不利于社会整体的发展，短期性行为不利于社会的长期发展，两极分化会影响社会稳定和效益的持久，事后性则造成严重的社会浪费等。社会的价值取向是无限制地追求剩余价值，个人物质的独立性被放大为极端的自私自利，等价交换原则被扭曲为占有、掠夺，甚至诉诸武力的非等价交换，竞争上升为垄断性竞争、排挤等，所以，以私有制为基础的市场经济基础必然是效率至上。从长远来看，建立在不公平基础上的效率必然呈递减趋势。西方资本主义的现代化历程已经有力地证明了这一点。因为其国家宏观调控计划具有不可克服的不完整性和软弱性，这必然使社会整体的、长期的发展受到影响，进而也会延缓作为长远、综合发展目标的现代化进程。应当承认，现代资本主义与自由竞争时期相比，确实呈现出更多的计划性，突出表现在国家干预的加强。但是，由于其经济基础是私有制，这必然使社会公平计划呈现出明显的不完整性和软弱性。之所以如此，其深层原因在于资本主义生产社会化和资本私人占有这一永远无法克服的矛盾是私有制市场经济的必然产物。对此马克思早有分析，国家计划不管制定得怎样，也不会引起企业界的兴趣。因为他们不承认任何权威，只承认竞争的权威，只承认他们相互利益的压力和加在他们身上的强制。连当代的西方学者也不得不承认这一点。"日本的'计划工作'在很大程度上被看成是'摆样子的'，它的指标故意预定得过分乐观，而且过分笼统以致无法使用，因而人们认为对经济政策的制定者

---

① 陈信勇：《法律社会学》，浙江大学出版社2014年版，第247页。

没有什么约束力量，法国也是一样。"① 实践充分证明，如果政府奉行自由优先原则，也许能有效地促进经济发展，但极有可能加剧社会的不公正。从西方国家的实践看，在主张国家强制干预的凯恩斯主义陷入政府与市场双重失灵的困境后，哈耶克新自由主义思想受到普遍推崇。尽管他也赞成国家对贫困群体负有生存权保障义务，但其基本主张是建立一个保障充分自由的消极国家政权。而实践结果如何呢？以英国为例，虽然整个国家在20世纪90年代实现了35%的平均增长率，但最底层10%人口的实际收入下降了17%，而10%最富人口的收入在扣除住房成本后仍获得了62%的增长。休伯和斯蒂芬斯指出，英国不平等激增是卢森堡收入研究（LIS）中的最高纪录，这也使英国在18个国家比较中成为仅次于美国的第二大不平等国家。② 在东南亚发展中国家，自由的市场化改革虽然使外国投资激增，由1980年的3.96亿美元增加到2001年的1020亿美元，但大量工人利益未得到合法有效保护。要克服这些弊端，就需要强有力的国家权力在经济与社会发展中的宏观调控。

　　社会主义市场经济体制为有效地解决以上问题奠定了经济基础。因为公有制条件下全社会的根本利益是一致的，从而为一个社会中心在全国范围内对经济实行统一的计划管理创造了条件。在我国以往实践中，政府宏观调控不当，严重影响了经济发展速度，如不规则的、缺乏客观基础的政府干预和政策变动引起的经济波动，给我国经济发展带来了不利的影响，也影响了公民福利的发展。社会主义制度为公平与效率相结合创造了十分有利的条件。社会主义市场经济体制将有效地增强国家宏观调控的效力及科学性。只有在社会主义市场经济体制下，坚持按劳分配，实行共同富裕，反对两极分化，促进公平竞争，才能实现公平与效率的有机结合，从而使效率获得持久的生命力。

---

　　① ［美］莫里斯·博恩斯坦：《东西方的经济计划》，朱泱、周叔俊、王昕若等译，商务印书馆1980年版，第5页。

　　② ［英］阿尔弗雷多·萨德-费洛，黛博拉·约翰斯顿：《新自由主义：批判读本》，陈刚等译，江苏人民出版社2006年版，第192页。

(三) 社会文化状况

文化源于人类社会的基本需要，同时又发挥着特定的社会整合功能。例如在商业活动中商业文化是一种商业主体利益关系的整合基础，如果离开了商业道德，期待获得净物质收益的个人总是在寻求收益大于欺骗成本的可能性，从而实施欺骗。因此，正式制度实施的外在表象（警察和法庭）和非正式的对策因素（如重复交易中的声誉）并不能够说明存在社会秩序。① 中国传统文化具有高度的社会整合性。它在历史长河中得到高度的融合，在我们的某些现实生活中根深蒂固。旧的法律制度虽然已荡然无存，但某些旧的法律观念、法律习惯、法律心理却保留了下来。中国传统的法律精神文化的能量是不可低估的。②

(四) 组织状况

社会组织是人们为达到特定目标结合而成的群体，其组织状况直接影响着社会秩序，特别是特定人群的整合性。以社区组织为例，社区在社会整合中能够发挥特殊作用，主要是一些社区内组织特殊作用的发挥。对社区照料的概念的界定，不同的人士有不同的理解。英国1989年的社区照顾白皮书中指出，"社区照顾"是指给因老年、心理障碍或身体及感觉机能障碍问题所困者提供服务和支持。社区建设通过引进非政府的福利机构，或者依靠社区自身的力量。例如在英国社区照顾发展中，自从1986年全英照顾者协会与老年受顾养者协会合并之后，照顾者全国协会发展可以为一个非常成功的运动组织，并经常采用学术研究人员的知识支持其论点。成立于1991年的皇家照顾基金会是另一个旨在影响政府政策的英国照料者组织。③ 在政府组织的支持下，建立政府体制之外的民间福利机构，为社区居民提供福利服务和公共服务，这种发展模式应该可以为我国发展社区服务、建立社区照顾制度所借鉴，也会直接促进社区整合。

---

① [美]李·J.阿尔斯顿，斯瑞恩·艾格森，道格拉斯·C.诺斯：《制度变迁的经验研究》，杨培雷译，上海财经大学出版社2014年版，第6-7页。

② 陈信勇：《法律社会学》，浙江大学出版社2014年版，第270页。

③ [英] Alcock P, May M, Rowlingson K：《解析社会政策（下）：福利提供与福利治理》，彭华民等译，华东理工大学出版社2017年版，第60页。

二、法律促进社会整合的优势

目前关于社会整合的方式及途径的论述中，提出了各种整合路径或策略，如通过体制改革进行社会整合、通过宪法和法律进行社会整合、通过党的政策进行社会整合、通过组织认可进行社会整合、通过思想政治工作进行社会整合。① 社会整合存在相互结合的各种机制，应包括制度性整合、功能性整合和认同性整合。制度性整合是指运用国家的各种政策、法规和法律对各种社会关系进行条理化和合法化梳理，使其纳入统一管理和控制的轨道；功能性整合从同一社会劳动的角度出发，对伴随社会化分工出现的职业异质性加以整合；认同性整合是在意识形态领域里进行的思想性整合。② 市场体制下中国社会的整合模式包括市场整合模式、法律整合模式、中间组织整合模式、社区整合模式，为此要建立社会整合的价值认同机制、利益表达机制、利益获取机制、利益分配机制和利益补偿机制，使社会各主体的利益达到最大化。③ 而在各种整合机制中，如何看待法律的特殊作用，则需要进一步的研究探索。

（一）优势机理分析

有不少西方学者关注法律参与社会整合的关系，并出版了有名的作品。例如，杜尔克姆的《劳动分工论》《论规则》《职业伦理》《论自杀》等。杜尔克姆探讨社会连带及社会分工与法律之间的关系，奠定了现代法社会学的基石，但认识尚不够全面。德国学者托马斯·莱塞尔则进行了较为全面的分析。他指出，法律发挥社会整合作用途径及其机理在于法律，法律的功能包括以下几点。一是社会融合。法律为人们能够在社会中共同生活创造了可能性。它组织了社会及其划分，并保障了社会的融合与稳定。二是行为控制。法律通过创造个人的行为模式、定义社会角色、确定有限财富的分配、赋予团体和组织必要的规范框架。三是争

---

① 刘红凛、李卫华：《论社会整合机制》，《山东师范大学学报》（人文社会科学版）2003年第6期。

② 黄玉捷：《社区整合：社会整合的重要方面》，《河南社会科学》1997年第4期。

③ 朱前星：《论和谐社会目标取向下中国共产党的社会整合模式选择与整合机制建构》，《社会主义研究》2006年第3期。

议解决，它不仅通过司法裁决，还通过选举、表决、管理决定、法律咨询和签订调解书等得以实现。新法律的颁布也可以服务于争议的解决。四是社会统治的合法化。在所有的现实社会中，对于统治结构的产生，法律总是部分予以稳定、部分予以限制，这一任务可以被强调为特殊的功能。五是自由保障。对社会统治的法律限制也包括，为个人创造并保障行为空间，使其能够在其中自主地生活、发挥自己的个性以及运用自己的主动性并创造经济财富，并通过这种方式保障自己的未来。六是生活条件的构造。国家和社会不再能满足于仅仅为了当前而对共同生活进行调整，而将其他部分都交给个人的生活设计领域。[①] 对以上观点的系统认识，还需要从法律自身的特点及其与社会整合的内在联系做进一步分析。

第一，法律能够对人的行为发挥特殊的规范作用。法律制度的初衷是通过合理设计，规范人们的社会关系行为。与其他制度相比，具有更加明确的权利义务与责任。由制度衍生出来的被人民普遍遵守的社会规则能减少社会中的不确定性。制度对人民可以从事及不允许从事的活动进行了界定，惯例及行为准则在约束人民行为方面也发挥着重要作用。制度运行的关键在于违反制度者要付出成本和代价。制度对人的限制不是为了压抑人性，其惩罚功能只是一种手段，目的是将外在的威慑内化为主体自觉行动，进而发挥人的主体性和潜能，满足人的合理需要，促进人的自由全面发展。在有机团结的社会中，法律是恢复性的。这种法律的目的不是惩罚，也不是集体共同意识或情感的表达，而是成了已分化的个体之间有条件的行为规则。用杜尔克姆的话说，就是"拨乱反正，把已经变得混乱不堪的关系重新恢复到正常状态"[②]。法律能够对人的行为发挥特殊规范作用程度主要取决于对社会失范问题的规范效果。杜尔克姆认为，有三个方面的原因导致了社会失范的出现：一是个人欲望在现代社会结构中的急剧滋长；二是现代社会无法满足所有个人的欲望；三是社会的骤变使个人欲望失去社会约束，使社会出现危机和动乱。[③] 要

---

① [德]托马斯·莱塞尔:《法社会学导论》（第六版），高旭军等译，上海人民出版社2014年版，第169-171页。
② [法]埃米尔·涂尔干:《社会分工论》，渠东译，生活·读书·新知三联书店2000年版，第32页。
③ 宋林飞:《西方社会学理论》，南京大学出版社1997年版，第39-41页。

应对以上问题，虽然需要社会综合因素的作用，但法律制度无疑具有更直接的作用。

第二，法律能够促进人们合作的顺利进行。埃莉诺·奥斯特罗姆认为个人的知识和能力是有限的，这使得个人在集体行动中只有表现出利他的一面，遵守社会制度参与集体合作，才有可能实现个人利益。① 制度可以清晰界定主体权利边界和行为空间，能起到抑制具有负外部性的机会主义的作用。培育人的制度意识，可以使其从制度出发确定自己的行为方式，自觉履行社会义务，处理好竞争与合作的关系，实现制度预定目标，是稳定行为期待、提升人与人交往可预测性的最有效的工具。在这种情况下，现代社会就需要"法律"这种特殊的功能系统作为媒介，吸纳生活中的正当性追问对各种功能系统施加的压力。"合法/不合法"的二元代码就像一个缓冲装置，能够缓解该种压力。② 合作过程也是人们利益有效实现的过程。法律制度下的合作能够有效处理每个人的当前利益、长远利益的关系，避免个人局部利益和某些群体利益受损等。通过制度的引导，个人的调适、合作及妥协，促使个人形成正确的合作价值观。鼓励人们去追求个人正当的利益，在人们遵守合作制度、服从制度的条件下获取个人利益。

第三，法律能够降低或消解社会风险。风险是影响社会整合的重要因素。风险的存在不仅直接影响深度贫困者及其家庭的生存状况乃至生命安全，而且会带来各种派生性风险，包括政策制度权威损失、民众对政府信任度降低等。甚至很可能引起更大的社会公平与稳定被破坏的风险，从根本上看不利于全面建成小康社会目标的实现，所以将预测防范与化解治理有机结合显得尤为重要。相对于治理风险评估的内在逻辑理据，风险致因场域的分析评估更强调贫困治理中管理因素及相关环境的影响。根据法国社会学家布迪厄的场域理论，一种场域意味各主体因素在特定位置，相互之间构成的客观关系网络和结构化的空间关系，各因素发挥着实际和潜在作用。③ 从理论和现实看，治理风险也存在特定的致

---

① Ostrom E. Collective Action and the Evolution of Social Norms. *Journal of Economic Perspectives*, 2000, 14 (3).

② 陈征楠：《社会整合与法律论证之间的系统论勾连》，《暨南学报》（哲学社会科学版）2013 年第 11 期。

③ Bourdieu P. *Homo Academicus*. Les Editions de Minuit，1984：113.

因场域结构,主要体现为场域因素、场域内各因素的交互影响关系,以及各种治理参与主体的能力状况。再结合以上评估方法体系,本文将这种场域概括归纳为以下几点。第一,风险场域的因素结构。主要包括五种因素:一是相关制度设计以及运行因素,如中央与地方层面制度的全面性、衔接性及运行情况等;二是治理参与主体因素,即政府主导下的社会合作参与结构及互动情况;三是对象瞄准因素,包括对深度贫困对象情况的具体识别与政策措施的针对性;四是治理绩效评价因素,作为治理的基本导向,形成体现深度贫困治理质量需求的绩效评价方式与标准;五是环境因素,包括自然和社会文化环境,特别是深度贫困人群生活的社区及家庭文化观念环境等。从因素角度看,以上因素存在缺失缺陷,治理质量风险就容易发生。因为风险不仅是由风险的客观状态决定的,而且也是受社会、文化和政治因素影响的。[①] 风险程度与上述因素缺失缺陷情况呈正比例关系。第二,场域内各因素的交互影响关系及风险影响后果。具体包括两层含义,一是以上五种因素的相互关系,二是每一种因素内部的影响关系状态。如制度因素包括顶层制度、地方制度、制度资源及制度各因素的衔接整合关系等;参与主体因素包括主体构成、关系、权责及能力间的相互关系,其他因素也都存在内部影响关系。第三,各种因素对风险的影响程度及方式,每个因素影响的重要程度及方式都存在差别。比较而言,制度及参与主体是影响更大的因素,尤其是各种治理参与主体的能力状况,"能力很容易就能转变成为避免风险而需要完成的任务。因此,能力的欠缺本身就构成了风险"[②]。政府这种能力主要以制度能力、资源保障能力及治理创新能力体现出来。例如在政府行为方式上,政府人员的行为和决策必须受制于严格的标准,而在"关爱至上"的原则下,政府不能因循守旧,可灵活变通。[③]

为获得对风险致因场域的系统科学认识,一方面,对风险需要以整体、全面和精细化的思维理念解释风险致因的复杂性和具体情形,为此

---

① [英]尼克·皮金,[美]罗杰·E·卡斯帕森,保罗·斯洛维奇:《风险的社会放大》,谭宏凯译,中国劳动社会保障出版社2010年版,第42页。

② [英]大卫·丹尼:《风险与社会》,马缨等译,北京出版社2009年版,第116页。

③ [瑞典]博·罗斯坦:《政府质量:执政能力与腐败、社会信任和不平等》,蒋小虎译,新华出版社2012年版,第27-28页。

就需要突破从某一方面阐释风险及原因的局限性。如脱离社会文化环境的个体主义风险，以及存在其他缺失的文化主义风险、现象学及规制主义等风险观点。① 特别需要精准评估和把握其中的风险体系和风险形式。另一方面，以上场域只是一种相对分析，并非绝对地将所有因素包括在内。场域理论也承认，场域概念并不是完全封闭的，也不是绝对自律的。场域包含的自律性，主要取决于它的有效范围贯穿于各个组成因素的权力关系的运作。② 所以，场域既是一种客观存在，又是一种理论概括。这种理论认识需要基于现实情况及其变化不断发展、完善或调整修正。在应对以上风险因素中，场域结构主要体现为由场域因素、场域内各因素的交互影响关系，以及各种治理参与主体的能力状况，其改善很大程度上都需要相关立法制度的完善。例如，当今风险治理无论对政府还是社会主体都是新的挑战，通过合作治理才能有效提升自身治理能力，这涉及政府合作治理形式的创新、各参与主体责任意识的提升、新技术的应用、社会组织与家庭功能的发展及服务形式创新等多种因素。各参与主体要有机协调，在此过程中特别需要通过立法明确各主体责任及责权关系，并提升责任能力等。

第四，法律能够促进社会凝聚力的提升。社会整合离不开社会凝聚力的提升。社会通常会存在阶级结构、阶层结构、社会组织结构、人口结构和家庭结构的区分。在法律框架内，通过对不同社会主体的权利义务的设定、权益正当实现路径等价值共识的形成，实现相互之间政治、经济、文化等领域的交流互动。良善的法律制度总是蕴含着道德伦理文化因素。人们对法律的学习、认知、遵守以及培养法律信仰过程中，法律制度发挥着促进社会凝聚力的提升作用，同样也发挥着社会整合的作用；信仰是最高的价值理想，它每时每刻都关注社会价值观念的协调发展，成为促进社会整合的精神动力；道德的社会整合功能是由其本身的特性决定的，它以道德观念和准则规范人的行为，消解那些有害于社会的道德观念和道德行为，在全社会建造统一的先进道德文化体系，从而使社会通过道德层面得到有序的发展；普通的人性共识对社会整合也起

---

① ［英］大卫·丹尼：《风险与社会》，马缨等译，北京出版社2009年版，第14页。
② 高宣扬：《当代社会理论》（下），中国人民大学出版社2005年版，第855页。

到良性作用。① 同时法律传统并不意味着过时的东西，其蕴含着丰富的优秀传统文化，与当今人们的现实法律生活密切关联。包括提供法律文明不断进步的基础、预示法律文明发展的基本方向、进行社会整合与社会控制、为法制创新提供借鉴、指引与评价人们的法律行为以及满足人们的精神需求等。了解法律传统的这些功能，对于我们明确"实现法律传统的现代性创新与发展是我国社会主义法治建设基本路向"的认识具有十分积极的意义。② 同样发挥着促进社会凝聚力提升的作用。因为法律作为最具强制力的社会行为规范，为社会互动提供了基本的行为准则，为在社会现代化过程中形成符合法律要求的行为秩序指明了方向。③

（二）优势发挥途径

1. 组织建设的法治化

美国普林斯顿现代化学派认为，社会整合就是一个社会内部各单位的相互依存。④ 美国社会学家帕森斯也指出社会整合的两层含义：一是指社会体系内部各部分的和谐关系，体系达到均衡状态，避免社会解体；二是指社会体系已有成分的维持，以对抗外来的压力。⑤ 社会组织的合理规范是社会整合实现的重要条件。目前我国宪法、社团登记条例、自治组织法、公司企业法等在国家机关、社团、自治组织及企业等发挥直接的规范作用。群体和社团在一定的程度上以法律形式组织起来，这样也就形成了相对独立的法律文化。这种社团特有的法律文化究竟有多重要，它与其他团体和整个社会的法律文化相比又具有多大的特殊性，它又如何融入整个社会的法律文化中，这些都各不相同。⑥

---

① 王涛：《人性·信仰·道德与社会整合》，《东岳论丛》2004年第5期。
② 徐彪：《论法律传统的功能》，《法学家》2008年第4期。
③ 陈信勇：《法律社会学》，浙江大学出版社2014年版，第180页。
④ ［美］吉尔伯特·罗兹曼：《中国的现代化》，比较现代化课题组译，江苏人民出版社2003年版，第126页。
⑤ 《中国大百科全书·社会学》，中国大百科全书出版社1991年版，第351页。
⑥ ［德］托马斯·莱塞尔：《法社会学导论》（第六版），高旭军等译，上海人民出版社2014年版，第298页。

2. 实现社会角色定位的清晰化

个人社会角色定位与作用发挥是社会整合的内在要求。立法制度意义在于，使社会成员角色明确化与稳定化，能够维持和促进自己的独立性，正常经营自己的生活，并进行必要的社会参与。在此方面我国宪法、法官法、检察官法、代表法、公务员法、律师法、教师法等对公民及作为特定社会角色的个人进行了具体规定。我国现行宪法明确规定任何公民享有宪法和法律规定的权利，同时必须履行宪法和法律规定的义务。公民对于任何国家机关和国家工作人员，有提出批评和建议的权利；对于任何国家机关和国家工作人员的违法失职行为，有向有关国家机关提出申诉、控告或者检举的权利，但是不得捏造或者歪曲事实进行诬告陷害。这一过程就是赋予权利和规范其义务的过程，其中包含着彼此相关但又各自独立的构成要素，有利于通过参与达到赋权的目标，其影响因素包括：地理环境、组织结构、个人扮演的角色、参与的层次等。① 权利和法律无论如何都不是两个相互矛盾的物体，而是两个相互依赖的社会要素，它们之间存在着辩证的关系。两者都具有自我作用机制，即他们都可以适用于自身，可以通过法律来规范立法，也可以使用权力来强化权力，这样也就提高了法律和权力的社会效力。②

能力培育是承担社会角色的内在要求。能力培育的基本路径是在赋权领域中被大量使用的一个术语，因为被大量使用，就更难获得一个准确的且普遍认同的定义。能力培育可以发生在个体组织的社区层面，可能培育多少种不同的能力，就有可能有多少种需要的认知和满足需求的方式。以苏丹对妇女赋权为例。南苏丹妇女关怀组织的任务是通过教育来培育妇女的能力，使他们能自我赋权，让他们可以从专门训练中获得所需要的专门知识和技能，例如农业技术、读写能力、健康促进技术、协商管理技术、创业技术以及采取集体行动能力等。③

---

① ［英］Adams R：《赋权、参与和社会工作》，汪冬冬译，华东理工大学出版社2013年版，第84页。

② ［德］托马斯·莱塞尔：《法社会学导论》（第六版），高旭军等译，上海人民出版社2014年版，第259页。

③ ［英］Adams R：《赋权、参与和社会工作》，汪冬冬译，华东理工大学出版社2013年版，第101-102页。

3. 促进社会利益的均衡化

以利益公平实现利益均衡，民法、企业法、劳动法、特殊人群保护法等以倾斜性保护实现利益均衡。如我国针对残疾人有《残疾人就业条例》。但是我国没有针对广大农民工的专门性的法律法规。首先，我国有庞大的农民工群体进入城市从事非农工作；其次，我国正处于转型期，利于农民工在城市中稳定就业。针对我国转型时期，考虑到农民工稳定就业的需要，制定一部专门的《农民工就业条例》有其必要性。虽然《就业促进法》有针对农民工的条款规定，但缺乏一定的操作性。如何保障农民工的就业平等，保障农民工就业稳定性，技能培训经费如何分配，地方政府如何引导农村劳动力转移就业等，都没有做出明确规定。完善现有户籍制度是实现利益均衡的重要途径。户籍制度存在的种种问题，侵害了农民工的合法权益，不利于农民工在城市中长期稳定工作。农民被歧视和排斥，侵害了农民的平等权；同时，它也严重限制了劳动力的自由流动，无法形成全国统一的劳动力市场，与市场经济的要求不符。完善户籍制度，使农民取得某地户籍后，可以公平平等地享有租赁或购买住宅、求职工作、接受教育、婚姻生育、参与公共政治、参加社会生活以及休闲等诸多权利。对于创业农民而言，取消二元户口制度后，其在创业过程中得以与城镇居民享有同等的资金筹措、行业领域、社会福利、教育培训等方面的选择便利。还要建立有利于农民工就业的配套保障制度。

首先，建立大病住院医疗保险制度。将没有固定工作、流动性大的农民工纳入城市职工基本医疗保险制度存在一定的困难，因为将来他们可能会成为城市居民，也有可能返乡继续当农民。针对就业缺乏可持续性的农民工，可探索建立农民工大病住院医疗保险制度，重点解决农民工进城务工期间的大病住院医疗问题。如果将来农民工返乡务农，可接续新型农村合作医疗制度，将在城市中已参加了大病住院医疗保险的农民工的医疗保险转入到当地的新型农村合作医疗保险制度中。

其次，完善农民工的养老保险制度。目前，农民工的养老保险的总体参保率还不够高，应扩大不稳定就业的农民工的养老参保范围，将凡是与企业建立了劳动关系的农民工都纳入养老保险的参保范围里来。笔者认为，对于建立劳动关系时间短、工作岗位不稳定、工作时常变动的农民工而言，缴纳保险费用存在一定困难，可建立重新就业后养老保险转移接续的保险关系，将在以前企业里的养老保险转移到重新就业的企业，继续缴纳保险费用。而在找工作期间，可将养老保险帐户封存，不需要缴纳保险费用。

最后，扩宽工伤保险制度的参加范围制度。大部分农民工就业缺乏可持续性，工作换动频率高，尤其是厂矿、建筑等工伤事故高发的行业。因为在这样的行业中，超强体力负荷、高危险导致农民工流动性大、就业不稳定。厂矿、建筑等行业应根据《工伤保险条例》，将所有的农民工都纳入工伤保险的范围，进一步扩大矿山、建筑等行业农民工的工伤保险覆盖面，短期的农民工也必须参加工伤保险，还应加强高风险行业农民工的工伤保险政策的实施。总之通过户籍完善，缩小长期以来我国福利资源配置存在的显著地域、城乡、人群差异，进行包括人力资源、财政投入、公共服务技术、信息系统等公共资源配置有效整合。相关立法应在公共资源分配中，重点关注贫困人群及低收入人群的服务需求，通过公共资源的配置使得弱势群体的公共服务水平得到切实提高，在服务可及性、居民等待时间、服务质量满意度方面关注弱势人群的呼求。老年人、儿童、残疾人属于社会弱势群体，应该确保弱势人群都可以获得大致相同的基本健康服务。因为与健康状况良好的群体相比，弱势人群需要使用更多的资源，以达到维持个体生存发展的目的。

4. 创新服务提供方式，提升服务质量

法律能够整合各类社会公共资源，促进政府、社会组织、个人的互相协作，不断提升公共服务质量。在全面客观评价基础上，针对现实存在的质量问题，采取相对应的综合性法律化治理措施。公共服务治理存在演变与发展过程，最初注重目标评价，其次注重过程评价。随着评价理念的发展，服务质量评价的是各项卫生服务活动满足居民需要的能力，对其中的问题需要针对性地采取有效的治理措施。服务质量治理内在地需要改变长期以来由服务提供者自我评定服务质量的做法，运用一整套质量治理体系、手段和方法进行系统治理活动。

实行法律框架下的多元主体的协同治理，能有效解决福利分配不公

平问题进而提升服务质量。对于社会福利概念，人们的认识经历了一个变化过程，最初的福利仅指经济福利，目前福利的形式多种多样。美国学者 Gilbert 和 Terrell 根据可转移性特征将社会福利分为六大类：物质性福利包括物品、代金券和退税、现金；非物质性福利包括机会、服务以及权利。① 福利形式多样化势必对治理主体提出新的要求，对此，荷兰学者克雷斯·纽伯格提出了福利的五边形理论，将个人的福利来源分为政府、市场、家庭、社会网络和会员组织。福利治理可以在五边形中寻求一角加以解决，也可以寻找五边形各个角的有机组合。当福利五边形中的其他机制失灵，或者市场、家庭、社会网络、会员组织做出的决定既缺乏效率，也没有效用时，政府应挺身而出行使社会福利的治理职能。② 基本医疗卫生服务作为社会福利的类型之一，每个公民都应该享有，不能因性别、年龄、民族、地域、社会地位的差别而有所区别，这是治理主体共同努力的行动方向。福利的定义及特征决定了资源的分配、费用的经济补偿及服务的提供不应完全建立在支付能力的基础上，而应以居民的需求为着眼点，制定一系列正式、非正式的制度和规则体系，通过适度赋权和制度约束，实现多种福利资源的有效整合，着力解决福利分配不公平问题。

（三）有效保障社会秩序

有效保障社会秩序，法律主要是提供三方面的保障：一是社会矛盾的及时化解。杜尔克姆认为，机械团结是原始社会、古代社会以及现代的那些不发达的社会的一种社会团结方式，它通过根深蒂固的集体意识将同质性很强的诸多个体凝结为一个整体。团结来源于相似性，它将个人与社会直接联系起来。③ 现代化需要一种有机团结。为此就需要社会矛盾的有效化解。通过司法途径的司法调节或审判，非司法途径的民主参与、信访制度、社会秩序的依法行政管理（见表7-1）。

---

① ［美］Gilbert N, Terrell P：《社会福利政策导论》，黄晨熹、周烨、刘红译，华东理工大学出版社2003年版，第182页。

② Neubourg D C. The welfare pentagon and the social management of risks. *Social Security in the Global Village*, 2002（9）：5-17.

③ Durkheim E. *The Division of Labor in Society*. Free Press，1933：106.

表 7-1 参与式民主的构成要素

构成要素	特点
真诚的参与	真诚的参与是建立社群感的过程
循环交流的经验	个体与环境之间的持续相互作用
建立公众	在某一段时间内，通过持续吸引人的过程，累积建立起群众的力量
整合	不同的利益集团之间可能会相互对立，导致支配、妥协，比较可取的整合
过程	整合，就像民主一样，是一个团体的过程
创造性的民主	通过自治，每个人参与并被赋权

（[英] Adams R.：《赋权、参与和社会工作》，汪冬冬译，华东理工大学出版社2013年版，第44页。）

二是对违反社会秩序行为的依法制裁。我国2018年施行的《行政处罚法》明确规定，为了规范行政处罚的设定和实施，保障和监督行政机关有效实施行政管理，维护公共利益和社会秩序，保护公民、法人或者其他组织的合法权益。公民、法人或者其他组织违反行政管理秩序的行为，应当给予行政处罚的，依照本法由法律、法规或者规章规定，并由行政机关依照本法规定的程序实施。行政法的制度创新功能是指行政法所具有的一种设计新的权力结构模式、行政管理关系模式、行政秩序运行模式等的功能。这一功能在行政法治理论和实践中起着举足轻重的作用。然而，我国行政法学界历来忽视对该问题的研究。因此，从行政法制度创新功能的界定、制度创新功能的理论价值、制度创新的法律类型、制度创新功能实现的条件构造等方面对其进行系统探讨很有必要。①

我国刑事立法的重要目的也是维护社会秩序。现行刑法规定的基本任务，是用刑罚同一切犯罪行为作斗争，以保卫国家安全，保卫人民民主专政的政权和社会主义制度，保护国有财产和劳动群众集体所有的财产，保护公民私人所有的财产，保护公民的人身权利、民主权利和其他权利，维护社会秩序、经济秩序，保障社会主义建设事业的顺利进行。基于犯罪功能论和社会团结理论的立场，重新审视刑事政策和社会整合

---

① 张淑芳：《论行政法的制度创新功能》，《河南省政法管理干部学院学报》2005年第3期。

之间的互动关系。刑事政策必须立足于促进社会整合；良好的社会整合状态使得刑事政策的制定和执行变得更为从容。①

三是对公共权力的有效约束。权力缺乏约束，就很容易产生权力腐败，孟德斯鸠提出，"一切有权力的人都容易滥用权力，这是万古不易的一条经验。有权力的人们使用权力一直到有界限的地方才休止。因此，从事物的性质来说，要防止滥用权力，就必须以权力约束权力"②。这也是造成社会无序的重要原因。权力则是指行动者驾驭、左右他人行为的能力。与合同不同，权力是指两个人、两个团体、两个组织或者社会之间的不对称关系。在这种关系中，一方并不是另一方具有平等地位的伙伴；相反，他们之间是上下级关系、命令和服从关系。由上可知，所有权力关系的产生具有多方面的人类基础：一方面，人与人之间天生就有差异，因此，一些人总会比他人具有优势；另一方面，人极易受到伤害，人人都有需求，人们相互之间存在着依赖关系。由此，人们不能摆脱他人施加的影响。③

（四）增强社会凝聚力

法律精神文化既可能在国家政权的倡导下产生，也可能由社会成员自发产生，而法律精神文化则可分为主导的或非主导的。在法律制度的运行过程中，文化因素（包括法律文化和其他文化）作用机制应当予以重视。法律文化是法律制度中具有创造性的特质的总和。一般来说，法律文化构成法律制度运行的内在动力，其他社会文化可能促进法律制度的合理运行。④ 契约文化能够促进社会整合文化：从整个社会的角度来看，契约是社会分工的象征，而且这种社会分工是以互惠原则为基础。契约的这一功能应以下条件为前提，即相关当事人是平等的，而且他们能够利用意思自治来满足各自的需求。由于人们相互之间不断签订合

---

① 周光权：《论社会整合与刑事政策》，《法学杂志》2007年第1期。
② ［法］孟德斯鸠：《论法的精神》（上册），张雁深译，商务印书馆1961年版，第154页。
③ ［德］托马斯·莱塞尔：《法社会学导论》（第六版），高旭军等译，上海人民出版社2014年版，第254-255页。
④ 陈信勇：《法律社会学》，浙江大学出版社2014年版，第268页。

同，在人类社会中就存在着无数个合同。通过这些合同，人类就编织起一张十分紧密的相互依存、相互承担义务的关系网；这张关系网对于促进社会团结，提高社会的功能起着重要的作用。① 社会契约内在地要求订约双方共同遵守契约原则，政府部门保障公民的各项基本权益，公民认真履行相应的契约义务。

掌握良好的法律知识可以给个人带来以下优势：个人能够在社会生活中，尤其是在冲突中更容易实现其意志，也更容易求助于司法保护。所以在奥地利所进行的调查中，81%的被调查者认为一个人越知晓法律，他就越感觉到自由；68%的人认为，如果人们不知道法律许可的行为界限在哪里，他就会感到自由受到了限制。② 似乎制度设计只是一个技术性的问题，实则不然，制度设计更重要的还是一个程序性和价值性的问题。制度注重程序，符合既定程序制定出来的规则才能称之为制度，这是技术层面的意义。同时，制度是好是坏，代表什么价值导向，蕴含什么价值判断则是制度生命力更深层次的根源。③ 法在社会中起作用的凝聚力是一个内在的过程，人们无法对它进行直接的观察，但是可以借助分析表现了它的外在事实来研究它。社会凝聚力的最重要的外在形态就是法律，因为"社会生活无处不在；只要存在着社会生活，就存在着一定的组织形式。法律的目的就是让这种组织更稳定、更精确。如果法律生活不在同一时间和同一关系中扩展，一般社会生活便不能超越法律生活，我们能够确信，在法律中能够找到任何形式的社会凝聚力形态"④。

---

① [德]托马斯·莱塞尔：《法社会学导论》（第六版），高旭军等译，上海人民出版社2014年版，第238页。

② [德]托马斯·莱塞尔：《法社会学导论》（第六版），高旭军等译，上海人民出版社2014年版，第308页。

③ 涂小雨：《当代中国社会整合逻辑研究》，河南人民出版社2016年版，第27页。

④ [德]托马斯·莱塞尔：《法社会学导论》（第六版），高旭军等译，上海人民出版社2014年版，第61页。

第三节　以法律创新促进我国社会整合的路径选择

美国当代著名政治学家亨廷顿认为，制度是指稳定的、受重视的和反复的行为模式，具有适应性、复杂性、自治性、一致性等几方面的特征，"制度化是组织和程序借以取得重要性和稳定性的过程"①。但同时，任何一种法律制度在制定之后又总是会随着社会现实要求的变化而修改完善，以适应社会变化和创新的要求。美国当代著名法学家博登海默也认为："单单稳定性与确定性，并不足以为我们提供一个行之有效的、富有生命力的法律制度，法律也必须服从发展所提出的正当要求。"② 法律制度变动的首要因素往往是对该制度价值目标的反思、重新认识，以进一步追求新的制度目标。博登海默进一步分析指出："一旦过去的价值判断不再与现在的价值判断相一致，在遵循先例与正义之间就会发生冲突。它涉及对法律应以怎样的速度去适应变化不定的时代潮流的恰当测定，以及对新兴的社会理想或去向的恒久性与确定性的估价。"③ 这种适应性是十分必要的。

一、通过完善我国社会组织立法促进社会整合

社会组织是指为一定目的由一定人员组成的社会团体，可分为以营利为目的和以非营利为目的两类，前者如合作社、公司等；后者如政治、宗教、科技、文化、艺术、慈善事业等社会群众团体。成立社会团体除需要一定数目的人员组成以外，还要制定章程，到有关机关登记，有的

---

① ［美］塞缪尔·P. 亨廷顿：《变动社会的政治秩序》，张岱云等译，上海译文出版社1989年版，第14页。
② ［美］E. 博登海默：《法理学——法哲学及其方法》，邓正来、姬敬武译，华夏出版社1987年版，第311页。
③ ［美］E. 博登海默：《法理学——法哲学及其方法》，邓正来、姬敬武译，华夏出版社1987年版，第313页。

还须依法申请许可,等等。通过立法完善能够依托社团发挥社会成员凝聚与整合作用。比较而言,国外社会组织参与较为充分,如美国的残疾人组织有伙伴型/庇护型组织、经济/议会型组织、消费主义/自助型组织、民粹型/活动家型组织、伞型/协调型组织。① 在我国,1998年国务院公布的《社会团体登记管理条例》的立法目的是保障公民的结社自由,维护社会团体的合法权益,加强对社会团体的登记管理。社会团体的登记条件为有50个以上的个人会员或者30个以上的单位会员;个人会员、单位会员混合组成的,会员总数不得少于50个;有规范的名称和相应的组织机构;有固定的住所;有与其业务活动相适应的专职工作人员;有合法的资产和经费来源。全国性的社会团体有10万元以上活动资金,地方性的社会团体和跨行政区域的社会团体有3万元以上活动资金;有独立承担民事责任的能力。

改革开放以后,中国实行市场经济,社会结构面临重构。"市场经济是市民社会经济生活的适应模式,……市民社会的标志是私人商业公司的自主以及私人社团与机构的自主。"② 国家权力的一部分空间必然要让位给非政府组织,使社会组织的能量得到释放。同时,"市民社会要求限定国家(或政府)的行为范围,要求国家受法律的约束,但同时又要求国家能够有效地实施保障市民社会多元性及其必要自由的法律"③。为促进非政府组织的发展,1998年10月国务院发布实施了《社会团体登记管理条例》《民办非企业单位登记管理暂行条例》等,从而使我国社团组织的发展与活动有了明确的对立法政策依据,促进了非政府组织的健康有序发展。

但从另一方面看,在具体实践中还存在不少问题。目前我国社团发展存在的主要问题是依法登记条件要求过高,不利于社会团体发挥作用;立法层次低,管理存在缺陷。此外一些解决特定问题结成的临时性组织、短期组织也不便于登记。如村民自发结成的临时性互助组织、打工人员

---

① [英]科林·巴恩斯,[英]杰弗·默瑟:《探索残障:一个社会学引论》(第二版),葛忠明、李敬译,人民出版社2017年版,第188页。
② 爱德华·希尔斯:《市民社会的美德》,载于邓正来等编《国家与市民社会——一种社会理论的研究路径》,中央编译出版社1999年版,第38页。
③ 爱德华·希尔斯:《市民社会的美德》,载于邓正来等编《国家与市民社会——一种社会理论的研究路径》,中央编译出版社1999年版,第39页。

为索要被克扣工资结成的短期组织等。民间组织的发展与控制的有机结合还有不少问题值得探究。总体看，非政府组织发展普遍需要政府的多种支持，政府应根据其特点采取针对性的激励措施，促进其持续有效地发展。

第一，增权激励。增权是指消除特定个人或组织的无权感。这在当今西方国家被认为是扩展的福利形式。在我国社团立法尚不健全的情况下，这种福利形式对推动非政府组织的持续发展具有重要意义。具体可从以下三方面增权。① 合法性的便捷取得。合法性是这些组织持续发展的基本前提。根据我国相关规定，社会团体的合法性取得大体有三种情况。一是一般社团根据《社会团体登记管理条例》履行合法性登记手续。《社会团体登记管理条例》第 10 条规定，成立社会团体，应当具备下列条件：有 50 个以上的个人会员或者 30 个以上的单位会员；个人会员、单位会员混合组成的，会员总数不得少于 50 个。二是特殊社团依照专门规章进行独立审查批准，如 1993 年司法部《专业法学社会团体审批办法》，要求成立专业法学社会团体，应向司法部提出书面申请并经司法部审查同意。三是免于登记列举。2000 年 12 月民政部发布的两个对部分社团免于登记的通知对此已做出了规定，如参加中国人民政治协商会议的人民团体。经国务院批准可以免予登记的社会团体，如中国文学艺术界联合会、中国作家协会、中华全国新闻工作者协会等。比较上述三种情况，后两种显然属于合法性便捷获得途径。笔者认为，对一些服务于民众福利的非政府组织应进行免于登记列举，以便使其获得便捷的合法性。② 政府社会政策决策的参与权。这不仅有利于非政府组织以其经验与知识促进政府政策科学化、合理化，而且能有效地改变目前对政府的依附。③ 人身保障权。在现代社会中，非政府组织服务人员可能遭受人身伤害，所以，国外志愿组织立法对志愿者的人身保障权特别重视。我国一些地方性规定也要求志愿组织为志愿者办理相应的保险，但不少志愿组织因资金困难等原因未能及时办理。鉴于此，笔者建议政府以一定的社会保障基金为资金，为确实困难的志愿者办理相应保险，进行一定的人身伤害的补救。同时，借鉴美国的经验对志愿服务实行特定责任免除；借鉴我国台湾地区的立法规定，使政府与社会负有为志愿服务提供安全工作环境的责任。

第二，服务激励。主要表现为非政府组织人员提供专业技能培训和发展规划性服务。从我国情况上看，一些非政府组织，如志愿组织难以依靠自身力量提高服务人员的专业技术水平，绝大多数属于兼职人员。我国有必要借鉴发达国家的做法，将为志愿组织人员提供专业技能培训作为政府对志愿组织的一种激励。2003年国务院发布的《突发公共事件应急条例》已包括了对自愿组织的培训内容，应通过具体制度使之得以有效的落实。在不少自愿组织可发挥作用的领域，我们都应重视对其应有的培训。例如《卫生部关于做好救灾防病健康教育工作的通知》规定，做好乡村医生、村干部、妇女干部、乡村教师等人员的培训工作。建议将自愿服务人员的培训也包括在内，类似的规定应加以修改与完善。

第三，资金激励。资金困难是目前制约一些非政府组织发展的重要因素，建议政府采取以下三种方式予以帮助和激励：① 直接津贴。国外主要包括对组织与个人津贴两方面。我国也有对自愿者给予个人津贴的做法，为取得持续效果，应将这种激励制度化。② 税收优惠。一是社会向自愿服务组织捐款和资金支持时应予以减税或免税；二是用于公益目的的有偿服务收益应免税。我国2008年施行、2018年修订的《中华人民共和国企业所得税法》第9条规定，企业发生的公益性捐赠支出，在年度利润总额12%以内的部分准予在计算应纳税所得额时扣除，超过部分仍需纳税，这不利于企业捐助，应加以调整。③ 项目性资金帮助。例如，政府提出具体福利项目，非政府组织提出具体实施方案，组织之间可参与竞争，政府经过选择与之签订资助协议，同时加强资金使用过程中的管理。

第四，就业激励。通过就业优惠促进自愿组织发展也是国外较成功的经验之一。有的地方已注意将自愿服务与就业相互联系，如湖北省汉川在大专院校招聘自愿服务性质的农村支教人员时，承诺支教期满后报考本地公务员时给予一定的优惠。总体上看这种结合比较简单，但自愿组织发展本身包含着的就业潜力与意义，也应引起政府有关部门、社会与自愿组织本身的充分关注，并通过积极有效的措施获得自愿组织持续发展与促进就业的双重功效。

第五，精神激励。精神性激励是政府对参与福利服务的非政府组织与个人给予精神上的充分肯定，这对其获得社会广泛认可与赞誉具有直接而重要的影响。在我国,《志愿服务条例》第 32 条规定了对在志愿服务事业发展中做出突出贡献的志愿者、志愿服务组织予以表彰、奖励。各地应通过更具体的措施加以落实。我国政府应通过表彰、荣誉证书或者媒体影响等多种方式对自愿组织及其服务人员给予精神激励,这对他们以后的就业和发展会产生积极影响,进而吸引更多公民加入志愿组织,为公民福利发展提供有效的服务。

二、通过信访制度完善促进社会整合

对于信访制度价值及实践意义学者存在一定争议。有学者认为,信访有其以柔克刚的优势,它能以适当的人治性制度缓和法治在一定情形下的过分僵硬和过分刚性,信访制度与现行司法制度并行不悖。也有学者提出,虽然信访制度是公民权利救济的一种手段,但是忽略了我国的国家制度的整体建设,现行信访制度的许多规定,出现了行政权代替立法权和司法权的现象。

本书认为,信访是弱势人群权益维护的便捷路径,应有效运用和完善这一制度,实现基层社会和谐。我国现行信访条例基本内容包括以下几点。① 明确立法目的。保障信访人权益,维护社会秩序。从源头上预防导致信访事项的矛盾和纠纷;保持各级人民政府同人民群众的密切联系,保护信访人的合法权益,维护信访秩序。② 明确信访形式。包括采用书信、电子邮件、传真、电话、走访等形式,向各级人民政府、县级以上人民政府工作部门反映情况,提出建议、意见或者投诉请求。③ 明确信访机构职责。县级以上人民政府信访工作机构是本级人民政府负责信访工作的行政机构,履行受理、交办、转送信访人提出的信访事项;承办上级和本级人民政府交由处理的信访事项;协调处理重要信访事项;督促检查信访事项的处理等职责。④ 明确信访程序。我国现行《信访条例》第 16 条规定,信访人采用走访形式提出信访事项,应当向依法有权处理的本级或者上一级机关提出;信访事项已经受理或者正在办理的,信访人在规定期限内向受理、办理机关的上级机关再提出同一信访事项的,该上级机关不予受理。⑤ 规定处理方式。信访事项涉及下级行政机关或者其工作人员的,按照"属地管理、分级负责,谁主管、谁负责"的原则;信访人对行政机关做出的信访事项处理意见不服的,可以自收到书面答复之日起 30 日内请求原办理行政机关的上一级行政机关复查。收到复查请求的行政机关应当自收到复查请求之日起 30 日内提出复查意见，并予以书面答复。

此外还规定了相关法律责任。如直接负责的主管人员和其他直接责任人员因下列情形之一导致信访事项发生，造成严重后果的，依照有关法律、行政法规的规定给予行政处分；构成犯罪的，依法追究刑事责任：超越或者滥用职权，侵害信访人合法权益的；行政机关应当作为而不作为，侵害信访人合法权益的；适用法律、法规错误或者违反法定程序，侵害信访人合法权益的；拒不执行有权处理的行政机关做出的支持信访请求意见的。《信访条例》第 47 条规定，违反规定信访，有关国家机关工作人员应当对信访人进行劝阻、批评或者教育。经劝阻、批评和教育无效的，由公安机关予以警告、训诫或者制止；违反集会游行示威的法律、行政法规，或者构成违反治安管理行为的，由公安机关依法采取必要的现场处置措施、给予治安管理处罚；构成犯罪的，依法追究刑事责任。

从现实实践看，由于多种原因，信访案件有序与无序并存。有的按法律秩序，有的作为获得非正当利益的途径；理性信访与非理性信访并存。有的要求是正当的，有的存在想达到不正当个人目的的成分；部分案例处理艰难。可能因为历史原因、政府处理能力、信访人难以应对，政府又顾忌"一票否决"等。为此，需要进一步规范信访行为，增强公民依法信访的法律意识，对于非正当的信访行为要给予依法制裁。目前公安部已出台实施《关于依法处理信访活动中违法犯罪行为的指导意见》《关于公安机关处置信访活动中违法犯罪行为适用法律的指导意见》等法规文件，这将促使我国信访行为进一步走向规范化，避免因信访而对社会整合带来风险。

三、通过完善立法化解社会风险促进社会整合

社会是由各个社会阶层和社会群体构成的，不同的阶层和群体的经济利益、社会地位和政治诉求并不一致。当这些问题不能有效解决时，就会存在社会整合风险。社会整合风险问题也是政府风险管理的新议题。已有的社会风险研究范式、理论观念及应对思路存在客观的局限性，大

多局限于社会整体层面,对特定风险治理缺乏细致的研究和完整的认识。为有效评估和化解我国社会治理中的质量风险,既要吸收已有理论成果,又要确立新的治理及质量风险的应对观念,并在实践中探索中国经验与路径,克服已有认识缺陷。注重分析风险具有一般社会风险的共性,但同时也存在自身特殊性。从风险评估方面看,包括观念基础、评估方法、依据及策略等,这些问题都需要展开新的探索和系统研究。国外学者也已关注到生活、健康、服务等领域的风险特殊性,并称其为新风险。新社会风险指人们在面临的、在向后工业社会转变过程中,经济和社会发生变化给他们生活带来的风险。① 部分人群客观上因年龄、身体健康及文化技能等弱者特质,易于造成失业、疾病和劳动社会参与差,同时他们具有较大交叉重叠性。如农村贫困老人,重度残疾人及低保对象交叉重叠较为普遍,目前学界对这些弱者共性特质虽有研究,但对其风险特性及治理质量风险研究尚属缺失。这一研究十分必要和迫切。党的十九大报告强调,在全面建成小康社会的决胜期,特别要坚决打好防范化解重大风险等方面的攻坚战。② 对社会治理风险的系统客观评估与有效化解是其中的应有之义,如重视不足,不仅难以实现社会治理的预期目标,而且可能会引起新的社会不公平或社会矛盾,甚至形成新的社会风险。同时,如同"在创造有活力的经济和创新型社会中,主动承担风险是一个不可或缺的核心因素"③;科学认识并主动承担贫困治理中的风险。特别注重应对结构性风险。结构性风险指在历时态的视野中改革的各种矛盾长期积累、反复、共振,形成了一种似乎难以跨越和突破的胶着状态④;所谓阶段性风险,是指在共识时态的事业中,改革在某一时段会出现受到全社会高度关注的一个或数个矛盾焦点问题,并且这些矛盾之间往往也相互交织、相互影响,牵一发而动全身,关联度极高。⑤ 为有效应对各

---

① [英]彼得·泰勒-顾柏:《社会科学研究中的风险》,黄觉译,中国劳动社会保障出版社2010年版,第2页。
② 习近平:《决胜全面建成小康社会 夺取新时代中国特色社会主义伟大胜利——在中国共产党第十九次全国代表大会上的报告》(2017年10月18日),人民出版社2017年版,第35页。
③ [英]大卫·丹尼:《风险与社会》,马缨等译,北京出版社2009年版,第9页。
④ 涂小雨:《当代中国社会整合逻辑研究》,河南人民出版社2016年版,第232页。
⑤ 涂小雨:《当代中国社会整合逻辑研究》,河南人民出版社2016年版,第233页。

种风险,从法治创新角度看,主要包括以下几点。

第一,明确政府社会整合风险化解中的法制化目标。即提升政府风险评价化解的能力。政府风险评价能力不足的常见问题包括:不能对影响治理风险的各种关键因素进行系统性和整体性的评价,而局限于某种操作层面;不能在风险化解中将预测防范与发现化解、物质风险与非物质质量风险、现实风险与未来风险、个体风险与家庭及整体社会等整体风险化解有机整合;风险评价可能失真,主要在于数据不系统甚至不真实。为避免此问题,国外风险评价管理逐步向编码知识过渡,"公共服务正在向新形式转变,网络或伙伴关系成为其基础"①;风险要素评价要素缺位,包括评价标准及具体制度等。政府社会整合风险化解中的法制化目标,应当基于以上方面,形成具体的制度体系。

第二,注重相关综合管理性立法制度的建设。依法规定对特定人群特点风险干预的整体策略。如收入支持和社会服务等细化的家庭公共干预政策,能够为贫困者提供有效的脱贫之路,防止依赖性、结构性机制的形成。② 形成与实践政府对特定人群风险能力提升的责任制度。"处理、避免或补偿风险在不同职业和不同教育程度的阶层之间或许也是不平等地分配的可能性和能力。"③ 突破已有风险的个体主义或集中于某一单一因素看待和应对风险的局限性,将相关各种因素综合考量,如制度设计及执行,既包括福利性制度,也包括管理制度;相关资源整合包括能力资源、家庭、社区文化及环境等资源因素的综合运用,并注重整合化的策略行动设计。以英国残疾人反贫困为例,1988年英国通过设立促进残障者独立生活基金制度,为缺乏收入及照护的残疾人提供整合化服务。④ 政府及社会组织应形成应对风险知识教育和能力提升的培训制度,做好人力、物力及资金等资源保障,既要约束和必要追责,也应允许在符合

---

① [英]彼得·泰勒-顾柏,[德]詹斯·O. 金:《社会科学研究中的风险》,黄觉译,中国劳动社会保障出版社2010年版,第159页。

② Holzmann R, Jorgen S. Social Risk Management: A New Conceptual Framewok for Social Protection and Beyond. *Social Protection Discussiion Paper No.* 6. World Bank, 2000.

③ [德]乌尔里希·贝克:《风险社会》,何博闻译,译林出版社2004年版,第36-37页。

④ [英]科林·巴恩斯,[英]杰弗·默瑟:《探索残障:一个社会学引论》(第二版),葛忠明、李敬译,人民出版社2017年版,第171-172页。

政策原则的前提下对政策的灵活运用，以及适当的治理创新。例如形成系统的身心健康知识教育制度，特别是疾病预防知识教育制度，使其转变不良的生活方式，将健康风险降到最低程度。欧洲一些国家通过转变生活方式等措施降低疾病发生率可达 40％左右，有着具体的政策经验①，值得借鉴。

  第三，规范特定主体在风险防范化解中的责任。主要注重风险人群合法权益立法保障中明确政府与社会主体的责任能力。"在个体化的社会中，风险不仅仅在量上增加；性质上的新类型的个人风险出现了，即选择和改变个人认同的风险……这些将产生对于教育、照料服务、医疗和政治的新需求。"② 尽管西方国家从 20 世纪 70 年代就开始重视风险防范，但主要是自然灾害或技术危害，迄今"这一领域所强调的，也是很多灾难研究中的重点主题，即日常活动如何暗含风险，以及如何纠正风险和偏差行为"③。在风险类型不断增加的情况下，风险防范仍为新的议题。而精细有效的对象瞄准需要风险主体，将政策规定、技术需求、个体性、动态分析及必要稳定机制有机结合。但目前此方面无论政府还是社会参与主体都存在能力缺失。"因病致贫"与"因病返贫"一直是深度贫困者的共性痼疾；而且在农村贫困地区，收入贫困与权力不足的恶性循环情况也普遍存在。农村地区缺乏保障贫困老人、残疾人权利的法律教育与法律援助服务等具体制度，导致此部分人群存在较普遍的权利贫困，也进而引发了收入贫困。在阐述深度贫困的原因时，习近平除强调自然环境、基础设施、社会事业发展滞后，特别强调因病致贫问题，强调医疗救助、教育及兜底性保障的重要性。④ 所以，消除这些方面匮乏形成的收入贫困，任务仍十分艰巨。如有学者提出，"后传统社会中谁负责风险管理和风险预测就变得模糊了。政治上的无能和不作为越来越广泛，导致

---

  ① Kobza J, Geremek M. Explaining the Decrease in Deaths from Cardiovascular Disease in Poland. The Top-Down Risk Assessment Approach, from Policy to Health Impact. *Postepy Hig Med Dosw*（online），2016.
  ② ［德］乌尔里希·贝克：《风险社会》，何博闻译，译林出版社 2004 年版，第 167 页。
  ③ ［英］彼得·泰勒-顾柏，［德］詹斯·O·金：《社会科学中的风险研究》，黄觉译，中国劳动社会保障出版社 2010 年版，第 200 页。
  ④ 习近平：《在深度贫困地区脱贫攻坚座谈会上的讲话》（2017 年 6 月 23 日），人民出版社 2017 年版，第 14 页。

风险不受政治干预的可能性上升"①。在我国成功地应对这种风险恰恰需要运用我国自身制度优势,使风险责任更加精细和明确,政治要求更加凸显,同时激励社会参与风险应对,提升其应对能力。

四、通过家庭与自治组织立法发展完善促进社会整合

家庭空间对人们的影响具有潜移默化的特点。家庭功能是家庭为公民提供支持以满足其心理、生理、发展的需求,贫困家庭功能的弱化和多重脆弱性使人们在心理、健康、生活、教育、社会化等多方面需求被剥夺。在特定情况下家庭又增加了特定人群的生存风险,"家庭变成了儿童、老人以及其他生活在家庭中弱势人群获得政府和社会支持的障碍:一个拥有家庭的社会成员就意味着得不到政府或社会的支持"②。一是贫困家庭因长期处于积贫积弱状态造成家庭经济功能弱化。二是贫困家庭文化教育功能弱化。贫困家庭对教育重视力度不够,加上家庭经济收入的限制,贫困家庭受教育程度普遍低下,甚至因教育剥夺和中断造成家庭贫困的代际传递。三是贫困家庭社会支持功能弱化。贫困家庭通常在社区和社会中处于边缘状态,难以形成稳定和强有力的家庭支持网络,因而对贫困家庭的支持力度微弱。四是贫困家庭健康支持功能弱化。部分因病致贫家庭即处于健康和贫困的恶性循环中,对个人和家庭的发展形成双重制约。贫困家庭的经济、文化教育、社会支持网络、健康支持等多维功能弱化集中影响其生理、心理、发展等多个方面,进而对其主体性发挥造成多维度弱化。

政府应通过立法加大对家庭资源的整合。作为重要参与主体的家庭成员在物质、精神与健康服务、照护质量服务参与中都存在缺失。一项调查显示,一些地方农村老年人无人照护比例达到了15.1%。农村老人呈现"被动的自我照料"状态③,而目前尚无有效的应对手段。我国《老年人权益保障法》对家庭责任的规定及实际运行都存在不足,而国外则

---

① [英]大卫·丹尼:《风险与社会》,马缨等译,北京出版社2009年版,第29页。
② 张秀兰,徐月宾:《建构中国的发展型家庭政策》,《中国社会科学》2003年第6期。
③ 姜向群,杜鹏:《中国人口老龄化和老龄事业发展报告(2014)》,中国人民大学出版社2015年版,第35页。

具有相对有效的经验。体现在以下两个方面。一是激励性整合。韩国制度规定，将照护重度精神残疾父母作为参与社会劳动的形式，并作为获得救助福利的条件。而我国此类规定较为缺乏。二是资助性整合。指政府通过支付报酬、提供照护技能培训、补贴或家庭福利等激励措施促进社会组织、个人及困难家庭成员的治理参与和能力的提升。以韩国经验为例，其《国民年金法》规定赡养60岁以上的父母或二级以上残疾父母的公民，政府支付其年金时每年可追加10万韩元的附加年金。"国民年金在理论上只是支付给那些参与年金保险的人，但对其家族成员给予关心和照顾，这是把家族成员看作统一体的家庭中心主义的具体表现。"①在此方面，智利社会保障团结计划中的"家庭协议"进行了这方面的具体尝试，成效明显②，值得我国借鉴。1995年英国的《照料者（认定与服务）法案》通过家庭亲属为主体增能的促进老年服务发展的典型立法。三是强制性整合，即强化家庭参与责任。如1996年生效的新加坡《赡养父母法》，对子女对父母的赡养义务、违反义务的惩罚措施及父母的维权途径进行了详细规定。③目前我国南京市民政局已进行了相关尝试，即为护理困难老人的家属发补贴④，可尝试通过政府补贴形式在我国农村发展这种照护站。目前江苏民政部门帮助群众建立"救急难"互助会的做法颇值得肯定⑤，山东沂蒙山区农村开始尝试建立"孝心家庭养老基金"⑥的做法也值得肯定。

自治组织立法完善是促进社会整合的重要途径。我国1998年通过、2010年修订的《村民委员会组织法》规定制定本法的目的，即为了保障

---

① ［韩］朴炳铉：《社会福利与文化——用文化解析社会福利的发展》，高春兰、金炳彻译，商务印书馆2012年版，第229页。

② 李曜、史丹丹：《智利社会保障制度》，上海人民出版社2010年版，第245-246页。

③ 余桔云：《中新两国家庭赡养法律的比较研究——基于多元协同治理的视角》，《国外社会科学》2017年第3期。

④ 王伟健：《南京为护理老人家属发补贴，子女赡养老人可领"工资"》，《人民日报》2014年11月13日。

⑤ 冯佳：《兜住民生保障最基本的底线》，《中国社会报》2017年2月24日。

⑥ 具体做法是，以老人每月最低获得100元的标准，老人的子女按季度到村镇上交孝心基金，政府补贴20元，一并存入基金账户。老人每个月可及时领取。参见：《农村老人如何"老有所养"》，《新华每日电讯》2017年7月4日。

农村村民实行自治，由村民依法办理自己的事情，发展农村基层民主，维护村民的合法权益，促进社会主义新农村建设。村民委员会是村民自我管理、自我教育、自我服务的基层群众性自治组织，实行民主选举、民主决策、民主管理、民主监督。村民委员会办理本村的公共事务和公益事业，调解民间纠纷，协助维护社会治安，向人民政府反映村民的意见、要求和提出建议。村民委员会以上利益表达和权益实现机制，能够有效发挥社会整合功能。从现实实践看，由于多重原因作用，在一些农村地区也存在着农民主体性自治自觉性滞后问题，包括客观环境的影响，贫困农民所处场域的生产生活状况、乡村习俗等文化环境都制约着农民自治意识及自我效能感的提升。特别是农民大多受教育水平相对低下，面对机会等不知如何发挥其自觉性，村民自治参与程序制度也不够完善，但程序能够为参与者提供陈述其意见和利益的机会，控制决定承担者以及他们做出决定的方式和形式，以及最终使决定合法化。程序准入必须对于所有的人在同样的情景下开放，并且不能存在不可克服的障碍。规则必须明白易懂，以使当事人以之为依据。① 在完善村民自治法的过程中，其一，应提升村民自治参与意识，形成参与型自治文化环境，使自治规则以明白易懂方式为广大村民所接受；其二，创新和完善程序性立法制度，使村民真正获得陈述其意见和利益的机会。创新村民参与方式和形式，以促进参与的合法化和高效性，在程序上消除参与障碍。其三，注重村民自治实现的全面性。有研究表明，涉农政策满意度与村民自治参与呈显著的正向关系，即农民的涉农政策满意度越高，其参与村民自治的可能性就会越大，且对农村男性、老年、中等收入家庭农民的影响尤为明显。从影响路径看，保障性涉农政策满意度主要通过提高农民的政府满意度来增进村民自治的参与度，而综合性涉农政策满意度通过这一路径影响村民自治参与的表现并不明显。② 未来在乡村振兴战略视域下，各级政府应进一步完善涉农的相关政策，以更好地服务于村民，提升基层治理能力和治理水平。因此村民自治需要与农民切身利益直接联系起来，以促进村民自治全面有效实现。

---

① ［德］托马斯·莱塞尔：《法社会学导论》（第六版），高旭军等译，上海人民出版社2014年版，第195-196页。

② 方帅：《涉农政策满意度如何影响村民自治参与》，《江汉学术》2021年第1期。

社区场域是贫困农民最基本的生活空间。依据布迪厄的场域-惯习理论，场域形塑惯习，使得惯习遵照场域的法则行动；惯习建构场域，有助于把场域建构成一个满足主体需要，具有建构性、能动意义的世界。①在当今社会治理中，应通过立法倡导和发展体现农村社区成员主体性责任特点的互助文化，实现对困难人群力所能及的帮扶和照护，尤其是将亲情互助、邻里互助作为分内的伦理责任，基层政府应善于将乡村积极传统文化如"孝治""邻里守望"等文化观念在深度贫困治理中创新运用，并通过一定的措施予以支持。如政府主导下发展农村互助养老，提升服务质量。拓展社会支持空间，发掘社区资本和资源。费孝通的"差序格局"也强调个人关系网络的大小和实力取决于位于中心的个人的资本。个人的资源和实力决定了其社会支持网络的大小和获取信息和资源的可能性，因而对个人发展产生一定的限制作用，即政府可以通过正式立法调动整合社会资源。国外在此方面已形成了一定的制度经验。如1963年美国制定的《社区精神健康法》旨在规范和激励社区参与老年人、儿童等弱势人群的服务，并规定政府负有为社区精神服务中心提供经费支持的责任，以有效整合社区资源。日本1994年将1937年的《保健所法》更名为《地域保健法》，并制定了配套实施令，为规范"福利保健所""保健服务中心"等具体服务机构的经营行为提供了必要支持。在以上立法基础上，日本近年来发展起来的"社区密切型服务系统"设立小型的"老人照护站，为独居老人配备24小时上门服务的专门人员"②。这些经验值得我国借鉴。

思考题

1. 什么是社会整合？如何看待当今我国面临的整合问题？
2. 如何看待社会整合的影响因素？
3. 法律在社会整合中具有哪些特殊作用？

---

① 杨善华，谢立中：《西方社会学理论》（下卷），北京大学出版社2006年版，第169页。

② 赵林，[日]多田罗浩三，桂世勋：《日本如何应对超高龄社会：医疗保健·社会保障对策》，知识产权出版社2014年版，第166-167页。

4. 试论以法律创新促进我国社会整合的路径选择。

5. 以自治立法为例，谈社会整合与立法完善的互动关系。

🔺 阅读推荐

1. 杨信礼，尤元文：《论社会整合》，《理论学习》2000年第12期。

2. [韩] 朴炳铉：《社会福利与文化——用文化解析社会福利的发展》，高春兰、金炳彻译，商务印书馆2012年版。

3. 李曜，史丹丹：《智利社会保障制度》，上海人民出版社2010年版。

4. [德] 托马斯·莱塞尔：《法社会学导论》（第六版），高旭军等译，上海人民出版社2014年版。

5. [英] 大卫·丹尼：《风险与社会》，马缨等译，北京出版社2009年版。

6. 陈征楠：《社会整合与法律论证之间的系统论勾连》，《暨南学报》（哲学社会科学版）2013年第11期。

7. 刘红凛，李卫华：《论社会整合机制》，《山东师范大学学报》（人文社会科学版）2003年第6期。

8. [美] E.博登海默：《法理学——法哲学及其方法》，邓正来、姬敬武译，华夏出版社1987年版。

第八章
法律创新与弱势群体权益维护

　　维护社会弱势群体权益,有利于促进社会公平正义、保障公民权利的全面实现、消除弱势群体的权利贫困。目前多种因素制约我国社会弱势群体的权益保障。有必要创新完善弱势人群权益保障的法律体系和具体执法程序、构造社会弱势群体的司法保护制度、提高社会弱势群体权益保障的法律意识,以法律创新促进我国弱势群体的权益维护。

第一节 我国弱势群体权益维护的含义及重要意义

一、社会弱势群体的概念及其产生根源

(一) 社会弱势群体的概念

社会弱势群体的本质在于其处于社会不利地位。20世纪初美国最早将社会弱势群体作为社会学的研究对象,20世纪50年代,社会弱势群体发展成为社会政策学、社会学和政治学研究中的核心概念。当时英国的社会政策学家马歇尔基于社会弱势群体的内涵阐述了公民权理论,指出公民权由社会权利、民事权利和政治权利构成,公民的社会权利包括获得社会福利和服务的权利,认为任何有完全公民资格的社会成员都应平等地享受社会福利和服务,不应对任何群体存在歧视和排斥。目前国际社会较为公认的是社会政策领域对弱势群体的界定,社会弱势群体被认为是"由于某些障碍及缺乏经济、政治和社会机会,而在社会上处于不利地位的社会成员的集合,是在社会性资源分配上具有经济利益的贫困性、生活质量的低层次性和承受力的脆弱性的特殊社会群体"[①]。国际社会政策领域的这一定义总结了社会弱势群体最主要的特征,即经济条件贫困、生活质量低层次、承受力脆弱。作为国际社会广泛关注的重点对象,国内外组织和学者也对弱势群体进行了研究和界定。例如,1993年联合国人权大会指出弱势群体包括少数人口、难民、迁徙工人、寻求庇护者及残疾人等,强调各国应关注社会弱势群体,为改善易受伤害群体

---

① 万闻华:《NGO社会支持的公共政策分析——以弱势群体为论域》,《中国行政管理》2004年第3期。

例如妇女、儿童等的生活状况做出更大努力。① 2002年我国《政府工作报告》提出了"弱势群体"问题，此后学术界从多元化的角度对这一群体进行了深入分析。有学者从社会工作角度进行分析，认为弱势群体是指缺乏应变能力因而易在社会问题中受挫的社会群体。也有学者指出社会弱势群体是由于主客观条件的限制，在物质生活、发展机遇、权利等方面处于相对不利地位的群体。② 还有学者认为弱势群体即无力控制所处环境的"弱群体""社会不利群体"。"不利"是指在生活机会、社会奖励分配、就业等领域处于不利地位，而这种不利地位是由于长时间遭受系统性的不公平待遇所致。这种不平等待遇是参照一般民众的生活状况而言，相对于社会认可的正常化标准化生活状态而言，因此这种不利地位和不公平待遇导致了弱势群体在生活水准和权利状态上低于一般民众。③ 还有学者指出，社会弱势群体是由于社会结构急剧转型和社会关系失调或由于一部分社会成员自身的某些原因（如竞争失败、失业、年老体弱、残疾等），而造成对于社会现实的不适应，并且出现了生活障碍和生活困难的人群共同体。这一含义包含三个层面：一是社会弱势群体在政治和社会层面缺乏表达、追求群体利益的资源；二是弱势群体在市场竞争中处于相对弱势地位；三是相当一部分处于物质贫困状态。④

社会弱势群体具有以下共同特质。一是变动性。不同时期社会资源的分配不同，不同社会阶层的力量对比也会发生变化，从而导致强弱势群体间的变动。且在社会弱势群体内部，也存在成员发展变动的情况。二是多样性。社会弱势群体产生于不同的社会关系中，社会关系的多样性决定了社会弱势群体也具有多样性。且由于个体所涉及的社会关系是多样的，因此同一个体可能属于不同的弱势群体。三是相对性。弱势群体是相对于同一社会关系中的强势群体而言的，不存在脱离具体社会关系的绝对弱势群体。

---

① 〔瑞典〕格德门德尔·阿尔弗雷德松，〔挪威〕阿斯布佐恩·艾德：《世界人权宣言：努力实现的共同标准》，中国人权研究会组织译，四川人民出版社1999年版，第632-633页。
② 刘占峰：《中国弱势群体研究》，长春出版社2003年版，第20页。
③ 张晓玲：《社会稳定与弱势群体权利保障研究》，《政治学研究》2014年第5期。
④ 高强：《断裂的社会结构与弱势群体构架的分析及其社会支持》，《天府新论》2004年第1期。

根据以上分析，本书将"社会弱势群体"界定为由于社会、自然因素的影响，其基本权利得不到应有保障，容易受伤害、被边缘化，且生活质量水平和生存状态比普通民众低的社会群体。随着我国改革开放的发展、经济体制的改革和经济社会的转型，弱势群体是社会各利益群体相互作用的必然结果。目前我国社会弱势群体大致包括未成年人、妇女、老年人、残疾人、农民工、失业人员以及从事农业劳动的农村居民等。①从社会现实看，在对弱势群体的概念进行把握时，还需要明确以下三点。

第一，弱势群体的概念既有复杂性，又有共同的特征。从历时性层面来看，弱势群体具有社会历史性。首先，在不同的历史阶段，弱势群体具有不同的概念内涵；其次，在不同时期，弱势群体的角色可能会发生变化，此时为弱势群体不一定彼时亦为弱势群体。从共时性层面分析，弱势群体是相对于强者而存在的，在一定情况下可以相互转换。在弱势群体面前，任何个体都可以被看作是强者；而在强者面前，任何个体也可以被看作弱势群体。

目前学者对弱势群体的概念界定存在不同，但在弱势群体的群体特征方面，学术界有较为统一的观点。梳理已有的研究观点，社会弱势群体的特征主要表现在以下几个方面。其一，政治权益薄弱。一方面由于规章制度的设置，一部分群体政治权利被剥夺，遂成为弱者；另一方面虽然所有群体在法律制度方面具有平等地位，但一部分群体由于各方面的原因，政治参与机会和能力缺乏，政治权利虚化，没有对公共政策的话语权，导致其各方面权益难以得到有效保障。其二，弱势群体一般存在经济贫困问题。社会弱势群体由于拥有较少的生产生活资料，收入较低，生存艰难，进而限制了自身其他方面的发展空间和可能性。其三，弱势群体的组织性不高。在现实生活中，大部分弱势群体并不是一个有组织的群体，他们往往分散独立存在。社会群体往往由于生理等自然原因或制度等后天原因，存在体力、智力、机会等方面的弱势。例如儿童、妇女、鳏寡孤独废疾者往往在任何时代或社会中都处于弱势地位。他们没有固定的组织机构，在社会生活中是松散的个体。其四，社会弱势群体通常是自然灾害或经济社会转型的受害者。

第二，对弱者概念的把握需要与公平正义的概念紧密结合。马克思、恩格斯虽然没有直接对弱势群体进行清晰的定义，但他们就社会弱势群

---

① 覃有土，韩桂君：《略论对弱势群体的法律保护》，《法学评论》2004年第1期。

体进行了较多科学而深刻的论述。马克思、恩格斯各自著有不同著作,关于社会弱势群体也有其独立的看法,笔者从系统整合的角度对其进行了归纳总结。马克思、恩格斯通过对历史和现实的考察,对弱者的思考着眼于当时正在形成中的最大的弱势群体——雇佣工人。此外,马克思、恩格斯也关注资本主义社会中的工农差别、城乡差别、脑力体力劳动差别的现象,将小商人、农民阶级等群体都视为社会弱势群体。马克思、恩格斯在《共产党宣言》中阐述了人类社会中强势群体和弱势群体的等级划分。在过去各个历史时代,我们几乎到处都可以看到社会完全划分为各个不同的等级,看到社会地位分成多种多样的层次。在古罗马,有贵族、骑士、平民、奴隶,在中世纪,有封建主、臣仆、行会师傅、帮工、农奴,而且几乎在每一个阶级内部又有一些特殊的阶层①。但在资本主义社会,阶级对立简单化了。整个社会日益分化为两大敌对的阵营,分裂为两大相互直接对立的阶级:资产阶级和无产阶级②。马克思、恩格斯理论中的"无产阶级"这一概念存在广义和狭义之分。广义的无产阶级是相对于资产阶级而存在的另外的阶级,包括产业工人、农村的无产阶级、其他类型的工人、雇佣劳动者等社会群体。产生资产阶级和无产阶级两大敌对阵营的社会分裂过程不是一蹴而就的。在社会发展过程中,现代雇佣工人阶级首先诞生并与资产阶级对立,随后也产生了与资产阶级相对立的具有过渡性质的阶级或阶层,例如小商人、小工业家、手工业者、农民等③。狭义的无产阶级即指工人阶级。《共产党宣言》指出,资产阶级不仅锻造了置自身于死地的武器;它还产生了将要运用这种武器的人——现代工人,即无产者。随着资产阶级即资本的发展,无产阶级即现代工人阶级也在同一程度上得到发展④。在《共产主义原理》中,恩格斯也指出无产阶级就是现代雇佣工人阶级。因此马克思、恩格斯思想中的无产阶级的内涵一方面指当时已经现实存在的现代雇佣工人这一无产阶级,另一方面也指潜在的无产阶级群体。在马克思、恩格斯的理论体系中,无产阶级成为社会弱势群体的代名词。从阶级斗争到社会解放,从劳动异化到市民社会、从科学社会主义到人的全面发展,从剩余

---

① 《马克思恩格斯文集》(第2卷),人民出版社2009年版,第32页。
② 《马克思恩格斯文集》(第2卷),人民出版社2009年版,第32页。
③ 《马克思恩格斯文集》(第2卷),人民出版社2009年版,第39页。
④ 《马克思恩格斯文集》(第2卷),人民出版社2009年版,第38页。

价值理论到唯物史观，马克思、恩格斯的思想理论体现了他们对无产阶级这一社会弱势群体的关怀，他们积极投身于无产阶级和广大劳动者解放的伟大斗争中。在资本主义社会中，资产阶级占有丰富的生产资料，而无产阶级除了自身劳动力外鲜有其他资产。马克思、恩格斯极力倡导无产阶级通过斗争和革命改变自身弱势群体的地位，争取自身权益。只有这样，无产阶级才能摆脱资产阶级的统治，解放自身，改变自身社会弱势群体的地位和角色。

第三，社会排斥是理解社会弱势群体概念的基本视角。社会弱势群体两大重要特征是经济贫困和权利贫困。权利贫困是指民众由于法律法规、政策制度的排斥，无法享有公民的基本权利或正当权益受到侵犯，从法律制度层面讲，是属于合法的不平等。从这一角度看，社会弱势群体同社会排斥联系密切。社会排斥原指大民族排斥少数民族的种族偏见和歧视，且这种种族偏见与歧视建立在主流社会有意达成的政策制度之上。社会"主导群体已经掌握了社会权力，不愿别人分享"①，由此产生了社会排斥。从法社会学层面讲，社会排斥是社会中的主导群体在法律制度、社会意识等多方面对边缘的弱势群体的有意排斥。② 例如根据法律规定和政策制度，我国进城务工的农民工所享有的权利和当地市民并不平等，这种由法律、政策、制度造成的不利地位即社会排斥。正如马格利特所说，人们对社会弱势群体的理解往往局限于物品资源分配不公、物质生活匮乏等物质伤害方面，而忽略了其背后的政策制度根源。马格利特认为，所谓的自由市场并不自由，其中存在着有利于一部分人而不利于另一部分人的制度。"在一个民主的社会里，政治制度之所以合理，乃是因为这些制度可以起到保护社会成员不受自由市场羞辱的作用。这包括重视贫困、无家可归、剥削、恶劣工作环境、得不到教育和保健等。"③ 任何社会弱势群体在社会生活中都经受着歧视、剥削和边缘化，难以获得充分的发展机会。因而社会弱势群体不仅遭受着物质方面的伤害，还面临权利不平等和制度排斥问题。

---

① [美]戴维·波普诺：《社会学》，李强等译，中国人民大学出版社1999年版，第197页。

② 英国社会排斥办公室（Social Exclusion Unit）将社会排斥定义为由于政策制度的排斥，某些地区或群体遭遇收入低下、技能缺乏、失业、住房困难、健康丧失等一系列综合性问题。

③ 徐贲：《正派社会和不羞辱》，《读书》2005年第1期。

（二）社会弱势群体产生的根源

社会弱势群体产生的根源主要体现在自然和自身因素、法律、制度、公共政策、社会和文化等方面。

1. 自然和自身因素

自然和自身方面的因素是社会弱势群体形成过程中不可忽视的重要原因。社会弱势群体的产生与个体的家庭结构、生理条件等原因相关，也很大程度上受所处生存环境恶劣、资源缺乏等因素的影响。以城市的弱势群体为例，这一群体在能力、身体上的缺陷，会导致其资源和机会的丧失，进而使其处于较低的收入水平。而弱势群体由于经济条件的制约，难以接受高层次的教育，文化水平低、缺乏技能专长，不可避免地成为社会中的弱者。此外，自然、自身因素不仅仅指生理、心理、智力方面，还包括信息和知识的缺乏等。信息和知识层面的落后也是形成弱势群体的重要原因。有学者认为，社会信息化发展不均衡、教育投入不足、公共信息资源供给失衡导致了一部分群体知识、信息方面的落后。①而在网络媒体高度发达的今天，不少弱势群体由于自身知识素质的缺乏，使用网络媒体进行利益诉求、维护自身权益的能力受到限制，造成了网络媒体对社会弱势群体的排斥。

自然因素和自身因素是社会弱势群体产生的重要原因，但我们对其的理解和认识需要进行限定，要摒弃诸如弱势群体的产生完全是因为其自身"懒惰"或"素质低下"的观点。例如有人认为北京应实行人口准入制度，限制低素质的外来务工人口进京。这种对外来务工人员的排斥，本身即为一种低素质的表现。基于此，关于生理性因素以外的产生社会弱势群体的自身原因，我们应注意弱势群体产生的自身原因并不完全是主观的，很大程度上是由客观制度因素造成的。对形成弱势群体的自身因素予以客观化，并将其作为国家和社会看待弱势群体的法理基础，才能在社会营造充分的保障弱势群体权益的氛围。而将自身因素完全主观化地归结为弱者本身，将会使弱势群体的保障缺乏正当性。

---

① 梁新华，王丙炎：《论弱势群体的知识援助对策》，《情报杂志》2008年第3期。

2. 法律根源

社会弱势群体同其他群体之间存在权利不平等主要表现为身份差等。身份差等是掌握公共权力的利益集体为维护现有秩序或某些利益，通过法律法规等正当方式对社会成员的身份进行划分，并根据不同的身份对社会成员的权利义务和地位进行明确规定，这种制度安排导致了不同身份的社会成员在社会经济、政治、文化等各方面的差别待遇。身份差等与人们的职业、出身相关，也逐渐发展成一种具有象征性的社会地位，不同差等的身份之间难以相互转化。例如我国的"高干病房""农民工""城镇户口"等概念都是不同身份的反映，表现出权益的大小、待遇与地位的差别。在我国，身份差等具体有单位身份差等、职业身份差等、低于身份差等。目前我国由这三种身份差等导致的权利不平等现象较为普遍，且相当一部分是合法的不平等，具有法律法规支撑。例如职业和单位方面的身份差等，干部或行政人员在社会保障、政治参与、教育培训方面的权利都远远超过农村居民；地域方面的身份差等，农村的人大代表名额远少于城市，农村居民在就业、住房、生活等方面的国民待遇较城市居民差。[①] 以上不公平的身份差等现象是有法律支持的公开合法的权利不平等现象。从这一层面来看，我国一部分法律法规并没有贯彻"法律面前人人平等"的价值与原则，反而造成了社会弱势群体的权利不平等。

我国宪法规定，公民人人平等。但从实际情况来看，很多社会群体尤其是广大农民和流动人口并没有公平地享受基本权利。农民和城市居民所享受的国民待遇具有较大差距，这也是导致我国农村居民权利贫困的很重要的原因。我国农民在基本权利和国民待遇方面所遭受的不平等很大程度是由于原户籍法律制度的约束。20世纪50年代后我国逐步确立了现行的户籍制度，1954年宪法第90条规定"中华人民共和国公民有居住和迁徙的自由权利"；1955年国务院发布的《关于建立户口登记制度的批示》标志着全国户口登记制度的正式确立；1958年的《中华人民共和国户口登记条例》确立了户口迁移审批制度。至此我国一系列关于户籍

[①] 余少祥：《弱者的权利——社会弱势群体保护的法理研究》，社会科学文献出版社2008年版，第78-79页。

管理的法律制度基本确立。我国的户籍制度在历史上发挥了一定的积极作用，但从目前来看，户籍法律制度限制了人才流动和人口自由迁徙，也是导致我国公民身份差等的重要法律根源。由于户籍法律制度的确立，我国城乡分化这一最基本的社会分层得以形成。在经济收入、劳动就业、生活状况、社会保障等方面，城乡居民都存在巨大差距，且农村居民要想改变自身生活环境和状况要困难许多。由此可以看出，在户籍法律制度的作用下，城乡社会成员在参与市场竞争的起点、过程、结果中都存在较大的不平等，财富收入的分化和农村居民的弱势地位也由此产生，并呈加剧态势。

3. 制度根源

制度有两层含义：一是指人类社会制度，包括奴隶社会制度、封建制度、资本主义制度以及社会主义制度；二是指由人类自己设计的用来调节某些活动和关系、维持人类社会正常有序运行的普遍规则，在特定范围内可以规范社会成员的一系列行为方式，例如法律法规、政策制度、文件章程等。而人类社会中产生弱势群体的制度根源主要有经济制度和政治制度两大类。

其一，从经济制度层面看，马克思认为，制度是生产力与生产关系相互磨合的结果。生产关系适应生产力的发展，便能促进经济繁荣；生产关系若不适应生产力的发展，便会阻碍经济增长，再生贫困。① 其机理在于：一方面，制度决定资源配置效率。社会资源配置效率高，劳动生产率相应提高，由此便会促进财富增长，为消除贫困提供坚实的物质基础；若社会资源配置效率低，便会抑制社会财富的增长，滋生贫困问题。② 另一方面，国民收入的再分配制度对缓解和消除社会贫困起着关键性作用。国民收入初次分配后，国家会通过税收、财政等经济调控手段将一部分社会财富集中，以在国民间进行第二次分配。不同于初次分配的效率原则，再分配将按照公民原则，调节由初次分配造成的较大的贫富和收入差距，达到有效缓解贫困的效果。可以看出，社会制度的正面作用可以缓解和消除贫困，而负面作用则会再生贫困。因此制度被认为

---

① 《马克思恩格斯选集》（第2卷），人民出版社1995年版，第32页。
② 毛小菁：《国际社会对非援助与非洲贫困问题》，《国际经济合作》2004年第5期。

是社会贫困的总根源。①

西方许多学者认为弱势群体和贫困问题是体制原因和市场竞争的结果,而社会弱势群体则是市场竞争中的失败者。资本运动是一种使自身价值不断增值的价值运动。在市场机制和竞争规律的双重作用以及价值规律的内在作用下,资本运动中的生产要素不断投入并不断累积。正如"富者愈富、贫者愈贫"的马太效应,拥有越多资产、知识、技术的个体,其财富增加的速度越快;而那些资本要素缺乏的个体,往往陷入劳动收入低和仅能维持基本生活的恶性循环。尤其经济欠发达地区和社会弱势群体,他们除了低效率的劳动以外难以获得其他高效的资本。因此,"有效率的市场制度可能产生极大的不平等"②,市场体制和制度是社会弱势群体和贫富分化的制度性根源。

其二,从政治制度层面看,社会弱势群体的产生受到社会政治制度的重要影响。政治对社会的影响是通过利益表达、政治参与制度实现的。现代政治学理论认为,一个合法政府的决策过程包括利益表达与集合,政策制定、执行与评估等。其中利益表达作为第一个环节,具有重要作用。在现实生活中,社会弱势群体的社会地位使其社会网络资源匮乏,远离权力决策中心或被主流社会排斥在外。英国学者克莱尔认为,社会弱势群体"往往由于民族、等级地位、地理位置、性别以及无能力等原因而遭到排斥,特别严重的是在影响到他们命运的决策之外,根本听不到他们的声音"③。因此要彻底改善社会弱势群体的弱势地位,充分保障其权益,就必须为其建立合法的民主的利益表达机制。然而目前在我国,很少有能保障社会弱势群体利益表达的合法渠道,也缺乏弱势群体广泛政治参与的制度文化。对于普通民众来说,仅有的主要的利益表达和政治参与机制是推选人大代表、政协代表、信访等,而相当一部分弱势群体尤其是农民政治参与和利益表达的途径相对更少,难以通过影响社会制度来保障自身所在群体的合法权益。因此,政治制度中社会弱势群体

---

① 余少祥:《弱者的权利——社会弱势群体保护的法理研究》,社会科学文献出版社 2008 年版,第 66 页。

② [美]保罗·A.萨缪尔森,威廉·D.诺德豪斯:《经济学》(第 12 版)(上),高鸿业译,中国发展出版社 1992 年版,第 83 页。

③ [英]克莱尔·肖特:《消除贫困与社会整合:英国的立场》,《国际社会科学杂志》(中文版)2000 年第 4 期。

利益表达机制的缺乏是阻碍社会发展进步、产生弱势群体弱势地位的深刻的制度根源。

4. 公共政策根源

社会弱势群体和贫困问题的产生很大程度上也是政府公共政策衍生出的负面后果。公共政策是一国政府为实现特定的经济、政治、社会和文化目标，在分配社会利益、调节社会关系的活动过程中制定的行为规范和准则，是一系列政府条例、法令、措施和方法的总称。20世纪中叶以后在发达国家占主导地位的"社会责任论"认为，社会弱势群体在社会利益和社会关系的分化重组中被剥夺了发展机会而被边缘化，是因政府政策向某些群体倾斜而被抛弃了的群体。① 例如印度学者阿马蒂亚·森基于权利观点分析了社会贫困问题产生的原因。他分析了饥荒与粮食供给量，指出饥荒年份的粮食总供给量并不比非饥荒年份的少。有的饥荒年份粮食价格的上涨并不是由供给量减少导致的，甚至有从饥荒地区出口粮食的现象。因此他认为贫困主要是个人交换权利减少所致，交换权利的下降主要是由食物供给以外的经济状况、社会保障、生产方式、就业状况等造成的，而这些无疑都是由国家和政府的公共政策进行调节和安排的。所以，政府的公共政策在形成某些群体的弱势地位方面具有重要作用。

改革开放初期，我国政府根据基本国情，将"效率优先，兼顾公平"确定为公共政策的基本原则。这在当时的社会和历史大背景下起到了一定的作用，但政策决策存在有限理性以及各利益主体最大化追求自身利益，使得社会的公平与效率并没有得以兼顾，导致一部分人获得了较大利益，而另一部分人的利益被迫牺牲。比较典型的案例是我国城乡发展的差距和分化。新中国成立后我国经济发展水平很低，为了推动工业化的快速发展，采取了牺牲农业和农民的经济政策。公共政策压低了农副产品的价格，为工作化发展积累了必需资金。② 国家统计局数据显示，1952—1992年因价格剪刀差，农业为工业提供了12580亿的积累资金，

---

① ［美］萨缪尔森等：《经济学》，萧琛等译，华夏出版社1999年版，第288页。
② ［法］勒内·达维德：《当代主要法律体系》，漆竹生译，上海译文出版社1984年版，第483页。

扣除国家财政对农业的支持资金等差额，农村和农民在本身经济水平落后的情况下为国家工业发展提供了10636亿元。① 这种不公平的分配造成了我国城乡的巨大差距和财富分化，城乡间的不公平门槛不仅导致广大农民的持久相对贫困，还阻碍了我国的城市化和现代化进程。再如我国的差别待遇政策也是形成社会弱势群体和贫困问题的重要根源。我国很多城市对外来人口和农民实施不公平的就业政策，使其不能同当地居民一样享受同样的住房、医疗、就业、教育、社会保障待遇，虽然这些外来人口为当地城市的发展做出了巨大贡献，但其社会地位远远低于与实际收入相匹配的经济地位。不平等的公共政策是政府失灵的重要表现②，我国公共政策的不平等性在社会各个领域的渗透和影响是社会弱势群体弱势地位形成的重要政策根源。

5. 社会和文化根源

弱势群体的产生和其所处社会的社会、文化环境密切相关。其一，从社会转型和社会分层方面看，社会转型会带来社会模式的变革，将从各个方面改变传统社会的结构和面貌。社会转型是推动社会进步发展的源动力，但也会不可避免地以牺牲一部分社会群体的利益作为代价。"社会快速转型期的一个鲜明特点，是社会进步与社会代价共存、社会优化与社会弊病并生、社会协调与社会失衡同在、充满希望与包含痛苦相伴。中国社会生活各个领域，如城乡面貌、利益格局、社会关系、次级制度、社会控制机制、价值观念、生活方式、文化模式、社会承受能力等领域，都毫无例外地表现了这一中国社会转型的两重性和极端复杂性。"③ 而在经济发展和社会转型的过程中，普通社会大众将承担这一转型成本，"马太效应"在市场竞争中表现得淋漓尽致。在此过程中，拥有能力、资金、社会关系、权力等资源的是社会强势群体，他们占有有利的优势积累地位；而那些缺乏资源优势的则是社会弱势群体，他们在社会转型和市场

---

① 余少祥：《弱者的权利——社会弱势群体保护的法理研究》，社会科学文献出版社2008年版，第110页。

② Samuelson P A, Nordhaus W D. Economic. 13th Edition. McGraw-Hill Book Company, 1989：769.

③ 郑杭生：《改革开放三十年：社会发展理论和社会转型理论》，《中国社会科学》2009年第2期。

竞争中处于弱势地位，陷入"贫者越贫"的循环。此外，由社会转型带来的社会分层，也产生了相当数量的社会弱势群体。社会分层是社会学的基本概念，社会分层使得社会成员在阶层、权力、财富等方面呈现强势、弱势之分。"中国改革开放以前是政治分层为主的社会，那时社会上人们经济不平等程度较低，而政治不平等程度较高，甚至存在较严重的政治歧视。改革开放以后，政治不平等程度大大下降，而经济不平等程度却大大上升。因此，中国改革以来，社会分层机构的变化并不简单地就是差距迅速拉大的过程，而是经济上的不平等取代了政治上的不平等。也可以说，政治分层差距的弥合，对于经济分层差距的拉大起到了一种补偿与平衡的作用。"① 在社会转型以前，工人阶层、农民是我国的主要社会阶层。但目前工人、农民的社会地位不断弱化，其生存发展能力在社会建构中被削弱，屡见不鲜的拆迁户、失地农民、农民工等社会弱势群体的权益受损问题正好说明了这一点。

其二，从文化层面看，社会弱势群体产生的原因包括主观诉求表达的失语，即弱势群体缺乏媒介话语权；群体亚文化意识的疏离，这是社会贫困文化的归因。② 有学者指出，贫困者的贫困很大程度上应归因于他们的贫困文化。贫困文化是"在既定的历史和社会脉络中，穷人所共享的有别于主流文化的一种生活方式"，是一种理性的拥有自己结构的社会亚文化。这种文化导致了"在阶层化、高度个人化的社会里，穷人对其边缘地位的适应或反应"③。对于贫困亚文化，一部分贫困群体对自己所处的生活圈和文化圈抱着心甘情愿的态度，也有一部分贫困群体因为在社会主流价值规范下难以取得成功，在挫折和失望中不得不忍辱负重。

贫困文化可以从社会、社区、家庭、个人四个方面进行理解。从社会方面看，贫困文化是一种社会亚文化，主要指贫困群体难以融入主流社会，陷入自我封闭和孤立的状态，由此更加剧了自身的贫困；从社区方面看，贫困群体往往形成贫困村等聚集区；从家庭方面看，贫困文化会形成特定的家庭结构和家庭关系，贫困户家庭结构一般较为松散，家

---

① 李强：《社会分层与贫富差别》，鹭江出版社2000年版，第39-59页。
② 熊友华：《弱势群体的文化向度分析》，《湖北大学学报》（哲学社会科学版）2009年第1期。
③ 陈晓云：《经济福利的心理保障》，复旦大学出版社2009年版，第164页。

庭关系恶劣，家庭成员的家庭责任感较差，离婚、家庭暴力等现象更为普遍；从个人方面看，贫困群体普遍文化素质较低，格局和眼界狭小，缺乏社会责任感和群体责任感，只关心眼前的短小利益和个人利益。[1] 贫困文化这四方面的因素会相互促进、相互影响，使得贫困群体陷入贫困的恶性循环。结合中国的国情来看，相当一部分贫困群体处于文化断裂状态。他们聚集在一起，与主流社会隔离，经过世代相袭形成特定的脱离主流社会的亚文化圈。而这种亚文化圈又以血缘关系、地缘关系为纽带，进一步加剧了贫困群体的弱势地位。例如中国传统农村典型的小农文化心理，引导农民在实践中自我削弱，弱势地位恶性循环和巩固。[2]

二、社会弱势群体权益保障的含义及意义

（一）社会弱势群体权益保障的含义

任何社会成员，无论是弱势群体还是其他群体，法律面前人人平等，这是法治的基本要求和法律的基本原则。但由于社会环境、出身、社会资源等主客观因素的影响，社会弱势群体同其他群体间往往存在不合理的不平等，因此社会应对之进行补偿，以实现法律面前人人平等的原则。在法律面前，人的地位、劳动能力、经济状况、实际身份等将不被考虑，个体是一个被剥离掉各种社会角色的抽象的人。然而在实际生活中，人却是具体的现实意义的、被赋予各种社会角色的存在，因此仅注重形式上的平等很大程度上会导致结果的不平等。因此，法律对弱势群体权益的保护，应在对弱势群体的基本权利进行保护以实现形式平等的基础上，还应矫正形式正义的缺陷和不足，通过各种途径最大限度地实现形式平等和实质平等的并举。

从法律层面讲，对弱势群体权益的保护主要是从权利和人权两个层面对其进行保障，体现在自由权、社会权、发展权方面。其一，自由权。自由权是法律赋予人的基本权利体系的核心和基础，国家通过一系列政

---

[1] 李迎生：《转型时期的社会政策：问题与选择》，中国人民大学出版社2007年版，第329页。

[2] 欧阳爱权：《农民弱势群体缘起探微》，《新疆社科论坛》2009年第6期。

策制度实现对弱势群体自由权的保障。针对社会弱势群体的优惠政策和特殊保护应促进其在社会公共生活中的有效参与，提高其市场参与和竞争能力。例如《中华人民共和国妇女权益保障法》规定：妇女享有与男子平等的选举权与被选举权。全国人民代表大会和地方各级人民代表大会的代表中，应当有适当数量的妇女代表，并逐步提高妇女代表的比例。这一规定为妇女平等享有政治权利提供了基本的法律保障。其二，社会权。社会权是一种积极性权利。弱势群体社会权的实现是由国家通过积极义务的履行予以优先保障的。法律中生存权是最具代表性的社会权。生存权是个体在其国家和社会中维持生存最起码的权利，包括人身安全权、生命权和生存条件保障权等。例如为保障弱势群体的生存底线，我国宪法规定了对老、弱、病、残等弱势群体的帮扶权。宪法第45条规定：中华人民共和国公民在年老、疾病或者丧失劳动能力的情况下，有从国家和社会获得物质帮助的权利。国家发展为公民享受这些权利所需要的社会保险、社会救济和医疗卫生事业。国家和社会保障残废军人的生活，抚恤烈士家属，优待军人家属。国家和社会帮助安排盲、聋、哑和其他有残疾的公民的劳动、生活和教育。此外我国相继制定《城市居民最低生活保障条例》《失业保障条例》以及农村五保供养制度和合作医疗制度等，一定程度上保障了我国社会弱势群体的生存权。其三，发展权。发展权是人权演进史中的第三代人权，能促进弱势群体的全面提升。发展权包括政治权、经济权、社会权、公民权和文化权，具有综合性和连带性，其中任何一项权利遭侵害都会损害其整体发展权。发展权倡导基于动态发展的理念保证权益的永续性、连贯性、连续性。在政策实践中，国家和政府根据经济发展水平提高扶贫标准和城镇居民最低生活保障标准，体现了对弱势群体发展权的保障。我国宪法第34、48条分别规定"中华人民共和国年满十八周岁的公民，不分民族、种族、性别、职业、家庭出身、宗教信仰、教育程度、财产状况、居住期限，都有选举权和被选举权；但是依照法律被剥夺政治权利的人除外""中华人民共和国妇女在政治的、经济的、文化的、社会的和家庭的生活等各方面享有同男子平等的权利。国家保护妇女的权利和利益，实行男女同工同酬，培养和选拔妇女干部"。宪法关于公民政治自由、男女平等的规定为保证公平自由的社会环境，保障弱势群体分享社会发展成果提供了法律依据。

从内容层面讲，社会弱势群体的权益保护包括政治、经济、文化、生态等权益的保护。其一，政治权益。即公民行使民主政治的权利，包括拥有选举权和被选举权、加入政治组织的权利、成为政治生活的主体的权利，还包括拥有决策权、知情权、监督权、表达权等。政治权益是使公民能在社会生活中获得自身所需的权益，保障自己正常的生活状态，参与并影响政治生活，所以政治权益对社会公民包括弱势群体，都是一种非常重要且正当的权益。马克思、恩格斯的思想理论通过对资本主义社会、封建社会不平等现象的批判，产生了具有实践性的保护弱势群体政治权益的思想理论。其二，经济权益。经济权益是人权中最重要的权益。任何人类历史的第一个前提无疑是有生命的个人的存在[①]，而个体要维持生命就必须拥有满足衣食住行等基本生存需求的物资。满足基本生存需求的活动构成了人类社会的经济活动，继而衍生出社会中公民的经济权益。个体只有首先满足了经济权益，才能进一步追求文化、政治、生态等权益。社会弱势群体的经济权益包括按劳动所得获得报酬的权益、劳动就业权益、生活受到保障的权益等。其三，文化权益。文化能反映人的本质特征，体现了人类的创造性，是人类社会生活的重要领域。而文化权益也是社会公民包括弱势群体的重要且正当的权益。在马克思的思想理论体系中，从马克思主义诞生到现在的一百多年的资本主义发展史中，以广大劳动人民为主体的社会弱势群体坚持争取文化权益。到目前，无产阶级所取得的精神和文化领域的发展，都与马克思主义文化权益思想密切相关。[②] 其四，生态权益。生态权益是人权的重要内容，也是社会弱势群体的重要权益。马克思在人的自由全面发展理论基础上讨论了社会弱势群体的生态权益，他基于现实社会、具体的人和人与人之间的复杂关系，指出人类所处的生态环境是影响人的自由全面发展的重要因素。马克思认为，社会群体在生态权益方面的不公平性、非均等性也促成了社会强势群体和弱势群体之间的分化。[③] 生态权益是社会弱势群体正当权益的必不可少的一部分，若生态权益得不到正当保障，弱势群体

[①] 《马克思恩格斯全集》（第3卷），人民出版社1960年版，第23页。

[②] 方世南，曹峰旗，王海稳：《马克思恩格斯弱者权益保护思想》，上海三联书店2012年版，第192页。

[③] 方世南，曹峰旗，王海稳：《马克思恩格斯弱者权益保护思想》，上海三联书店2012年版，第194页。

的经济权益、政治权益和文化权益都难以得到保障。

弱势群体处于社会弱势地位,容易被侵权。弱者及其权益保障意味着其权益被侵犯时依法给予维护及必要帮助。一方面需要细化他们参与程序性赋权制度,参与机会和提升能力。例如我国《刑事诉讼法》是目前我国弱势群体刑事保护方面最系统、最全面、最重要的法典,在刑事诉讼方面对弱势群体的法律参与进行了程序性赋权。我国《刑事诉讼法》在残疾人、精神病人、未成年人、女性等弱势群体的法律援助、强制措施、侦查过程、程序适用方面都进行了详细规定。另一方面,应确立对他们权利的尊重观念及维权援助机制。如山东省司法厅 2017 年提出的《关于在我省法律援助深度参与精准扶贫活动的意见》值得肯定,但尚需要提升制度效力,加强长效机制建设。除完善政府评价程序外,还应将程序开放加以法定化,使第三方、社会监督及贫困者自身具有具体的程序制度可循,形成标准相对统一的维权扶持立法制度,以实现社会公平正义。

(二) 我国社会弱势群体权益维护的重要意义

1. 促进社会公平正义

社会弱势群体的保护既是公平公正理论的本质要求,也是正义理论的必然要求。公平正义不仅是社会制度规则要公正平等,还意味着不同社会群体之间利益关系的基本原则上的无差别性,即要按照全体社会成员认同的基本标准同等地对待任何群体,是不偏不倚原则的充分体现。公平正义是民主法治的核心,是法律追求的最高价值,也是我国社会主义和谐社会的内在要求。罗尔斯认为"正义是社会制度的首要价值,正像真理是思想体系的首要价值一样"[①]。罗尔斯正义理论的两大原则之一是经济和社会都将如人们合理的期望一样被安排得对每个人都有利,且与其相联系的职务、地位应向所有人公平开放,尤其要惠及最少受益者的最大利益。由此可以看出,罗尔斯主张社会应对自然条件造成的社会成员的不平等采取措施进行补救,这符合现代法律倾斜保护弱势群体的

---

① [美] 约翰·罗尔斯:《正义论》,何怀宏译,中国社会科学出版社 1998 年版,第 56 页。

发展趋势。"一个良好的法律必须是正义的法律，正义的法律必须是关爱和保护弱者的法律，保护弱者就必须通过制度建构与完善的努力使弱者的利益得到保护或者使弱者的利益得到补偿"①。保护社会弱势群体是良法的基本要求，也是实现公平正义价值的法律的基本手段。社会正义原则维系的前提是社会弱势群体得到有效保护，国家和社会对弱势群体保障其人格尊严和生存的帮扶和救助，不仅体现了国家和社会对弱者的人道主义关怀，而且体现了和谐社会的公平正义的价值。

而公平正义又分为形式公平正义和实质公平正义。形式公平是一种绝对意义上的公平，即法律面前人人平等，不区分具体条件和差别。这种追求抽象意义的形式公平超越了语言、民族、教育、财产状况等方面的差别，人被看作是剥离了自然、社会差别的抽象意义上的人。形式公平排除了社会对任何群体的歧视，强弱、贫富在形式上都被赋予相同权利。但形式公平只是表面上的自由选择的权利，对如何保证人们所想、所得的权利平等，并不能提供行之有效的方法，因此会形成由个体差异导致的广泛不平等。在这种情况下，必须对形式公平进行弥补修正。而罗尔斯在《正义论》中提出的符合每一个人合理的利益期望、职位和地位向所有人开放的机会均等和差别原则，则是实质公平最具代表性的体现。实质公平是弱势群体权益保护的核心，要求社会资源的分配应重视现实生活中存在的不平等，根据个体差别实现每个人机会上的平等。而法律制度对社会弱势群体的倾斜保护，例如针对弱势群体的医疗保险、住房保障等，从形式公平正义到实质公平正义的全面实践，能为社会弱势群体创造更多公平的竞争机会，实现机会均等，体现了法律对社会公平正义价值的追求和维护。

2. 促进我国公民权利保障全面实现

在社会弱势群体中往往会产生失业、贫困等严重的社会问题，并引起弱者、强者之间激烈的对立与冲突。我国公民的权利实现处于非均衡状态，因社会及自身等多种条件限制，弱者权利的实现更为困难，需要特殊保障和促进其实现。法律的目的和价值追求即保障公民权利的全面实现。正如彼得·斯坦所说，"对私法自治的规制，表现为这样一

---

① 冯彦君：《社会弱势群体法律保护问题论纲》，《当代法学》2005年第7期。

种趋势,即在缔结和约时必须考虑到当事人双方的经济地位平等,以防止一方利用对方事实上的不平等将自己的意志强加于另一方,以确保社会公平的现代概念的实现——即每个社会成员,仅仅因为他是社会成员之一,就有权享受其他成员所提供的生活需要,而且有权享受每个人都想得到而实际上确实对人类有益的一切好处和机会"[①]。法律对公民权利的保障体现在两个方面:一是权利主体层面,法律致力于促进性别、民族、人种的平等,即实质公平理论期待的合乎每一个人合理期望的客观结果;二是权利内容层面,法律注重保障公民的社会经济权利,致力于恢复社会弱者和强者之间法律内在期待的主体间的对等关系。法律一方面限制公民绝对的经济自由;另一方面保障公民的社会权,一定程度上弥补其自由权。这是法律一定程度上限制强势群体的自由,保障社会弱势群体劳动、生活的机会和权利,从不同角度出发,保护公民的尊严和人权免受不平等的歧视,促进我国公民权利保障全面实现的体现。

而法律对公民权利的保障最核心的是对其人权的保障。在当今世界,作为借助权利语言保护弱势群体自由和尊严的普遍性道德权利,人权已成为法治社会和法治国家的首要任务,是社会人满足生存发展需要享有的不可剥夺的最基本的权利。凡不以人权作为价值目标的法律都不能称之为"良法"。根据人权标准,社会弱势群体和其他群体一样,作为人类共同体的一员,在其属人的本性层面上是生而平等的。但由于主客观因素的限制,弱势群体相较于其他群体在很多层面都处于不利地位。因此法律对人权标准的遵从会使法律对社会弱势群体进行倾斜性保护,保障其权利不受侵害,进而促进国家全体公民权利的实现,共享社会经济发展的成果。

3. 消除弱势人群的权利贫困

随着人类对贫困概念不断深化的认识,贫困逐渐由最初单一的收入贫困发展为权利贫困。根据阿马蒂亚·森的理论,"贫困不仅仅是收入

[①] [美]彼得·斯坦,约翰·香德:《西方社会的法律价值》,王献平译,中国公安大学出版社1990年版,第85页。

低，更重要的是基本的权利和自由的剥夺"①。权利贫困是多维贫困的重要体现，并对其他贫困具有直接而重要影响。权利贫困是公民在经济、政治、文化、社会等多领域公平享有权利方面的贫困。我国社会弱势群体的权利贫困问题比较突出，主要表现为以下几点。一是政治影响力弱。一方面弱势群体经济水平普遍相对较低，所拥有的社会资源较少，缺乏足够强大的力量参与政治；另一方面其政治敏感度低、政治责任感缺乏，因此政治参与较少，阻碍了自身利益诉求的表达，难以维护自身权利。二是生活保障缺乏。由于现实生活中的分配不公、经济社会发展成果未能平等共享，使得社会弱势群体在收入水平低下的基础上，基本生活和社会权利更难以得到保障。而生活上的压力、经济上的贫困以及社会歧视和排斥，给其造成了巨大的心理压力。三是社会地位低下。社会生活中弱势群体经常遭受歧视，例如被迫签订不合理的就业合同等。由于社会弱势群体素质较低，通过法律知识保障自己合法权益的能力较弱，在相关社会政策制度缺乏的情况下，弱势群体的权利更容易受到侵害。四是自身及其子女教育缺乏。社会弱势群体例如进城务工人员、贫困农民等文化教育水平普遍较低。且由于经济水平、户籍制度的限制，其子女也无法获得良好的教育，导致弱势地位和教育权利薄弱的代际传递。

而法律对社会弱势群体权益的倾斜性保护能够完善国家民主政治建设，拓宽公民利益诉求机制和渠道以提高弱势群体的政治参与能力；完善分配制度、推进城乡一体化建设以提升经济公平；完善社会公共服务事业；健全公民社会信用建设；完善对社会突发性事件的安全保障机制。以上法律对弱势群体的权益保障有利于从经济、政治、文化、社会等多个方面消除社会弱势群体的权利贫困。

---

① ［印］阿马蒂亚·森：《贫困与饥荒》，王宇、王文玉译，商务印书馆2001年版，第73-74页。

第二节　我国弱势群体权益维护面临的现实问题

一、保护弱势群体的法律整体设计缺陷

我国弱势群体权益维护相关的法律设计缺陷主要体现为人权相关的立法缺位。人权立法旨在解决社会弱势群体权利贫困的问题，是保障弱势群体权益的坚实盾牌。《世界人权宣言》强调，人生而自由，在权利及尊严上皆平等。人赋有良知理性，应情同手足、和睦相处。对全人类社会成员平等及尊严权利的承认，是和平、正义、自由的基础。而由于历史传统以及现实原因，我国人权保障还存在一定的薄弱环节，我国宪法规定的某些公民基本权利并未得到充分落实。2018年通过的我国宪法修正案第33条规定"中华人民共和国公民在法律面前一律平等。国家尊重和保障人权"。但具体法律法规如何得到严格执行，并未有效保证。从我国目前法律体系看，尽管有些行业和领域相关法律法规比较详尽，但很多规章制度存在可以根据个人身份和社会地位的不同进行差别处理的空间，不利于对弱势群体权益的保护。

亚里士多德认为法治有两重意义：一是大家所服从的法律是制定良好的法律，二是已制定的法律获得人们普遍的服从。继亚里士多德提出"良法"思想后，自然法学派和其他学派也对之进行不断完善。本书认为，在现代社会弱势人群权利保护中，"良法"应包括以下几点：法律面前一律平等，避免对弱者的歧视；法律承认利益的多元化，对所有正当利益都予以无歧视性的保护；法律尊重、保护弱者的自由和权利；法律应体现弱者权益优先保障原则，以保障其综合利益为目标。经过几十年的民主法治建设，我国目前已确立了一套囊括各个领域的法律体系框架，但我国相关法律的权威和内容完善程度仍有待提升，现实实践中权力、人情、钱财等凌驾于法律之上的情况仍不少见，特别是一些部门立法、地方性立法等未能在保护弱势群体权益中发挥有效作用，应引起我们的重视。

二、保护弱势群体的专项立法制度存在缺陷

我国社会弱势群体专项立法缺位，主要是福利权保障立法不足。第二次世界大战以后，福利国家的概念在欧洲广为流行。美国的《社会工作词典》从以下两方面阐释了"社会福利"的含义：其一，社会福利是一项国家的制度、待遇和项目，旨在满足人们经济、医疗、教育、社会需要，这对于维持社会正常运转是必须的、基本的；其二，社会福利也指社会集体的正常、幸福的存在状态。① 在许多西方国家，社会福利被认为等同于"社会保障"，广义上被理解为一种公共福利计划；而在日本、美国等国家，社会福利具有更为狭义的特定领域和范围，一般指为社会弱势群体提供的具有福利性质的保障与服务，例如老年人福利、贫困群体福利、残疾人福利、儿童福利等。《工业社会和社会福利》一书指出，社会福利具有以下几点特征：一是社会福利是政府通过法例条文或社会公示推行，运用社会资源满足社会成员的需求；二是社会福利是通过正式组织实施的、非营利的；三是社会福利的功能不能超过明确界定的公开标准；四是社会福利是直接而非间接地关注社会中有需求者的需求。② 综上所述，社会福利不同于个人或机构援助、零散救济或家庭邻里互助，是通过法例条文或社会公示正式推行的，具有直接性、普遍性特点。因此在很多国家社会福利被认为是社会公民尤其是社会弱势群体的一项基本权利。③

而我国福利权保障立法不足，主要包括老年人、儿童、残疾人及慢性病人、农民工等弱势群体的立法缺位；还包括在与政府的关系中，针对弱势地位人群保护缺位。例如《老年人权益保障法》不少规定不够具体等；我国 2007 年实施的《残疾人就业条例》第 4 条规定"国家鼓励社会组织和个人通过多种渠道、多种形式，帮助、支持残疾人就业，鼓励

---

① 郑伟和：《福利经济学》，经济管理出版社 2001 年版，第 83-84 页。
② 余少祥：《弱者的权利——社会弱势群体保护的法理研究》，社会科学文献出版社 2008 年版，第 215 页。
③ [美] Gilbert N, Terrell P：《社会福利政策导论》，黄晨熹、周烨、刘红译，华东理工大学出版社 2003 年版，第 44 页。

残疾人通过应聘等多种形式就业。禁止在就业中歧视残疾人",但歧视标准不明确;我国相关法律法规对相关义务的规定也不清晰。国外有些法律条文在此方面有较明确的规定。如英国1993年制定、2006年修改的《慈善法》规定,慈善委员会在行使职能时,不受任何官方指示或控制;募捐者负有信息公开义务,需要将募捐的结果和使用情况依法定形式公布。而我国类似规定尚不具体。

此外,法律条文中权利的规定过于笼统,可操作性不强。对弱势群体保护的法律规定条文中一些缺乏具体的程序性保障,可操作性不够,适用性较差。例如我国《老年人权益保障法》第45条规定"老年人与家庭成员因赡养、扶养或者住房、财产发生纠纷,可以要求家庭成员所在组织或者居民委员会、村民委员会调解,也可以直接向人民法院提起诉讼。调解前款纠纷时,对有过错的家庭成员,应当给予批评教育,责令改正。人民法院对老年人追索赡养费或者扶养费的申请,可以依法裁定先予执行"。第46条规定"以暴力或者其他方法公然侮辱老年人、捏造事实诽谤老年人或者虐待老年人,情节较轻的,依照治安管理处罚条例的有关规定处罚;构成犯罪的,依法追究刑事责任"。这些规定在程序上如何具体执行都尚待完善。

此外,我国社会弱势群体司法保护的缺陷主要表现为司法体系的非理性化、内部管理行政化等,导致司法机关审判结果有失中立和公正,例如在政府违法方面,司法机关的应有正义容易受到影响。据报道,某省一位高级法院副院长通过对所在省11个地区的调研以及62起群体性案件的抽样调查后发现,法院通常在服从地方经济建设大局与追求司法公平正义的价值之间面临两难抉择。因为在许多群体性纠纷案件中,往往涉及地方经济结构调整、经济建设以及经济体制改革进程的大局。在这种情况下,若法院支持政府违法行为,将导致司法公信力的受损;若法院严格执行法律条文,判决政府停止违法拆迁或征地行为并赔偿损失,则会导致政府的经济投入受损,也会给当地政府形象和经济建设带来负面影响。[①] 因此,法院在社会经济效果和法律效果的两全上很难找到有效

---

① 余少祥:《弱者的权利——社会弱势群体保护的法理研究》,社会科学文献出版社2008年版,第404页。

平衡点。① 许多社会矛盾难以有效解决，影响弱者的权益保障，长此以往容易激发社会矛盾，影响正常社会秩序和长久稳定。

三、弱势群体权益法律保障意识不足

公民的法律意识水平是衡量国家、民族、社会的文明程度的标准。而法律意识是在一定历史条件下，人们对法律现象、现行法律的价值评价、心理体验等意识现象的总称，是社会意识的一种。改革开放以来我国普法工作不断推进，社会主义法治观念显著增强，公民的法律意识也不断提升。但目前我国基层群众尤其社会弱势群体的法律意识仍然比较薄弱，离十九大报告提出的"中国特色社会主义法治体系、建设社会主义法治国家"这一目标还有较大差距，这不仅影响了社会弱势群体的权益保障，还阻碍了全面依法治国战略的有效实施。从法律援助、行政执法、弱势群体自身权益保障等方面来看，我国社会弱势群体权益法律保障意识的不足主要体现在以下几方面。

其一，法律信仰缺失。我国有两千多年的传统封建专制历史，历来人治思想影响根深蒂固，且目前部分干部贪污腐败、乱作为、不作为、司法不公等问题确实较为突出，损害了人民群众的利益，导致基层民众尤其社会弱势群体对法律的公平公正、实际效用信任度低。因此当基层群众尤其弱势群体的合法权益受到侵犯后，他们往往不通过行政诉讼、行政复议等法律途径维权，而是首先选择越级上访、找关系等。有调查表明，2015~2017年三年中，广州市法律援助机构受理的案件数量分别为186、183、206，而2017年广州市信访部门受理的信访事件就达32439件，两者形成鲜明对比。②

其二，社会弱势群体法律知识缺乏。由于主客观原因，社会弱势群体整体的受教育水平低于社会平均水平，缺乏专业、正规、系统的法律知识培训，对基本的法律法规知之甚少，因此在法律知识缺乏的情况下做出的个人维权行为具有较大的莽撞性、盲目性。例如部分社会公众尤

---

① 甫华：《持久和谐需要司法公平正义》，《南方周末》2005年8月11日。
② 张本上：《提升弱势群体法律意识须多管齐下》，《中国商报》2018年4月26日。

其老年人缺乏相关的权益维护知识，导致许多犯罪分子打出高额回报的幌子骗取其钱财，社会集资诈骗案件屡禁不绝。而如果这些社会公众了解民间借贷利率不得高于银行同类贷款利率的四倍这一法律法规常识，相当一部分人便能意识到高额回报蕴藏的巨大风险，规避投资理财的陷阱。①

其三，社会弱势群体维权意识不强。在现实生活中，社会弱势群体合法权益遭受侵犯后，主动通过法律武器维权的比例不高，主要是因为：一是目前在我国法律体系中，对侵权行为的补偿性规定较多，即原则上对当事人的损失进行补偿，缺乏惩戒性的赔偿制度，因而在高额的维权成本下，弱势群体通过法律维权的意愿被抑制；二是我国对轻微的不法行为惩治力度不足，许多当事人担心上告法院后会受到变本加厉的报复，不敢通过法律武器维权，例如许多校园霸凌、村霸类案件中，受害人不敢声张，选择忍气吞声；三是类似家暴、赡养纠纷等涉及家庭伦理道德的案件，因顾虑社会舆论评价，当事人选择隐忍不发，避免家丑外扬；四是相当一部分人存在厌讼心理，怕惹麻烦、怕打官司，首选破财消灾、以和为贵，不愿走法律维权路径。②

其四，弱势群体维权的方式不合理。若维权方式不合法、不理性、不恰当，不仅会导致维权目的难以实现，还会使当事人遭受更大的伤害。例如现实生活中，有些劳动者因单位拖欠工资，激愤之下做出扣留单位负责人等不法行为，获得非法拘禁他人的罪名；有当事人因遭受轻微精神或身体伤害，不惜耗费大量精力、时间和钱财执着于维权到底，严重影响自身正常的家庭生活和工作；有当事人在服务或商品消费中受到较小的经济损失，却天价索赔，过度维权甚至敲诈勒索；也有当事群体为了实现自身利益诉求，通过非常规手段向相关部门施压，扰乱社会秩序。

其五，社会公众守法意识薄弱。法律是不法行为的惩戒尺，也是合法权益的保护神。若法律受到触犯，当事人便会受到经济、精神等方面的惩罚，严重者甚至被剥夺人身自由乃至生命，因此人人都应对法律持

---

① 张本上：《提升弱势群体法律意识须多管齐下》，《中国商报》2018年4月26日。
② 张本上：《提升弱势群体法律意识须多管齐下》，《中国商报》2018年4月26日。

有敬畏之心。而有些人由于价值观扭曲、教育缺失等原因，将法律视为一纸空文，挑战法律权威和尊严，行事不考虑后果，如暴力抗法行为、随意剥夺他人健康权乃至生命权的故意伤害行为、拒不赡养父母等。对法律缺乏敬畏之心的不法行为终将受到法律严惩，当事人会为此付出沉重代价。

其六，承担法律责任意愿欠缺。在我国法律法规中，侵权责任法规定了过错责任，合同法规定了违约责任，婚姻法也规定了当事人权利与义务，此外还有许多法律法规都明确规定特定身份或特定行为必须承担相应的法律责任。但社会中有些弱势群体却怀有"我弱我有理"的心态，采取一切办法逃避法律责任。例如在某相邻权纠纷案中，某居民楼在装修过程中，楼上洗手间防水工程不到位，导致楼下居民房屋天花板严重漏水。在这种情况下，若找建筑工修补一下漏水底面，既不会花费太多成本，也省时省力。但楼上居民作为侵权方却以"漏水是因为墙体水管老化破裂"为由多次推诿责任，楼下受害方被迫进行民事诉讼，最终法院判决楼上居民除赔偿受害方家具损失等费用、负担修补房屋费用，还要支付受害方负担的将近两万元的房屋鉴定费用，得不偿失。再如法律规定交通案件中的肇事方若无力赔偿，应被判三年以下有期徒刑或拘役。而有的交通案件肇事方即使有能力赔偿也宁肯接受刑事裁判，拒绝对受害方进行赔偿，殊不知接受刑事处罚会给自身及其家人在很多方面带来负面影响。①

部分弱者不能通过法律手段正确维护自身权益，甚至试图谋取不正当利益。既妨碍了社会秩序，又不利于自身权利的实现，由此引发的法律案件屡见不鲜。

---

① 张本上：《提升弱势群体法律意识须多管齐下》，《中国商报》2018年4月26日。

第三节　以法律创新促进我国弱势群体权益维护的路径选择

一、创新完善弱势群体权益保障的法律体系

梭伦认为，法律应该保护两方，不使任何一方不公平地占据优势或受到不当的损失。"给从某一特殊观点看来是平等的人，即属于同一'基本范畴'的人以同样的待遇。"① 法律"在进行分配时，同等的情况必须被同等地对待，不同等的情况必须按照不同等的程度被不同等地对待。因此，那些需求较大的人应该得到较多，较强壮的人应该承受较重的负担，这是公平的。随之而来的是，当现存的分配不公平时，重新分配就被证明为正当"②，因此法律对于社会弱势群体不应给予平等保护，而是给予其特别保护。国际社会有很多国家或国际组织通过了一系列对弱势群体进行特别保护的法案或公约。例如1985年国际劳动组织通过了一份消除就业歧视的公约和建议书，强调所有人都有权利不受歧视地享有平等的待遇和均等的机会，例如就业培训、职业指导、同工同酬、社会保障待遇、必要的卫生安全措施等。③ 在此基础上，许多国家立法都非常重视扶持和保护社会弱势劳动群体；美国法律也规定了对弱势群体的积极补偿。"在就业、升学、提职、住房等方面给予具有特定的少数民族或种族身份的人们的特殊优待，目的在于补偿这些民族或种族由于历史上种族或民族歧视所造成的、在这些方面与其他民族相对落后或竞争中的不利地位。"④ 美国政府规定因性别、种族等因素被歧视的群体，在相同条件下可以优先享受政府提供的福利，例如政府津贴、就业、获得政府合同、入学、奖助学金等。积极补偿是美国政府为特别保护社会弱势群体

---

① 夏勇：《人权概念起源》，中国政法大学出版社1992年版，第32页。
② [英] A.J.M.米尔恩：《人的权利与人的多样性》，夏勇、张志铭译，中国大百科全书出版社1995年版，第60页。
③ 刘有锦：《国际劳动法概要》，劳动人事出版社1985年版，第1-3页。
④ [美] 波纳斯：《法理学问题》，苏力译，中国政法大学出版社1994年版，第2页。

出台的特殊政策。印度对社会弱势群体，例如特殊种姓部落、妇女等群体也有特殊的保护政策。例如其宪法第46条规定国家对贫弱群体会给予特别照顾，尤其是表列部落和表列种姓的经济、教育利益，以使其免受一切形式的剥削和歧视。印度在人民院、立法会议中都为表列部落和表列种姓保留了席位，并通过法律对其进行了明确规定。我国现行宪法第45条特别规定了公民在年老、疾病或者丧失劳动能力的情况下，有从国家和社会获得物质帮助的权利。从社会弱势群体产生的根源来看，其存在经济贫困和权利贫困两大基本特征，因此要从立法上解决社会弱势群体权益保障问题，就应通过经济法对社会经济活动进行规制，同时完善人权立法，解决弱势群体权利贫困问题。

其一，运用经济法等相关法律法规打击经济犯罪，抑制市场竞争中非市场因素导致的贫富分化，是法律保护弱势群体的有效路径。经济法从国家角度反映国家或政府因素对经济关系的影响，是国家基于社会整体利益，为弥补市场失灵而对市场和经济活动予以规制、调节经济关系的法律法规的总称。经济法对社会弱势群体的保护可以从以下几方面进行：一是通过影响消费者行为改变市场主体的均衡状态，例如证券监管部门对非法牟利、大户或少数机构操纵股市等现象进行规范，保护股民利益；二是对垄断等不正当的市场竞争行为进行干预，如由相关部门对交通运输、电力等行业进行最高/低价限制；三是通过引导企业决策改变市场均衡状态，如在环境保护方面，国家和政府根据法律规定对企业进行技术和投入产出约束，以达到保护社会大众和相关机构单位的利益；四是严厉打击经济领域的违法犯罪行为，如对制假售假、走私、经济诈骗、制毒贩毒等违法行为依法惩处等。在我国社会矛盾以及贫富分化已达到一定程度的情况下，通过立法打击违法经济活动以保护弱势群体权益刻不容缓。[①]

美国通过经济法抑制垄断行为、保护社会弱势群体利益取得了卓越成效。南北战争后，美国自由竞争日益激烈，形成了全国统一市场，企业开始大规模合并。例如美孚石油公司1882—1899年兼并了40家企业，

---

① 余少祥：《弱者的权利——社会弱势群体保护的法理研究》，社会科学文献出版社2008年版，第322页。

控制的精炼油占全国的比例超过90%，在市场上几乎没有竞争者。① 1910年，罗斯福总统上任后颁布了《谢尔曼法》，开始了声势浩大的反垄断战争。1914年威尔逊总统上台后又出台了《克莱顿法》，进一步完善了反垄断法律。《克莱顿法》对搭售、独家交易、价格歧视、可能削弱市场竞争关系的一些合并经济行为都做出了明确规定，清晰界定了非法和合法商业行为之间的界限。1936年、1950年美国国会又分别通过《鲁滨逊-帕特曼法》《塞勒-凯弗威尔法》，进一步修改了《克莱顿法》中关于价格歧视和不禁止收购竞争者资产的规定。1974年，美国国会又通过《反托拉斯诉讼程序和处罚法》，加重了对违反托拉斯法的垄断行为的处罚。因此迄今为止，美国几乎没有一个企业支配控制整个市场的现象。②

其二，完善针对特定弱势群体的法律法规及配套措施。社会弱势群体具有变动性和多样性，因此对弱势群体的保护仅靠单一法律制度难以实现，必须综合协调各部门力量，建构系统完整的社会弱势群体权益保障法律网。例如《中华人民共和国劳动法》（以下简称《劳动法》）第50条规定"工资应当以货币形式按月支付给劳动者本人。不得克扣或者无故拖欠劳动者的工资"。第91条也规定"用人单位有下列侵害劳动者合法权益情形之一的，由劳动行政部门责令支付劳动者报酬、经济补偿，并可以责令支付赔偿金"。但在实践中，违反《劳动法》该规定的法律成本不高，因此用人单位拖欠劳动者工资的现象较为严重，尤其农民工工资拖欠问题引发舆论广泛关注。此外，针对老年人、儿童、残疾人、慢性病人等典型的社会弱势群体，也应弥补现有专门立法缺位问题，建构特定人群的权益保障立法制度。例如重庆市巴南区为保障农民工权益做出了卓越成绩。重庆市巴南区探索敞开社区大门，推倒"隐形围墙"，让外来务工者与本地居民共享就业信息服务、同享生活资源；细分农民工群体，提供精准服务。同时，农民工群体还形成了对社区的反哺，最终实现双赢。近年来，巴南区依托社区资源，在全区22个镇街、81个社区全面建设农民工综合服务中心。中心常年提供信息咨询、权益保护、困难帮扶、文体活动等服务，农民工还可参加市民化培训，在行为和心理上，进一步融入城市。每周巴南区人社局都会举办一次现场招聘会，并

---

① ［美］布卢姆：《美国的历程》，杨国标等译，商务印书馆1988年版，第47页。
② ［美］波斯纳：《反垄断法》，孙秋宁译，中国政法大学出版社2003年版，第23页。

适时举办社区招聘会。在生活、就业服务方面，农民工与社区居民没有任何差别。每个活动，社区工作人员都会通过各单位负责人，传达给农民工。活动向辖区所有农民工开放，没有门槛。在社会保障方面，城乡人员都能参加小额人身意外伤害保险。每份保险15元的财政补贴，居民和农民工也都可以享受。农民工子弟就近入学问题，也有妥善的安排。

细分农民工群体，服务量体裁衣，提供更精准的服务，巴南区对农民工这个群体进行细分，提出"三服务三同享"的理念——服务分行业、分年龄、分兴趣；同享城市资源、居民待遇、幸福生活。什么又是"分行业服务"呢？"不同行业的农民工，需求不一样。"龙海社区居委会主任张瑜说，"比如安全知识宣传，面向建筑工人跟面向餐厅服务员，侧重点就不同。他们下班、来社区的时间也不一致，这些因素都要考虑到。"龙海社区是个新建社区，户籍居民3900多人，而外来务工人员达到4000多人。特殊的人员结构，也促使服务工作找准方向。巴南区人社局局长刘莉表示："巴南区目前有12万农民工。下一步我们还要根据他们的需求，不断完善温情精细服务，让农民工融入城市的步子走得更快、更稳。"保证户籍人口福利，盘活资源做增量。①

二、构造社会弱势群体的司法保护制度

社会弱势群体的司法保护制度多种多样，包括直接保护、间接保护等，也包括司法救助、法律援助等。本书基于社会弱势群体的权利贫困问题，从法律援助的两个角度探讨了社会弱势群体司法保护制度的建构问题。

保障社会弱势群体权益就应当完善针对弱势群体的法律援助制度。法律援助是保障社会弱势群体权益的重要途径，主要是因为：一是在有良好社会秩序的国家，公民具有获得法律信息和司法人员服务的平等权利；二是基于慈善和人道主义理念，法律援助服务是有必要的；三是如果要保证司法机关公平运转，国家必须为弱势群体提供法律援助。因此完善国家法律援助制度对于追求法律的公平正义价值、保障人权、发展社会公益事业等方面具有重要意义。尤其对于保障弱势群体权益，法律援助具有更大的价值。因为其为国民提供法治社会的一种权利、一种更

---

① 《为农民工推倒"隐形墙"》，2015年1月21日，http://www.laolian.com.cn/bencandy.php? fid=38&id=3262。

高层次的东西，即公民不会因为自身的弱势地位而被排斥在法律保障之外。在现实生活中，社会弱势群体地位低下、经济水平相对较低，权利更易受到侵犯。而因为其难以负担高昂的律师费、诉讼费，经常被迫忍气吞声，难以得到公正的法律判决。因此弱势群体是最需要司法维护权利、主持正义的人群，法律援助对其的价值意义更甚于一般公民。

世界上很多国家将法律援助视为政府对作为当事人的社会弱势群体所应承担的国家责任。关于法律援助的制度规定体现在很多国家的宪法、法律等制度文件中。例如日本宪法第37条规定"刑事被告人在任何场合都可委托有资格的辩护人。被告本人不能自行委托时，辩护人由国家提供"。法国将公民得到法律援助视为人权的一种，并将其写入宪法，法律援助上升为国家责任。德国宪法第101、103条都对法律援助做了专门规定。意大利宪法第24条规定"每人均可按司法程序来保护自己的权利和合法权益。在诉讼的任何阶段和任何情况下，辩护均为不可破坏之权利。贫穷者有在任何法院起诉和答辩之可能性，应由特别制度保证之"。此外，《世界人权公约》等国家条约还规定了法律援助应作为国家责任，使其成为缔约国的一项国际义务。① 如1990年联合国《关于律师作用的基本原则》第3条规定"各国政府应确保拨出向穷人并在必要时间向其他处境不利的人提供法律援助服务所需要的资金和其他资源"。第4条规定"各国政府和律师专业组织应该特别注意对穷人和其他处境不利的人给予帮助，使他们得以维护自己的权利并在必要时请求律师协助"。1996年联合国《公民权利与政治权利国际公约》第14条规定"在司法利益有此需要的案件中，为他指定法律援助，而他没有足够能力偿付法律援助费用的案件，不要他自己付费"。② 值得注意的是，法律援助作为国家责任最主要的是国家财政为其提供支撑，国家决定法律援助的发展方向和重点，掌握法律援助机构的制度安排、人员配备、经费拨付等。

清末民初我国产生了法律援助制度。1911年沈家本等奏呈的《大清刑事民事诉讼法》提出"若遇重大案件，则国家拨予律师；贫民或由救助会派律师代申权利，不取报酬"。1921年北洋政府颁布的《刑事诉讼条

---

① 江平：《中国司法大词典》，吉林人民出版社1991年版，第6页。
② 余少祥：《弱者的权利——社会弱势群体保护的法理研究》，社会科学文献出版社2008年版，第420-421页。

例》规定履行指定辩护是法官必须职责,且只有律师具有义务和资格成为指定的辩护人。1941年国民政府颁布的《律师法》、司法行政部颁布的《律师公会平民法律扶助实施办法》规定,若请求法律援助的平民无资力负担律师酬金,律师则不得收受酬金。此外司法行政部颁布的《高等以下各级法院民刑诉讼程序询问处通则》规定各级法院应当设立询问处,为不明诉讼程序的人免费解答。1949年新中国成立后,法律援助工作一度中断,20世纪80年代起开始恢复。我国《人民法院诉讼收费办法》规定"当事人交纳诉讼费确有困难的,可向人民法院申请缓交、减交或免交,是否缓减免由人民法院审查决定"。《律师业务收费管理办法》规定"律师对确属生活困难无力负担律师费用并能够提供证明的,应当酌情减免收费"。1996年的《刑事诉讼法》首次使用了"法律援助"的概念,规定人民法院有权在经济困难的、未成年的、盲、聋、哑的、可能被判处死刑的被告人没有委托律师时,为其指定具有法律援助义务的律师提供辩护。1997年我国《律师法》明确法律援助写入法律,将法律援助作为律师与律师、律师事务所应履行法律援助义务。1997年司法部颁布的《关于开展法律援助工作的通知》进一步推动了我国法律援助事业的发展。但直至目前,我国尚未形成现代意义上的法律援助制度。主要是因为:一是法律法规对法律援助中的国家责任界定不清晰,我国的《律师法》《民事诉讼法》《刑事诉讼法》等都没有明确规定法律援助中的国家责任,并且法律援助的规则、标准、机构、程序都不明确;二是我国目前基本处于由律师免费提供援助的阶段,而现代意义上的法律援助中的国家责任应是国家出资为有需要的人提供法律援助,包括承担律师的援助费用等。例如《欧洲法院程序规则》和《欧洲一审法院程序规则》规定的法律援助获批后,由法院出纳向申请人预付所需相关费用,就比较符合现代意义上法律援助中的国家责任概念。[①]

目前我国法律援助机构数目和从业人员数量都不能满足实际需求,而制约我国法律援助发展的重要原因是经费不足问题。因此我国有必要借鉴国外经验,将法律援助经费纳入国家财政预算,并加大对其财政投入。例如2019年深圳市司法局、深圳市财政局出台了《深圳市法律援助

---

① 余少祥:《弱者的权利——社会弱势群体保护的法理研究》,社会科学文献出版社2008年版,第424-426页。

事项补贴标准》，在原有补贴标准上提高三倍以上，其中刑事案件补贴标准从 1500 元提高到 3000 元。① 值得各地推广借鉴。我国要加大法律援助宣传工作力度，建立科学的法律援助工作管理体制，切实提高法律援助工作效率，让有限的法律援助资源优先惠及弱势人群；加强队伍职业教育，增强法律援助工作的针对性和预见性，努力提高法律援助质量，让群众和社会各界更广泛地了解法律援助工作。

三、完善社会弱势群体权益保障的具体执法程序

社会弱势群体的制度保护本质上属于政府保护，即社会弱势群体的基本生存权益应由政府保障。19 世纪末，英国费边社会主义者认为，"贫穷不仅是个人的事，更是社会的事，摆脱贫穷过上具有人的尊严的生活是每个人的权利，必须保证每个国民的最低生活标准；政府是一个理想的、可用来为社会服务的工具"。② 根据费边社会主义的思想，政府是有责任和义务通过各种社会服务保障公民的各种权益的。他们还认为"假若资本社会化了，劳动者将受益无穷；然而，要是资本掌握在一小撮人的手中，贫困将必然会是多数人的命运"③。费边社会主义的主张是"建立一个这样的社会：在这个社会里，保证机会均等；通过对社会经济资源的集体化和民主管理，将废除个人和阶级的经济权力与特权"④，他们主张通过公有制消除贫困。马克思也提出了类似的思想主张，他在《路易·波拿巴的雾月十八日》中指出 19 世纪法国农民的利益的同一性并不使他们彼此间形成共同关系，形成全国性的联系，形成政治组织，就这一点而言，他们又不是一个阶级，因此，他们不能以自己的名义来保护自己的阶级利益⑤。他们不能代表自己，一定要别人来代表他们，他们的代表一定要同时是他们的主宰，是高高站在他们上面的权威，是不受限

---

① 深圳市司法局：《深圳市司法局深圳市财政局出台〈深圳市法律援助事项补贴标准〉》，http://sf.sz.gov.cn/xxgk/xxgkml/gzdt/content/post_2979222.html。
② [英]埃德蒙·伯克：《自由与传统》，蒋庆、王瑞昌、王天成译，商务印书馆 2001 年版，第 273 页。
③ [英]马格丽特·柯尔：《费边社史》，杜安夏等译，商务印书馆 1984 年版，第 9 页。
④ [英]马格丽特·柯尔：《费边社史》，杜安夏等译，商务印书馆 1984 年版，第 253 页。
⑤ 《马克思恩格斯选集》（第 1 卷），人民出版社 1972 年版，第 693 页。

制的政府权力,这种权力保护他们不受其他阶级侵犯,并从上面赐给他们雨水和阳光。① 可见,马克思也认为在社会弱势群体的权益保障中,政府的规章制度有着决定性的作用。

对于我国的社会弱势群体,政府主要通过社会福利制度对其进行保障。政府在具体执法过程中,首先要树立服务型政府观念,完善执法程序才能充分切实地保障社会弱势群体的权益。受传统行政管理思想的影响,我国政府执法中存在诸如"形象工程""官本位"等问题,给弱势群体权益保障造成了不良影响。针对这些问题,政府应强化自身公共服务能力,适当增加财政支出,并进行制度创新,为社会弱势群体提供更方便、快捷、优质的服务,以更有效地保障社会弱势群体的权益。要做到这一点,政府首先要转变服务理念,要从伦理和人道主义关怀出发,树立社会主义公平正义、自由民主法治的理念,关注弱势群体的正当权益,在执法过程中,执法人员应当充分体现作为人民公仆为人民服务的精神理念。此外,规范政府的执法行为,很重要的一点是要规范执法的程序问题。例如在具体执法过程中要严格限制自由量裁权,避免制度规范对主权者的约束无力的问题。结合社会福利服务资源的输送过程,限制自由量裁权就是要制定明确清晰的规范,杜绝执法人员凭一己之好,主观确定福利对象受助份额的现象。

此外,在政府的具体执法过程中,也应注重引导社会组织的参与。"治理不是一整套规则,也不是一种活动,而是一个过程;治理过程的基础不是控制,而是协调;治理既涉及公共部门,也包括私人部门;治理不是一种正式的制度,而是持续的互动。"② 良好的治理即善治,需要"政府和公民之间的良好合作。从全社会范围来看,善治离不开政府,更离不开公民。善治有赖于公民自愿的合作和对权威的自觉认同,没有公民的积极参与和合作,便不会有善治"③。基于此,在社会弱势群体权益保护的过程中,首先政府要发挥主导作用,例如通过制度创新为弱势群体提供话语权表达渠道和平台,提高弱势群体的社会参与能力;其次,要大力发挥社会组织的中介作用,帮助弱势群体发展自身潜力。例如有

---

① 《马克思恩格斯选集》(第1卷),人民出版社1972年版,第693页。
② 李惠斌:《全球化与公民社会》,广西师范大学出版社2003年版,第69页。
③ 李惠斌:《全球化与公民社会》,广西师范大学出版社2003年版,第74页。

些社会组织通过报刊、网站等传播媒体,为社会弱势群体提供有力的舆论支持和宣传保护。

四、提高社会弱势群体权益保障的法律意识

我国社会弱势群体普遍法律意识薄弱、文化素质相对较低,通过法律途径保护自身的意识也较弱,因此帮助社会弱势群体培养通过正规的法律途径保护自身权益的意识,对于加强社会弱势群体保护工作来说至关重要。本书认为从法律意识方面增强社会弱势群体权益保障的意识可以从以下几方面入手。

其一,加大法律基本原则的普及和宣传工作。我国法律体系属于大陆法系,法律法规数量繁多。且随着经济社会的转型发展,法律法规的立、改、废、释比较频繁,对于普通群体来说,厘清法律条文之间的关系、界限以及适用性较为困难。因此有必要精炼普法内容、创新普法形式,有重点地向社会公众普及法律基本原则,帮助群众以较低的成本掌握基础的法律知识。例如在民事领域,"买卖不破租赁"规定的普及可以避免很多租赁与房屋买卖纠纷;在行政法领域,若社会公众了解"法无明文规定不可为"这一法律原则,便可查阅法律规定以判断政府行为是否合法;在刑事领域,"疑点利益归于被告"法律原则的普及也能减少当事人对某些争议刑事案件判决结果因怀疑而做出不正当应对的情况。[1]

其二,提高社会弱势群体的维权能力。社会弱势群体维权能力弱主要表现在不知道如何通过法律途径维权,以及不清楚如何以最低的成本维护自身权利。而弱势群体维权能力弱则应通过多种途径对其进行相应的赋权。托雷指出赋权是一个过程,透过这个过程,人们变得够强壮而足以去参与影响他们生活的事件与机构,以及在这些事件与机构的控制下进行分享,并努力改变他们。在维权能力方面对社会弱势群体进行赋权,能帮助其增加个人权利、政治权利和社会权利,促使其采取行动来改善自己的生活状况。因此,国家和政府有必要通过多种途径对社会公众尤其社会弱势群体进行维权能力上的赋权,一方面要通过法律服务公共平台、普法宣传栏目、新闻媒体等方式帮助社会公众了解不同维权方

---

[1] 张本上:《提升弱势群体法律意识须多管齐下》,《中国商报》2018年4月26日。

式的优劣,例如不同维权方式的程序繁简、耗时以及花费等,使民众能根据自身情况做出最合理最优化的维权选择。在现实实践中,相当一部分争议纠纷,通过联系相关负责人或热点电话进行投诉便能获得快捷有效的反馈。另一方面要加强便民指引、政务公开等,使基层民众能知晓投诉、调解、仲裁、诉讼、行政复议等法律解决方式和相关程序,确保基层民众在权利受到侵犯时懂得如何合理正当维权。

其三,培养社会弱势群体的契约精神。现代社会是讲究原则和规则的契约社会,人和人之间的权利义务、利益关系都是通过各种契约和规则建立的。若能使社会公众培育契约精神,树立规则意识,每个人都懂得如何合理地关注自身权利、利益,同时也自觉承担相应的责任和义务,社会秩序将更加和谐,社会个体也能从良好的社会秩序中获益,个体基本权利也能得到更大保障。对于社会契约精神和规则意识的培养,政府应当起带头引导作用,坚持依法行政;舆论媒体应承担社会责任,对热点事件秉持客观公正和追求事件真相的专业态度,不盲目追求关注度、点击率;社会公众也要有意识地培养自身担当意识和社会责任感,懂得如何合理地保障自身权益,且能主动承担并履行自身责任与义务。[①]

其四,强化社会弱势群体的证据意识。在法律纠纷中,证据素来有"诉讼之王"之称,对审判过程和结果的走向起着决定性作用。若是具备充分的证据意识,在权利被侵犯时收集足够的证据是相对较为容易的。但在现实生活中,纠纷发生前和发生过程中,绝大部分社会弱势群体对证据收集的意识和重视度不够,往往失去维护自身权益的重要武器。因此为了提高社会弱势群体的证据意识,国家和政府在开展普法宣传和法律援助工作,以及律师进村服务等工作时,要重视弱势群体证据意识、取证能力的提高,帮助弱势群体学会在纠纷即将产生或正在产生时,第一时间通过单据、录像录音、合同、信息记录等方法保存相关证据,为法律纠纷中自身权益的保障打下坚实基础。[②]

其五,提高社会弱势群体的事前预防意识。事前预防胜于事后补救。大量案例表明,现实生活中受害方权利受到侵犯很多时候是因为自身防范意识不够,让对方有了可乘之机,因此提高弱势群体的风险防范意识

---

① 张本上:《提升弱势群体法律意识须多管齐下》,《中国商报》2018 年 4 月 26 日。
② 张本上:《提升弱势群体法律意识须多管齐下》,《中国商报》2018 年 4 月 26 日。

对于其基本权利的保障意义重大，让其意识到必要时可请求律师等专业人员的帮助，以避免不必要的纠纷或在纠纷中能够掌握维权的充分证据。此外，对于未成年人、老年人等自我保护能力和辨别能力较差的弱势群体应给予额外的关注，向其普及社会中一些权利侵犯和电话诈骗、产品推销陷阱、不法贷款等诈骗事件，帮助其增强风险防范能力。

其六，引导社会公众积极主动及时维权。若要有效维权，除了掌握相关证据材料，还要及时捍卫自身权利。很多法律案件都存在仲裁和诉讼时效、行政复议申请期限等，若错过相关时间节点，则不能得到有效的法律支持。例如1989年通过、2017年修订的《中华人民共和国行政诉讼法》规定，"公民、法人或者其他组织不服复议决定的，可以在收到复议决定书之日起十五日内向人民法院提起诉讼。复议机关逾期不做决定的，申请人可以在复议期满之日起十五日内向人民法院提起诉讼。法律另有规定的除外"。"公民、法人或者其他组织直接向人民法院提起诉讼的，应当自知道或者应当知道做出行政行为之日起六个月内提出。法律另有规定的除外。因不动产提起诉讼的案件自行政行为做出之日起超过二十年，其他案件自行政行为做出之日起超过五年提起诉讼的，人民法院不予受理""人民法院应当在立案之日起五日内，将起诉状副本发送被告。被告应当在收到起诉状副本之日起十五日内向人民法院提交做出行政行为的证据和所依据的规范性文件，并提出答辩状"；《民法典》也规定，"向人民法院请求保护民事权利的诉讼时效期间为三年。法律另有规定的，依照其规定。诉讼时效期间自权利人知道或者应当知道权利受到损害以及义务人之日起计算。法律另有规定的，依照其规定。但是自权利受到损害之日起超过二十年的，人民法院不予保护；有特殊情况的，人民法院可以根据权利人的申请决定延长"。

其七，相关部门和社会公众应以客观科学的态度尊重律师职业。根据法律纠纷当事人的实际情况，所委托的律师可能在资源、能力、经验等方面存在差距。例如财力状况好的当事人有能力聘请知名律师，社会弱势群体陷入纠纷时国家和政府将为其提供免费的法律援助，负法律援助义务的律师将尽己之力为其争取权益。而对于所委托律师的付出与价值，委托方要持公正理性的态度，不能完全凭判决结果来评判律师的作用。如若纠纷判决结果不利于己方，只要所委托的律师尽心尽力、执业规范，就应肯定其付出。尤其对于当事人所处法律地位不利的案件，有时候履行法律援助义务的律师已尽力帮助当事人争取了某些权益，即便审判结果与当事人预期存在差距，也不应完全凭审判结果武断地评判律师的职业道德与操守。如若确实存在某些律师履职不到位、工作不力，影响了办案质量和当事人的权益保障，相关司法行政部门也应根据事实和制度规定公正处理，切实保护当事人的正当权益。

▲ 思考题

1. 什么是社会弱势群体？社会弱势群体的构成、分类及主要特征是什么？
2. 我们为什么要关注社会弱势群体？
3. 我国社会弱势群体与社会变迁、社会分层具有什么关系？
4. 社会弱势群体产生的根源是什么？
5. 我国社会弱势群体权益保障存在什么困境？要如何促进我国社会弱势群体权益的保障？

▲ 阅读推荐

1. 万闻华：《NGO社会支持的公共政策分析——以弱势群体为论域》，《中国行政管理》2004年第3期。
2. 张晓玲：《社会稳定与弱势群体权利保障研究》，《政治学研究》2014年第5期。
3. 余少祥：《弱者的权利——社会弱势群体保护的法理研究》，社会科学文献出版社2008年版。
4. 李迎生：《转型时期的社会政策：问题与选择》，中国人民大学出版社2007年版。
5. 方世南，曹峰旗，王海稳：《马克思恩格斯弱者权益保护思想》，上海三联书店2012年版。
6. [美]约翰·罗尔斯：《正义论》，何怀宏译，中国社会科学出版社1998年版。

第九章
法律运行社会机制的系统构造

  法律的有效运行不仅需要执法司法的职业化行为,而且需要社会多主体参与,这是治理理念在法律运行中的实践运用。这一机制能够有效实现对法治发展的合力推动,促进政府自由裁量权的合理行使,有效激活和运用社会法治资源。我国法律运行的社会机制也存在一定的现实问题,需要培育社会主体法治化参与意识,提升政府法律实践责任能力,强化政府与社会主体的参与整合协作,以实现我国法律运行社会机制的系统构造。

第一节　法律运行社会机制的含义与意义

一、法律运行社会机制的含义

按照传统理解，法律运行即立法的实施，主要通过执法或者司法部门的特定职业化行为进行，法律运行社会机制虽然也注重以上途径，但更为关注社会多主体的参与。因为影响法律运行的各社会因素具有复杂的结构、功能和相互关系，法律调整着人们的行动与角色关系，这种关系又反过来影响法的运行。法律运行过程是法律社会化和人的社会化的结合：从横向分析，法律运行过程是一个法律因素和社会因素通过法律社会化与人的社会化而被人所认同、接受法律影响，进而影响法律运行的过程；而从动态看，它也是一个法律社会化与人的社会化在其内容、程度、动力机制等方面博弈的过程。[①] 法律运行的社会机制不仅十分注重法律实践的动态过程，而且强调社会各主体的积极参与和有效互动。这对我国法治发展具有特殊意义。因为法治进程可分为三个阶段，法治基础阶段的工作重心在于法律制度层面；法治巩固阶段的工作重心在于法律运行层面；法治健全阶段的工作重心在于法律文化层面。我国目前已基本完成法治基础阶段的任务，正在向法治巩固阶段过渡。今后一个时期的法治建设，应当将工作重心转移到法律运行上，极大地提高法律制度的运行权威，为法治植根于中华文化创造良好条件。[②] 这种文化条件创造从根本上看也是提升全社会法治发展的参与能力与水平。

法律运行社会机制在强调主体参与多样性的同时，对参与主体的实施能力提出了更高要求，这种能力也包括同时对法律运行时间、空间、人群及水平等方面的具体分析。例如，阿马蒂亚·森从"能力"视角提出权利实现路径的新分析框架，即强调贫困者个体资源与能力对个人权

[①] 张洪涛：《基于社会学观点对法律运行过程的展开》，《西南交通大学学报》（社会科学版）2008年第2期。

[②] 陈信勇：《法律社会学》，浙江大学出版社2014年版，第188页。

利实现的意义①,颇具启示意义,但也存在局限性。法律运行能力需要从个人能力,扩展到影响法治运行的所有资源主体,并应纳入国家整体治理能力提升范畴,如政府扶贫资金支付能力、人力资源投入能力及专业化知识运用能力等,还包括对社会资源的整合能力。从法律社会学中法的逻辑看,它行走于规范、事实和证据之间,注重以实践为导向,以制度为保障,充分发挥法律逻辑对法治实践和法治理论的思维形塑功能。②因此法律运行思维也需要基于此特定概念重设。

法律运行社会机制是对治理和善治理论的运用与发展。在西方政府调节和市场调节双重失效的情况下,20世纪90年代世界银行在概括当时非洲形势而使用"治理危机"之后,治理便引起了人们的广泛关注。联合国有关机构成立了全球治理委员会,并出版了《全球治理》杂志,对各国的行政管理改革产生了重要影响。西方学者不仅探讨与分析了与治理相关的一些概念内涵,而且形成了颇有影响的新政治分析框架。较多学者提出,治理意味着一种新的统治过程,政府开始以新的方法来管理社会。一位法国银行家全面提出了善治构成的四个基本要素:政治领导人对其行为向人民负责,亦即实行职责和责任制;公共机构正确而公正地管理公共开支,亦即进行有效的行政管理;公民安全得到保障,法律得到尊重;信息灵通,政治透明,便于全体公民了解情况。鼓励在特定的社会环境下的人民发挥创造力和首创精神。③我国有的学者在论述治理理论时提出了"将监督、民主、法治看成是实现合法化、合理化、有效化治理的三块基石"④。不难看出,西方治理与善治理论的确包含着一些新的政府管理理念,突出体现在将善治的实现置于公共利益最大化的社会管理过程中。运用公共权力整体的、联系的观点看待治理问题,治理并非某一个权力部门的孤立运行问题。它不仅论述公共权力的整体安排及现实运行,而且包括丰富的制度规范与价值体系。最近国内有学者对

---

① [印] 阿马蒂亚·森:《正义的理念》,王磊、李航译,中国人民大学出版社2013年版,第340页。
② 李娟:《法社会学视野下的法律逻辑概念、特征与功能探析》,《岭南学刊》2017年第2期。
③ 玛丽-克劳德·斯莫茨:《治理在国际关系中的正确运用》,肖孝毛译,《国际社会科学杂志》(中文版)1999年第1期。
④ 高小平:《实现良好治理的三大基础》,《中国行政管理》2001年第9期。

政府治理的概念进行了新的扩展，在财政分权背景下将经济治理作为治理的重要内容。其中，经济治理内容包括公共品供给、收入再分配、宏观经济稳定、经济增长；政治治理包括政治问责、政治参与、政府行为。① 相对于其他社会控制方式，法律在调节社会秩序的过程中更具操作性，是最佳的社会关系调整器，但是法律在运行方面存在固有的缺陷。要使法律得以正常运行，实现法治社会，就应当把法的调整机制与其他调整机制相结合，实现法律维护社会公平秩序的目的。② 而以上目标的实现，需要多主体的参与，并遵循特定的法律规则。

二、建构法律运行社会机制的意义

（一）有效实现对法治发展的合力推动

影响立法形成及运行的主体及其关系基本上有三种情形，即政府主导下的社会适度参与型、社会推动型以及政府和社会力量有机结合型。由于中国的特殊社会条件，政府主导型法律发展特点十分突出，即政府在立法形成与运行中担任领导者和主要推动者的角色，在政府设计和建构的目标下，主要借助和利用政府所掌握的资源来完成法治发展的任务。我国走上政府主导法治发展之路是由历史和现实的条件决定的。从历史背景来看，在当代中国，无论在政治、经济、文化还是在社会心理的积淀上，完全依赖于社会内在自生的要求与自发发展，显然需要漫长过程。从现实情况看，作为立法政策发展外在要求的经济改革和政治发展都是一场自上而下的政府主导型改革，它们必然要求与之相一致的发展运动，政府主导型法治发展模式的选择正是对这些历史和现实因素的回应。必须注意的是，政府在主导进程中，在领域和方式上都有其自身的局限性。政府是主导力量而不是全部力量，国家作为一支独立的社会力量根植于社会之中，并不能超脱于社会之外。在政府主导的法治发展运动之外还存在着社会化法运动，立法政策发展的实现必须依赖于两种力量的结合。

---

① 李明，李慧中，苏晓馨：《财政分权、制度供给与中国农村基层政治治理》，《管理世界》2011年第2期。

② 高健：《浅论法律运行过程中的局限性及其完善》，《法制与社会》2008年第22期。

而公民作为立法发展运动的主体，同时又是社会的主体，其立法参与是促进两者结合的天然力量。首先，只有社会主体参与其中，尤其是参与立法决策中，才能有效防止政府不顾主客观条件而片面追求立法数量的问题，从而保持政府立法与社会自然制度变迁的良好衔接。其次，中国本土资源的历史性缺乏，决定了政府主导的法治发展运动必然更多地借助于学习手段和强制性的制度变迁手段，因而法律移植的现象大量存在。但在社会生活内部存在着自然生成、演化形成的制度、规范和力量，"因为法律乃是公意的行为，……是我们自己意志的记录"①。因此，只有增强公民参与，认真听取公民的评价和批判，从公民的参与中汲取本土的资源，才能保持政府主导的立法发展与社会化法运动的良好衔接。最后，政府主导的运动是人为的规划，政府的法制改革要导入现实社会，制定后的立法政策要在社会中找到生长点，最终有赖于社会的参与，需要公民主动地将立法政策和规范内化为其生活准则和行动指南，将思想与规则转化为实际行动的意识与规则。因此，如果没有社会主体的有效参与，立法制度的运行效果必然会受到很大影响。

从政府治理与法的关系的历史演进来考察，在自由资本主义时期，人们仅从形式上认识政府与法的关系，认为一切政府行为应有法律依据，即依法行政。二战后，西方学者开始从本质上思考政府与法的关系，对政府行为提出了更高要求，提出政府行为不仅要合法，而且要合乎正义化的法律，从而使"依法行政"上升为"合法行政"，实际上即蕴含着对民众参与的行政需求。当今中国，就形式而言，政府行为的法律依据，不仅包括法律、行政法规，还包括行政规章。总的来看，在它们的形成过程中公民直接参与程度都不够高。尤其某些规章，存在一定程度的政府闭门造车的问题，影响了其正当性、民意性，也进而制约着政府计划行为目标的实现。如从行政规章的制订程序看，我国目前尚未有体现公众参与的法律规范。一些地方虽然制订了一些规则，但尚未具体涉及公民的直接参与。而相比之下，国外许多相关法律做了明确的甚至是硬性规定。如美国联邦绝大多数规章都是根据《联邦行政程序法》第553节规定程序制定的，这一程序最主要就是通告和公众参与，故又称通告和参与程序。总的来看，我国农村地区农民对法治实践的直接参与更低，

---

① ［法］卢梭：《社会契约论》，何兆武译，商务印书馆2003年版，第47页。

影响了地方政府行为的公平性和民意性，进而极大制约着政府行为合法性目标的实现。如从地方政府文件的制订程序及执行过程看，基本上很少涉及公民的直接参与，在一定程度上造成了政府行动与乡村社会"脱嵌"的问题，也影响地方法治的实践效果。

（二）促进政府自由裁量权的合理行使

现代立法制度不可能完全消除政府治理中的自由裁量权，这是因为，法律并非万能，其本身也存在弊端，当今美国法学家博登海默在其名著《法理学——法哲学及其方法》一书中专门对法治的利弊进行了分析。他认为，其利的方面表现在，促进人类创造力的开发，促进人类和平，促进人们相互冲突利益的调整；而其弊端表现在，法律具有保守倾向，在形式结构中具有僵化、呆板的因素等，特别是"法律中的'时滞'等问题会在法律制度各种不同层次中表现出来"①，即自由裁量权是法治的一种有效补充。

政府治理中的自由裁量权也容易被滥用，造成对公民权利的直接侵害。也正因为如此，一些学者对政府自由裁量表现出明确的反对或者担心。如迈克尔·奥克肖特、詹姆斯·布坎南、F.A.哈耶克和西奥多·洛伊等都表示对行使自由裁量权的忧虑，主要原因在于自由裁量权容易被滥用。如在美国行政法中体现为不正当的目的、错误或不相干的原因、不作为或延迟、错误的事实或法律依据、背离的既定的判例或习惯等。②如布坎南极力主张通过市场与私人合作安排和处理个人事务，因为人们的利益与愿望千差万别，由政府干预难以达到预期利益目标。在政府自由裁量过程中，如果充分注重公民直接参与，就能有效防范这一问题的出现，因为它能够使政府在做出行为决定之前充分考虑到行政相对人的权益、接受程度，不断地加强政府对公民在国家中主体地位和利益诉求权的认识，而不是简单地以国家利益和公共需要而随意处置剥削相对人的权益。尤其是保障了公民对政府活动的知情权，能提高其免受行政侵害的自卫、防范能力。这些将极大促进政府行为的公正性、合理性，避免出现上述理论家所担心的一些情况。

---

① ［美］E.博登海默：《法理学——法哲学及其方法》，邓正来、姬敬武译，华夏出版社1987年版，第388页。

② 王明扬：《美国行政法》，法律出版社1986年版，第443页。

（三）有效激活和运用社会法治资源

法治治理是一项需要公众广泛参与的事业，而且社会上也需要大量可以激活和运用的社会法治资源，以降低政府执法成本，所以，我国社会福利、社会慈善、自愿服务和环境保护等立法都十分强调公众参与。例如，《环境保护法》规定了环境保护坚持保护优先、预防为主、综合治理、公众参与、损害担责等原则，一切单位和个人都有保护环境的义务。公众的积极参与及其相应的公众知情权、参与权和监督权的实现能够促进政府权力的合理行使。目前，国际社会和许多国家都已经认识到公众参与的重要性，而且规定了公众参与的相关原则，使每个人都应适当地获得公共当局所有关于环境的资料，并有机会参与各项决策进程。许多国家也都通过具体法律保障和鼓励公众参与，如美国环境政策法中提出每个人都应当享受健康的环境，同时也有责任对维护与改善环境做出贡献。在西方国家，在环境保护中已明显发挥作用的各种群众团体，如荒野学会、国家野生动物联合会就是公民直接参与的典型案例，大大增强了法律的实践效果。

由于我国长期法制理念与法律制度的制约，虽然近年来人们直接参与有一定的发展，人们的参与意识在逐步增强，但总的来看，情况还不甚理想，例如参与形式单一、参与渠道不畅通、主要是事后被动参与等。有的立法虽然规定公民、法人和其他组织依法享有获取信息、参与和监督保护的权利，但这些权利并不细化。在西方国家所经常采取的一些法律制度，诸如公民直接的诉讼制度，环境影响评价中的公民听证制度，在我国立法中尚属缺位，这对于公民直接参与非常不利，因此亟待改变。

第二节　法律运行社会机制的构成要素及现实问题

一、法律运行社会机制的构成要素

法律运行社会机制基本构成要素，实际上指法律形成与运行过程中在目标、内容及效果保障中的社会参与所构成的制度机制。

(一) 目标因素

1. 保障公民权利的充分实现

我国公民具有宪法与法律规定的广泛权利，公民权利的享有与法律运行社会机制构的建构能够形成一种良性的互动关系。基于此，这里主要强调以下几种权利。

一是有质量的生存权。生存权是人民参与一切社会活动的基本前提。历史唯物主义认为，人类社会是自然界长期演变而来，人类形成也即意味着人类社会的产生。人无论作为自然还是社会存在，都必须具备最基本的权利。恩格斯指出："历史破天荒第一次被安置在它的真正基础上；一个很明显而以前完全被人忽略的事实，即人们首先必须吃、喝、住、穿，就是说首先必须劳动，然后才能争取统治，从事政治、宗教和哲学等等，——这一很明显的事实在历史上应有的权威此时终于被承认了"。① 这里吃、喝、住、穿、劳动实际表明了人所需要的基本的生存权利，也是人性本能的体现。只有这些人的基本需要得到满足，参与才有现实的基础。现代生存权不是只满足维持生命的基本需求，而是不断获得生存质量的提高。

二是平等权。马克思认为："一切人，作为人来说，都有某些共同点。在这些共同点所及的范围内，他们是平等的。这样的观念自然是非常古老的，但是现代的要求是与此完全不同的。这种平等要求更应当是，从人的这种共同特性中，从人就他们是人而言的这种平等中，引申出这样的要求：一切人，或至少是一个国家的一切公民，或一个社会的一切成员，都应当有平等的政治地位和社会地位"。② 近代启蒙思想家的"天赋人权论"把人权看成自然赋予，片面地从人性论出发，以自然法来论证人权问题，虽然不够科学，但他们极其强调国家权力对人权的价值。可以说，他们正是从保护人权出发，提出设计和论证他们的政府权力理论的。如潘恩认为，根据天赋权利，人人应是平等的，为实现这一目标，政府应致力于消除人类不平等的根源——私有财产，所以他主张，以国家权力限制私有财产，采取必要的经济调节措施，最大限度地消除社会

---

① 《马克思恩格斯选集》（第 3 卷），人民出版社 1972 年版，第 41 页。
② 《马克思恩格斯选集》（第 3 卷），人民出版社 1972 年版，第 142-143 页。

不平等。受启蒙思想家人权与国家权力关系的影响，近代以来的立宪大都直接或间接体现国家权力在促进人权实现方面的内容，因为人权保障既是人的本性需要，也是一种社会进步需要。1789年法国《人权宣言》规定："任何政治结合的目的都在于保存人的自然的和不可动摇的权利，这些权利就是自由、财产、安全和反抗压迫。"有的国家甚至专章规定人权保障，为国家权力提出了更加具体明确的人权促进任务。

　　三是保障个人财产权。个人私有财产权在任何社会条件下都是个人积极性、创造性得以发挥的基础和持久的动力。马克思曾指出，在现实世界中，个人有许多需要，他们的需要也即他们的本性，人正是为了满足其不同需要才进行各种社会活动，从而推动社会经济不断发展，因为"人以其需要的无限性和广泛性区别于其他一切动物"①。在具体实践中，已经满足的第一个需要本身、满足需要的活动和已经获得的为满足需要的工具又引起新的需要。这种需要的满足必须有一定的现实基础，其中最为关键的就是对私有财产的拥有与支配。否则，人们便不能成为市场主体并参与市场经济活动，更不用说从事其他社会政治活动。如果说人是利益的动物，那么私有财产权就是满足其正当利益的途径。英国思想家哈耶克认为，"确认财产权是划定一个保护我们免于压迫的私人领域的第一步"②。对社会文明进步来说，私有财产是人们从事社会活动和推进社会进步的必要动力，是个人价值得以实际体现的物质基础。休谟认为"没有人能够怀疑，划定财产、稳定财物占有的协议，是确立人类社会的一切条件中最必要的条件，而且在确定和遵守这个规则的合同成立之后，对于建立一种完善的和谐与协作来说，便没有多少事情要做的了。在正义是完整的地方，财产权也是完整的；在正义是不完整的地方，财产权也必然是不完整的"③。作为能够有效促进社会文明进步的市场经济体制也必须以公民的私有财产为基础，因为没有私有财产便谈不上交换、自由竞争以及个人在市场经济中应有的权利，所以，可以把私有财产和自由契约看作市场经济的两大基础要素。

　　洛克提出，"保护财产是政府目的，也是人们加入社会的目的，这就

---

① 《马克思恩格斯选集》（第3卷），人民出版社1972年版，第130页。
② Hayek F. *The Constitution of Liberty*. University of Press，1960：40.
③ ［英］大卫·休谟：《人性论》，关文运译，商务印书馆1981年版，第531页。

必然假定而且要求人民应该享有财产权,否则就必须假定他们因参加社会而丧失了作为他们加入社会的目的的东西……"① 在19世纪功利主义思想家眼中,这种追逐利益最大化的本性常常以个人自由、个性权利的形式出现。如密尔的自由主义则是建立在功利主义原则之上的,他追求的是个人的权利和自由,并且认为个性自由不仅是个人幸福的根本,也是社会进步和人类幸福的重要尺度。我国现行宪法对公民私有财产保护也进行了明确规定,包括"公民的合法的私有财产不受侵犯"、"国家依法规定保护公民的私有财产权和继承权"、"国家尊重和保障人权"等。这些权利保障的规定有利于通过具体的立法保障公民的各种合法财产权益,这些权益同时也需要公民合法社会参与才能实现。

四是自由权。自由权包括思想自由权、人身自由权和选择自由权等。思想自由权是公民独立自主地进行思维和判断的自由,还包括不受干涉地持有观点和交流的思想观点,其核心是做自己思想的主人。这项权利不仅利于国家机关更好地了解民意,而且便于两者沟通;有利于对政府行为进行思考、批评、监督。我国现行宪法明确规定了我国公民有言论、出版、集会、结社、游行、示威的自由。人身自由权即人身自由不受侵犯的权利,从广泛意义上看,还包括人身自主等方面的权利。此外还规定了非经法定程序,不受逮捕,禁止非法搜查公民的身体,入侵公民的住宅,限制公民的人身自由等内容。

五是安全权。主要指人身安全权,是人们对自己的身体组织器官的完整以及身体的生理机能所享有的权利,其中免于饥饿、酷刑、正当防卫等都是基于此而产生的权利。我国现行宪法规定了公民的人身自由不受侵犯。任何公民,非经人民检察院批准或者人民法院决定,并由公安机关执行,不受逮捕。禁止非法拘禁和以其他方法非法剥夺或者限制公民的人身自由,禁止非法搜查公民的身体。根据这些规定,公民的权利就意味着国家权力的禁区,在这个禁区范围之内,国家权力不得做出任何行为。有人进一步主张,"应当在某处划一条边限,国家在里面可以自由活动,在界限之外则不能随意侵入"②。这意味着公民的权利存在着十分广泛的保护范围。

---

① [英]洛克:《政府论》(下篇),叶启芳、瞿菊农译,商务印书馆1964年版,第87页。
② [美]莱斯利·里普森:《政治学的重大问题》,刘晓等译,华夏出版社2001年版,第12页。

六是政治社会参与权。我国现行宪法规定了我国年满十八周岁的公民，不分民族、种族、性别、职业、家庭出身、宗教信仰、教育程度、财产状况、居住期限，都有选举权和被选举权；但是依照法律被剥夺政治权利的人除外。联合国以《世界人权宣言》《经济、社会、文化权利公约》及《公民权利和政治权利国际公约》为核心内容的国际人权文件都明确把尊重和保证一切人享有公约所承认的权利作为基本精神。但应明确的是，以上规定只是权利实现的必备前提，要真正体现，还需通过具体途径就是将公民抽象的权利转化为具体的权利，并规定相关主体的责任，同时也需要规定公民在其权利行使中应当履行的相应义务。

2. 保障公共权力服务功能的充分发挥

法律运行社会机制的重要目的是政府服务功能的充分有效发挥。公共权力与社会服务总是有着密切的联系。从历史上看，美国著名人类学家摩尔根在《古代社会》一书中，以丰富的实际资料证明了公共权力不仅在氏族社会已经存在，如部落议事会、人民大会，而且在部落联盟中以特有的方式和目的运作，对氏族社会发挥特有的作用，如在易洛魁氏族中调整有关氏族的事务、为本氏族成员命名、主持节日庆典等。① 恩格斯在《家庭、私有制和国家的起源》一书中也通过考察氏族制度的演变，分析了人类进入阶级社会之后，公共权力如何呈现出一种新的形态，以及从性质到运行目的都发生的重大转变，并成为特定主体实现某种利益的一种重要手段。公共权力的服务作用不仅没有减弱，而且发挥更加突出的作用。氏族制度下，社会结构比较简单，人们共同劳动、利益一致，权力义务统一，社会秩序靠习惯足以维持，当然也就不需要国家干涉。生产力发展导致第一次大分工，从而出现货币、商品、私有制萌芽，第二次大分工则出现了以交换为目的商品生产。劳动生产率的提高进一步促进了社会经济的快速发展，由此造成私有制与阶级对立，进而形成维护特定阶级利益的公共权力。公共权力发生了根本性的改变，"国家部分地改造氏族制度的机关，部分地用设置新机关来排挤掉它们，并且最后全部以真正国家权力

---

① ［美］路易斯·亨利·摩尔根：《古代社会》，杨东莼等译，商务印书馆1997年版，第75-79页。

机关来取代它们而发展起来的"。① 马克思主义经典作家从国家权力与权力主体的利益关系的角度进行了科学分析，完整地揭示了权力的服务特性，从法律影响社会机制建构角度看，需要实现以下目标。

第一，将公众的正当利益实现作为权力运行的根本目的。获得、运用和发展权力具有促进利益实现的价值。恩格斯指出，相对于利益，"权力不过是用来实现经济利益的手段"②。"政治权力虽然是一种目的和价值，可是，相对于这种利益的目的性来说，政治权力又只是一种手段，是实现利益价值的价值。"③ 相对于利益的目的性来说，公共权力是为满足社会服务的需要，或者说政治权力只是经济权力的产物，是经济权力的转化形式。在我国社会主义条件下，公共权利首先要服务于公众的经济利益。在公共权力由静态到动态运行发挥实际功效的过程中，权力效果评价具有一定主观性、相对性，同时又是一种客观存在，有一定的客观评价标准。人们对权力的价值和功效的诉求不同，权力的运作方式、目的、结构等也会有较大的差别，从而也会对政府治理产生较大的影响。正是由于不同的权力主体会出于不同的利益获得与运用权力，从而形成了权力的运作目的，进而影响一个政府的治理目的。但公众正当利益的实现始终应当作为权力运行的根本目的和评价标准。

第二，充分保障我国公共权力的服务特性。公共权力的服务目的大体有两种，一是仅追求个人或少数人的利益，这种权力就是对个人或特定阶层具有价值的权力，这种治理性值得怀疑，因为不是为社会多数人而运用权力、实现治理，而是仅带来有限的社会利益。历史上，近代社会以前的国家掌权者往往从自己的利益出发，运用国家权力制定适合自己需要的法律，然后再把自己的利益视为正义，强迫人民遵守。人民违反法律，就是违反正义，应受法律制裁。掌握权力者为少部分谋取利益而与社会利益发生冲突时，必然会牺牲社会利益。二是为公共利益服务，或者为民众谋取福利，这是值得肯定的政府治理形式。也是我国法律社会运行机制建构的根本目的，是对我国宪法与法律政策相关制定的具体落实。在体现我国公共权力的服务特性的过程中，防止行政权滥用具有

---

① 《马克思恩格斯选集》（第4卷），人民出版社1972年版，第105页。
② 《马克思恩格斯选集》（第4卷），人民出版社1972年版，第105页。
③ 王浦劬：《政治学基础》，北京大学出版社1995年版，第83页。

关键意义。对于何为行政权滥用，各国认识不同。在英国，权力滥用被归纳为三种情况：不符合法律规定的目的；不相关的考虑；不合理的决定。① 美国学者认为滥用自由裁量权有六种情形：不正当的目的；错误的和不相干的原因；错误的法律或事实依据；遗忘了其他有关事项；不作为或迟延；背离了既定的判例或习惯。② 德国行政法认为有下列情形之一的，构成滥用自由裁量权：① 违反合理性原则；② 不正确的目的；③ 不相关的因素；④ 违反客观性；⑤ 违反平等对待。③ 在我国公共权力运行实践中，行政权的滥用已有上述许多表现，如，将扶贫资金及其他福利资金挪作他用；无原因的延迟；或违反客观规律，随意对相关人员、机构加以安排处置，不能平等地对待农民的需求；政府消极作为或不切实履行应有的职责。由于受长期计划经济、命令等因素的影响，缺乏制度化的程序和准确标准，一些政府部门负责人长官意志还比较浓厚，责任制度缺位或乏力，越权、滥用职权或者其他违法行使权力的情况随时可能发生。这对公共权力作用的发挥和公民权利的保障都是不利的，这需要在发挥政府主导作用的同时，强调社会多种主体对法律运行的有效参与。

第三，充分发挥地方政府的能动作用。作为国家行政权力地方的代表者和国家政策法律的直接执行者的地方政府，在促进各种利益发展中居于特殊地位。它们的确存在着先天的优势，如主动性、执行性、强制性、优益性、不可处分性等特性。但同时行政权存在固有弊端，如扩张性导致行政越权，特别是较大的自由裁量权易导致行政权力滥用，形成了对福利发展的阻碍因素。首先，从政权运行机制层面来看，地方政府是法律赋予的权力机关的执行机关。我国宪法规定了"乡、民族乡、镇的人民政府执行本级人民代表大会的决议和上级国家行政机关的决定、命令，管理本行政区域内的行政工作"。地方政府作为国家政权的代表，以国家强制力为后盾，行使宪法赋予的权力，通过决策与行政管理的方式来对农村社会进行管理。从经济层面来看，地方政府通过财务参与农村的经济活动和社会管理，通过财政预算来分配社会资源和引导农村经

---

① 王名扬：《英国行政法》，中国政法大学出版社1987年版，第171-172页。
② [美] B. 施瓦茨：《行政法》，徐炳译，群众出版社1986年版，第571页。
③ [印] M. P. 赛夫：《德国行政法——普通法的分析》，周伟译，五南图书出版公司1991年版，第211-232页。

济发展。随着改革开放的深入，中央陆续采取"下放权力，引进市场机制"为核心的重大改革措施，税收上也采取了分税财政体制，使地方各级政府的自主权进一步扩大，农村联产承包责任制的实行使农民由集体的生产者转变为以家庭为单位的独立经营者。在这种情况下，地方政府一定程度上由过去的多种全能管理角色转变为行政管理角色，在发挥能动性时具有一定优势。

（二）内容要素

1. 法律政策制定形成的社会参与

从立法制度设计的路径看，大体包括三种类型：一是自上而下的路径，二是自下而上的路径，三是上下结合的路径。比较而言，后两种路径更易于为社会和民众所接受，制度功能更容易发挥。我国基本立法通过法定程序体现了应有的民主性，但从我国某些法规特别是地方性立法政策制度形成过程看，较多情况下政策自上而下地做出，而公民只是被动执行和服从。这种路径下制定的制度，往往存在社会化水平低的问题。不少情况下由政府部门制定，缺乏对自下而上需求的回应，利益相关者被排除在制度制定程序外，公民只需要遵守执行制度即可，这种制度失去了执行的正当性根基。有些制度不是契约主体各方博弈的产物，而是行政主体的单方建构和设计，具有浓厚的维护集团利益的色彩，成为对某些社会群体进行压制的制度，这种设计不合理的制度很难顺畅地实现其功能。以上情况在我国不少制度中存在，而公共服务政策制度更为突出。相关制度的形成很少经过充分协商博弈达成一致，保障社会主体表达权和选择权的信息壁垒严重，这势必影响制度功能的实践效果，需要社会实践机制加以有效应对。

为保障参与效果，要建立公众参与制度，让政策立法成为全社会的事，成为公众能够直接广泛参与的事，因此要缩小限制政府提案范围，尽量减少行政部门起草法律议案；放开公众提案，扩大公众议案讨论，让立法政策资源取之于社会、取之于民众，依法扩大公众的参与范围。在参与程序及方式上也有待于明确的制度化，需要具体规定公众参加立法听证会、公听会、咨询会的方式及在此过程中享有的权利。政府机关还应重视为公众提供多渠道的参与途径,尤其在科技日益发达的今天,应善于利用网络、媒体等信息传递方法,拓宽公众参与面,便于公众参与立法。

2. 法律运用的社会参与

法律实施是指法律规范在社会生活中被人们实际贯彻与施行。它是将法律规范的抽象行为模式转化为人们具体行为的过程;是使法律从书本上的法律变成行动中的法律,从应然状态进到实然状态的过程;是由法律规范的抽象的可能性转变为具体的现实性的过程。法律实施是实现法的目的的重要方式。① 在我国立法速度不断加快的背景下,仅依靠行政与司法部门难以使法律的实施效果得到充分保障,而社会参与能够发挥特殊作用。社会工作者可采取专业化行动方式为社会弱者提供必要的保护,并且针对个体进行赋权。以年幼的儿童案例来说,就是赋权其双亲使其尽可能地掌管好自己的生活,但最重要的可能是将风险降到最低。②"赋权"一词的使用与儿童和父母的权益相关,始于20世纪80年代后期的某些国际儿童照顾的慈善行动,有作家以其直接的亲身经历著述,像"拯救儿童"(Save the Children)这样的英国组织能够接触到某些相关的观念和实践。③ 社会转型致使中国正处在社会矛盾的凸显期,如欲标本兼治,就应当站在法哲学的高度,辩证施治:在情理法动态平衡中完善释法说理机制;以法律功能二元论为导引,创设社会风险评估法律体系;依司法权特质区隔司法调解与非司法调解以优化法律判断路径;在"三位一体"新程序理念下重塑法律协作关系模式;奉执法之互动与人本理念强化民意表达释放机制。④ 为实现公众有效参与,政府应当逐步建立和完善信息披露制度,让公众知晓当前的政府状况,掌握足够的资料,了解自己的权利和义务;政府还可以增加各项工作的透明度,提高公众参与的强度和支持的力度,保障公众

---

① 夏锦文:《法律实施及其相关概念辨析》,《法学论坛》2003年第6期。
② [英]Adams R:《赋权、参与和社会工作》,汪冬冬译,华东理工大学出版社2013年版,第7页。
③ [英]Adams R:《赋权、参与和社会工作》,汪冬冬译,华东理工大学出版社2013年版,第9页。
④ 汪习根:《化解社会矛盾的法律机制创新》,《法学评论》2011年第2期。

的参与听证权利。

3. 法律运行效果评价的社会参与

法律运行实现的中心环节是法律实效的实现，法律实效的实现是指主体法律化的实现。法律运行效果的评价是改进法律运行状况的重要措施，这种评价可以分为量的评价和质的评价两个方面，质的评价的最根本的一条标准就是看法律运行实现是否有利于促进社会生产力的发展和人类社会进步。① 拥有广泛自由裁量权是现代政府的显著特点，这也是政府权力中最活跃的一部分权力，因为它更能适应当今社会迅速变化的要求，自十九世纪西方国家进入行政国以来，政府获得了更加广泛的权力。而福利保障与发展涉及复杂的人群、繁多的标准和难以预料的现实复杂情况，自由裁量权的必要性就更为突出。英国著名行政法学者韦德分析指出："如果国家对公民从摇篮到坟墓都予以监督，保护他们的生存环境，在不同的时期教育他们，为他们提供就业、培训、住房、医疗机构、养老金，即为之提供衣食住行，这就需要大量的行政机构，……（而且这些行政机构）必须有自由裁量权。"② 而裁量权的行使造成了更大的实践效果的不确定性，其中复杂的利益因素、财政状况及政府工作人员的能力素质，都可能会影响到执行效果，所以国外比较注重权力行使过程的社会参与，以发挥评价和监督作用。这种制度在我国也具有必要性，因为我国现行宪法以及国务院组织法、地方人民政府组织法都明确规定了行政机关在发展经济、文化、教育、社会管理等方面广泛地行使职权。为更有效地行使职权，现行宪法及组织法还规定各级政府实行行政首长负责制。虽然已经存在一定的监督机制，包括通过权力机关、政府内部的审计机关、行政复议机关的权力运行监督、制约行政机关依法有效地行使职权。但是，社会参与权力运行效果的评价仍具有必要性，并能够发挥特有的作用。从目前情况看，这种社会参与效果评价的制度规定与实践都存在不足，主要原因在于"政府和公共行政官员拥有较之一般公众更加便捷的信息获取途径，他们不仅能够掌握一般人无法获知的信息，

---

① 姜丛华：《论法律运行的实现——法律在社会中实现的机制与评价》，《浙江大学学报》（社会科学版）1995 年第 2 期。

② Wade H W R, Forsyth C F. *Administrative Law*. Oxford University Press，1989：3-4.

就连有关收集何种信息的决定权也掌握在政府和行政官员手中。因此，代表政府参与公共决策的公共行政官员与公众相比，拥有明显的决策信息优势"①，对以上状况应尽快加以改变。

4. 防范制约法律运行偏轨的社会参与

世界著名经济学家缪尔达尔认为："缺乏立法和具体法律的遵守与实施，各级公务人员普遍不遵从交给他们的规章与指令，并且常常和那些他们本应管束其行为的有权势的人们与集团串通一气，形成腐败。"② 避免和遏制这种现象的有效途径是健全和完善相关法制。在行使公权力过程中，出现的贪污腐败、权力寻租、潜规则等现象，严重削弱了政府的公信力。一直以来，我国"官本位"思想严重，政府掌握着公共资源的分配权，在缺乏有效监督手段的情况下，因政府权力边界模糊，产生了公权力失范的情况。政府作为公民的代理人，保障人民群众享有健康权益是政府应尽的基本责任。政府公权力的异化，导致公民产生不信任政府的行为。同时，政府要有效应对因搭便车形成的制度困境。美国著名经济学家奥尔森认为，任何公共物品都具有非竞争性与非排他性两个特性，理性的个人在公共物品的消费上往往具有搭便车的动机，即个人不为公共物品的生产和供应承担任何制度义务也能享受制度受益。非排他性和搭便车直接相关，非排他性足以导致集体行动的困境。③ 基本健康服务具有公共物品的性质，存在搭便车现象，搭便车的正是现实中的理性人。搭便车形成的主要原因在于现实理性人的利益驱使，现代社会更强调独立、自由和个体利益。而过于强调个体欲望需求，容易造成社会道德失范。正如马克思在《资本论》中所说："当有300%的利润，资本就敢犯任何罪行，甚至冒绞首的危险。"④ 付出成本的个人与没有付出成本的个人如果都能平等地享用制度收益，那么在理性人看来，付出成本并

---

① 杨春禧，苟正金：《论我国土地征收法律制度中的公共利益决策机制：反思与重构》，《西南民族大学学报》（人文社会科学版）2005 年第 12 期。
② ［瑞典］冈纳·缪尔达尔：《世界贫困的挑战——世界反贫困大纲》，顾朝阳、张海红、高晓宇等译，北京经济学院出版社 1991 年版，第 184 页。
③ ［美］曼瑟尔·奥尔森：《集体行动的逻辑》，陈郁、郭宇峰、李崇新译，上海三联书店 1995 年版，第 2-3 页。
④ 马克思：《资本论》（第一卷），中共中央编译局译，人民出版社 2004 年版，第 871 页。

没有带来比别人更大的收益，行动者的收益与其付出明显不对等，人们只想通过搭便车行为分享收益，就会产生制度功能伦理困境。因医疗卫生资源的有限性，理性社会人为了实现自身利益最大化，往往会表现出自利倾向，就会诱发信任危机。此时社会的参与监督就具有必要性和迫切性。

（三）行动要素

法律运行的社会机制存在着基本的行动要素，包括基本内涵、内在机理及实践任务等方面的内容。

从基本内涵看，法律运行社会机制的有效构造，不仅需要社会主体对立法及其适用的广泛参与，而且需要以主体身份与国家机关积极地互动合作。习近平在关于全面依法治国新理念新策略中强调，要坚持人民的主体地位，法治建设要为了人民、依靠人民、造福人民、保护人民。①

从内在机理看，公众主体地位是体现现代参与精神的一种特殊意识，对参与现代政府治理具有关键性的作用。同样，确立农民主体性地位对法律的运行发展也相当重要。英国法律史学家亨利·梅因在考察西方社会法律变迁之后指出，所有社会进步的活动到此处为止，是一个身份到契约的活动，指明了西方个人摆脱家族、集团的束缚，获得独立人格在西方社会文明中所起的重要作用。尽管近代资本主义率先推行法治化治理，并在宪法中确立了人民主权原则，但其私有制经济基础决定了人民不可能成为政府治理的真正主体，公众主体意识难以确立。

当今我国确立民众主体地位存在着客观的有利因素。在社会主义条件下，人民地位才发生根本性的变化，成为真正的社会主体，这就为公众主体地位的确立奠定了社会政治基础。邓小平曾明确指出："保证全体人民真正享有通过各种有效形式管理国家、特别是管理基层地方政权和各项企业事业的权力，享有各项公民权利。"② 在邓小平理论指导下，中国改革始终贯穿一条主线，即从官本位到民本位的转化，以体现与保证公众在国家经济、社会各方面的主体作用，实现中国政府治理的深刻变革。特别是家庭联产承包责任制的成功，赋予了农民个体作为经济管理

---

① 《习近平谈治国理政》（第三卷），外文出版社2020年版，第284页。
② 《邓小平文选》（第2卷），人民出版社1994年版，第322页。

主体的地位，使得亿万农民有了一定的经营自主权，让许多农民的创造、创新成为可能。未来农村改革与发展将坚持以农民为本，把农村人力资源开发、农民主体意识与主体地位的确立作为农村工作的重心。

当今市场经济改革的深化也会直接影响到农民的主体意识与地位。我国在实行市场经济体制之前，农民的社会政治、经济生活大多依附于其所在的集体，集体利益淹没了个人利益。在这样僵化的经济体制下，农民的个人利益需求是隐性的。而市场经济的运行使每一个市场主体都成为独立的经济人，最大限度地追求经济利益是市场主体的基本特征。在利益追求的驱动下，农民会自觉地关注那些与其利益相关的法律制度，并主动采取各种行动影响这些法律制度的制定和实施，此时公众的参与已成为一种内在需要。市场经济推动农民参与的另一个功效就在于其带来的社会生产力的巨大进步，增长了个人财富，这使得农民参与这种利益上的内在需要又进一步获得了物质保障，能够以自信负责的态度参与到政府治理中。市场经济不仅仅是经济领域的变革，它还引发了人们思想领域的革命。市场经济是自由经济、平权经济，它要求市场主体树立起自由、平等、公正的意识。这些来自经济领域的现代主体意识必然辐射到政治、法律等领域，从而促进公众法治主体意识、参与意识的形成，但在现实实践中，公众主体地位并未在整个社会得到有效的确立，相当一部分农民对我国政府治理未表现出应有的热情和关心，未能积极地主动地行使权利，认真地履行义务，仅以被动者的身份消极服从权力，把政府治理的希望完全寄托于政府或杰出人物，个人权利保护寄托于清官，等等。之所以如此，主要原因在于当今农民主体意识的确立面临着现实制约。

以"国家本位"为特点的传统法律文化观念与公众主体意识存在矛盾与冲突。传统法律文化观念是受历史传统的制约而形成的关于法律的态度、价值观念、心理、感情、习惯等，它直接或间接地影响着社会主体的法律实践与法律行为。分析中国传统法律文化，不难发现，它具有典型的国家本位特点，与西方个人为本位的法律制度即文化形成鲜明对比。在古代，中国法律本位呈"氏族（部落）—宗族—国家"的发展图式，在思想观念上，无论儒家还是法家都强调国家本位。正如有的学者指出："汉儒在此基础上吸收了法家的国家本位思想，成功地创造了新的家族本位与国家本位相结合的理论以后，它在中国封建政治的舞台上便一跃而成为主角，并且主宰中国封建政治法律长达二千多年，直到清末西方法律文化的输入才受到冲击与动摇。"① 儒家虽然也主张参政、民本思想，但并不能促进公众主体意识的形成，因为他们所言的参政者是极少数所谓道德高尚的人而非民众，参政的目的是做官而非现代法治所倡导的政治参与，因而，其思想实质还是服务于封建专制国家。在国家本位之下，国家利益高于一切，个人渺小而无足轻重，只有被动服从的义务，个人独立人格被国家利益所淹没，这就更谈不上公众主体意识了。新中国成立后，广大民众成为国家真正的主人，但由于公众直接参与法治建设程度低，特别是在长期"左"的思想下，过分强调国家与集体的利益，重义务、轻权利、重刑轻民，公众的国家主体地位未能有效地体现，这严重阻碍了公众主体意识的形成。

中国传统文化中曾出现的"民惟邦本"思想并不能确立农民主体意识，这只不过是倡导君主"爱民、重民"，施行"仁政"而已。这样，国家权力只能按照部分或个人的意志来运行。正如马克思所指出，由于各个小农彼此间只存在有地域的联系，由于他们利益的同一性并不使他们彼此间形成任何的共同关系，形成任何的全国性的联系，形成任何一种政治组织，所以他们就没有形成一个阶级。因此，他们不能以自己的名义来保护自己的阶级利益。所以，归根到底，小农的政治影响表现为行政权力支配社会。② 在中国的古代社会，虽然国家极其强大，公众力量极其弱小，但公众依然能影响国家。《荀子·王制》所载的"君者舟也，庶人者水也，水则载舟，水则覆舟"就说明了这个道理。此外，家族、会社、村社、商会等民间组织也能够对民众提供参与机会，但这种参与也难以形成农民的主体意识。

根据相关的理论与经验，立足我国当今实际，为保证公众的有效参与，政府行为必须形成一整套的保障机制。目前应通过多种途径为公众参与法治主体地位的确立创造有利条件，如优化参与环境，提高民众参与能力与意识。要求政府主动提供给农民更多的参与机会，如行政事务公开、增加工作透明度，防止"暗箱、黑箱"操作、"内部决定"、"内部

---

① 张中秋：《中西法律文化比较研究》，南京大学出版社1991年版，第44页。
② 《马克思恩格斯选集》（第1卷），人民出版社1972年版，第693页。

文件"现象,大力发展经济、教育、科学、文化事业,优化公众参与政府管理的社会环境。公众参与强度与一个国家经济、教育、科学、文化水平有着密切的关系,因为"权利永远不能超出社会的经济结构以及由经济结构所制约的社会文化发展"①。就一个国家而言,公众参与政府行为水平与该国经济文化发展水平成正比,就个人而言,经济收入高、受过良好教育的公众比其他社会成员有更强的政治责任感、政治热情、参与能力和较高的参与素质,所以社会对法律运行参与机制建设需要创造多种有利条件。

二、我国法律运行社会机制的现实问题

(一) 社会参与法治实践的意识薄弱

现实生活中,不仅民众,而且部分社会组织人员也存在法律意识薄弱的问题,未能依据法律规范决定一些具体制度和做法。以契约精神为例,契约是一种承诺行为,通过承诺行为,明确约定双方权利义务关系。如果一方不信守承诺,再好的契约也是一纸空文。为使社会秩序正常运行,契约双方应遵守自愿与诚信的基本道德要求,向对方提供真实可靠的信息并尽最大努力去履行契约内容。任何契约都是一定社会环境、经济条件和文化背景的产物。健康服务治理中,依据《关于推进家庭医生签约服务的指导意见》《关于规范家庭医生签约服务管理的指导意见》等规范,使家庭医生基本健康服务具有契约治理特点,其中涉及卫生机构、家庭医生、居民等主体的权利与义务。但实践中各地更多的是依靠行政指令的方式来完成签约服务工作,未厘清各级医疗卫生机构应承担的契约责任,家庭医生签约服务非常容易流于形式,契约执行力十分有限,多地出现了"签而不约""签而不用""约而不履"等问题。

尽管法律教育和普法教育取得明显成效,我国公民的法律素质也有所提高,但对于实现社会主义法治国家的要求还有很大距离。大多数公民和社会组织以实际行动信任、支持法律制度,而少数公民和社会组织也存在对法律制度冷漠甚至违反的问题。有学者将公民和社会组织对待

---

① 《马克思恩格斯选集》(第3卷),人民出版社1972年版,第12页。

法律制度的态度大致分为以下三种。第一种是支持，表现为积极履行权利和义务，在工作、生活事务中均能依法办事；协助法律机构和法律职业者实施法律规范，直接参与法律机构工作，为法治事业效力等。第二种是冷漠，表现为个人权利行使不积极，消极履行义务，对法律制度运行抱旁观态度。第三种是反对，包括一般的违反和严重的对抗。前者表现为一般的违法行为，如滥用权利、侵权；后者表现为严重对抗性的违法行为，即犯罪行为。① 从现实实践看，持有冷漠和反对态度者还占有较大比例，他们不能正确运用个人权利或履行自身义务，对法律制度运行持局外人的态度。

公众参与观念首先在近代资本主义社会得以培育与发展，其政府行为方式是对专制政府行为方式的有力否定。近代资产阶级启蒙思想家代表人物卢梭在否定专制政府的同时，明确阐述了公众与政府的关系，他认为国家主权属于人民，主权不可分割、不可转让、不可代替，政府权力属于人民（主权者），受人民的监督，并提出公众借助定期集会参与、限制、改变和收回政府权力等方式介入、参与政府行为。此后许多西方思想家、政治家都反复强调公众参与政府行为的极端重要性。如林肯提出了"民有、民治、民享"的思想，托克维尔、布莱克明确提出公众直接参与政府的思想。"现代政府在下述意义上可以说是典型的民主的，所有的公民均在某种程度上参与政治领导人和决策的选择，个人的选择权由有效的公民自由得以保障。"② 这在一定程度上解决或者说极大缓和了现代政府权力不断膨胀所带来的矛盾与问题，因此，公众对政府行为过程的参与及其相应制度意识大大提高。如西方行政程序法的一个重要内容就是行政机关进行决策、制定规范性文件和行政计划时，应尽可能听取和尊重相对人的意见，并赋予利害关系人广泛的救济权利。美国法律把此作为政府行为的必经程序，从而促进了政府行为优化，即使政府行为尽可能符合合法、民主、效率、公正等较高层次的社会要求。当然，这些并不能真正从本质上改变其政府权力固有的阶级性。

社会主义制度下，政府权力源于人民授权，掌握政权者绝大部分是

---

① 陈信勇：《法律社会学》，浙江大学出版社2014年版，第66页。
② [美] C.E. 布莱克：《现代化的动力》，段小光译，四川人民出版社1988年版，第22页。

公众中的先进分子，虽然是经过法定程序加以选举、任命的结果，但确实增强了公众参与的观念。十一届三中全会以后，我们在优化政府方面正在做出积极努力，如精简机构、确认各级行政首长负责制、政治改革等。在公众参与推动政府行为优化方面取得了一定成就，如政府重大政策实施事先经过专家的反复论证，行政处罚中引入听证程序等。但是，由于人们更多地把公众参与看成是走群众路线的工作方法，无论在观念、制度还是在实践中都未能给予足够的重视，极大地限制了公众参与政府行为的规模和水平。当今应遵循马克思主义理论，在国家机关及广大民众中确立科学的参与观念，保障积极有效地扩大参与范围，真正实现民众对法律实践的参与。

（二）政府自身法律执行能力不足

关于我国政府执行力不足的原因，学者们主要从政府职能、组织结构、制度机制、人员素质等方面进行多角度的分析。概括而言，主要有以下几个方面：政府职能不清，缺位、越位；执行组织结构不合理；执行配套制度不完善；执行人员素质不高；执行环境有待改善。[①] 以民生型行政执法为例，我国现行《就业促进法》专章规定了就业援助内容，要求各级人民政府建立健全就业援助制度，采取税费减免、贷款贴息、社会保险补贴、岗位补贴等办法，通过公益性岗位安置等途径，对因身体状况、技能水平、家庭因素、失去土地，以及连续失业一定时间仍未能就业的就业困难人员实行优先扶持和重点帮助。规定政府投资开发的公益性岗位，应当优先安排符合岗位要求的就业困难人员。地方各级人民政府加强基层就业援助服务工作，对就业困难人员提供有针对性的就业服务和公益性岗位援助。地方各级人民政府鼓励和支持社会各方面为就业困难人员提供技能培训、岗位信息等服务。采取多种就业形式，拓宽公益性岗位范围，开发就业岗位，但这些规定实践落实中仍存在不少困难。一是具体措施不明确，例如税费减免、贷款贴息、社会保险补贴、岗位补贴等办法具体执行方式不明确；二是财政投入及人力资源不足。政府的执行能力直接取决于其掌握资源的能力。目前基层民政与扶贫部门普遍存在

---

① 涂小雨：《当代中国社会整合逻辑研究》，河南人民出版社 2016 年版，第 35 页。

扶贫任务重、工作经费及人员不稳及专业人才缺乏的问题，直接制约了制度执行能力。三是主体之间衔接协作关系亟待改善，如部门信息共享不足。调查表明一些地方扶贫中，扶贫部门、民政部门与残疾人机构扶贫信息未能有效衔接，不同扶贫项目扶贫数据的共享存在一定困难。

（三）社会参与法治实践程序制度存在缺失

治理程序即权力行使时间、空间、方式等方面的表现，如权力行为是否遵守法定时限、顺序。任何权力行为都必须在特定时间、空间以特定形式产生作用。从更加抽象的意义来理解，恩格斯在《自然辩证法》中指出："运动，就最一般意义来说，就它被理解为生存的方式、被理解为物质的固有属性来说，它包括宇宙中发生的一切变化和过程，从单纯的位置移动起直到思维"①。参与化的政府治理权力要严格依照有关法定程序进行。如果没有健全严格的程序制度，民众的福利参与任务的完成就无法得到保证。正当程序具有不可或缺性。法学家季卫东将程序特征归纳为"对于恣意的限制、理性选择的保证、'作茧自缚'的效应和反思性整合"② 四个方面，可以全面看到程序对正当权力的价值。但权力程序只有法定才能实现权力正当运行。美国道格拉斯大法官提出："正是程序决定了法治与恣意的人治之间的基本区别。"③ 社会转型时期政府治理中，由于较大的自由裁量权和制度的不健全，侵犯公民权利及公共权力失范现象更易发生；没有治理程序，不仅这些现象难以认定与处理，而且民众也很难发挥参与监督作用。"正义不仅得到实现，而且要以人们看得见的方式实现"，这是英美普通法自然公正原则要求程序公开的最朴素的表达。权力行为如果违反正当实体性法律，就会出现越权、滥用等不正当权力现象，而违反或缺乏正义的程序法依据，同样难以达到权力正当运行的目的，因为权力程序本身就是控制权力滥用的有效手段。"当今世界任何一个追求文明和进步的民族都应该有他们自己的正当程序，尽管他们也许并不使用'正当程序'这个称谓。"④

---

① 《马克思恩格斯选集》（第3卷），人民出版社1972年版，第491页。
② 季卫东：《法治秩序的建构》，中国政法大学出版社1999年版，第15-22页。
③ 季卫东：《程序比较论》，《比较法研究》1993年第1期。
④ 杨一平：《司法正义论》，法律出版社1999年版，第149-150页。

行政程序法的一个重要内容就是行政机关进行决策、制订规范性文件和行政计划时，应尽可能听取和尊重相对人的意见，并赋予利害关系人广泛的救济权利，从而促进政府行为优化，使政府行为尽可能符合合法、民主、效率、公正等较高层次的社会要求。现实生活中政府权力的偏轨以及大量的行政腐败就是程序制度缺失的表现。党的十一届三中全会以后，特别是党提出建设法治国家目标以来，我们在优化政府方面正在做出积极的努力，健全民众参与程序制度，如政府重大政策专家论证、引入听证程序等，但是目前人们对此方面的制度建设的完善重视程度依然不够。

我国现行的法律监督体系和机制为公众参与法律监督提供了多样的渠道，但是缺乏对公众参与权具体程序的规定，缺乏对其他监督主体鼓励和支持公众参与的责任及失责追究的规定。这种具体制度的空位，导致公众的监督参与缺乏可操作性，参与效果难以保证。要完善公众的法律监督参与机制，就要提高法律实施操作的透明度，公开法治建设各个环节、程序。公众只有在知情的情况下，监督的参与才能启动；要畅通公众法律监督的言论渠道，明确公众法律监督意见、建议、批评收集者的责任、处理者的责任，防止听而不决、处而不决、拖沓、敷衍现象的发生。近年来，一些地方创立了公众参与政府行为的程序，如现场办公、市长接待日、市长电话、市长信箱、基层调研等。这些形式无疑是好的，但如果不能制度化、规范化就易变成"走过场"或"一阵风"，无法收到持续化的效果。在提高公众参与政府行为制度化水平方面，一是完善和落实已有的具体制度，如行政听证制度可以在涉及农民福利的决策和执行中运用。二是创新公众法治参与的制度与实践形式。例如在发挥网络监督参与作用的同时健全相应法治规范体系；也可探索用法治途径规范公民参与政府绩效评估，这既是有效推进政府绩效管理效能的重要因素，又是检验国家治理能力现代化水平的重要标志。[①] 要在以上方面取得积极效果，需要政府与社会的协同合作，在观念、策略、规范及实践等方面的创新行动中做出积极不懈的努力。

---

① 陈晨：《我国公民参与政府绩效评估的法治化路径探析》，《科学社会主义》2020年第2期。

(四)政府对社会法治资源整合的能力不足

在我国长期的历史发展中,在农业社会自然经济基础和封建专制的政治基础上,主要实行传统政府管制型行为模式,而缺乏参与型政府行为模式。政府行为建立在个人主观臆断和个人经验基础上,不能有效吸收公众的智慧和经验。因为公众面对强大的国家机关,无法参与并影响政府行为,政府行为方式也比较简单落后,所以绝对的行政命令和思想道德教化是行政行为的主体部分。这种政府行为方式直接导致公众卑微的政治心理、冷漠或敌对的公众政治文化和"清官"的心理期待。这些政治文化现象又与专制、落后的政府行为方式形成恶性互动关系。在传统的政府法治理论上,公众只被看作行政法律关系的客体,即一个消极的、纯粹的管理对象,忽视其积极参与作用,更缺乏细化的立法规定提升其参与能力与效果,如激励扶持制度建设不足等。对此国外已存在不少可借鉴经验,如韩国《国民年金法》规定赡养60岁以上的父母或二级以上残疾父母的公民,政府可支付附加年金,以细化激励措施动员整合家庭资源参与扶贫,这已成为当今世界家庭制度发展的基本趋势。在整合家庭资源参与福利法治实践方面,国外已有细致立法,而我国目前还依然立法缺位。以英国为例分析国外相关立法,如表9-1所示。

表9-1 英国照料者支持政策发展状况

年份	法案	主要内容
1995	《照料者(认定与服务)法案》	为一些照料者提供评估其照料需求和经济状况的权利
1999	《全英照料者战略》	照料者信息支持;照料者地方中心;照料者特别补助金计划(三年拨款1.4亿英镑用于地方政府为照料者提供创新灵活的喘息服务)
2000	《照料者和残疾儿童法案》	第一次赋予照料者根据自身需求直接获得服务或通过现金津贴购买服务的权利
2004	《照料者(机会公平)法案》	将照料者的需求评估扩展到带薪工作、休闲娱乐、教育、培训方面,并为其提供信息支持和建议

续表

年份	法案	主要内容
2006	白皮书《我们的健康，我们的照顾，我们的发言权：社区服务的一个新方向》	拨付3300万英镑用于照料者支持和服务福利。其中2500英镑用于地方政府为照料者提供紧急事件支持服务；300万英镑用于"全国建议和信息服务项目"，帮助照料者获取资格和权利
2007	2002年《就业法》内容拓展	照料者可向雇主请求弹性工作时间

（[英]彼得·阿尔科克：《解析社会政策（下）：福利提供与福利治理》，彭华民等译，华东理工大学出版社2017年版，第61—62页。）

第三节　我国法律运行社会机制的现实构造

一、培育社会主体法治化参与意识

根据美国著名政治学家阿尔蒙德对公众政治文化的分类，狭隘型、顺从型的公众在我国目前政治生活中占很大比例，参与型、积极型的公众比例有待提高，为此，我们应努力创立和传播以体现公众参与意识、主体意识为主旋律的政治、法律文化，形成有利的思想文化氛围。阿尔蒙德曾指出，当我们提到一个社会的政治文化时，我们所指的是在其国民的认知、情感和评价中被内化了的政治制度，这种内化了的政治制度在某种程度上比外在的法律制度更能影响和左右公众参与政府行为过程的态度和行动。当今，我们对思想文化保障作用应给予特别关注。法律主体概念的确立，彰显了人的尊严与道德品性，体现了人的共性与类似性，也为主观权利的存在奠定了基础。从性质上说，法律主体是法律的创造物、规范的人格化、能动的行为者，也是连接法律与现实生活的桥梁。① 法律内化目前在我国仍是一项十分艰巨的任务，因为在相当长时期内，国民法律参与意识教育与政府法治化推进存在不匹配性，未能在城

---

① 胡玉鸿：《法律主体概念及其特性》，《法学研究》2008年第3期。

乡社区、单位与家庭形成应有的法治参与教育环境，所以有学者提出，提高我国公民的参与意识，要同步进行，而国民教育则应注重公民身心素质的全面提高，不能仅仅偏重于智力水平的提高。个别地区的学校尚未足够重视法治教育，法治教育的方式、方法也有待改进。法律机构和法律职业者以各种方式、途径促进社会成员的法律内化，是义不容辞的职责。而法律职业者自身也应自觉地进入法律内化过程，以此来加强法律制度的力量。① 实现公众法律内化，需要一种综合性或整合化的培育策略，一是教育主体的整合，包括各种群体、社会组织和国家机关、企事业单位，特别是重视学校、家庭与社区的系统协同教育作用，因为他们是社会成员最密切的环境，直接影响着人们的观念、心理和习惯。二是教育方式的整合，包括政府组织专门普法教育、日常的家庭与社区教育，特别是注重新媒体的教育作用，它往往在很大程度上影响个体的思想观念和行为方式，能够形成法律内化新社会环境。三是教育内容的整合，即进行全面的法治教育，从基本法律知识信息到良好的法律习惯与观念的培育。习近平强调："要加强全民普法力度，培育全社会办事依法、遇事找法、解决问题用法。化解矛盾靠法的法治环境。……深入开展社会主义核心价值观和社会主义法治理念教育，推进法治专门队伍的正规化、专业化、职业化，提高职业素养和专业水平。"②

二、提升政府法律实践责任能力

要提升政府法律实践责任能力可以从以下几方面入手。

第一，对执行性财政投入进行合理量度并加以立法规范，同时依法保障工作人员数量及提升其专业化知识水平，并形成相应的法治文化。确立遵循立法政策制度原则下的积极能动的主体责任担当概念，这种责任观念对基层政府成员也十分必要，只是责任内容及要求方式不同。基层政府人员需要注重责任的明确化，因为他们会直接参与资源的分配。从持续深入地推进我国贫困治理的目标看，必须坚持发挥政府投入主体和主导作用，增加金融资金对脱贫攻坚的投放，发挥资本市场支持贫困地区发展作用，吸引社会资金广泛参与脱贫攻坚，形成脱贫攻坚资金多

---

① 陈信勇：《法律社会学》，浙江大学出版社2014年版，第278-279页。
② 《习近平谈治国理政》（第三卷），外文出版社2020年版，第286页。

渠道、多样化投入。① 同时，要进一步强化各级扶贫机构及其职能，改善工作条件，提高管理水平。各级扶贫部门要大力加强思想、作风、廉政和效能建设，提高执行力。

第二，改善政府工作人员数量与素质。政府依法治理能力与其工作人员数量与素质有着直接关系，仅仅满足数量的要求是远远不够的，必须加强政府工作人员自身素质建设。要通过立法制度要求工作人员具有积极主动、勤奋、精明能干、恪尽职守、灵活应对与高度负责的精神和素质，善于运用不同的形式满足民众的发展需求。例如，工作人员在贫困救助过程中，不仅满足贫困者的物质救助，还应非歧视对待，加强人文关怀、心理精神救助和个人能力培养和发展等。坚持问政于民、问需于民的工作态度，始终持有包容、关怀、忍让、体谅的心态，与民众真正建立一种诚实守信和平等友善的关系。及时有效地听取民众的反馈意见，及时与各部门、社区沟通衔接，通过人才的培养纳入人才总体规划，并不断提高政府工作人员的专业化水平，以强化服务，提高管理实效。同时注重责任教育，养成责任心，增强责任意识，培育责任感，把责任心和责任制统一起来。

第三，完善政府目标管理责任制。要切实落实目标责任制，建立完善科学有效的考核评价机制。通过对每个部门、每一项工作目标任务完成的情况进行考核，督促领导干部和公务员履行岗位职责，以工作效果是否能让民众满意为标准，考察和检验其能力是否能胜任本职工作，是否符合岗位职责的要求，切实提高管理社会、服务社会的能力；把能力建设与行政问责制紧密结合起来，把能力建设活动成效的评判权交给社会；采取有效的措施解决行政"不作为""无效率""乱作为"的现象，对考核不称职的领导干部和公务员，探索开展引咎辞职、离岗培训等办法，进一步完善行政问责制度。尤其是对在工作过程中故意不履行或者不正确履行职责，而影响工作效率和行政效率并造成不良影响或后果的工作人员，严格进行责任追究制度。建立健全民众评价机制，深入社区、基层，主动征求群众意见，提高广大群众的参与程度，接受群众的监督，着力提高民众对行政机关及其领导干部和公务员行政效能的满意度。

---

① 《习近平谈治国理政》（第三卷），外文出版社2020年版，第152页。

三、强化对社会主体法治参与的整合协作

强化对社会主体法治参与的整合协作的核心观念是政府通过组织结构的整合、信息资源的整合、责任和激励机制的整合和服务供给方式的整合重构新型社会参与责任制度。

第一,优化法律运行社会主体关系结构,建构主体合作场域。社会学的场域理论强调,各主体特定位置及相互之间构成网络化结构化的空间关系,进而促进各主体有效发挥实际和潜在作用。这种合作场域的有效形成,依赖于各主体相互间权责关系的清晰化与规范化,并以信息共享、决策参与、资源运用及责任承担等方面形成操作性制度保障。我国不少立法的实施需要政府之外的社会主体的积极参与。例如,发展社区服务,逐步建立适应老年人需要的生活服务、文化体育活动、疾病护理与康复等服务设施和网点;发扬邻里互助的传统,提倡邻里间关心、帮助有困难的老年人;鼓励和支持社会志愿者为老年人服务。老年人养老主要依靠家庭,家庭成员应当关心和照料老年人,赡养人应当履行对老年人经济上供养、生活上照料和精神上慰藉的义务,满足老年人的特殊需要。

第二,强化政府对法律运行社会资源的整合能力。在法治社会建设的各个方面都存在着丰富的社会资源,政府需要采取具体的措施加以整合运用。例如在福利法治的实践中,除加大此方面的政府资金投入外,还应创新策略,注重引入家庭成员参与家庭失能、半失能成员的照料服务的激励性福利制度等;创新运用扶贫契约法治形式,目前健康扶贫签约服务也已广泛展开,建议加以法治化,并促进契约化形式更广泛地运用;以专门资金发展特定人群法治参与。通过政府购买服务立法完善,促进专业化参与,促进专业社工参与赋权。这种个体的赋权受到两种因素的影响:个人的动力与机会。个人的动力由以下有利条件组成:心理的、资讯的、组织的、物质的、社会的、经济的以及人的各项资产。而一个人所拥有的机会则受到立法、各种管理的架构和规则以及社会中约束行为的社会规范所影响。换句话说,专业社会工作者存在着特殊优势,需要加以整合运用。赋权的程度要通过选择的存在、选择的使用以及选

择的结果来衡量。①

第三,对特定社会主体参与行为予以规范。社会资本理论认为,人出生于一种社会结构中,在其成长的过程中会形成复杂的社会关系,亲友之间拥有更亲密的社会关系和较多的社会资本,而与陌生人信任感较低,社会关系较为疏远。这也解释了在与不同类型关系的个体进行交易时,社会参与实施机制具有显著性差异。陌生人信任感较低就必须有一定规范保障。例如各城市通常都会有一定数量的婚介机构。目前我国还没有规范婚介行业的全国性专项法规,各地相关部门也没有形成统一的管理体制,政府部门对婚介服务机构在规范和监管体制上职责不明,机构和人员方面的投入也明显不足。婚介机构缺乏行业自律,婚介市场鱼龙混杂,专营兼营并存,从业人员素质良莠不齐,会员服务质量难以保证。要建立健全专项法规,实现有法可依,既需要明确婚介行业的监管主体,又需要民政、工商、公安等部门相互协调、合力监管。同时要加大婚介广告监管力度,规范信息发布,避免婚介机构利用虚假广告进行违法经营。

应注重对法律运行的社会薄弱环节进行规范,如规范网络与媒体行为,避免网络侵权。除了传统媒体外,作为新媒体的网络也成为公民讨论公共事务、表达意见、进行舆论监督的一个重要公共平台。但是,网络缺乏有效监管,侵犯公民名誉、进行网络犯罪的行为也是屡见不鲜。因此,对网络采取一定形式的政府治理显得非常有必要。新闻立法既应有保障的一面,也应有约束的一面;既应对记者的采访、报道和批评权利予以切实的保障,也同时要制止各种滥用新闻权利和新闻自由的行为。

第四,健全社会参与法律实践的程序制度。权力行使的公开性是参与性治理的必然要求,因为权力公开对公众参与政府治理目标具有直接意义。英国上议院休厄大法官曾指出:"公平的实现本身是不够的,公平必须公开地,在毫无疑问地被人们看得见的情况实现。这一点至关重要。"②所谓权力公开,主要指有关权力的各种信息公开,包括政策的制

---

① [英] Adams R:《赋权、参与和社会工作》,汪冬冬译,华东理工大学出版社2013年版,第19-20页。

② [英] 彼得·斯坦,约翰·香德:《西方社会的法律价值》,王献平译,中国人民公安大学出版社1990年版,第97页。

定、立法活动、审判活动、管理活动、行政预算、公共开支以及其他相关政治消息能通过各种传媒为公众所知，以便公众参与、建设、监督、制约。

早在1847年，马克思在《哲学的贫困》中就曾预见会有一种具有公开性特点的新权力类型代替资产阶级特权，"工人阶级在发展进程中将创造一个消除阶级对立的联合体来代替旧的资产阶级社会，从此再不会有任何原来意义的政权了"。① 这一新型政权的突出特点就是权力行使的公开性。其目的在于更好地接受群众监督，保障新型权力的公正运行。列宁也曾明确指出，离开公开性来谈民主是十分可笑的。不少西方学者也曾充分认识到权力公开程序对权力制约的意义。麦迪逊指出，如果一个全民的政府没有全民的信息，或者缺乏这种信息的获取途径，那么，它要么是一出闹剧的序幕，要么就是一出悲剧——也可能两者都是。当今研究治理问题的西方学者都非常重视政府治理的公开性，一位法国银行家把权力公开性作为善治的四个构成要素之一，"每一个公众都有权获得与自己的利益相关的政府政策的信息，包括立法活动、政策制定、法律条款、政策实施、行政预算、公共开支以及其他有关的政治信息。透明性要求上述这些政治信息能够及时通过各种传媒为公众所知，以便公众能够有效地参与公共决策过程，并且对公共管理过程实施有效的监督。透明程度愈高，善治的程度也愈高"②。在此方面已存在专门立法，如1951年芬兰制定了宪法性法律《公务文件公开法》，1970年丹麦制定《行政公开法》，我国香港制定了《行政资讯公开守则》。有的国家还采取有效措施以解决权力公开过程中出现的实际问题，并且逐步健全相应的保障措施，以防止政府滥用权力而拒绝公开。如，当事人有权向政府机关首长提出申诉，如果申诉被部分或全部拒绝，机关必须通知申诉人该决定可以申请司法审查，请示法院命令行政机关公开当事人所要求的政府文件。另外，有的国家宪法还规定了公民可以求助政府机构之外的部门，如议会监察专员来对行政机关进行制约。我国现行立法已规定了行政法规在起草过程中，应当广泛听取有关机关、组织和公民的意见。听取意见可以采取座谈会、论证会、听证会等多种形式，但由于是以极为

---

① 《马克思恩格斯全集》（第4卷），人民出版社1958年版，第197页。
② 俞可平：《治理与善治》，社会科学文献出版社2000年版，第9—10页。

简单的规定形式出现，这种制度具有较大的任意性，缺乏具体操作性，难以有效发挥公民参与作用。政府应加强规范和管理，真正做到公开、透明、公正，真正惠及困难群众。

获取信息是实现社会有效参与的前提条件。目前一些地方虽然已经建立了一些公开制度，但是离公众的知情权要求还是存在较大差距。从保障公民参与权的角度看，首先，应当明确政府信息公开的范围。以土地征收为例，主要包括征收发起人的相关信息、征收的范围、征收的对象、征收的期限、征收的有关批准文件、补偿安置的具体计划及经协商、听证程序后确定的具体补偿金额、安置方案等内容。其次，应明确征地信息公开的方式和公开的时间。最后还应明确规定征地信息不公开的法律效果。对于没有公开或者公开不到位，有关利益关系人没有获得必要的告知将导致征地行为的效力受到影响。① 建议利用现代技术手段，推行权力公开，使权力频繁地直接处于公众监控之下，这是农民参与政府治理不可忽视的途径。通过网络推行政务公开，加强与民众的沟通、交流，以便及时解决民众反映的问题，并接受民众对政府工作的评价、批评、监督。虽然这无疑增加了政府工作的压力，但这是推进政府权力良性化运作的重要动力。

要健全参与平等保护制度，在英国，听取对方意见成为行使权力运行重要程序性原则，它要求当权力行为可能给对方造成不利影响时，要保证对方三项基本权利，即在合理时间内被告知权，了解权力行为根据权以及自我辩护权。但我国权力运行中对农民参与平等保护重视还非常不够。以我国某些地方的行政权的运行方式为例：一些"城管综合执法"实行"野蛮执法"。不少农民进城进行个体经营以增加收入，一些地方政府认为妨碍了城市市容，为了加强市容管理，用野蛮的方式执法，不仅不能根治违规现象，而且也败坏了执法者应有的良好形象，损害了农民与政府和执法部门的关系。以这种方式整治城市秩序，与建构和谐社会的目标完全背道而驰。为从根本上解决市容违规问题，执法部门应着力解决城市相关商业网点布局不尽合理、功能不齐全、执法渠道不畅、手续烦琐、费用较高等问题。同时，积极协同相关部门改进服务、解决问

---

① 徐勇：《中国农村研究》(2010年卷)(下)，中国社会科学出版社2010年版，第118-119页。

题，满足群众需求。在某些城市已经开始注重采取新的执法方式，如多管齐下、预防在先、合理规划城市、融管理于服务之中等，在严格执法的同时强调文明执法，取得了明显实效。

村民自治等基层自治制度的普遍建立，为农民参与提供了广泛的渠道。我国宪法明确规定公众对政府机关及其工作人员的批评、建议、申诉、控告等直接性权利也适用于农民。但是，如果相关具体制度缺位或不完善就会影响这些良好制度的发挥，使得公众的法律需求和意见难以通过正常渠道进入公共决策领域。村民自治制度的完善应加强，经过村庄事务的民主讨论，各种不同的利益需求能够被明确地提出和得到综合的权衡，使公众参与真正成为现实。同时还需要不断地提升包括公众文化素质、思想道德素质、政治法律素质等在内的综合素质。良好的公众素质是公众与社会、公众与国家良性互动的前提。今天，培育符合社会发展需要、体现时代精神的公众素质，已成为国家法治发展与公众自我完善的共同目标。公众受教育的机会不断增多，层次不断提高，这些进步使得农民逐步摆脱了蒙昧思想的束缚，树立起自由、平等意识，确立民主法治观念，公众参与国家社会事务的能力、水准、意识也不断提高。至今仍有不少领导成员错误地认为公众只是被管理的对象，公众参与是可有可无的事情，甚至错误地把吸收公众参与和提高政府效率、减少管理成本对立起来。各级政府领导必须尽快走出这些管理认识误区，树立正确观念，真正把吸收公众参与看成一种责任、义务，看成优化政府行为必由途径。农民也必须不断增强法治参与的责任感，提高对参与的认知水平，树立强烈的参与意识，确立参与型的思想观念。

▲ 思考题

1. 如何认识法律运行社会机制的含义与实践意义？
2. 法律运行社会机制的构成要素有哪些？
3. 我国法律运行社会机制存在哪些现实问题？
4. 试析我国法律运行社会机制的现实构造策略。
5. 我国法律运行社会机制的现实构造为何要强调程序制度的意义？
6. 举例分析我国现实社会法治资源的存在及其意义。

🔺 阅读推荐

1. 张洪涛：《基于社会学观点对法律运行过程的展开》，《西南交通大学学报》（社会科学版）2008年第2期。

2. 高健：《浅论法律运行过程中的局限性及其完善》，《法制与社会》2008年第22期。

3. ［印］阿马蒂亚·森：《正义的理念》，王磊、李航译，中国人民大学出版社2013年版。

4. 汪习根：《化解社会矛盾的法律机制创新》，《法学评论》2011年第2期。

5. 姜丛华：《论法律运行的实现——法律在社会中实现的机制与评价》，《浙江大学学报》（社会科学版）1995年第2期。

6. 俞可平：《治理与善治》，社会科学文献出版社2000年版。

7. ［英］Adams R：《赋权、参与和社会工作》，汪冬冬译，华东理工大学出版社2013年版。

8. 《习近平谈治国理政》（第三卷），外文出版社2020年版。

参考文献

[1] Black D. *Sociological Justice* [M]. New York: Oxford University Press, 1989.

[2] Dunn A. Relative Poverty, British Social Policy Writing and Public Experience [J]. *Social Policy & Society*, 2016 (3).

[3] Gitterman A. *Handbook of Social Work Practice with Vulnerable Population* [M]. New York: Columbia University Press, 2014.

[4] Gitterman A, Shulman L. *Mutual aid Groups, Vulnerable and Resilient Populations, and the Life Cycle* [M]. New York: Columbia University Press, 2005.

[5] Holzmann R, Jorgen S. *Social Risk Management: A New Conceptual Framewok for Social Protection and Beyond Social Protection Discussion Paper No.6* [M]. Washington DC: World Bank, 2000.

[6] Inkpen A C, Tsang E W. Social Capital, Networks, and Knowledge Transfer [J]. *Academy of Management Review*, 2005, 30 (1).

[7] Kobza J, Geremek M. Explaining the Decrease in Deaths from Cardiovascular Disease in Poland. The Top-Down Risk Assessment Approach, from Policy to Health Impact [J]. *Postępy Higienyi Medycyny*

Doświadczalnej，2016.

[8] Nahapiet J，Ghoshal S. Social Capital，Intellectual Capital and the Organizational Advantage [J]．*Academy of Management Review*，1998，23（2）．

[9] Peerenboom R P. What's Wrong with Chinese Rights?：Toward a Theory of Rights with Chinese Characteristics [J]．*Harv. Hum. Rts. J.*，1993（6）．

[10] Polanyi K，Maclverr R M. *The Great Transformation* [M]．Boston：Beacon Press，1944.

[11] Schlesinger P，Dorwart R A，Pulice R T. Competitive Bidding and States' Purchase of Services：The Case of Mental Health Care in Massachusetts [J]．*Journal of Policy Analysis and Management*，1986，5（2）．

[12] Townsend P. *The Concept of Poverty* [M]．London：Heinemmann，1974.

[13] [奥] 凯尔森．法与国家的一般理论 [M]．沈宗灵，译．北京：中国大百科全书出版社，1996.

[14] [德] 阿图尔·考夫曼．当代法哲学和法律理论导论 [M]．郑永梳，译．北京：法律出版社，2002.

[15] [德] 古斯塔夫·拉德布鲁赫．法哲学 [M]．王朴，译．北京：法律出版社，2013.

[16] [德] 黑格尔．黑格尔政治著作选 [M]．薛华，译．北京：商务印书馆，1981.

[17] [德] 托马斯·莱塞尔．法社会学导论 [M]．6 版．高旭军，等译．上海：上海人民出版社，2014.

[18] [法] 卢梭．社会契约论 [M]．何兆武，译．北京：商务印书馆，1982.

[19] [法] 托克维尔．论美国的民主（上）[M]．董果良，译．北京：商务印书馆，1988.

[20] [古希腊] 亚里士多德．政治学 [M]．中译本．吴寿彭，译．北京：商务印书馆，1981.

［21］［韩］河连燮．制度分析：理论与争议［M］．2版．李秀峰，柴宝勇，译．北京：中国人民大学出版社，2014．

［22］［韩］朴炳铉．社会福利与文化——用文化解析社会福利的发展［M］．高春兰，金炳彻，译．北京：商务印书馆，2012．

［23］［美］巴里·海格．法治：决策者概念指南［M］．曼斯菲尔德太平洋事务中心，译．北京：中国政法大学出版社，2005．

［24］［美］查尔斯·蒂利．身份、边界与社会联系［M］．谢岳，译．上海：上海人民出版社，2008．

［25］［美］戴安娜·M.迪尼托．社会福利：政治与公共政策［M］．7版．杨伟民，译．北京：中国人民大学出版社，2016．

［26］［美］德沃金．认真对待权利［M］．信春鹰，吴玉章，译．北京：中国大百科全书出版社，1998．

［27］［美］E.博登海默．法理学——法哲学及其方法［M］．邓正来，姬敬武，译．北京：华夏出版社，1987．

［28］［美］E.博登海默．法理学：法律哲学与法律方法［M］．邓正来，译．北京：中国政法大学出版社，2014．

［29］［美］劳伦斯·M.弗里德曼．法律制度——从社会科学角度观察［M］．李琼英，林欣，译．北京：中国政法大学出版社，1994．

［30］［美］乔治·凯林，凯瑟琳·科尔斯．破窗效应：失序世界的关键影响力［M］．陈智文，译．上海：生活·读书·新知三联书店，2014．

［31］［美］史蒂芬·霍尔姆斯，凯斯·R.桑斯坦．权利的成本——为什么自由依赖于税［M］．毕竞悦，译．北京：北京大学出版社，2004．

［32］［美］唐·布莱克．社会学视野中的司法［M］．郭星华，等译．北京：法律出版社，2002．

［33］［日］多田罗浩三，桂世勋．日本如何应对超高龄社会：医疗保健·社会保障对策［M］．北京：知识产权出版社，2014．

［34］［印］阿马蒂亚·森．贫困与饥荒［M］．王宇，王文玉，译．北京：商务印书馆，2004．

［35］［印］阿马蒂亚·森．身份与暴力——命运的幻象［M］．李风华，译．北京：中国人民大学出版社，2009．

[36] [印] 阿马蒂亚·森. 以自由看待发展 [M]. 任赜,于真,译. 北京:中国人民大学出版社,2012.

[37] [印] 阿马蒂亚·森. 正义的理念 [M]. 王磊,等译. 北京:中国人民大学出版社,2013.

[38] [英] Alcock P,May M,Rowlingson K. 解析社会政策(下):福利提供与福利治理 [M]. 彭华民,等译. 上海:华东理工大学出版社,2017.

[39] [英] 理查德·蒂特马斯. 社会政策十讲 [M]. 江绍康,译. 吉林:吉林出版集团有限责任公司,2011.

[40] [英] 大卫·丹尼. 风险与社会 [M]. 马缨,等译. 北京:北京出版社,2009.

[41] [英] 蒂莫西·A. O. 恩迪科特. 法律中的模糊性 [M]. 程朝阳,译. 北京:北京大学出版社,2010.

[42] [英] 哈特利·迪安. 社会政策学十讲 [M]. 2版. 岳经纶,温卓毅,庄文嘉,译. 上海:上海人民出版社,2015.

[43] [英] 迈克尔·希尔:《理解社会政策》,刘升华,译. 北京:商务印书馆,2005.

[44] [英] 萨比娜·阿尔基尔. 贫困的缺失维度 [M]. 刘民权,韩华为,译. 北京:科学出版社,2010.

[45] [英] 英戴维·M. 沃克. 牛津法律大辞典 [M]. 邓正来,译. 北京:光明日报出版社,1988.

[46] [英] 约翰·罗尔斯. 正义论 [M]. 何怀宏,译. 北京:中国社会科学出版社,1998.

[47] 班固. 汉书·平帝纪 [M]. 北京:中华书局,2007.

[48] 陈晓枫. 中国宪法文化研究 [M]. 武汉:武汉大学出版社,2014.

[49] 陈信勇. 法律社会学 [M]. 杭州:浙江大学出版社,2014.

[50] 陈振明. 公共政策学——政策分析的理论、方法和技术 [M]. 北京:中国人民大学出版社,2004.

[51] 方世南,曹峰旗,王海稳. 马克思恩格斯弱者权益保护思想 [M]. 上海:上海三联书店,2012.

[52] 费孝通. 乡土中国生育制度 [M]. 北京：北京大学出版社，1978.

[53] Gilbert N, Terrel P. 社会福利政策导论 [M]. 黄晨熹，周烨，刘红，译. 上海：华东理工大学出版社，2003.

[54] 胡建淼. 运用法治思维和法治方式履行政府职能 [M]. 北京：国家行政学院出版社，2016.

[55] 景天魁. 底线公平：和谐社会的基础 [M]. 北京：北京师范大学出版社，2008.

[56] 李可. 习惯法——一个正在发生的制度性事实 [M]. 长沙：中南大学出版，2005.

[57] 李迎生. 转型时期的社会政策：问题与选择 [M]. 北京：中国人民大学出版社，2007.

[58] 梁漱溟. 东西文化及其哲学 [M]. 北京：商务印刷馆，2011.

[59] 梁治平. 清代习惯法：社会与国家 [M]. 北京：中国政法大学出版社，1996.

[60] 梁治平. 乡土社会中的法律与秩序 [M]. 北京：中国政法大学出版社，1997.

[61] 林闽钢. 社会保障理论与政策："中国经验"视角 [M]. 北京：中国社会科学出版社，2012.

[62] 柳拯.《中国农村最低生活保障制度政策过程与实施效果研究》[M]. 北京：中国社会出版社，2009.

[63] 刘作翔. 法律文化理论 [M]. 北京：商务印书馆，1999.

[64] 马鑫. 文化多样性与民族发展 [M]. 昆明：云南大学出版社，2017.

[65] 沈宗灵等. 法律社会学 [M]. 太原：山西人民出版社，1988.

[66] 苏力. 法治及其本土资源 [M]. 北京：中国政法大学出版社，1996.

[67] 田成有. 法律社会学的学理与运用 [M]. 北京：中国检察出版社，2002.

[68] 王福生. 政策学研究 [M]. 成都：四川人民出版社，1991.

[69] 夏勇. 人权概念的起源 [M]. 北京：中国政法大学出版

社，1992.

[70] 阎青春. 社会福利与弱势群体 [M]. 北京：中国社会科学出版社，2002.

[71] 杨伟民. 社会政策导论 [M]. 3版. 北京：中国人民大学出版社，2019.

[72] 余少祥. 弱者的权利——社会弱势群体保护的法理研究 [M]. 北京：社会科学文献出版社，2008.

[73] 俞可平. 治理与善治 [M]. 北京：社会科学文献出版社，2000.

[74] 曾繁正. 西方国家法律制度、社会政策及立法 [M]. 北京：红旗出版社，1998.

[75] 赵霞. 文化价值重建与"人的新农村"建设研究 [M]. 北京：人民出版社，2018.

[76] 张灏. 幽暗意识与民主传统 [M]. 成都：四川教育出版社，2013.

[77] 张善根. 当代中国法律社会学研究：知识与社会的视角 [M]. 北京：法律出版社，2009.

[78] 张文显. 法理学 [M]. 北京：高等教育出版社，北京大学出版社，2007.

[79] 张中秋. 中西法律文化比较研究 [M]. 5版. 北京：法律出版社，2019.

[80] 祝建华. 城市居民最低生活保障制度的评估与重构 [M]. 北京：中国社会科学出版社，2011.

后记

本书出版得到华中科技大学社会学院及华中科技大学出版社的大力支持，同时本书内容也是在多名学者共同合作下完成的，具体分工如下：

王三秀（华中科技大学）：前言、第一章 法律社会学基本理论、第二章 法律与民间习惯法的良性互动、第六章 法律创新与贫困治理、第七章 法律创新与社会整合、第九章 法律运行社会机制的系统构造

张婷：（中南财经政法大学）：第三章 法律治理与政策治理

高翔：（华中科技大学）：第四章 法律转型与文化变迁

卢晓：（华中科技大学）：第五章 法律创新与道德进步

刘丹霞：（华中科技大学）：第八章 法律创新与弱势群体权益维护

全书由王三秀统稿和定稿。

2020 年 12 月 30 日